Manieren und soziale Gebräuche

MEW Sherwood

Writat

Diese Ausgabe erschien im Jahr 2023

ISBN: 9789359256832

Herausgegeben von
Writat
E-Mail: info@writat.com

Inhalt

VORWORT.

Es gibt kein Land, in dem so viele Menschen fragen, was „das Richtige zu tun" ist, oder in dem es tatsächlich so viele Menschen gibt, die wirklich darauf bedacht sind, das Richtige zu tun, wie in dem riesigen Konglomerat, das wir die Vereinigten Staaten von Amerika nennen. Die Neuheit unseres Landes wird ständig erneuert durch das plötzliche Anhäufen von Vermögen und durch das Fehlen einer erblichen, regierenden Familie. Hier gibt es keine Aristokratie, die das Recht und den Titel hat, die Mode zu bestimmen.

Aber eine „herrschende Gruppe", ob sie nun auf erblichem Recht oder zufälligem Reichtum beruht, wird, wenn sie von Führungswillen und einer Neigung zur Gastfreundschaft geprägt ist, für eine große Anzahl von Zuschauern für eine gewisse Zeit zum Diktator der Mode. Die reisende Welt, die weit entfernt von großen Zentren lebt, reist nach Newport, Saratoga, New York, Washington, Philadelphia, Boston und bestaunt die sogenannte neueste amerikanische Mode. Obwohl dies von dem ausgenutzt wird, was wir aus Gründen der Unterscheidung die „neuere Gruppe" nennen könnten, wird es in gewissem Maße von Menschen mit einheimischer Vornehmheit und Geschmack sowie der umfassenden Erfahrung beeinflusst und geformt, die durch Reisen und den Umgang mit breiten und kultivierten Menschen gewonnen wird Köpfe. Sie wirken der Tendenz zur Vulgarität entgegen, die die große Gefahr einer neu gegründeten Gesellschaft darstellt, sodass sich unsere soziale Lage mit jedem Jahrzehnt bessert und nicht verschlechtert.

Es mag viele Sozialpuristen geben, die dieser Aussage nicht zustimmen werden. Männer und Frauen, die in den Glaubensbekenntnissen der Alten Welt erzogen wurden und das gute Blut einer langen Abstammung ruhiger Damen und Herren besitzen, finden die moderne amerikanische Gesellschaft, insbesondere in New York und Newport, schnell, wütend und vulgär. Natürlich gibt es überall Exzesse im Namen der Mode; aber wir können nicht erkennen, dass sie für Amerika typisch sind. Wir können nur antworten, dass das Credo der Mode ein Credo des ständigen Wandels ist. Wir können sagen, dass es in unserem neuen und sich verändernden Land alle fünf Jahre, vielleicht sogar alle zwei Jahre, ein Konzil von Trient gibt, und wir lernen, dass wir uns, so sehr wir wollen, entweder an die großartige alte Etikette Englands halten oder an die fröhlichere und wechselndere Obwohl wir den französischen Sozialkodex befolgen, müssen wir dennoch eine eigene, originelle Etikette entwickeln. Allein unser politisches System, in dem der Niedrigste zum Höchsten aufsteigen kann, bringt in gewissem Maße alles durcheinander, worauf die Alte Welt in Fragen der Priorität und Formalität besteht. Bestimmte unveränderliche Prinzipien bleiben allen eleganten Menschen gemeinsam, die die Gesellschaft um sich vereinen wollen und durch ihre Tore eindringen wollen; Der zerstreute Gelehrte aus seiner Bibliothek sollte sie nicht ignorieren, der frische junge Bauer vom Land spürt und erkennt ihre Bedeutung. Wenn wir in Einheit zusammenleben wollen, müssen wir die Gesellschaft zu einer angenehmen Sache machen, wir müssen bestimmte formelle Regeln befolgen, und diese Regeln müssen der Mode der Zeit entsprechen.

Und es ist keineswegs abwertend für ein neues Land wie unseres, wenn wir uns in einigen unbedeutenden Punkten der Etikette anmaßen, uns von der alten Welt zu unterscheiden. Wir müssen unsere Kleidung an das Klima anpassen, unsere Manieren an unser Schicksal und an unser tägliches Leben. Es gibt jedoch Fehler und Uneleganzen, die uns Ausländer vorwerfen und über die wir gut nachdenken sollten. Eine davon ist die größere Freiheit, die unseren jungen Frauen im Verhalten zugestanden wird – eine Freiheit, die, da sich unsere Neue Welt mit Menschen ausländischer Herkunft füllt, zwangsläufig zu sozialen Unruhen führen muss. Andere nationale Fehler, auf die englische Schriftsteller und Kritiker freundlicherweise hinweisen, sind unser Überheblichkeitsgefühl, unsere Überheblichkeit, unsere zu große Vertrautheit und mangelnde Würde usw.

Anstatt uns über diese Kritik zu ärgern, sollten wir die Sache vielleicht gleichgültig betrachten und prüfen, ob wir den Rat nicht in gewissem Maße zu unserem Vorteil nutzen können. Wir können jedoch über bestimmte Punkte der Etikette, die wir von niemandem übernehmen, selbst entscheiden; Sie sind Teil unserer großen Nation, unserer republikanischen Institutionen und der kontinentalen Gastfreundschaft, die dem Russen, dem Deutschen, dem Franzosen, dem Iren, dem Menschen und dem „heidnischen Chinesen" eine Heimat gibt. Nur ein einigermaßen breiter und elastischer Kodex, so grenzenlos wie die Prärie, kann den Bedürfnissen dieser unterschiedlichen Bürger gerecht werden. Die alten Traditionen stattlicher Manieren, die in den Tagen Washingtons und Jeffersons so verbreitet waren, sind hier fast ausgestorben, so wie ähnliche Manieren auf der ganzen Welt ausgestorben sind. Der Krieg von 1861 vernichtete das Wenige, was von der einst wichtigen amerikanischen Tatsache übrig geblieben war: einem Großvater. Wir fingen noch einmal von vorne an; Und nun taucht aus dieser neuen Welt eine Flut von Fragen auf: Wie sollen wir das alles schaffen? Wie verwenden wir eine Gabel? Wann trägt man einen Frack? Wie und wann und bei wem hinterlassen wir unsere Karten? Wie lange und für wen sollen wir Trauer tragen? Was ist die Etikette einer Hochzeit? Wie veranstalten wir eine Dinnerparty? Die junge Haushälterin aus Kansas schreibt über die Manieren, die sie ihren Kindern beibringen soll; Die reich gewordene Frau des Bergmanns fragt, wie sie ihr Haus einrichten, ihre Nachbarn besuchen und ihre Briefe schreiben soll. Viele besorgte Mädchen schreiben über die

Angemessenheit, „mit einem Gentleman auszugehen" usw. Tatsächlich gibt es eine große, universelle Frage: Was ist die Etikette einer guten Gesellschaft?

Nicht wenige Menschen haben versucht, diese Fragen zu beantworten, und sind dabei gescheitert. Viele haben soweit wie möglich wertvolle Handbücher erstellt; Aber Autoren, die sich mit Etikette befassen, scheitern häufig aus einem oder zwei verschiedenen Gründen. Viele versuchen zu schreiben, die aus Erfahrung nichts von einer guten Gesellschaft wissen, und ihre Bücher sind voller lächerlicher Fehler. Andere hatten den Nachteil, zu viel zu wissen, den Anfang der Dinge zu ignorieren und anzunehmen, dass die Person, die liest, vieles für selbstverständlich halten würde. Denn ein Mensch, der über ein intuitives Wissen über Etikette verfügt, der vom Schoß seiner Mutter in bester Gesellschaft aufgewachsen ist, wusste schon immer, was er tun, wie er sich kleiden, vor wem er sich verneigen sollte, und konnte auf die einfachste Art und Weise über Etikette schreiben unmöglich sein; er würde nie erfahren, wie wenig der Leser, auf dessen Erbauung er sich konzentrierte, von der Sache wusste.

Wenn jedoch ein besorgter Fragesteller schreiben und fragen sollte, ob „Kartoffelpüree mit einem Messer oder einer Gabel gegessen werden muss" oder ob „Servietten und Fingerschalen zum Frühstück verwendet werden können", kann er diese Fragen beantworten.

Mit dem Bemühen, Tausende dieser Fragen zu beantworten, wurde dieses Buch in gutem Glauben an Harper's Bazar geschrieben. Die Einfachheit, die Direktheit und der offensichtliche Wunsch, sich zu verbessern, die diese anonymen Briefe auszeichnen, sind alle sehr lobenswert. Viele Menschen waren plötzlich Eroberer des materiellen Reichtums, die erfolgreichsten Kolonisten der Welt, die Erben eines großen Erbes, die Erbauer eines neuen Reiches. In ihren Fragen zeigt sich eine wahre Raffinesse. Männer und Frauen benehmen sich nicht nur gerne anständig, sondern alle möchten auch wissen, was die beste Manierenschule ist, damit sie ihre Kinder darin erziehen können. Solche Köpfe sind die besten Bewahrer von Recht und Ordnung. Es ist kein kommunistischer Geist, der fragt: „Wie kann ich das besser machen?" Es ist dieser weise und liberale Konservatismus, der Ehrfurcht vor dem Gesetz, Respekt vor dem Alter, Glauben an die Religion und den Wunsch nach einer raffinierten Gesellschaft umfasst. Ein Buch über Etikette, so geduldig es auch sein mag und ehrlich geschrieben, muss viele Mängel aufweisen und umstrittene Aussagen enthalten. Wir können uns nur bemühen, die Moden und Bräuche zu erwähnen, die wir für die besten halten, und dabei immer daran denken, dass das große Gesetz des Wandels, wie wir gesagt haben, für immer gilt und dass unsere stattlichen Großväter Moden hatten, die wir jetzt als eklig betrachten sollten und unziemlich, während wir Bräuche haben, insbesondere in der Sprache, die sie schockiert hätten. Dieses Gesetz des Wandels ändert sich nicht nur mit der Zeit, sondern bei uns unterscheiden sich der Süden, der Norden, der Osten und der Westen in bestimmten Punkten der Etikette. Alle sind sich jedoch darin einig, dass es in Amerika eine gute Gesellschaft gibt, deren Mandate oberste Priorität haben. Alle sind der Meinung, dass der wohlerzogene Mann oder die wohlerzogene Frau eine „anerkannte Institution" ist. Alle lachten über die Fehler von Daisy Miller und sahen, worin sie und ihre Mutter Unrecht hatten. Unabhängige amerikanische Mädchen entscheiden sich möglicherweise immer noch dafür, ohne Begleitperson zu reisen, aber sie müssen bereit sein, gegen begründete Vorurteile anzukämpfen, wenn sie dies tun. Man erkennt die Notwendigkeit guter Manieren und ist, so hoffen wir, zutiefst davon überzeugt, dass anmutiges Benehmen das Ergebnis eines wohlbeherrschten Geistes und eines guten Herzens ist.

KAPITEL I
FRAUEN ALS FÜHRERinnen.

Nichts beeindruckt den Ausländer so sehr (seit den Tagen von De Tocqueville, der es als erster erwähnte) wie die herausragende Stellung der Frau in der besten Gesellschaft Amerikas. Sie hat fast keine Position in der politischen Welt. Sie ist keine Anführerin, keine *Intrigantin* in der Politik, wie sie es in Frankreich ist. Wir haben keine Madame de Stael, keine Prinzessin Belgioso, die hier ist, um unsere Präsidenten zu ernennen und abzusetzen; Aber Frauen leisten die gesamte soziale Arbeit, die in Europa nicht nur von Frauen, sondern auch von jungen und alten Junggesellen, Staatsmännern, Fürsten, Botschaftern und *Attachés geleistet wird* . Beamte sind mit jedem Gericht verbunden, dessen Aufgabe darin besteht, Besuche zu machen, Einladungen zu schreiben und zu beantworten, Karten zu hinterlassen, anzurufen und alle vielfältigen Aufgaben der gesellschaftlichen Welt zu erfüllen.

In Amerika macht das alles die Dame des Hauses. Ihre Männer sind alle geschäftlich oder privat unterwegs, ihre Söhne sind auf der Arbeit oder auf einer Yacht. Sie können sich keine Zeit nehmen, um zum Abendessen zu telefonieren – „Mama, bitte hinterlassen Sie meine Karten", lautet die Legende auf ihren Bannern.

Somit ist den Frauen als Leiterinnen der Sozialpolitik die Karte anvertraut – dieses Pappprotokoll, dessen Gesetze in jedem Land außer unserem eigenen klar definiert sind.

Nun finden wir in zehn verschiedenen Büchern über Etikette, die wir konsultiert haben, zehn verschiedene Meinungen zum Thema „erste Anrufe", also zwischen zwei Frauen. Wir können uns daher nicht anmaßen, zu entscheiden, wo so viele Ärzte anderer Meinung sind, sondern die allgemein akzeptierten Meinungen wiedergeben, wie sie in den Bräuchen der New Yorker Gesellschaft zum Ausdruck kommen.

Wann sollte eine Dame zum ersten Mal eine neue und begehrenswerte Bekanntschaft aufsuchen? Nicht hastig. Sie hätte die neue und begehrenswerte Bekanntschaft treffen sollen, sie hätte ihr richtig vorgestellt werden sollen, sie hätte sicher sein sollen, dass ihre Bekanntschaft erwünscht ist. Der älteste Bewohner, der in der Mode am prominentesten ist, sollte zuerst anrufen; Aber wenn es keinen solchen Unterschied gibt, müssen zwei Frauen nicht ewig auf Distanz stehen und darauf warten, dass die andere ruft. Ein sehr bewundernswerter und höflicher Ausweg ist es gewesen, den ersten Anruf beim Versenden von Karten für mehrere Tage im Monat durch eine Dame zu ersetzen, die ihr gesellschaftliches Leben, sagen wir mal, in einer neuen Stadt beginnen möchte. Diese können von der Karte eines bekannten Freundes begleitet sein oder auch nicht. Wenn diese Karten die gewünschten Besuche oder die Karten der gewünschten Gäste bringen, könnte die Anfängerin das Gefühl haben, dass sie ihre Karriere in der Gesellschaft ohne Verlust der Selbstachtung begonnen hat. Diejenigen, die nicht antworten, sind im Allgemeinen in der Minderheit. Zu viel Eile beim Knüpfen neuer Bekanntschaften – „drängend", wie man es nennt – kann jedoch nicht allzu sehr missbilligt werden.

Erstanrufe sollten innerhalb einer Woche beantwortet werden. Wenn eine Dame von einem neuen Bekannten zu einer Unterhaltung eingeladen wird, unabhängig davon, ob die Einladung von einem Freund kommt oder nicht, sollte sie sofort Karten hinterlassen und entweder ein Bedauern oder eine Annahme senden. In dieser Angelegenheit Zeit zu verlieren, ist eine große Unhöflichkeit. Unabhängig davon, ob sie an der Unterhaltung teilnimmt oder nicht, sollte sie innerhalb einer Woche danach anrufen. Dann, nachdem sie alles Höfliche getan hat und sich als Frau von guter Erziehung erwiesen hat, kann sie die Bekanntschaft aufrechterhalten oder nicht, wie es ihr gefällt. Manchmal gibt es Gründe, warum eine Dame die Bekanntschaft nicht aufrechterhalten möchte, aber sie darf um ihrer selbst willen die erwiesene Höflichkeit nicht außer Acht lassen. Einige sehr unhöfliche Leute in New York haben Einladungen zurückgeschickt oder den ersten Versuch der Höflichkeit nicht erkannt und gesagt: „Wir kennen die Leute nicht." Auf diese Weise lässt sich unangenehme Vertrautheit nicht verhindern. In New York, Boston und Philadelphia sowie in den großen Städten des Westens und allgemein auf dem Land: Städte wenden sich die Bewohner zuerst an Neuankömmlinge; aber in Washington ist dieser Brauch umgekehrt, und der Neuankömmling besucht zuerst den Bewohner. Jeder – von der höchsten bis zur niedrigsten Besoldungsgruppe – gibt diese Karten zurück. Der Besucher wird im Allgemeinen zu Empfängen des Präsidenten und seines Kabinetts usw. eingeladen. Diese Regelung ist so praktisch, dass es tausendmal schade ist, dass sie nicht im ganzen Land in Kraft tritt, insbesondere in den großen Städten, in denen der Bewohner nichts wissen kann wenn ihre beste Freundin in der Stadt ist, es sei denn, sie wird auf irgendeine Weise darüber informiert.

Dadurch wird die Gesellschaft nicht, wie man annehmen könnte, dem Eindringen unwillkommener Besucher ausgesetzt. Fingerspitzengefühl, der einzige Wegweiser durch das Labyrinth der Gesellschaft, wird es einer Frau ermöglichen, so etwas wie eine unerwünschte Intimität oder eine zweifelhafte Bekanntschaft zu vermeiden, selbst wenn eine solche Person „zuerst anrufen" sollte.

Jetzt kommt die Frage auf, und hier sind sich die Ärzte uneinig: Wann darf eine Dame durch einen Bevollmächtigten anrufen, wann darf sie ihre Karte schicken oder wann muss sie persönlich vorbeikommen?

Nach einer Dinnerparty muss ein Gast persönlich anrufen und sich erkundigen, ob die Gastgeberin zu Hause ist. Für andere Unterhaltungen ist es in New York erlaubt, dass die Dame per Stellvertreter anruft oder einfach ihre Karte schickt. Beim Versenden, um sich nach dem Gesundheitszustand einer Person zu erkundigen, kann ein Diener Karten mit einer freundlichen Nachricht verschicken.

Allerdings sollte die Rückgabe beim ersten Besuch nicht nur per Karte erfolgen; Dies würde als Demütigung angesehen werden, es sei denn, es folgt eine Einladung. Die Größe New Yorks, die großen Entfernungen, das geschäftige Leben einer wohltätigen Frau, die große Familie und der große Bekanntenkreis können einen persönlichen Besuch fast unmöglich machen. Es kann davon ausgegangen werden, dass sie ihre Pflicht erfüllt hat, wenn sie ihrerseits ihren neuen Bekannten bittet, sie an einem bestimmten Tag zu besuchen, wenn sie selbst nicht in der Lage ist, anzurufen.

Junggesellen sollten Karten (falls sie jemals welche hinterlassen) dem Herrn und der Herrin des Hauses und in Amerika den jungen Damen hinterlassen. Ein Gentleman lehnt die Ecken seiner Karte nicht ab – in der Tat ist diese Mode fast überholt, außer vielleicht, wenn eine Dame deutlich zu verstehen wünscht, dass sie persönlich vorbeigekommen ist. Je schlichter die Karte, desto besser. Eine kleine, dünne Karte für einen Herrn, nicht glasiert, mit seinem Namen in kleiner Schrift und einer gut eingravierten Adresse in der Ecke, ist geschmackvoll. Eine Damenkarte sollte größer, aber nicht glasiert oder in irgendeiner Weise verziert sein. Bei Anhängern guter Erziehung ist es eine Regel, dass ein Gentleman nach jeder Unterhaltung seine Karte persönlich abgeben sollte, obwohl er sie, wie wir bereits sagten, oft einer weiblichen Agentur überlässt.

Kein Herr sollte eine Dame besuchen, es sei denn, sie bittet ihn darum, oder er bringt ein Empfehlungsschreiben mit, oder er wird von einer Dame mitgenommen, die vertraut genug ist, ihn zu einem Besuch einzuladen. Eine Dame sollte zu einem Herrn sagen, wenn sie wünscht, dass er anruft: „Ich hoffe, dass wir Sie sehen", oder: „Ich bin am Montag zu Hause" oder so etwas in der Art. Wenn er von einem Fremden eine Einladung zum Abendessen oder zu einem Ball erhält, ist er verpflichtet, sofort zu antworten, am nächsten Tag anzurufen, seine Karte zu hinterlassen und dann nach der Unterhaltung anzurufen.

Dies ist zumindest eine ausländische Etikette, und wir können nichts Besseres tun, als sie zu importieren. Diese Regel gilt auch für die Unterhaltungen von Junggesellen, die sich nach einer Unterhaltung gegenseitig ihre Karten hinterlassen sollten, es sei denn, die Intimität ist so groß, dass kein Kartenhinterlassen erwartet wird.

Wenn eine Dame nach einer Abwesenheit in Europa oder auf dem Land in die Stadt zurückkehrt, ist es eine strenge Etikette, dass sie allen ihren Bekannten und Freunden Karten hinterlassen sollte, wenn sie beabsichtigt, einen fröhlichen, geselligen Winter zu unterhalten oder zu leiten; Aber da die Entfernungen in unseren Großstädten gewaltig sind, da nicht alle Damen eine Kutsche besitzen und die meisten Damen außer Besuchen noch viel anderes zu tun haben, wird dieser lange und mühsame Prozess manchmal dadurch vereinfacht, dass man einen Tee oder eine Reihe von Tees gibt , was es der Dame ermöglicht, ihre Karten zu diesem Zweck zu verschicken, indem sie an einem Abend in der Woche oder an zwei oder drei Nachmittagen im Monat zu Hause bleibt und so ihren Freunden zeigt, dass sie sich zumindest an sie erinnert. Da die Gesellschaft und das Hinterlassen von Karten dadurch immer komplizierter werden, sollte eine Dame ein Gästebuch haben, in das ihre Liste sorgfältig eingetragen wird und in dem Platz für Tage und zukünftige Termine steht.

Einem Diener muss beigebracht werden, die Karten an der Tür entgegenzunehmen, sich Nachrichten zu merken und sich daran zu erinnern, für wen sie hinterlassen wurden, da es sich nicht gehört, wenn man Mrs. Brown in einem Privathaus anruft, ihren Namen auf die Karte zu schreiben. In einem überfüllten Hotel ist dies möglicherweise erlaubt, bei Besuchen in Privathäusern entspricht es jedoch nicht der Etikette. Beachten Sie bei erneuten Besuchen genau die Etikette der Person, die die erste Karte hinterlassen hat. Ein Anruf darf nicht nur mit einer Karte oder einer Karte durch einen Anruf zurückgegeben werden. Wenn Ihnen jemand eine Karte per Post schickt, schicken Sie die Karte per Post zurück; wenn ein persönlicher Besuch erfolgt, erwidern Sie diesen durch einen persönlichen Besuch; Wenn Ihr Bekannter nur Karten hinterlässt, ohne sich zu erkundigen, ob Sie zu Hause sind, erwidern Sie die gleiche Höflichkeit. Wenn sie die Karten der Herren ihrer Familie hinterlassen hat, geben Sie die Karten der Herren Ihrer Familie zurück.

Der Karte einer jungen Dame sollte fast immer die Karte ihrer Mutter oder ihrer Begleitperson beiliegen. Es ist gut, dass der Name der jungen Dame bei ihrem Eintritt in die Gesellschaft in die Karte ihrer Mutter eingraviert wird. Nach einem Jahr Abwesenheit darf sie nur noch ihre eigene Karte hinterlassen. Hier beginnt sich die amerikanische Etikette von der englischen zu unterscheiden. In London hingegen hinterlässt keine junge Dame ihre Karte: Wenn sie mutterlos ist, wird ihr Name unter dem Namen ihres Vaters eingraviert, und die Karte ihrer Begleitperson bleibt bei beiden, bis sie eine einigermaßen reife Jungfrau wird wenn unsicheres Alter.

Heutzutage ist es selten, dass die Namen von Ehemann und Ehefrau auf einer Karte eingraviert sind, z. B. „Mr. und Mrs. Brown". Die Dame hat ihre eigene Karte, „Mrs. Octavius Brown" oder mit dem Zusatz „The Misses

Brown". Ihr Mann hat seine eigene Karte; Jeder der Söhne hat seine eigene Karte. Auf Visitenkarten in Amerika werden keine Titel verwendet, außer denen des Militärs, der Marine oder der Justiz. und tatsächlich haben viele unserer angesehensten Richter Karten nur mit dem Namen drucken lassen, ohne Präfix oder Zusatz. „Mr. Webster", „Mr. Winthrop", „Henry Clay" sind bekannte Beispiele für Einfachheit. Aber eine Frau muss immer die Vorsilbe „Frau" verwenden. oder „Fräulein." Ein Gentleman kann das Präfix „Herr" verwenden oder auch nicht, wie es ihm gefällt, aber Frauen müssen sich selbst mit mehr Respekt behandeln. Keine Karte ist weniger anständig als eine, auf der deutlich „Gertrude F. Brown" eingraviert ist; es sollte „Miss Gertrude F. Brown" sein.

Eine verheiratete Frau trägt zu Lebzeiten immer den Namen ihres Mannes auf ihrer Karte. Derzeit wird darüber diskutiert, ob sie sich nach seinem Tod weiterhin „Mrs. Octavius Brown" oder „Mrs. Mary Brown" nennen soll. Die Meinungslast liegt zugunsten des Letzteren – insbesondere, da ein Sohn den Namen seines Vaters tragen darf, also wird es zwei Mrs. Octavius Browns geben. Keine Dame möchte als „alte Frau Octavius Brown" bekannt sein, und da wir nicht den bequemen Titel „Witwe" verwenden, können wir uns genauso gut für den Vornamen entscheiden. Wir können nicht „Mrs. Octavius Brown, Jr." sagen, wenn der Ehemann nicht mehr minderjährig ist. Viele verheiratete Damen zögern, den Namen aufzugeben, unter dem sie immer bekannt waren. Vielleicht ist das einfache „Mrs. Brown" doch das Beste. Keine Dame sollte einem unverheirateten Herrn Karten hinterlassen, es sei denn, er hat Bewirtungen gegeben, bei denen Damen anwesend waren. Dann sollte die Dame des Hauses mit den Karten von sich und ihrer Familie zu seiner Tür fahren und sie dem Diener überlassen.

In einem solchen Fall sollten die Namen der jungen Damen in die Karte ihrer Mutter eingraviert werden.

„Wir haben keinen Freizeitunterricht", wie Henry James in seiner brillanten „International Episode" sagt; Dennoch sollten junge Männer versuchen, sich die Zeit zu nehmen, diejenigen zu besuchen, die sie bewirten, und durch persönliche Aufmerksamkeit ihre Dankbarkeit für die ihnen entgegengebrachte Höflichkeit zum Ausdruck zu bringen. Amerikanische junge Männer sind in der Regel sehr nachlässig, wenn es darum geht, die Gastgeberin aufzusuchen, deren Gastfreundschaft sie annehmen.

Ein Gentleman sollte eine junge Dame nicht besuchen, ohne nach ihrer Mutter oder ihrer Begleitperson zu fragen. Er sollte auch keine Karten für sie alleine hinterlassen, sondern immer eine für ihre Mutter.

Damen können und tun dies auch oft, informelle Einladungen auf die Visitenkarte zu schreiben. Zu Tees, Lesungen und kleinen Partys kann der Tag des Empfangs hinzugefügt werden. Es ist praktisch und richtig, diese

Karten per Post zu versenden. Alles kann jetzt per Post verschickt werden, mit Ausnahme einer Einladung zum Abendessen, und diese muss immer privat verschickt werden, und eine Antwort muss sofort in der gleichen formellen Weise zurückgesandt werden.

Nach Bällen, Laienkonzerten, Theaterfesten, Gartenfesten oder „zu Hause" sollten Karten von allen geladenen Gästen innerhalb einer Woche nach der Einladung hinterlassen werden, insbesondere wenn der geladene Gast zur Ablehnung gezwungen wurde. Diese Karten können ohne Nachfrage bei der Gastgeberin abgegeben werden, wenn die Zeit drängt; Aber es ist höflicher, sich nach der Gastgeberin zu erkundigen, auch wenn es nicht ihr Tag ist. Wenn es ihr Empfangstag ist, wäre es unhöflich, sich nicht zu erkundigen, einzutreten und keinen persönlichen Besuch abzustatten. Nach dem Abendessen muss man sich nach der Gastgeberin erkundigen und einen persönlichen Besuch abstatten. Es ist notwendig, diese Tatsache zu erwähnen, weil sich so viele Damen (die große Bekannte haben) angewöhnt haben, das Haus zu verlassen oder Karten von einem Diener hereinschicken zu lassen, ohne sich nach der Gastgeberin (die im Allgemeinen nicht zu Hause ist) zu erkundigen, dass dies gewachsen ist eine Verwirrung hervorrufen, die dazu führt, dass beleidigt wird, wo keine gemeint ist.

Es wird nicht als notwendig erachtet, nach dem Tee Karten zu hinterlassen. Eine Dame hinterlässt beim Betreten des Saales ihre Karten, stattet ihr einen Besuch ab und die Etikette eines Bekannten auf Besuch wird so für ein Jahr festgelegt. Sie sollte jedoch selbst einen Tee anbieten und alle ihre Animateure darum bitten.

Wenn eine Dame von einer Freundin zu einem Tee oder einer anderen Unterhaltung eingeladen wurde, ohne ihre Gastgeberin zu kennen, wird sie bestimmt bald anrufen; Wenn der Einladung jedoch keine Rücksendekarte oder eine andere Einladung folgt, muss sie verstehen, dass die Bekanntschaft am Ende ist. Sie kann ihre neue Freundin jedoch innerhalb einer angemessenen Zeit zu einer Unterhaltung in ihrem eigenen Haus einladen, und wenn das angenommen wird, geht die Bekanntschaft weiter. Eine junge Frau, die ihr Leben in einer neuen Stadt beginnt, stellt schnell fest, ob ihre neuen Freunde freundlich sein wollen oder umgekehrt. Ein Einwohner einer Stadt oder eines Dorfes kann mit gutem Gewissen jeden Neuankömmling aufsuchen. Der Neuankömmling muss diesen Anruf erwidern; aber wenn sie keine weitere Bekanntschaft wünscht, kann dies das Ende sein. Der Zeitpunkt des Besuchs muss in jeder Stadt nach den örtlichen Gepflogenheiten festgelegt werden; nach zwei Uhr und vor sechs Uhr ist jedoch im Allgemeinen sicher.

In England hat man die angenehme Art, anzurufen, um nach Invaliden oder betrübten Freunden zu fragen, und die Worte „freundliche Anfragen" mit

Bleistift zu schreiben. Es hat in Amerika nicht die Popularität erlangt, die es verdient, und es wäre gut, es einzuführen. Wenn eine Dame eine ihr unbekannte Person besucht und Schwierigkeiten hat, dem Diener ihren Namen einzuprägen, schickt sie ihre Karte hoch, während sie abwartet, ob die Dame sie empfängt. Aber sie darf ihrer Gastgeberin auf keinen Fall ihre eigene Karte aushändigen. Wenn sie den Salon betritt und dort ihre Gastgeberin antrifft, muss sie sich vorstellen, indem sie deutlich ihren eigenen Namen ausspricht. Wenn sie die Dame kennt, nennt sie dem Diener einfach ihren Namen und schickt ihre Karte nicht hoch.

Hochzeitskarten genießen in Amerika eine große Bedeutung, aber wir ignorieren die aufwendigen Bestattungs- und Taufkarten sowie gedruckte Karten mit Verlobungsanzeigen und viele andere Karten, die im Ausland in Mode sind. Bei uns werden die Karten der Braut und ihrer Eltern und manchmal auch des *Verlobten* vor der Hochzeit an alle Freunde verschickt, die Einladungskarten zur Hochzeit jedoch nur an einige wenige oder an alle, beispielsweise die Familie Wunsch. Nach der Trauung werden die Karten des Ehepaares mit der Adresse an alle verschickt, deren Bekanntschaft erwünscht ist.

Ehemänner und Ehefrauen treffen sich in Amerika selten, obwohl es kein Gesetz gibt, das dies verbietet. Das ist ungewöhnlich, weil wir, wie gesagt, keinen „Freizeitunterricht" haben. Herren haben das Privileg, am Sonntag, nach der Kirche und am Sonntagabend anzurufen. Mutter und Tochter sollten gemeinsam anrufen, oder, wenn die Mutter behindert ist, kann die Tochter anrufen und die Karte ihrer Mutter hinterlassen.

„Nicht zu Hause" ist eine richtige Formel, wenn Damen nicht empfangen werden; es handelt sich auch nicht um eine Unwahrheit. Es bedeutet lediglich, dass die Dame nicht in Gesellschaft zu Hause ist. Der Diener sollte außerdem hinzufügen: „Mrs. Brown empfängt dienstags", wenn die Dame einen Tag hat. Wären die Damen nicht in der Lage, sich den Besuchern zu verweigern, gäbe es in überfüllten Städten keine Zeit für irgendeine Art von Arbeit, Ruhe oder Freizeit, um sich weiterzuentwickeln. Denn mit den vielen müßigen Menschen, die versuchen, sich vom Schmerz und der Strafe ihrer eigenen öden Gesellschaft zu befreien, indem sie jemanden anrufen und jemanden dazu bringen, sie zu unterhalten, mit den umherziehenden Buchhändlern und Bettlern oder sogar mit der Überfülle der Gesellschaft, einer Dame würde feststellen, dass ihre Existenz durch die ärmste und erbärmlichste aller Beschäftigungen – die Aufnahme einer Reihe rücksichtsloser und vielleicht unverschämter Zeitverschwender – durcheinander gebracht würde.

Für alle Haushälterinnen ist es gut, einen Tag in der Woche dem Empfang von Besuchern zu widmen – den Vormittag für Handwerker und diejenigen, die sie vielleicht aus geschäftlichen Gründen sehen möchten, und den Nachmittag für diejenigen, die gesellige Besuche machen. Das spart ihr Zeit und vereinfacht die Sache.

Nichts ist vulgärer, als dass ein Besucher den Diener fragen sollte, wo seine Herrin ist, wann sie ausgegangen ist, wann sie zurück sein wird, wie schnell sie unten sein wird usw. Ein wohlerzogener Diener sollte auf solche Fragen nur Folgendes sagen: , „Ich weiß es nicht, meine Dame." Eine Herrin sollte ihrem Diener nach dem Frühstück mitteilen, was er allen Ankömmlingen *sagen soll* . Es ist für einen Besucher sehr beleidigend, wenn man ihn hereinlässt und ihm dann mitteilt, dass er die Dame des Hauses nicht sehen kann. Sie fühlt sich persönlich beleidigt, und als wäre sie eine andere Person gewesen, hätte die Hausherrin sie vielleicht gesehen.

Wenn ein Diener, der seine Herrin und ihre Wünsche offensichtlich nicht kennt und sich ihrer Wünsche nicht bewusst ist, sagt: „Ich werde sehen, ob Mrs. Brown Sie sehen wird" und Sie in den Salon führt, ist es nur angemessen, hineinzugehen und zu warten. Aber es ist immer gut zu sagen: „Wenn Frau Brown ausgeht, sich anzieht oder sonstwie beschäftigt ist, bitten Sie sie, sich nicht die Mühe zu machen, herunterzukommen." Frau Brown wird Ihnen sehr dankbar sein. Wenn Sie einen Freund besuchen, der bei Menschen wohnt, die Sie nicht kennen, hinterlassen Sie immer eine Karte für die Dame des Hauses. Der Mangel an dieser Aufmerksamkeit wird von neuen Leuten stark gespürt, die möglicherweise eine elegante Frau als Gast beherbergen – eine Frau, die viele Anrufe von denen erhält, die ihre Gastgeberin nicht kennen. Es ist niemals angemessen, einen Gast zu besuchen, ohne nach der Gastgeberin zu fragen.

Wenn wiederum die Gastgeberin eine sehr modische Frau ist und der Besucher entschieden nicht, ist es ebenso vulgär, die Freundin, die im Haus zu Gast sein könnte, zu einer Art Einstiegskeil für einen Bekannten zu machen; Es sollte eine Karte hinterlassen werden, jedoch ohne die Bitte, die Dame des Hauses zu sehen. Das wird jede Dame sofort verstehen. Eine Dame, die einen Gast bei sich hat, der wirklich Besuche erhält, sollte immer versuchen, ihr einen Salon zur Verfügung zu stellen, in dem sie ihre Freunde alleine treffen kann, es sei denn, es handelt sich um eine sehr junge Person, für die die Begleitung durch die Gastgeberin unverzichtbar ist.

Wenn die Dame des Hauses im Salon ist, wenn der Besucher kommt, um ihren Gast zu besuchen, wird sie natürlich vorgestellt und sagt ein paar Worte; und wenn sie nicht im Zimmer ist, sollte der Gast den Besucher fragen, ob die Dame des Hauses ihn oder sie sehen wird, und ihr so die Möglichkeit geben, anzunehmen oder abzulehnen.

Bei einem Besuch bei den Söhnen oder Töchtern des Hauses sollte jeder Besucher eine Karte für den Vater und die Mutter hinterlassen. Wenn die

Damen zu Hause sind, sollten die Karten den Herren der Familie überlassen werden.

In Europa ist es einem jungen Mann nicht erlaubt, im formellen Sprachgebrauch nach den jungen Damen des Hauses zu fragen, noch ist es ihm erlaubt, eine Karte auf ihnen zu hinterlassen – gesellschaftlich gibt es in Europa das „Jeune Fille" *nicht* . Er ruft die Mutter oder Begleitperson an; Man kann die junge Dame holen, aber er darf sich nicht vorher nach ihr erkundigen. Auch wenn sie eine junge Dame an der Spitze eines Hauses ist, darf er sie nicht ohne Vorkenntnisse besuchen; Einer liebenswürdigen Freundin muss es gelingen, sie zusammenzubringen.

In Amerika hat das andere Extrem zu einem sehr bösartigen System der Etikette geführt, nach dem junge Damen als absolute Anführerinnen der Gesellschaft anerkannt werden, die Gäste empfangen und ihre Mütter in den Hintergrund drängen. Es würde viele ehrgeizige junge Damen in Erstaunen versetzen, wenn man ihnen sagte, dass es nicht angemessen sei, dass junge Männer sie allein aufsuchten und von ihnen empfangen würden. Aber die Lösung scheint darin zu bestehen, dass die Mutter oder Begleitperson an ihren richtigen Platz in diesem Land vordringt und dies, während sie sich um ihre Tochter kümmert, mit ihr in der Öffentlichkeit auftritt und Besuche von ihr empfängt, dennoch gutmütig und gutmütig zulassen sollte -beabsichtigter sozialer Verkehr zwischen jungen Männern und Frauen, der so selten missbraucht wird und der zu so vielen glücklichen Ehen geführt hat. Es ist einer der noch umstrittenen Punkte, wie viel Freiheit jungen Damen gewährt werden sollte. Sicherlich möchten wir unsere jungen Mädchen jedoch nicht der Verachtung und dem Spott des Romanautors oder des ausländischen Kritikers aussetzen, indem wir ignorieren, was seit der Gründung der Gesellschaft ein anerkannter Grundsatz guter Manieren ist. Die Tatsache, dass die Aufsichtsperson eine notwendige Institution ist und dass verheirateten Damen und älteren Damen der gebührende Respekt entgegengebracht werden sollte, ist ein Thema, auf das wir später eingehen werden. Keine junge Dame, die eine fremde Stadt oder Landstadt besucht, sollte jemals Besuch von Herren erhalten, ohne ihre Gastgeberin und ihre Töchter zu bitten, herunterzukommen und ihnen vorgestellt zu werden; Sie sollte solche Personen auch nie zu einem Besuch einladen, ohne ihre Gastgeberin zu fragen, ob das akzeptabel wäre. Eine gewöhnliche Bekanntschaft zu jeder Tageszeit zu empfangen, selbst beim Nachmittagsempfang, ohne ihre Gastgeberin wäre sehr unhöflich. Wir befürchten jedoch, dass diese Praxis zu häufig vorkommt. Wie viel schlimmer ist es, einen Liebhaber oder einen Herrn, der die Ehre anstrebt, einer zu werden, zu ungewöhnlichen Zeiten zu empfangen, ohne der Dame des Hauses etwas zu sagen! Zu viele junge amerikanische Mädchen haben die Angewohnheit, das Haus ihrer Freundin zu einer Annehmlichkeit zu machen, die es ihnen ermöglicht, die Bekanntschaft mit einem jungen Mann fortzusetzen – einem jungen Mann vielleicht auch, dem ein eigenes Zuhause verboten wurde.

Eine Braut empfängt ihre Anrufe, nachdem sie sich wie jede andere Dame in ihrem Ehehaus eingelebt hat. Es gibt keine besondere Etikette. Sie verschickt Karten für zwei bis drei Empfangstage, und an diesen Tagen rufen ihre Freunde und neuen Bekannten an oder verschicken Karten. Sie darf jedoch ihre Freunde erst dann besuchen, wenn diese sie besucht haben.

Da viele dieser Besucher – vielleicht Freunde des Bräutigams – der Braut unbekannt sind, ist es gut, die Namen von einem Diener verkünden zu lassen; und sie sollten auch ihre Karten im Flur lassen, damit sie weiß, wo sie die Besuche zurückgeben kann.

Das bisher Gesagte dient dazu, einen allgemeinen Überblick über die Karte und ihre Verwendung sowie über die Pflichten zu geben, die sie den verschiedenen Mitgliedern der Gesellschaft auferlegt. Im weiteren Verlauf dieses Bandes werden wir uns viel ausführlicher mit den Themen befassen, die in diesem Eröffnungskapitel nur angedeutet wurden.

Wir können sagen, dass sich Karten in der Geschichte der Etikette und Mode weniger verändert haben als alles andere. Sie, die sich bewegenden Pappkartons, sind im Stil von ungefähr dem gleichen, den sie vor fünfzig – nein, hundert Jahren hatten.

Der schlichte, unglasierte Karton mit fein gravierter Schrift ist nicht zu verbessern. Die vorübergehende Mode für eingravierte Autogramme, für altes Englisch, für deutsche Texte, all diese Moden haben nur eine kurze Stunde hinter sich. Nichts ist geschmackloser, als wenn ein Amerikaner ein Wappen auf seine Karte setzt. Es dient nur dazu, ihn lächerlich zu machen.

Eine Dame sollte ihre Karte durch einen Diener hochschicken, sie aber nicht der Hausherrin übergeben; Eine Karte gehört dir selbst, wenn du also eine Dame triffst, will sie dich nicht zu zweit haben. Wenn Sie Ihre Adresse hinterlassen möchten, hinterlassen Sie eine Karte auf dem Flurtisch. Man tut gut daran, bei einem Empfang eine Karte auf dem Tisch im Flur liegen zu lassen, und man muss nicht noch einmal anrufen. Eine Einladung zu sich nach Hause erlischt alle Schulden. Wenn eine Karte auf dem Empfang einer Dame zurückgelassen wird, sollte sie den nächsten Anruf tätigen, obwohl viele vielbeschäftigte Frauen in der Gesellschaft heutzutage nie Anrufe tätigen, außer wenn sie Einladungen zum Nachmittagstee oder zu Empfängen erhalten.

Wenn ein Herr Damen besucht, die zu Hause sind, schickt er keine Karte, wenn er sie gut kennt; der Diener verkündet seinen Namen. Wenn er sie nicht gut kennt, schickt er doch eine Karte. Eine Karte genügt, er kann aber alle nachfragen. Bei der Hinterlegung von Karten ist es nicht notwendig, sieben oder acht Karten zu hinterlassen, aber es ist üblich, zwei zu hinterlassen – eine für die Dame des Hauses, die andere für den Rest der Familie oder den Fremden, der sich innerhalb ihrer Tore aufhält. Wenn ein Herr ein Mitglied besonders besuchen möchte, sagt er dies zum Diener: „Bringen Sie meine Karte zu Miss Jones" und fügt hinzu: „Ich würde gerne alle Damen sehen, wenn sie zu Hause sind." Das Problem bei der Beantwortung dieser Frage besteht darin, dass die Behörden unterschiedlich sind. Wir präsentieren die neueste Mode aus London und New York, soweit wir wissen, und auch das, was wir für vernünftig halten. Ein Herr kann zuerst nach der Dame des Hauses fragen, dann nach jedem anderen Familienmitglied, aber er muss nie mehr als zwei Karten hinterlassen. Er muss dabei, wie bei jeder Etikette, seinen gesunden Menschenverstand walten lassen. Niemand kann alle zehntausend kleinen Punkte definieren.

KAPITEL II.
OPTIONALE ZIVILITÄTEN.

Es gibt viele optionale Höflichkeiten im Leben, die, wenn man sie beachtet, sehr viel zu seinem Charme beitragen, die aber nicht als unverzichtbar bezeichnet werden können. Auf diejenigen, die harmlos und anmutig sind, werden wir einen flüchtigen Blick werfen, und auf diejenigen, die zweifelhaft und vielleicht schädlich sind, werden wir auch kurz anspielen und es dem gesunden Menschenverstand des Lesers überlassen, ob er dies später auf seine eigene Weise beobachten wird diese sogenannten optionalen Höflichkeiten.

Wenn in Frankreich ein Herr in einer windigen Straße oder in einem exponierten Durchgang seinen Hut abnimmt und ihn in der Hand hält, während er mit einer Dame spricht, sagt sie immer: „Couvrez vous" (Ich bitte Sie, *nicht* aufzustehen unbedeckt). Eine gutherzige Frau sagt dies zu einem Bootsmann, einem Kutscher, einem Mann von niedrigem Stand, der immer seinen Hut abnimmt, wenn eine Dame mit ihm spricht. Leider haben die Taxifahrer in unserem Land so schlechte Manieren, dass eine Dame selten die Gelegenheit zu dieser optionalen Höflichkeit hat, denn im Gegensatz zu einer ähnlichen Klasse in Europa werfen diejenigen, die Sie für Ihr Geld bedienen, in Amerika oft eine Menge Geld hinein Unhöflichkeit im Umgang mit der Bedienung, und kein Etikette-Buch ist nötiger als eines, das Ladenmädchen und Verkäufern die Schönheit und Vorteile eines respektvollen Verhaltens beibringen soll. Wenn Männer, die Kutschen und Taxis fahren, lernen würden, wie man am vorteilhaftesten Geld verdient, würden sie lernen, den Hut vor einer Dame zu berühren, wenn sie mit ihnen spricht oder einen Befehl erteilt. Dies geschieht immer in der Alten Welt, und diese respektvolle Atmosphäre trägt ungemein zu den Freuden einer Auslandsreise bei.

In allen ausländischen Hotels verlangen die Wirte von den Kellnern einen solchen Respekt gegenüber den Hotelgästen, dass bei zwei Beschwerden wegen Unhöflichkeit der beanstandete Mann oder die beklagte Frau sofort entlassen wird. Wenn in einem Pferdestall der angeheuerte Kutscher wegen einer unhöflichen Antwort oder sogar eines als Unhöflichkeit ausgelegten Schweigens beklagt wird, wird er sofort entlassen. Wenn am Comer See eine Dame zum Kai geht, um ein Boot zu mieten, nimmt jeder Bootsmann seine Mütze ab, bis sie zu Ende gesprochen hat, und bleibt unbedeckt, bis sie ihn bittet, seinen Hut aufzusetzen.

Nun optionale Höflichkeiten, wie zum Beispiel zu einem Untergebenen zu sagen: „Steh nicht ohne deinen Hut", zu einem Gleichgestellten: „Steh nicht auf, ich flehe dich an", „Komm nicht in den Regen, um mich in meine

Kutsche zu setzen", „Gutherzigen Menschen kommen sie natürlich in den Sinn, aber sie können kultiviert werden." Früher zählte man zu den Vorteilen von Auslandsreisen, dass ein Mann als Bär wegging und als Gentleman nach Hause kam. Für die angelsächsische Rasse ist es nicht selbstverständlich, übermäßig höflich zu sein. Sie haben keine *Kleinigkeiten* . Ein Ehemann in Frankreich stellt für seine Frau einen Sessel bereit und stellt für jede Dame einen Fußschemel auf. Er gibt ihr die Morgenzeitung, er bringt einen Schal mit, wenn die Gefahr einer Zugluft besteht, er küsst ihre Hand, wenn er hereinkommt, und er versucht, sich mit ihr in Bezug auf diese kleinen optionalen Höflichkeiten gefällig zu machen. Es hat die bezauberndste Wirkung auf das gesamte häusliche Leben, und wir finden eine seltsame Anspielung auf die Höflichkeit, die französische Söhne ihren Müttern und Vätern gegenüber in einer von Molières Komödien an den Tag legen, wo ein verlorener Sohn seinem Vater gegenüber bemerkt, der ihn anprangern will: „Beten Sie, Herr, nehmen Sie einen Stuhl", sagt Prodigal; „Du könntest mich viel entspannter ausschimpfen, wenn du sitzen würdest."

Wenn dies ein Stück optionaler Höflichkeit war, das ein wenig Sarkasmus beinhaltete, können wir leicht erkennen, dass Höflichkeit der Satire große Stärke verleiht, und daraus einen Hinweis auf unseren Umgang mit unhöflichen Menschen ziehen. Eine Dame, die einmal einen überfüllten Laden betrat, in dem die Frauen hinter der Theke selbst für Amerika ungewöhnlich unaufmerksam und unhöflich waren, bemerkte zu einer jungen Frau, die auf der Theke saß und keine besondere Lust zeigte, sie zu bedienen:

„Meine Liebe, Sie bekehren mich zur Vorruhestandsregelung am Samstagnachmittag und zum Plan, Sitzplätze für Verkäuferinnen bereitzustellen, denn ich sehe, dass Ihre Nützlichkeit für Ihren Arbeitgeber durch Müdigkeit beeinträchtigt wurde."

Mit blitzenden Augen sprang die Liege auf. „Ich bin genauso stark wie du", sagte sie sehr empört.

„Dann ersparen Sie sich einen Bericht an der Rezeption, indem Sie mir etwas Spitze zeigen", sagte die Dame mit sanfter Stimme und einem Lächeln.

Danach wurde sie bereitwillig bedient. In Amerika sind wir alle Arbeiter; wir haben keine privilegierte Klasse; Wir verdienen Geld in verschiedenen Diensten, die wir als Jura, Medizin, Theologie, Literatur, Kunst, Handelsgeschäft oder als Angestellte, Diener, Näherinnen und Krankenschwestern bezeichnen, und wir sind es unserer Arbeit schuldig, sie nicht nur ehrlich, sondern auch angenehm zu erledigen. Für den Erfolg im letztgenannten Beruf ist es absolut notwendig, dass eine Frau ein angenehmes Benehmen hat, und es gehört zur Ausbildung der Krankenpflegerinnen, zur Ausbildung in Höflichkeit. Es ist nicht jeder, der eine faszinierende Art hat. Was für ein großes Glücksgeschenk! Aber es liegt in der Macht eines jeden, sich um ein höfliches Auftreten zu bemühen.

Wie gut verstehen die Frauen in Europa ihr Geschäft, und wie schlecht verstehen die Frauen in Amerika ihr Geschäft, wenn es um „ein Hotel führen" geht – ein umgangssprachlicher Ausdruck, der zum Sprichwort geworden ist! In England und auf dem gesamten Kontinent wird der neu angekommene Fremde von einer ordentlich gekleideten Frau mit angenehmen, respektvollen Manieren empfangen, die vor freiwilligen Höflichkeiten nur so strotzt. Sie führt die Dame in ihr Zimmer, fragt, ob sie die Jalousien herunterlassen oder öffnen möchte, ob sie heißes oder kaltes Wasser haben möchte, ob sie eine Tasse Tee möchte usw.; schickt ein ordentliches Zimmermädchen zu ihr, um ihre Bestellungen entgegenzunehmen, holt Stift und Papier für ihre Notizen – behandelt sie tatsächlich so, wie eine Dame einen Gast behandeln sollte. Sogar in sehr ländlichen Gegenden kommt die Wirtin vor ihre eigene Tür, um den Fremden zu empfangen, hält ihre gepflegte Hand, um ihr beim Aussteigen zu helfen, und leistet für sie alle möglichen Dienste, während sie unter ihrem Dach ist.

In Amerika kann eine Dame müde, von der Reise befleckt und mit Kopfschmerzen in einer sogenannten Taverne aussteigen. Sie wird in ein Wartezimmer geführt, wo vielleicht eine überbekleidete Frau in einem Schaukelstuhl sitzt und sich heftig Luft zufächelt. Sie erfährt, dass es sich hierbei um die Vermieterin handelt. Sie fragt, ob sie ein Zimmer, etwas heißes Wasser usw. haben kann. Die Antwort könnte sein: „Ich weiß es nicht; ich muss nicht arbeiten; vielleicht sagt Jim es dir." Und an den Herrn des Hauses muss sich der Reisende wenden. Es ist ein positives Zeichen dafür, dass amerikanische Männer sich nie schämen, zu arbeiten, auch wenn sie vielleicht nicht vor Höflichkeit überströmen. Es ist ein sehr ungünstiges Zeichen für die Frauen Amerikas, wenn sie Angst vor der Arbeit haben oder sich schämen und wenn sie zögern, das zu tun, was ihnen mit Höflichkeit und Interesse am nächsten kommt.

Ein weiterer Test der Selbstachtung, der manchmal denen fehlt, die die Welt als modisch bezeichnet, denen, die über die Besitztümer verfügen, die sich die meisten von uns wünschen, schöne Häuser, schöne Kleidung, Reichtum, eine gute Stellung usw., ist der Mangel oder das Vorhandensein „feiner Höflichkeit", die jeden so behandeln soll, dass er oder sie sich vollkommen wohl fühlt.

„Gesellschaft ist der Verkehr von Personen auf der Grundlage scheinbarer Gleichheit", und wenn das so ist, ist jeder in ihr, der andere Menschen so behandelt, dass es ihnen Unbehagen bereitet, offensichtlich ungeeignet für die Gesellschaft. Nun sollte eine optionale Höflichkeit der unfehlbare Brauch einer solchen Frau sein, sagen wir, jemand, der die Macht hat, durch eine Kränkung Schmerzen zu verursachen, der schüchterne Liebe verletzen kann, einen Dbutante zum Stottern und Erröten bringen kann , *einen* ärgern kann schüchterner Jugendlicher durch ein höhnisches Grinsen. Wie viele Mädchen haben ihr Gesellschaftsleben durch die Grausamkeit eines Gesellschaftsführers ruiniert! Wie manch einem jungen Mann ist das Blut durch ein verächtliches Lächeln über seine Unbeholfenheit in den Adern gefroren! Wie viel vom angeborenen guten Willen eines impulsiven Menschen ist durch den Mangel an ein wenig optionaler Höflichkeit in einem bissigen und sardonischen Temperament erstarrt? Der Dienerin, die sich einen Platz holt und sich setzt, während die Dame, die mit ihr spricht, steht, mangelt es an optionaler Höflichkeit. Sie sündigt aus Unwissenheit und sollte freundlich über ihr Vergehen informiert und bessere Manieren gelehrt werden. Die reiche Frau, die einen Gast unhöflich behandelt, die Wirtin, die in ihrem Schaukelstuhl sitzt, während der Reisende auf die Annehmlichkeiten wartet, die ihr Zuhause einlädt, sie alle begehen das gleiche Vergehen. Es schmerzt die Wirtin und die Dienerin mehr als die reiche Frau, weil es ihre selbst gestellte Aufgabe, ihren Lebensunterhalt zu verdienen, umso schwieriger macht, aber es ist in allen drei gleichermaßen verwerflich.

Gute Manieren seien das Ergebnis eines guten Herzens und einer sorgfältigen Heimerziehung; schlechte Manieren, das Ergebnis einer groben Natur und unkluger Erziehung. Wir neigen dazu zu glauben, dass schlechte Manieren bei Amerikanern fast ausschließlich aus mangelndem Nachdenken entstehen. Es gibt keinen großzügigeren, freundlicheren oder besseren Menschen auf der Welt als den normalen Amerikaner, aber er ist oft ein ungebildetes Wesen. Wie können die Tausenden von Auswanderern, die an unseren Küsten landen, mit Privilegien, von denen sie nie gedacht hätten, dass sie ihnen aufgedrängt werden, sofort gute Manieren lernen? In der Alten Welt ist die Tradition der Macht noch so frisch, dass sie dort Respekt vor ihren Arbeitgebern lernen müssen. Hier gibt es solche Traditionen nicht.

Die erste Pflicht scheint also sowohl für diejenigen, denen das Glück gnädig war, als auch für diejenigen, die immer noch um seine Gunst buhlen, darin zu bestehen, optionale Höflichkeit zu studieren; nicht nur die Anstandlichkeit des Lebens, sondern noch ein bisschen mehr. Sei nicht nur tugendhaft, sondern habe auch die Schatten der Tugend. Seien Sie höflich, seien Sie engagiert; verneige dich herzlich, lächle freundlich; Machen Sie Sonnenschein an einem schattigen Ort. Beginnen Sie zu Hause mit Ihrer optionalen Höflichkeit. Vermeiden Sie nicht nur schwerwiegende Verstöße gegen die guten Manieren, die einen Mann dazu veranlassen könnten, einen anderen Mann die Treppe hinunterzuwerfen, sondern gehen Sie über gute Manieren hinaus – haben Sie *bessere* Manieren. Mögen die Männer ihren Hut vor den Frauen ziehen, auf Sitze im Auto verzichten, einer älteren Dame die

Hand küssen, wenn sie ihnen die Ehre ihrer Bekanntschaft erweist, die Schwachen beschützen, den Gefallenen beistehen und Höflichkeit pflegen; in jeder Lebensschicht würde dies die Räder ölen; und insbesondere amerikanische Frauen sollten versuchen, ihre Manieren zu verbessern.

Optionale Höflichkeit schließt in keiner Weise Vertrautheit ein. Wir bezweifeln, dass es nicht die beste aller Rüstungen dagegen ist. Vertrautheit ist „schlechter Stil". Es ist keine Höflichkeit, die eine Dame dazu bringt, zu einer anderen zu sagen: „Ihr Hut ist sehr unziemlich; ich möchte Sie bitten, zu einer anderen Hutmacherin zu gehen." Das ist Vertrautheit, die, so sehr sie auch als Übermaß an Freundschaft angesehen werden mag, im Allgemeinen entweder durch Bosheit oder durch einen Mangel an Respekt verursacht wird. Letzterer ist niemals verzeihlich. Es ist geschmacklos, Menschen vor ihren Fehlern zu warnen, ihren Mangel an Geschmack zu kommentieren und ihnen unter dem Deckmantel der Freundschaft unangenehme Nachrichten zu überbringen. Auf dem Kontinent, wo Zurückhaltung unbekannt ist, wo ein Mann, wer auch immer er sein mag, das Recht hat, mit seinem Mitmenschen zu sprechen (wenn er es höflich tut), wo eine Frau andere Frauen viel höflicher zu ihr findet als Frauen In diesem Land gibt es keine Vertrautheit zueinander. Es ist fast eine Beleidigung, die Person zu berühren; zum Beispiel legt niemand seine Hand auf den Arm oder die Schulter einer anderen Person, es sei denn, es besteht die engste Intimität; aber überall gibt es eine optionale Höflichkeit, die zwischen Arm und Arm, Reich und Arm, Reich und Reich, Vorgesetzten und Untergebenen, zwischen Gleichen frei gegeben wird. Es wäre schön, dies im Detail zu verfolgen, die Ergebnisse sind so erfreulich und so ehrenhaft.

KAPITEL III.
Gute und schlechte Gesellschaft.

Viele unserer Korrespondenten bitten uns, zu definieren, was mit den Begriffen „gute Gesellschaft" und „schlechte Gesellschaft" gemeint ist. Sie sagen, sie hätten in den Zeitungen der „guten Gesellschaft" in New York, Washington und Newport gelesen, dass es sich um Berichte über Trunkenheit, Flirt, schlechte Manieren und Klatsch, Verleumdung, Scheidung und Verleumdung handele. Sie lesen, dass die eleganten Leute in beliebten Ferienorten alle möglichen Vulgaritäten begehen, wie zum Beispiel in der Oper laut reden und ihre Nachbarn stören; dass junge Männer zum Abendessen gehen, sich betrinken und Gläser zerbrechen; und ein naives junges Mädchen bemerkt: „Das nennen wir in Atlanta nicht gute Gesellschaft."

Ein solcher Brief könnte an den sorgfältigen Chronisten der „guten Gesellschaft" zur Zeit Karls II. geschrieben worden sein, den alten Pepys von höfischem Ruhm. Das junge Mädchen aus Hertfordshire, weit weg vom Hof, hätte Rochester und solche „fröhlichen Funken" und die Damen, die sie mit Gläsern Wein bewarfen, durchaus für nicht ganz wohlerzogen gehalten haben und auch keinen Anspruch auf Aufnahme in die „gute Gesellschaft" gehabt haben ." Wir können ihr keinen Vorwurf machen.

Es ist die alte Geschichte. Wo, wie in unserem Land, Vergnügen und Luxus eine bestimmte Gruppe beherrschen, die keine Tradition guter Manieren genießt, ist der Widerspruch in diesen Begriffen umso offensichtlicher. Sogar die äußeren Formen des Respekts vor guten Manieren fehlen. Solch offene Vulgarität, wie zum Beispiel das laute Reden in der Oper, wird in London niemals geduldet werden, weil eine mächtige Klasse von wirklich wohlgeborenen und wohlerzogenen Leuten es herunterzischen und auf der leisesten Musik ausgerechnet bestehen wird andere Dinge, Anforderungen. Das ist es, was wir unter einer Tradition guter Manieren verstehen.

In einer bescheideneren Gesellschaft, wie im Haushalt eines schottischen Bauern, wie es der Vater von Carlyle war, würden die Sittenverstöße, die in der modernen Gesellschaft oft zu beobachten sind, nie vorkommen. Sie würden einem Menschen mit einem wirklich guten Herzen und einer sanften Natur völlig unmöglich erscheinen. Die Manieren eines jungen Mannes von Mode, der seinen Hut aufbehält, wenn er mit einer Dame spricht, der ihr ins Gesicht rauchen würde und dem es gleichgültig zu sein scheint, wenn es um ihre Bequemlichkeit am Abendbrottisch geht, der widersprüchlich und nachlässig wäre – solche Manieren hätten es getan Für Thomas oder John Carlyle war es unmöglich, da sie in äußerster Armut aufwuchsen. Es war der „Londoner Swell", der es damals wie heute wagte, unhöflich zu sein.

Aber diese Unverschämtheit und Arroganz der Mode sollten den Sohn eines schottischen Bauern nicht davon abhalten, sich die konventionellen Gewohnheiten und Manieren eines Gentleman anzueignen oder dies zu versuchen. Wenn er bereits über die Anmut einer hohen Kultur verfügt, sollte er versuchen, diese durch die Kenntnis sozialer Gesetze zu ergänzen, die ihn zu einem angenehmen Menschen machen, dem man in der Gesellschaft begegnet. Er muss lernen, eine anmutige Notiz zu schreiben und seine Einladungen umgehend zu beantworten; er muss die Etikette der Kleidung und des Hinterlassens von Karten lernen; Er muss lernen, sein Abendessen mit Würde zu sich zu nehmen, und selbst wenn er in guter Gesellschaft Männer von äußerem Glanz sieht, die sich einer Unhöflichkeit schuldig gemacht haben, die den Mann, der in den schottischen Highlands die Kühe fütterte und melkte, schockiert hätte, darf er das dennoch nicht vergessen Die Gesellschaft verlangt etwas, was es auf dem Hof nicht gab. Carlyle, selbst der größte Radikale und Demokrat der Welt, stellte fest, dass das Leben in Craigenputtock nicht alles für ihn tun würde, dass er nach London und Edinburgh gehen musste, um seine einsame Vernachlässigung der Manieren abzulegen und danach zu streben, wie andere Menschen zu sein. Auf der anderen Seite hat sich die Königin von England gerade geweigert, den Herzog von Marlborough zu empfangen, weil dieser die besten Ehefrauen bekanntermaßen misshandelt hat und in all seinen Lebensbeziehungen das war, was man in England einen „Schaden" nennt. Sie hat ihn sogar gebeten, den Stern und das Strumpfband zurückzugeben, die einst vom Großherzog getragenen Insignien, die noch nie auf so unwürdige Schultern gefallen sind wie die des verstorbenen Marquis von Blandford, jetzt Herzog von Marlborough. Für all das hat die Welt großen Grund, der Königin zu danken, denn der jetzige Herzog war immer in „guter Gesellschaft", und die Ehrfurcht vor dem Rang und dem erblichen Namen ist in England so groß, dass er in den elegantesten Kreisen hätte fortfahren können Hätte ihn nicht die höchste Dame im Land wegen all seines schlechten Benehmens getadelt, obwohl er immer noch wegen seines Namens und seines Titels umworben wurde?

Sie hat sich geweigert, die Freunde des Prinzen von Wales zu empfangen, insbesondere einige seiner amerikanischen Favoriten, diese gute Königin, weil sie gute Manieren und ein tugendhaftes Leben als Teil einer guten Gesellschaft schätzt.

Nun neigen diejenigen, die nicht „in der Gesellschaft" sind, dazu, alles, was übertrieben, alles, was unhöflich, alles, was snobistisch ist, alles, was aggressiv ist, als Teil dieser Gesellschaft zu verwechseln. Darin liegen sie falsch. Niemand schätzt die Größe des Ozeans anhand des Mülls ein, der an die Küste geworfen wird. Die modische Gesellschaft, die gute Gesellschaft, die beste Gesellschaft besteht aus den allerbesten Menschen, den gebildetsten und versiertesten, religiösen, moralischsten und wohltätigsten.

Je höher also die Zivilisation, desto besser die Gesellschaft, wobei man immer bedenken muss, dass es hier und da unerwünschte Auswüchse eines falschen Luxus und einer unaufrichtigen Kultur geben wird. Zweifellos kann es in den Kreisen des höchsten Adels, während der König und die Königin Menschen mit einfachen und unprätentiösen Manieren sind, auch einen arroganten und selbstgenügsamen Zeremonienmeister oder einen Malvolio geben, dessen Wichtigtuerei in seltsamem Kontrast zum Guten steht. Zucht von Olivia. Es ist der kleinere Stern, der am meisten funkelt. Die „Schule für Skandale" ist ein bleibendes Bild der Torheit und Frivolität einer bestimmten Phase der Londoner Gesellschaft in der Vergangenheit und wiederholt sich in jedem Jahrzehnt. Es gibt immer eine Mrs. Candour, einen Sir Benjamin Backbite und ein skandalöses College in Newport, in New York, Milwaukee, Philadelphia, Boston, Baltimore, Chicago, Saratoga, Long Branch, wo immer sich die Gesellschaft versammelt . Es ist die notwendige Unvollkommenheit, die Schattenseite. Das ist die Umkehrung des Musters. Leider ist die rechte Seite nicht so einfach zu beschreiben. Die Farben eines schönen Stücks Brokat sind in ihrer Gesamtheit so sorgfältig gemischt, dass man sie kaum einzeln beurteilen kann: man bewundert nur das Gesamtensemble , und das vielleicht unkritisch.

Diese Gesellschaft ist schlecht, deren Mitglieder, so hartnäckig sie auch in Bezug auf Etikette und ausgefeilte Zeremonien sind, einen Verhaltenskodex für diejenigen haben, die sie für gleichwertig halten, und einen anderen für diejenigen, die sie aufgrund ihres Alters für weniger wichtig halten , finanzielle Lage oder relativer sozialer Einfluss. Schlechte Manieren sind oft die Begleiterscheinung eines Geistes und einer Stimmung, die nicht allzu gut ist, und die modische Frau, die Menschen beleidigt und verletzt, weil sie ihrem Ehrgeiz nicht gerecht werden können, fordert eine gnadenlose Kritik an ihren eigenen moralischen Mängeln heraus. Ein junges Mädchen, das sich gegenüber seiner Mutter oder deren Freunden unverschämt oder nachlässig verhält; der ohne Begleitperson umhergeht und Umgangssprache spricht; die sich gegenüber jungen Männern nachlässig verhält und zulässt, dass sie sie behandeln, als wäre sie eine von ihnen; Wer akzeptiert die Aufmerksamkeit eines jungen Mannes mit schlechtem Charakter oder ausschweifenden Gewohnheiten, weil er zufällig reich ist; die laut gekleidet und rau im Benehmen ist – ein so junges Mädchen gehört zur „schlechten Gesellschaft", sei es die Tochter eines Grafen oder eines Metzgers. Es gibt viele solcher Beispiele von Kühnheit in der sogenannten „guten Gesellschaft" Amerikas, aber solche Leute verderben sie nicht; sie isolieren sich einfach.

Ein junger Mann ist eine „schlechte Gesellschaft", der gegenüber denen, die älter sind als er, gleichgültig ist, der es versäumt, Einladungen anzunehmen, der sitzt, während eine Dame steht, der zu einem Ball geht und nicht mit seinem Gastgeber spricht, der egoistisch ist, der notorisch ist unmoralisch und achtlos gegenüber seinem guten Namen, und der seinen Vater und seine Mutter in Misskredit bringt, indem er seine schlechte Erziehung zeigt. Ganz gleich, wie reich, wie äußerlich sympathisch er gegenüber denen ist, die er umwerben möchte, ganz gleich, wie viel äußerliches Benehmen ein solcher Mann besitzen mag, er ist eine „schlechte Gesellschaft".

Eine Parvenue, die annimmt, andere Menschen aus der Gesellschaft herauszuhalten, die sie gerade erobert hat, deren Gedanken ausschließlich auf sozialen Erfolg gerichtet sind (was bei ihr bedeutet, jemanden zu kennen, der sich bisher geweigert hat, sie zu kennen), die aufsteigt und sich zurückwirft Blicke der Verachtung auf diejenigen, die ebenfalls klettern – eine solche Frau, die in Amerika leider allzu häufig vorkommt, ist, wenn sie zufällig eine modische Position erreicht hat, eines der schlimmsten Beispiele schlechter Gesellschaft. Sie kann sehr prominent, mächtig und einflussreich sein. Sie mag Geld haben und „unterhalten", und Leute, die sich amüsieren wollen, mögen ihr den Hof machen, und ihr schlechtes Benehmen wird vom unvorsichtigen Beobachter als eine Begleiterscheinung der Mode akzeptiert. Das Gegenteil ist der Fall. Sie ist eine Eindringling in die Kreise der guten Gesellschaft, und die alte Fabel vom Esel im Löwenfell passt genau zu ihr. Viele Herzoginnen in England sind solche Eindringlinge; Ihr überhebliches Auftreten verrät die Falschheit ihrer Höflichkeit, doch die Regeln des Hofes, an dem sie erzogen wurde, verpflichten sie, sich „wie eine Dame zu benehmen". sie muss gute Erziehung vortäuschen; Sie kann und darf sich nicht so verhalten, wie eine Frau, die plötzlich reich geworden ist, sich manchmal in der amerikanischen Gesellschaft verhält, ja, und dennoch akzeptiert wird.

Daraus ergibt sich, wie es gerne zum Ausdruck gebracht wurde, dass „die Mode viele Klassen und viele Bewährungs- und Zulassungsregeln hat". Ein junger Mensch, der seine Gesetze nicht kennt, sollte sich jedoch nicht durch falsche Erscheinungen täuschen lassen. Wenn ein junges Mädchen aus den abgelegensten Kreisen nach Saratoga kommt und eine hübsche, gut gekleidete, auffällige Frau sieht, die viel umworben und sozusagen vergöttert wird, und an ihr etwas beobachtet, das als unverschämte Verstellung, Unfreundlichkeit, Frivolität und Überheblichkeit erscheint , lass sie nachfragen und warten, bevor sie dieses Stück Messing für reines Gold akzeptiert. Emerson definiert „Sterling Fashion als gefördertes Talent". Seine Objekte können leichtfertig oder objektlos sein; aber auf lange Sicht sind seine Zwecke weder leichtfertig noch zufällig. Es ist eine Anstrengung für eine gute Gesellschaft; Es ist das Zusammenbringen bewundernswerter Männer und Frauen auf angenehme Weise. Gute Erziehung, persönliche Überlegenheit, Schönheit, Genialität, Kultur sind alles sehr gute Dinge. Jeder erfreut sich an einer Person mit charmanten Manieren. Manche Menschen verzeihen einem Menschen mit charmanten Manieren sehr große Verfehlungen, aber die wirklich gute Gesellschaft ist die Gesellschaft derer, die sowohl Tugend als auch gute Manieren haben.

Ein Engländer fragte einen Amerikaner: „Was für ein Land ist Amerika?" „Es ist ein Land, in dem jeder jedem auf die Füße treten kann", lautete die Antwort.

Es ist eine sehr schlechte Gesellschaft, in der jemand seinem Nächsten auf die Füße treten möchte, und noch schlimmer ist es, wenn die Neigung besteht, sich gekränkt zu fühlen oder zu zeigen, dass man gekränkt ist. Es gibt bestimmte Menschen, die neu in der Gesellschaft sind und denen ständig auf die Füße getreten wird. Sie sagen: „Mrs. Brown hat mich brüskiert; Mrs. Smith will mich nicht kennen; Mrs. Thompson hätte mich einladen sollen. Ich bin so gut wie alle anderen." Das ist eine sehr schlechte Gesellschaft. Keine Frau mit Selbstachtung wird jemals solche Dinge sagen. Wenn Sie auf Unhöflichkeit stoßen, nehmen Sie keine Rache und werfen Sie keine Verleumdungen vor. Witz und Fingerspitzengefühl, Erfolge und soziale Talente haben vielleicht eine Frau zu größerer Beliebtheit verholfen als eine andere, aber keine Frau wird diese Größe erreichen, indem sie sich beschwert. Beherrschung des Temperaments, Feinheit der Gefühle und Eleganz im Benehmen – all dies wird von den Personen verlangt, die Führer der Gesellschaft werden und es auch bleiben wollen. Sie allein sind eine „gute Gesellschaft". Ihre Nachahmer mögen sich eine Zeit lang verkleiden, auf die Füße treten und Verachtung und Beleidigungen über sie schleudern, während sie sich in einer falschen und unsicheren Vorherrschaft befinden; aber solche Thronprätendenten werden bald abgesetzt. Ein schrecklicher Sedan und Strasburg erwarten sie. Sie misstrauen ihren eigenen Schmeichlern; Ihr „Apanage" ist nicht solide.

Wer die Gesellschaft aus der Ferne betrachtet, muss bedenken, dass Frauen von Welt nicht immer weltliche Frauen sind. Sie vergessen, dass Brillanz in der Gesellschaft mit dem besten Herzen und den strengsten Grundsätzen einhergehen kann. Die besten Menschen der Welt sind diejenigen, die die Welt am besten kennen. Sie erkennen die Tatsache an, dass diese Welt mit ebenso viel Respekt und Aufrichtigkeit gekannt, bedient und behandelt werden sollte wie diese andere Welt, die unsere Belohnung dafür sein soll, dass wir die Welt, in der wir jetzt leben, erobert haben.

KAPITEL IV.
ÜBER DAS HERSTELLEN VON MENSCHEN.

Eine Dame in ihrem eigenen Haus kann in diesen Vereinigten Staaten so ziemlich tun, was sie will, aber in einer Sache scheint sich unsere kultivierte und exklusive städtische Modegesellschaft einig zu sein, und zwar darin, dass sie zwei Damen, die in den Vereinigten Staaten wohnen, nicht miteinander bekannt machen darf gleiche Stadt. Es ist eine unangenehme und peinliche Einschränkung, zumal die andere Regel, die es einfach genug macht – die englische Regel –, dass „das Dach eine Einführung ist" und dass Besucher sich ohne weitere Ankündigung unterhalten können, nicht verstanden wird. Allerdings sind die Amerikaner diesbezüglich so verlegen, dass selbst in sehr guten Häusern eine Dame mit einer anderen, vielleicht einem jungen Mädchen, gesprochen und keine Antwort erhalten hat, „weil sie nicht vorgestellt worden war"; aber dieser Zustand der Unwissenheit kommt glücklicherweise nicht sehr häufig vor. Darauf sollte die überraschte Erwiderung der Hoosier-Schulleiterin antworten: „Weißt du nicht genug, um zu sprechen, wenn du mit dir gesprochen hast?" Denken Sie daran, dass jede Frau, egal ob sie aus dem Hinterland oder aus dem vornehmsten Stadthaus kommt, daran denken kann, dass solch ein lockeres Gespräch ihr nicht schaden kann. Eine weitere Bekanntschaft dieser beiden Personen ist damit nicht verbunden. Möglicherweise kennen sie sich nicht mehr, wenn sie die Vordertreppe hinuntergehen. und es wäre freundlicher, wenn sie beide die Dame des Hauses von ihrer gemeinsamen Unterhaltung entbinden würden, indem sie sich an der Unterhaltung beteiligen oder sogar miteinander sprechen würden.

Eine Gastgeberin in diesem Land ist manchmal jung, verlegen und spricht nicht fließend. Die Anwesenheit zweier Damen, mit denen sie selbst nicht sehr gut vertraut ist und die sie beide bewirten muss, stellt ein schreckliches Dilemma dar. Es ist eine Freundlichkeit ihr gegenüber, die die Gefahren einer Bekanntschaft in einer „anderen Gruppe" überwiegen sollte, wenn diese Damen ein wenig miteinander reden.

Wenn eine Dame den Wunsch hat, einer anderen vorgestellt zu werden, sollte die Gastgeberin fragen, ob sie dies tun darf, natürlich unaufdringlich. Manchmal bringt dies eine Dame gegenüber einer anderen in eine unglückliche Lage. Sie weiß nicht genau, was sie tun soll. Frau So-und-so hat vielleicht die Gabe der Exklusivität und wünscht sich vielleicht, dass Frau Das-und-Das nicht das Privileg hat, sich vor ihr zu verneigen. Gurowski sagt in seinem sehr klugen Buch über Amerika, dass Snobismus eine Besonderheit der modischen Szene in Amerika sei, weil sie nicht weiß, wo sie steht. Es ist die Besonderheit vulgärer Menschen überall, ob sie nun auf Thronen sitzen oder Spirituosengeschäfte betreiben; Snobs werden geboren – nicht gemacht. Wenn jemals eine Dame diese Gabe oder diesen Nachteil der Exklusivität besitzt, ist es falsch, in ihre Privatsphäre einzudringen, indem man ihr Menschen vorstellt.

Das Kennenlernen sollte weder zu Hause noch in der Gesellschaft wahllos von einer Dame erfolgen, wie gutherzig sie auch sein mag. Ihre eigene Position muss aufrechterhalten werden, und das erfordert möglicherweise eine gewisse Loyalität gegenüber ihrer eigenen Gruppe. Sie muss vorsichtig sein, wie sie zum Beispiel einen unerwünschten oder aggressiven Mann, einen großen Langweiler oder eine vulgäre, irritierende Frau auf die Gesellschaft loslässt . Dies alles werden soziale Hindernisse für die jungen Damen ihrer Familie sein, über die sie zunächst nachdenken muss. Sie darf die Peinlichkeiten einer Dame, die bereits eine zu große Besuchsliste hat, nicht noch vergrößern. Unaufgeforderte Vorstellungen sind für beide Seiten schlecht. Einige großherzige Frauen der Gesellschaft sind auf diese Weise um die Hälfte zu großzügig. Eine Dame sollte durch geschickte Fragen herausfinden, wie eine neue Bekanntschaft aufgenommen wird, ob es der Wunsch beider Parteien ist, sich kennenzulernen oder nicht; denn wenn in diesem Punkt auch nur der geringste Zweifel besteht, wird ihr von beiden die Schuld gegeben. Es ist oft der gutmütige Wunsch einer sympathischen Person, dass die Menschen, die sie gut kennt, sich kennen. Sie bemüht sich daher, sie beim Mittag- oder Abendessen zusammenzubringen, findet aber vielleicht hinterher heraus, dass eine der Damen besondere Einwände dagegen hat, die andere zu kennen, und dafür wird ihr nicht gedankt. Die unzufriedene Dame zeigt ihren Unmut dadurch, dass sie der drängenden Dame gegenüber, wie sie sie vielleicht betrachtet, unhöflich ist. Hätte es keine Einführung gegeben, argumentiert sie, hätte sie möglicherweise immer noch den Ruf ihrer Höflichkeit genossen. Vorsichtige Frauen dieser Welt scheuen sich daher sehr davor, zwei Frauen einander vorzustellen.

Das ist die unangenehme Seite. Die angenehmere und, so könnte man sagen, humanere Seite hat Tausende und Abertausende Anhänger, die glauben, dass eine freundliche Einführung niemandem schadet; aber wir sprechen jetzt nicht von Freundlichkeit, sondern von Etikette, die sich entschieden gegen wahllose Vorstellungen wendet.

Die Gesellschaft ist eine so komplizierte Organisation, und ihre Gesetze sind so bedauerlicherweise ungeschrieben und dennoch so tief in den Köpfen mancher verankert, dass diese Dinge für diejenigen wichtig werden, die ständig die Ketten der Mode auf- und abwickeln.

Daher ist es gut, es als allgemeingültige Regel zu bezeichnen, dass kein Herr jemals einer Dame vorgestellt werden sollte, es sei denn, sie wurde um Erlaubnis gefragt und ihr wurde Gelegenheit gegeben, dies abzulehnen; und dass keine Frau einer anderen Frau offiziell vorgestellt werden sollte, es sei denn, der Vermittler hat die Wünsche beider Frauen besprochen. Keine feinfühlige Person würde jemals die Aufmerksamkeit einer Person auf sich ziehen, der sie zufällig im Wohnzimmer eines Freundes vorgestellt wurde; Aber leider besteht nicht die ganze Welt aus feinsinnigen Menschen.

Bei der Vorstellung wird der Herr der Dame eine so informelle Ansprache wie diese vorlegen: „Frau A, erlauben Sie mir, Herrn B vorzustellen." oder: „Frau A, Herr B möchte die Ehre haben, Sie kennenzulernen." Indem wir zwei Frauen vorstellen und die jüngere der älteren Frau vorstellen, stellt sich die Rangfrage, die in unserer Gesellschaft, in der die Position des Ehemanns, sei es Richter, General, Senator oder sogar Präsident, seiner Frau keine modische Stellung verleiht, keinen Bestand hat. Sie mag in der großen Welt der Gesellschaft von weitaus geringerer Bedeutung sein als irgendeine Mrs. Smith, die, da sie nichts anderes hat, in dem unveröffentlichten, aber bekannten Buch der Heraldik, das in Amerika so gründlich verstanden wird, als die höchste angesehen wird als Tradition. Für einen Gentleman ist es das Richtige, einen gemeinsamen Freund oder Bekannten zu bitten, ihn einer Dame vorzustellen, und es kommt nur selten vor, dass dieser Wunsch abgelehnt wird. In unseren überfüllten Ballsälen fragen Begleitpersonen junge Männer oft, ob sie ihren Schützlingen vorgestellt werden möchten. Es ist besser, die jungen Männer dieses gegenwärtigen Luxuszeitalters zu fragen, ob sie nicht nur vorgestellt werden, sondern auch vorschlagen, mit der jungen Dame zu tanzen, sonst könnte dieser junge Mensch durch eine Brüskierung beschämt werden. Es ist schmerzlich, wenn wir feststellen müssen, dass das Zeitalter des Rittertums vorbei ist und dass junge Männer auf einem Schwulenball äußerst egoistisch erscheinen und im Allgemeinen nur danach verlangen, der regierenden Schönheit oder einer Erbin vorgestellt zu werden, ohne sich dazu herabzulassen, hinzusehen auf das bescheidene Mauerblümchen, das keines von beidem ist, dessen Weiblichkeit aber Respekt einflößen sollte. Bei der Vorstellung im Ballsaal soll der Herr entweder die Absicht zum Ausdruck bringen, mit der jungen Dame zu tanzen, mit ihr spazieren zu gehen, sie durch einen Tanz anzusprechen oder ihr etwas Aufmerksamkeit zu schenken.

Männer bitten kaum darum, einander vorgestellt zu werden, aber wenn eine Dame aus eigenem Antrieb den Wunsch hegt, sie ihnen vorzustellen, sollte sie niemals auf Gleichgültigkeit ihrerseits stoßen. Männer haben natürlich das Recht, in Bezug auf ihre Bekanntschaften Exklusivität zu wahren; aber am Tisch einer Dame oder in ihrem Salon sollten sie niemals offen Abneigung gegen die Gesellschaft der anderen vor ihr zeigen.

In Amerika ist es Mode, sich die Hand zu geben, und die meisten Frauen strecken ihre Hände aus, wenn sie herzlich sein wollen, schon bei der ersten

Bekanntschaft; aber es ist vielleicht eleganter, sich bei der ersten Einführung nur zu verbeugen.

In ihrem eigenen Haus sollte eine Gastgeberin immer einer Person die Hand reichen, die ihr von einem gemeinsamen Freund gebracht und zum ersten Mal vorgestellt wurde. Bei einer Dinnerparty stellt die Gastgeberin wenige Minuten vor dem Abendessen einer Dame den Herrn vor, der sie in den Speisesaal führen soll, macht aber keine weiteren Vorstellungen, außer im Fall eines vornehmen Fremden, dem alle Das Unternehmen wird vorgestellt. Hier scheuen sich die Menschen, wie gesagt, zu sprechen, aber das sollte nicht der Fall sein, denn der Raum, in dem sie sich treffen, ist eine ausreichende Garantie dafür, dass sie sich ohne Verlust ihrer Würde unterhalten können.

Bei großen Zusammenkünften auf dem Land ist es angemessen, dass die Dame ihre Gäste einander vorstellt, und es ist völlig angemessen, dies zu tun, ohne die Erlaubnis einer der Parteien einzuholen. Eine Mutter stellt ihren Sohn oder ihre Tochter immer vor, ein Ehemann seine Frau oder eine Ehefrau ihren Ehemann, ohne um Erlaubnis zu fragen.

Ein Gentleman muss, nachdem er einer Dame vorgestellt wurde, darauf warten, dass sie sich zuerst verbeugt, bevor er es wagt, sie als Bekannte zu bezeichnen.

Das ist angelsächsische Etikette. Auf dem Kontinent verneigt sich jedoch zuerst der Herr. Da ist auch die Frage des Huthebens wichtig. Ein amerikanischer Gentleman zieht vor einer Dame seinen Hut; Ein Ausländer hebt es nur leicht und verneigt sich mit ehrerbietiger Miene. Zwischen Damen, die noch nicht ganz bekannt sind und sich gerade erst vorgestellt haben, ist eine sehr formelle Verbeugung alles, was angemessen ist; Bekannte und Freunde verneigen sich und lächeln; Intime männliche Freunde nicken einfach, aber alle Herren mit Damen heben den Hut und verneigen sich, wenn die Dame einen Freund erkennt.

Vorstellungen, die im Freien stattfinden, beispielsweise auf dem Rasentennisplatz, auf dem Jagdgelände, auf der Straße oder auf andere ungezwungene Weise, sind nicht unbedingt als formell zu betrachten, es sei denn, die Dame möchte dies in Erwägung ziehen . Das Gleiche gilt für das Kennenlernen an einer Wasserstelle, wo eine Gruppe gemeinsam spazierender Damen andere Damen oder Herren treffen und sich zu einem Spaziergang oder einer Autofahrt zusammenschließen kann. Vorstellungen sind notwendig und sollten von der ältesten Dame der Partei vorgenommen werden, dürfen aber nicht als Notwendigkeit einer Bekanntschaft zwischen den Parteien angesehen werden, wenn keine der Parteien dies später wünscht. Mittlerweile ist man sich allgemein einig, dass diese Art der lockeren Bekanntschaft keine der beiden Damen in das Netzwerk einer zukünftigen

Bekanntschaft einbezieht; Auch braucht eine Dame einen Herrn nicht zu erkennen, wenn sie sich nicht dazu entschließt, dies nach einer Einführung in die Badestelle zu tun. Es ist jedoch immer höflicher, sich zu verbeugen; Diese Höflichkeit schadet niemandem.

In unserem neuen Land gibt es viele Frauen, die sich als modische Anführerinnen betrachten – als Mitglieder einer exklusiven Gruppe – und die befürchten, dass sie ihre soziale Stellung gefährden würden, wenn sie andere Frauen aus dieser Gruppe kennenlernen würden. Diese Leute haben keine Titel, unter denen sie bekannt sind, deshalb wahren sie ihre Exklusivität durch unangenehme Manieren, so wie man einen Garten mit einem Kaktusfeigensaum absichern würde. Das Ergebnis ist, dass in der Gesellschaft viel Unmut entsteht und Menschen, die diese alten Aristokraten die „*Neureichen*", „Parvenus" usw. nennen, ständig verletzt werden. Es bleibt die Tatsache, dass die vornehmsten und wahrhaft aristokratischen Menschen es nicht für nötig halten, die Gefühle anderer zu verletzen. Eine Vorstellung schadet niemandem, und eine Frau kann mit dem geringsten Fingerspitzengefühl eine vulgäre und aufdringliche Person fernhalten, ohne unhöflich zu sein. Es ist zu befürchten, dass es unter denen, die als exklusiv gelten wollen, Vulgärnaturen gibt, die sich darüber freuen, wenn sie durch das Auftreten als exklusiv ihre eigene Bedeutung vermeintlich steigern können; aber es ist nicht nötig, auf solche Leute einzugehen.

Der Platz, der hier den Unerzogenen eingeräumt wird, wird ihnen nur zugestanden, damit man die hohen Anforderungen erkennt, die an das Taktgefühl und das gute Gefühl einer Gastgeberin gestellt werden. Sie muss eine schnelle Auffassungsgabe haben; Sie kann und wird sich jedoch daran erinnern, dass diese Gutherzigkeit sehr leicht zu verzeihen ist – dass es besser ist, gegen die Etikette zu verstoßen, als etwas Unfreundliches zu tun.

Eine Gastgeberin sollte sich große Mühe geben, schüchterne Menschen vorzustellen. Junge Menschen sind diejenigen, deren Vergnügen von der Vorstellung abhängen muss.

Für eine Dame ist es gut, wenn sie zwei Fremden vorstellt, etwas zu sagen, das das Eis bricht und das Gespräch leicht und angenehm macht; wie zum Beispiel: „Frau Smith, erlauben Sie mir, Ihnen Herrn Brown vorzustellen, der gerade aus Neuseeland angekommen ist." oder: „Mrs. Jones, erlauben Sie mir, Ihnen Mrs. Walsingham aus Washington – oder San Francisco" vorzustellen, damit die beiden natürlich eine Frage und eine Antwort parat haben, mit denen sie über die Schwelle des Gesprächs treten können, ohne zu stolpern.

Bei einem 5-Uhr-Tee oder einem großen Empfang gibt es Gründe, warum eine Dame niemandem außer der Tochter oder Schwester vorstellen kann, die sie betreut. Eine Dame, die kommt und niemanden kennt, geht manchmal mit dem Gefühl weg, ihre Gastgeberin sei unaufmerksam gewesen, weil niemand mit ihr gesprochen hat. Sie erinnert sich an Europa, wo der Dachbaum eine Einführung war und wo die Menschen freundlich zu ihr sprachen und nicht an ihr vorbeigingen. Dinnerpartys im strengen und formellen London haben diesen großen Reiz: Ein Herr tritt vor und spricht mit einer Dame, obwohl sie sich noch nie zuvor getroffen haben, und nimmt sie oft ohne Vorstellung zum Abendessen mit. Die Frauen plaudern nach dem Abendessen wie alte Freundinnen; Jeder weiß, dass das Dach eine ausreichende Garantie ist. So sollte es sein; Aber in den Vereinigten Staaten ist es sehr peinlich, wenn eine Dame mit einer anderen spricht und keine Antwort erhält. „Bitte, können Sie mir sagen, wer der Pianist ist?" sagte ein führendes Mitglied der Gesellschaft zu einem jungen Mädchen in ihrer Nähe bei einem Privatkonzert. Die junge Dame sah verzweifelt und rot aus und antwortete nicht. Als die Rednerin einen Taubstummen im Raum sah, den sie kannte, kam sie zu dem Schluss, dass diese junge Dame zu dieser Personengruppe gehörte, und war sehr überrascht, als die Gastgeberin später diese schweigsame Persönlichkeit zur Sprache brachte und sie vorstellte.

„Ich konnte vorher nicht mit Ihnen sprechen, weil ich nicht vorgestellt worden war – aber der Pianist ist Mr. Mills", bemerkte dieser pünktliche Mensch. „Ich konnte jedoch mit Ihnen sprechen, obwohl wir nicht offiziell vorgestellt worden waren. Das Dach war ein ausreichender Garant für Ihre Seriosität, und weil Sie nicht antworteten, dachte ich, Sie seien taubstumm", sagte die Dame.

Die Zurechtweisung war verdient. Der gesunde Menschenverstand muss Etikette interpretieren; „Schöne Bräuche mit freundlicher Genehmigung großer Könige." Die Gesellschaft ist für alles, was in ihr gut ist, auf ihre sozialen Wahrsager angewiesen. Eine unangenehme Frau kann immer Vorbilder dafür finden, formell und unaufgeregt zu sein; Eine gutmütige Frau kann immer genug Gründe finden, umgänglich zu sein. Eine Frau wäre lieber ein Segen als ein Fluch, sollte man meinen. Alles in allem halten wir es für richtig, dass eine Gastgeberin bei Dinnerpartys und Empfängen ihre Freunde einander vorstellen darf. Solange es eine Peinlichkeit gibt oder der Fehler der oben erwähnten jungen Dame, die eine höfliche Frage nicht beantwortet hat; solange diese und andere Fehler gemacht werden und das Ergebnis Dummheit und Trübsinn und eine schweigsame und daumendrehende Partei ist, statt sich fröhlich zu unterhalten, wie es sein sollte; Solange die Leute nicht so leicht zusammenkommen, ist es offensichtlich angebracht, dass die Gastgeberin ihren Finger auf das soziale Pendel legt und es in Bewegung setzt, um die Konversationsuhr in Gang zu setzen. Alle wohlerzogenen Menschen erkennen, dass es angebracht ist, auf einer Dinnerparty auch nur mit einem Feind zu sprechen, auch wenn sie eine Stunde später keine Anerkennung erfahren würden. Das gleiche Prinzip gilt natürlich auch, wenn die Gastgeberin im Rahmen ihrer Gastfreundschaft eine Person vorstellt, die sie loben möchte. Das sind die Ausnahmen, die die Regel bilden.

Bei der Präsentation von Ausländern gegenüber jungen Damen ist Vorsicht geboten. Manchmal sind Titel zweifelhaft. Hier ist es einer Gastgeberin zu verzeihen, wenn sie ausdrücklich ablehnt. Sie könnte höflich sagen: „Ich glaube kaum, dass ich Sie gut genug kenne, um es zu wagen, Sie dieser jungen Dame vorzustellen. Sie müssen warten, bis ihre Eltern (oder Vormund oder Begleitperson) Sie vorstellen."

Aber die Zahl der sympathischen Menschen, die darauf warten, vorgestellt zu werden, ist groß. Die Frau von literarischem Rang und Trägerin eines ehrenvollen Namens kann unbesiegbar schüchtern sein und Angst haben, etwas zu sagen; während ihre nächste Nachbarin, die vielleicht ihren Ruhm kennt und unbedingt ihre Bekanntschaft machen möchte, Schüchternheit fälschlicherweise für Stolz hält – eine Maskerade, die Schüchternheit manchmal spielt; So schweigen zwei Menschen, die einander Bände zu sagen haben, wie Fische, bis der freundliche Zauberer vorbeikommt und durch den offenen Sesam einer Einführung den Schatz öffnet, der so geschickt verborgen war. Eine modebewusste Frau kann einer Versammlung von Denkern beitreten und feststellen, dass sie gefürchtet und gemieden wird, bis ein freundliches Wort die *Entente cordiale schafft* . Bei den gesellschaftlichen Unterhaltungen in New York bevorzugen die meisten solche, bei denen die Gastgeberin ihre Gäste vorstellt – natürlich unter diesen klugen und angemessenen Einschränkungen.

Was die Einführungsformen betrifft, so sind die einfachsten die besten. Eine Dame sollte ihren Mann als „Mr. Brown", „General Brown", „Richter Brown" vorstellen. Wenn er einen Titel hat, soll sie ihn ihm immer geben. Unsere einfachen Formen des titellichen Respekts wurden im Ausland verurteilt, und wir wurden beschuldigt, alle „Oberst" und „Generäle" zu sein; aber eine Frau sollte ihrem Mann trotzdem seinen Titel geben. Wenn wir uns an den Präsidenten wenden, sagen wir „Herr Präsident", aber seine Frau sollte sagen: „Erlauben Sie mir, Ihnen den Präsidenten vorzustellen." Die Bescheidenheit von Mrs. Grant erlaubte es ihr jedoch nie, ihren vielbetitelten Ehemann anders als „Mr. Grant" zu nennen, was in ihrem Fall eine Sanftheit war, die über alle Etikette hinausging.

Vorstellungen im heimeligen deutschen Vaterland sind allgegenwärtig, jeder nennt jedem den Namen der Dame, mit der er spricht; und unter unseren deutschen Mitbürgern sehen wir oft einen Herrn, der eine Dame durch eine überfüllte Versammlung führt und sie allen vorstellt. Es ist eine einfache, herzliche und angenehme Sache, denn bei ihnen hört die Bekanntschaft hier auf; und eine Verbeugung und ein Lächeln haben niemandem geschadet.

Niemand mit Herz und Verstand muss Angst haben, im Haus eines Freundes zu reden und freundlich zu sein, egal, ob er sich vorgestellt hat oder nicht; Selbst wenn sie auf die Ablehnung eines taubstummen Nachbarn stößt, muss ihr das Herz nicht gebrochen werden: Sie hat Recht, und ihr steifer Bekannter hat Unrecht.

Wenn ein Herr darum bittet, einer Dame vorgestellt zu werden, sollte er sein Einverständnis auf angenehme Weise zum Ausdruck bringen und seiner Gastgeberin, durch die die Bitte kommt, das Kompliment machen, dass sie sich über die Vorstellung zumindest scheinbar freut. Unseren amerikanischen Damen mangelt es manchmal ein wenig an Herzlichkeit und sie machen oft eine neue Bekanntschaft mit dem Teil ihres Körpers, der als „kalte Schulter" bekannt ist. Eine schroffe Unhöflichkeit ist schlecht, eine sehr überschwängliche Höflichkeit und eine zu tiefe Verbeugung sind schlimmer und eine überwältigende und herablassende Art ist abscheulich. Die richtige Anrede liegt genau zwischen den beiden Extremen: Das „juste milieu" ist immer das Richtige. Wenn wir uns selbst vorstellen möchten, müssen wir zwar nicht davor zurückschrecken, einen ersten Besuch zu machen oder um eine Vorstellung zu bitten, aber wir müssen uns dennoch vor „Drängen" hüten. Es gibt Instinkte im bescheidensten Verständnis, die uns sagen, wo wir die Grenze ziehen sollen. Wenn eine Person gesellschaftlich prominenter ist als wir selbst oder in irgendeiner Weise angesehener ist, sollten wir nicht unbedingt darauf bedacht sein, den ersten Schritt zu tun; wir sollten warten, bis uns ein glücklicher Zufall zusammenführte, denn wir müssen in unserer Selbstachtung so fest sein, wie unsere Nachbarin in ihrer erhabenen Stellung sicher ist. Bisher hatte Reichtum kaum die Macht, einer Person eine ausschließlich modische Stellung zu verschaffen. Charakter, Erziehung, Kultur, gute Verbindungen – alles muss helfen. Ein Aristokrat, der aufgrund eines alten und ehrenvollen Namens, der nie befleckt wurde, ein solcher ist, ist in der neuesten Gesellschaft wie in der ältesten eine Macht; aber es ist eine schattenhafte Macht, die eher gefühlt als beschrieben wird. Bildung ist immer eine Macht.

Sicherlich herrscht in Großstädten eine Tyrannei der sogenannten „modischen Gruppe", bestehend aus Menschen, die bereit sind, Geld auszugeben; die eine Art Bündnis eingehen, offensiv und defensiv; Wer kann Bälle und Partys veranstalten und bestimmte Leute draußen halten? die den Platz einnehmen, den viele begehren; die zu sehr gefürchtet und gefürchtet werden. Wenn diejenigen, die sich eine Einführung in dieses Set wünschen, zu sehr danach streben, werden sie mit Sicherheit brüskiert werden; denn dieser Kreis lebt vom Brüskieren. Wenn eine solche Anwärterin geduldig wartet, wird sich entweder die gesamte autokratische Gruppe von Damen auflösen – denn solche Gruppen lösen sich leicht auf – oder sie werden ihrerseits an die Tür klopfen und um Aufnahme bitten. *L'art de tenir salon* kann man nicht in einer Stunde erwerben. Es dauert viele Jahre, bis ein neuer und ungeschulter Satz all die kleinen Unbeholfenheiten, die zweifelhaften Punkte der Etikette, die bei jedem neuen Mischen der sozialen Karten auftauchen, überwunden hat; Aber eine bescheidene und gelassene Höflichkeit, eine Höflichkeit, die nicht unterwürfig ist, wird ein guter Einstieg in jede Gesellschaft sein.

Und es ist gut, den philosophischen Geist zu haben, der das Verhalten anderer bestmöglich interpretiert. Beeilen Sie sich nicht, sich selbst als vernachlässigt zu betrachten. Selbstachtung wird nicht so leicht beleidigt. Eine Dame, die sich ihrer eigenen Seriosität vollkommen bewusst ist, die immer in der besten Gesellschaft gelebt hat, hat nie Angst davor, sich zuerst zu verbeugen oder anzurufen oder die Menschen vorzustellen, von denen sie sich wünscht, dass sie sich kennen. Sie maßt vielleicht ihre Position an, aber es kommt sehr selten vor, dass eine solche Person beleidigt ist; denn Taktgefühl ist fast immer die Begleiterscheinung sozialen Erfolgs.

In letzter Zeit gibt es eine Bewegung hin zu den stattlichen Verbeugungen und Höflichkeiten der Vergangenheit bei unserem jüngsten Import von Mode aus der Alten Welt. Eine Dame macht bei der Vorstellung schweigend Höflichkeiten, ein Herr verbeugt sich tief, ohne zu sprechen. Wir hatten den Brauch des Händeschüttelns – und es ist ein sehr guter Brauch –, aber vielleicht verbietet die neueste Mode bei feierlichen Einführungen dies. Wenn ein Herr seinen Crush-Hut trägt und eine Dame ihren Fächer und einen Blumenstrauß, ist das Händeschütteln möglicherweise nicht ganz praktisch. Wenn jedoch eine Dame oder ein Herr die Hand reicht, sollte dies herzlich angenommen werden. Reagieren Sie auf die Begrüßung immer in der Grundsatzrede des Gebers.

KAPITEL V.
BESUCH.

Kein Begriff lässt eine weitere Interpretation zu als diese; Kein Fach ist zu einer größeren Zahl von Unterteilungen fähig. Das Thema formeller Besuche hat zum Schreiben unzähliger Bücher geführt. Der Verfall gesellschaftlicher Besuche ist für alle altmodischen Menschen, die sich daran erinnern, wie angenehm es war, ein Grund zum Bedauern; Aber unsere Städte sind dafür zu groß geworden, und in unseren Dörfern verändert sich die Bevölkerung zu schnell. Das ständige Bemühen, die beiden Systeme dazu zu bringen, sich die Hand zu geben, der Formalität Herzlichkeit zu verleihen und alle erzwungenen Bedingungen einer schnell wachsenden und sich ständig verändernden Gesellschaft zu berücksichtigen, sind nur einige der Schwierigkeiten, die dieses Thema mit sich bringt.

Der ursprüngliche Plan eines Bekannten in einem formellen Stadtkreis bestand darin, ein- oder zweimal im Jahr alle seine Freunde persönlich zu besuchen, in der Hoffnung und der fernen Erwartung, zwei oder drei zu Hause anzutreffen. Als die Gesellschaft in New York noch kleiner war, war dies möglich, aber wie in allen großen Städten wurde es bald unmöglich. Dies führte schließlich zur Einführung eines Empfangstags, der den ganzen Winter über galt. Das wurde unmöglich und ermüdend und wurde auf vielleicht vier Dienstage in einem Monat eingegrenzt; das löste sich in ein oder zwei Fünf-Uhr-Tees auf; Und andererseits, wenn eine Dame lahm, faul oder luxuriös wurde, wurde selbst die letzte einfache Methode, ihre Freunde zu empfangen, zu beschwerlich, und Karten wurden zurückgelassen oder in einem Umschlag verschickt.

Jetzt werde den strengen Regeln der Etikette entsprechend eine Karte pro Jahr an der Tür gelassen oder in einem Umschlag verschickt, so die Bekanntschaft weiter. Wir können nie wissen, welcher plötzliche Druck des Unglücks, welche zwingenden Sparzwänge, welche Arbeitserfordernisse eine Dame dazu veranlassen können, ihren Besuch für eine Saison aufzugeben. Selbst wenn es keinen offensichtlichen Grund gibt, darf die Gesellschaft keine Fragen stellen, sondern muss sich der gutmütigsten Sichtweise des Themas hingeben.

Dennoch muss Einheitlichkeit herrschen. Wir freuen uns nicht, Frau Browns Karte per Post zu erhalten und sie dann bei einem persönlichen Besuch bei unserem nächsten Nachbarn zu treffen. Wir alle wünschen uns persönliche Besuche, und wenn eine Dame nicht alle ihre formellen Bekannten einmal besuchen kann, sollte sie besser niemanden besuchen.

Wenn sie einmal im Jahr einen Empfang gibt und ihre gesamte „Liste" einlädt, steht es ihr frei, weder anzurufen noch eine Karte zu verschicken, es sei denn, sie wird zu einer Hochzeit oder einem Abendessen, einem Damenessen oder einer Taufe eingeladen oder empfängt eine ganz besondere Einladung, die sie durch einen frühen persönlichen Anruf erwidern muss – die sehr formellen und die pünktlichen sagen wir innerhalb einer Woche, aber das ist oft unmöglich.

Und wenn eine Dame einen Tag hat, sollte der Anruf an diesem Tag erfolgen; Es ist unhöflich, die Andeutung zu ignorieren. Man sollte versuchen, an einem Empfangstag anzurufen. Aber hier in einer überfüllten Stadt kommt noch eine weitere Komplikation hinzu. Wenn eine Dame im Januar vier Donnerstage hat und mehrere andere Damen Donnerstage haben, ist es möglicherweise unmöglich, alle diese Damen an ihrem Empfangstag zu erreichen. Es bleibt also nichts anderes übrig, als sich gutmütig zu entschuldigen und zu bedauern, dass die Gesprächszeiten in Großstädten mittlerweile auf vier bis sechs Stunden verkürzt sind.

Manche Menschen haben zu viele Bekanntschaften. Wenn sie hoffen, irgendetwas in der Welt zu tun, außer herumzufahren und Karten zu hinterlassen, müssen sie sich von der Schuld entlasten, indem sie einen Empfang geben, einen Tag oder einen Abend für den Empfang haben und dann auf die Gutmütigkeit der Gesellschaft oder ihre Vergesslichkeit vertrauen , was ungefähr dasselbe ist, um sie zu entschuldigen.

Glücklich sind jene Damen, die einen Abend in der Woche ihren Freundinnen widmen können; Das streicht den Punktestand auf der gesellschaftlichen Tafel und gibt darüber hinaus einer Reihe von Menschen die Möglichkeit, eine sehr angenehme Stunde in der Gesellschaft zu verbringen, die sich um eine gastfreundliche Lampe versammelt.

Die Gefahr dieser Art von Gastfreundschaft besteht darin, dass sie von Langweilern missbraucht wird, die zu sehr dazu neigen, sich in großer Zahl zu versammeln und die Dame des Hauses zu ermüden, indem sie ihren Salon als einen Ort nutzen, an dem sie vor Regen und Kälte geschützt sind Es steht ihr frei, ihre Langeweile an jeden weiterzugeben, auch an sich selbst. Dann möchte eine Dame, nachdem sie sich zu einem Empfangsabend verpflichtet hat, oft selbst ausgehen. Es erfordert Selbstlosigkeit, einen Abend diesem großen Kreis zu überlassen, von dem manche es vergessen, manche woanders hingehen, manche zu oft kommen und manchmal, leider! Niemand ruft an. Das sind die Nachteile eines „Abends zu Hause". Es ist jedoch ein lobenswerter Brauch; man könnte sich wünschen, dass es häufiger vorkäme.

Niemand kann den beredten Dank von Männern wie Horace Walpole und anderen angesehenen Persönlichkeiten an die Misses Berry in London vergessen, die ihre Abendempfänge sechzig Jahre lang aufrechterhielten.

Aber von den Prüfungen derer, die zu viele Besuche haben, wenden wir uns den Menschen zu, die über alle Mittel und Geräte verfügen, um zu besuchen, und niemanden, den sie besuchen könnten.

Die junge verheiratete Frau, die nach New York oder in eine andere Großstadt kommt, verbringt oft Jahre der Einsamkeit, bevor sie neue Bekanntschaften schließt. Sie wird ordnungsgemäß vorgestellt, sagen wir von ihrer Schwiegermutter oder einer anderen Freundin, und dann, nach einer Reihe von Besuchen, bei denen sie die Positionen und Namen ihrer neuen Bekannten vielleicht nur unvollkommen verstanden hat, hat sie eine lange Krankheit, oder sie wird in Trauer gerufen, oder die Sorgen der Kinderstube umgeben sie, und sie wird von der Gesellschaft ausgeschlossen, bis diese sie vergessen hat; und wenn sie zum Auftauchen bereit ist, fällt es ihr schwer, ihren Platz im Gästebuch wiederzufinden. Wenn sie energisch und klug ist, überwindet sie diese Schwierigkeit, indem sie eine Reihe von Empfängen gibt, sich für wohltätige Zwecke engagiert oder in einem Ausschuss arbeitet und sich so für die Gesellschaft auf irgendeine Weise nützlich macht; und nimmt so ihre ausgefallenen Maschen wieder auf. Aber einige junge Frauen haben nicht den Mut und das Fingerspitzengefühl, dies zu tun. Sie warten und erwarten, dass die Gesellschaft sie herausfindet, sie aufnimmt, die ganze Arbeit erledigt und es ihnen überlässt, Höflichkeiten nach Belieben anzunehmen oder abzulehnen. Die Gesellschaft tut dies niemals; es hat zu viel zu tun; Ein paar auffallend schöne und begabte Menschen mögen gelegentlich solche Ovationen erhalten, aber sie sind nicht für die Basis gedacht.

Jede junge Frau sollte versuchen, denjenigen, die älter sind als sie selbst, zumindest einen persönlichen Besuch abzustatten, und sie sollte denen gegenüber barmherzig sein, die diesen Besuch nicht sofort erwidern. Natürlich hat sie ein Recht darauf, verärgert zu sein, wenn ihr Besuch beharrlich ignoriert wird; und sie sollte sich nicht auf einen kalten oder gleichgültigen Bekannten drängen, aber sie sollte langsam sein, zornig zu werden; und wenn sie einmal in das Haus der älteren Dame eingeladen wird, ist das aus Höflichkeitsgründen ein Dutzend Besuche wert.

Es ist angebracht, persönlich vorbeizukommen oder eine Karte zu hinterlassen, wenn ein Bekannter einen Verwandten verloren hat, nachdem eine Verlobung bekannt gegeben wurde, nachdem eine Ehe geschlossen wurde, nach einer Rückkehr aus Europa und natürlich nachdem eine Einladung ausgesprochen wurde ; Wenn die Gesellschaft jedoch immer größer wird, können die ersten vier Besuche weggelassen und Karten verschickt werden, wenn es unmöglich ist, die Besuche persönlich durchzuführen. Die meisten Damen in Großstädten sind außer an ihren Tagen unsichtbar; Nur auf diese Weise können sie hoffen, Zeit für ihre individuellen Vorlieben zu haben, seien es diese, sei es Porzellanmalerei,

Autorenschaft, Stickerei oder Musik. So wird der formelle Besuch zu einer bloßen Angelegenheit des Hinterlegens der Karte; und der geistreiche Autor, der vorschlug, dass es eine „Abrechnungsstelle für Karten" geben sollte, und der das Casino in Newport als eine gute Institution dafür pries, war nicht ohne Genie. Man hasst es, in dieser Welt Zeit zu verlieren, während man die Maschinerie schmiert, und das formelle, oberflächliche Hinterlassen von Karten ist kaum etwas anderes.

Könnten wir alle reichlich Freizeit haben und sicher sein, unsere Freunde zu Hause zu finden? Was gibt es Schöneres als einen Besuch? Von einem angenehmen Innenraum zum anderen zu wandern, ein wenig harmlosen Klatsch zu erzählen, das letzte *Wort*, die beste Neuigkeit zu hören, seine Freunde, seine Kinder und den Fremden hinter seinen Toren zu sehen – all das ist bezaubernd; es ist die Utopie der Gesellschaft; es wäre die Apotheose des Besuchs – wenn es so etwas gäbe!

Leider ist es unmöglich. Es mag hier und da einen Menschen geben, der so viel Muße hat, dass er seine Rechnungen gegenüber der Gesellschaft in einem dieser Handbücher aus purpurnem Satin mit dem Aufdruck „Besuche" vermerken und jeden Tag die entsprechenden Vermerke unter den Überschriften „Adresse", „erhalten" anbringen kann, „wiederkehrende Besuche" und „Empfangstage", aber er ist ein *Rara Avis*.

Bestimmte Regeln sind jedoch unveränderlich. Ein erster Anruf eines neuen Bekannten sollte zügig beantwortet werden. Hierbei handelt es sich um formelle Anrufe, die in New York und anderen Großstädten zwischen vier und sechs Uhr persönlich erfolgen sollten. Allerdings hat jede Stadt ihre eigenen Empfangszeiten. Wenn Sie zum ersten Mal mehrere Damen, die nicht Mutter und Töchter einer Familie sind, anrufen, sollte bei jeder eine Karte hinterlassen werden. Beim ersten Anruf der Saison hinterlässt eine Dame ihre eigene Karte und die ihres Mannes, ihrer Söhne und Töchter.

Eine Dame hat das Recht, ihre Karte zu hinterlassen, ohne nach der Dame des Hauses zu fragen, wenn es nicht ihr Tag ist oder wenn es einen Grund gibt – wie schlechtes Wetter, Termindruck oder ähnliches –, der Zeit zu einem wichtigen Thema macht.

Wenn Damen empfangen werden und sie zugelassen wird, sollte die Besucherin die Karten ihres Mannes für die Herren der Familie auf dem Tisch im Flur ablegen. Fremde, die sich in der Stadt aufhalten und besucht werden möchten, sollten ihre Visitenkarten per Post mit angehängter Adresse an die Personen senden, die sie gerne sehen möchten. Es besteht keine Notwendigkeit, nach einem Tee oder einem allgemeinen Empfang anzurufen, wenn man an der Feier teilgenommen hat oder an diesem Tag gegangen ist oder eine Karte geschickt hat.

An Empfangstagen trägt eine Dame ein schlichtes, dunkles, üppiges Kleid, achtet jedoch darauf, zu Hause nie überkleidet zu sein. Sie steht auf, wenn ihre Besucher eintreten, und achtet darauf, ihre Freunde so zu platzieren, dass sie mit jedem ein Wort reden kann. Wenn dies nicht möglich ist, behält sie die Neuankömmlinge im Auge, um sicherzustellen, dass sie mit allen spricht. Es ist ihr zu verzeihen, wenn sie den Alten, einem angesehenen Fremden oder jemandem, der noch größeres Unglück wünscht, oder jemandem von bescheidenem und schrumpfendem Temperament mehr Aufmerksamkeit schenkt, als einem jungen, fröhlichen, modischen Menschen , und reich. Wenn sie diese glücklichen Besucher vernachlässigt, werden sie es nicht spüren; Wenn sie sich vor ihnen tief verneigt und die anderen vernachlässigt, verrät sie, dass sie ein Snob ist. Wenn eine Dame nicht sicher ist, ob sie bei ihrer Gastgeberin namentlich bekannt ist, sollte sie es nicht versäumen, ihren eigenen Namen auszusprechen. Viele Damen schicken ihre Karten an junge Bräute, die in die Familie einer Freundin eingezogen sind, aber noch keinen persönlichen Bekannten haben. Viele, leider! Vergessen Sie Gesichter, sodass ein schnell ausgesprochener Name hilfreich ist. Im Falle eines Telefongesprächs zwischen zwei Damen, die sich noch nie begegnet sind (und das geschieht in New York jahrelang, manchmal bis der Tod sie für immer entfernt hat), sollten sie frühzeitig die Gelegenheit nutzen, bei einer Freundin miteinander zu sprechen Haus; die Jüngere sollte auf die Ältere zugehen und sich vorstellen; es wird immer als eine Freundlichkeit angesehen; oder derjenige, der die erste Aufmerksamkeit erhalten hat, sollte der Erste sein, der spricht.

Es ist gut, immer eine Karte im Flur zu lassen, selbst wenn man eine Karte erhalten hat, da sie das Gedächtnis der Dame bei ihren Versuchen unterstützt, diese Höflichkeiten zu erwidern. Kondolenzkarten müssen durch eine Trauerkarte in einem Umschlag zurückgegeben werden, und zwar so rechtzeitig nach dem Tod eines Angehörigen, dass man sich dazu entschließen kann, die gesellschaftliche Tätigkeit wieder aufzunehmen. Wenn die separate Karte einer Dame zurückgelassen wird, auf der in einer Ecke ihr Empfangstag aufgedruckt ist, sollten zwei Karten ihres Mannes hinterlassen werden, eine für die Dame, die andere für den Hausherrn; aber nach dem ersten Anruf der Saison ist es nicht mehr nötig, die Karte des Mannes zu hinterlassen, außer nach einer Einladung zum Abendessen. Es ist eine Annehmlichkeit, wenn auch kein allgemeiner Brauch, die gemeinsamen Namen von Mann und Frau, wie „Dr. und Frau JB Watson", auf einer Karte zu drucken, um sie als Beileids- oder Glückwunschkarte zu verwenden, aber nicht als solche eine Visitenkarte. Diese Karten werden als „PPC"-Karten verwendet und können in einem Umschlag per Post verschickt werden. Die Vorurteile gegenüber dem Kartenversand per Post werden in der Gesellschaft zunehmend überwunden . In Europa wird das immer gemacht und es ist viel sicherer. Etikette und Gastfreundschaft wurden in der Alten

Welt auf ein System reduziert. Es wäre viel bequemer, wenn wir das hier tun könnten. Bei feierlichen Besuchen handelt es sich um die Maschinerie, mit der ein Bekannter in einem Kreis gehalten wird, der für gesellschaftliche Besuche zu groß ist; Aber jede Dame sollte versuchen, jeden Winter ein oder zwei informelle Anrufe bei intimen Freunden zu tätigen. Diese Anrufe können morgens im schlichtesten Gehanzug getätigt werden und sind sicherlich die angenehmsten und schmeichelhaftesten aller Besuche.

KAPITEL VI.
Einladungen, Annahmen und Bedauern.

Das Gravieren von Einladungskarten ist zur wichtigen Aufgabe von mehr als einer unternehmungslustigen Firma in jeder Stadt geworden, so dass es unnötig erscheint, mehr zu sagen, als dass die schlichteste und einfachste Art der Gravur der notwendigen Wörter alles ist, was erforderlich ist.

Der englische Botschafter in Rom hat eine schlichte, steife, unglasierte Karte von großem Format, auf der Folgendes eingraviert ist:

Sir Augustus und Lady Paget erbitten die Freude an ______er Gesellschaft am Donnerstagabend, dem 15. November, um zehn Uhr. Um eine Antwort wird gebeten.

Die Dame des Hauses schreibt den Namen des eingeladenen Gastes in das freie Feld vor dem Wort „Firma". Viele Entertainer in Amerika haben diese Rohlinge oder halbgravierten Einladungen immer griffbereit und ersparen sich so die Mühe, die ganze Karte zu schreiben.

Manchmal schreiben Damen ihre Einladungen zum Abendessen jedoch lieber selbst. Die Formel sollte immer lauten:

Mr. und Mrs. Henry Brown
bitten um die Freude, Mr. und Mrs. Jones beim Abendessen in Gesellschaft zu haben. 15. November, um sieben Uhr, 132 Blank St. West.

Auf diese Einladungen sollte sofort reagiert werden, und zwar mit einer entschiedenen Annahme oder einem Bedauern. Lassen Sie sich mit einer Einladung zum Abendessen niemals auf eine Diskussion oder eine Vorschau ein. Schreiben Sie niemals und sagen Sie: „Sie werden kommen, wenn Sie die Stadt nicht verlassen müssen", oder dass Sie „versuchen werden zu kommen", oder, wenn Sie ein verheiratetes Paar sind, dass Sie „einer von Ihnen kommen" werden. Ihre Gastgeberin möchte genau wissen, wer kommt und wer nicht, um ihren Tisch entsprechend einteilen zu können. Sagen Sie einfach:

Herr und Frau James Jones nehmen mit Freude die höfliche Einladung von Herrn und Frau Henry Brown zum Abendessen am 15. November um sieben Uhr an.

Oder wenn es in der ersten Person geschrieben ist, akzeptieren Sie es auf die gleiche informelle Weise, aber schnell und entschlossen.

Wenn Sie nach der Annahme einer Einladung zum Abendessen aufgrund einer Erkrankung oder eines anderen Grundes nicht an der Teilnahme teilnehmen können, teilen Sie dies umgehend Ihrer Gastgeberin mit, damit sie Ihren Platz einnehmen kann. Halten Sie niemals selbstsüchtig den Platz für sich offen, wenn Sie Zweifel haben, ob Sie gehen. Oftmals hat dieses Zögern eines Gastes, seiner Gastgeberin rechtzeitig mitzuteilen, was er bedauert, weil sein Kind krank ist oder eine Erkältung eingetreten ist, das Vergnügen einer Dinnerparty oft verschönert oder getrübt Tod in der Familie oder ein anderes Unglück. Denken Sie immer daran, dass ein Abendessen eine äußerst formelle Angelegenheit ist, dass es das höchste gesellschaftliche Kompliment darstellt, dass seine glückliche Erfüllung für die Gastgeberin von größter Bedeutung ist und dass es im gleichen formellen Geist stattfinden muss. Dies schließt ihrerseits die Notwendigkeit aus, einen ersten Anruf tätigen zu müssen, wenn sie die ältere Bewohnerin ist, obwohl sie in der Regel zuerst anruft. Einige junge Neulinge in der Gesellschaft wurden zu einem Abendessen eingeladen, bei dem die ältere Dame, die es gab, vergessen hatte, ihre Karte beizulegen, und fragten, ob sie anschließend anrufen sollten. Selbstverständlich waren sie dazu verpflichtet, obwohl die Gastgeberin hätte anrufen oder ihre Karte beilegen sollen. Als geselliges Kompliment ist jedoch eine Einladung zum Abendessen besser als viele Karten.

Viele haben uns gefragt: „An wen sollte die Antwort auf eine Einladung gerichtet sein?" Wenn Mr. und Mrs. Brown Sie einladen, antworten Sie Mr. und Mrs. Brown. Wenn Frau John Jones Sie zu einer Hochzeit einlädt, antworten Sie Frau John Jones. Ein anderer unserer Korrespondenten fragt: „Soll ich der Dame des Hauses oder der Braut antworten, wenn ich zu einer Hochzeit eingeladen werde?" Dies scheint eine so unmögliche Verwirrung zu sein, dass wir nicht daran denken würden, eine so selbstverständliche Tatsache zu erwähnen, wenn nicht der Zweifel aufgekommen wäre. Man hat der Braut nichts zu sagen, wenn man auf eine solche Einladung antwortet; Die Antwort ist an die Gastgeberin zu senden, die schreibt.

Beachten Sie stets sorgfältig die Formel Ihrer Einladung und beantworten Sie diese genau. Auf die Karte des englischen Botschafters sollte ein Herr schreiben: „Mr. Algernon Gracie wird sich die Ehre erweisen, die Einladung von Sir Augustus und Lady Paget anzunehmen." In Amerika würde er etwas weniger förmlich sein und sagen: „Herr Algernon Gracie wird die höfliche Einladung von Herrn und Frau Henry Brown mit großer Freude annehmen." Wir bemerken, dass auf allen englischen Karten das „RSVP" weggelassen wird und dass eine einfache Zeile in englischer Schrift eingraviert ist, in der es heißt: „Um eine Antwort wird gebeten."

In diesem Land erfolgen Einladungen zu einem Abendessen immer auf den Namen des Gastgebers und der Gastgeberin, Einladungen zu einem Ball „zu Hause", einem Tee oder einer Gartenparty erfolgen jedoch ausschließlich auf den Namen der Gastgeberin. Bei einer Hochzeit werden die Namen des Gastgebers und der Gastgeberin genannt. Und wenn ein Vater als Witwer seine Töchter empfängt, erscheint bei ihrer Hochzeit allein sein Name; aber wenn seine älteste Tochter seinem Haushalt vorsteht, erscheinen sein und ihr Name gemeinsam bei Abendessen, Empfängen und „zu Hause". Viele verwitwete Väter verzichten jedoch auf der Einladung auf die Namen ihrer Töchter. Eine junge Dame an der Spitze des Hauses ihres Vaters kann, wenn sie nicht mehr ganz jung ist, ihre eigenen Karten für einen Tee ausstellen. Für sehr junge Damen ist es nie angemessen, Herren in ihrem eigenen Namen zu einem Besuch im Haus, zu einem Besuch oder zum Abendessen einzuladen. Die Einladung muss vom Vater, der Mutter oder der Begleitperson erfolgen.

Bei der Versammlung, dem Patriarchenball, einem Wohltätigkeitsball oder einer anderen öffentlichen Veranstaltung wird das Wort „Ball" verwendet, aber keine Dame lädt Sie zu einem „Ball" in ihrem eigenen Haus ein. Allein die Worte „At Home" mit „Cotillion" oder „Dancing" in einer Ecke sowie die Uhrzeit und das Datum sind erforderlich. Wenn es ein kleiner, informeller Tanz sein soll, sollte in einer Ecke das Wort „Informal" eingraviert sein. Offiziere des Heeres und der Marine, die einen Ball geben, Mitglieder der Jagd, Junggesellen, Mitglieder eines Vereins, Leiter von Komitees, „bitten immer um das Vergnügen" oder „die Ehre Ihrer Gesellschaft". Es steht einem Gentleman nicht zu, sich selbst als „zu Hause" zu bezeichnen; er muss „das Vergnügen erbitten". Ein reicher Junggeselle aus Utopia, der viele Unterhaltungen gab, machte diesen Fehler und schickte eine Karte – „Mr. Horatio Brown. Zu Hause. Dienstag, 14. November. Tee um vier" – an eine Dame, die eine Botschafterin gewesen war. Sie antwortete sofort: „Frau Rousby ist sehr froh zu hören, dass Herr Horatio Brown zu Hause ist – sie hofft, dass er dort bleibt; aber welche möglichen Konsequenzen hat das für Frau Rousby?" Das war ein grober Scherz, aber er verriet dem jungen Mann seinen Fehler. Eine andere Karte, die anlässlich der Hochzeit einer Tochter mit der einzigartigen Formel „Mrs. Ferguson hofft, Mrs. Rousby in der Kirche zu sehen" herausgegeben wurde, brachte den Vorwurf hervor: „Nichts ist so trügerisch wie die menschliche Hoffnung." Der Satz ist unpassend. Frau Ferguson hätte „um das Vergnügen bitten sollen".

Wenn Damen um eine Einladung zu einem Ball für Freunde bitten, müssen Damen vorsichtig sein, sich nicht zu sehr einzumischen oder sich beleidigt zu fühlen, wenn sie abgelehnt werden. Oft hat eine Gastgeberin eine größere Liste, als sie füllen kann, und sie ist nicht in der Lage, alle zu fragen, wen sie einladen möchte. Daher ist von Seiten derjenigen, die um einen Gefallen bitten, äußerste Diskretion geboten. Eine Dame kann immer um eine Einladung für angesehene Fremde oder für einen jungen tanzenden Mann bitten, wenn sie in jeder Hinsicht für ihn einstehen kann, aber selten für ein verheiratetes Paar und fast nie für ein Paar, das in derselben Stadt lebt, es sei denn, es ist neu angekommen.

Einladungen zu Abend- oder Tagesempfängen erfolgen in der Regel als „Zuhause"-Karten. Eine Dame darf zum Fünf-Uhr-Tee ihre eigenen Visitenkarten verwenden. Für andere Unterhaltungen können „Musik", „Rasentennis", „Gartenparty", „Lesungen und Konzerte" in eine Ecke eingraviert oder von der Dame selbst geschrieben werden.

Hochzeitseinladungen werden fast immer von den Eltern der Braut verschickt und in kleiner Schrift auf Notizpapier eingraviert. Der Stil kann immer von einem modischen Graveur bezogen werden. Sie sollten vierzehn Tage vor dem Hochzeitstag verschickt werden und dürfen nicht beantwortet werden, es sei denn, die Gäste werden gebeten, an einem Frühstück im Sitzen teilzunehmen, wobei die Antwort so eindeutig sein muss wie ein Abendessen. Diejenigen, die nicht an der Hochzeit teilnehmen können, senden oder hinterlassen ihre Visitenkarten entweder am Tag der Hochzeit oder kurz danach. Einladungen zu einem Mittagessen werden in der Regel von der Gastgeberin auf Notizpapier verfasst und sollten eher informell sein, da es sich beim Mittagessen um eine informelle Mahlzeit handelt. Heutzutage sind Damenessen jedoch zu solch großartigen, folgenschweren und teuren Angelegenheiten geworden, dass Einladungen eingraviert und zwei Wochen im Voraus verschickt und sofort beantwortet werden. Bei diesen formellen Mittagessen gilt die gleiche Etikette wie beim Abendessen. Es gibt jedoch so etwas wie ein „Stehessen" – eine Art Empfang mit Bankett, an dem man teilnehmen konnte, ohne verpasst zu werden.

Pünktlichkeit bei der Einhaltung aller Verpflichtungen ist ein Merkmal eines wohlerzogenen Charakters, sowohl in der Gesellschaft als auch im Geschäftsleben, und man kann nicht genug darauf bestehen.

Wenn Sie ein „Bedauern" senden, achten Sie darauf, dass Sie Ihre Nachricht möglichst respektvoll formulieren. Schreiben Sie niemals das Wort „Bedauern" auf Ihre Karte, es sei denn, Sie möchten Ihre Gastgeberin beleidigen. Senden Sie eine Karte ohne Bleistift darauf oder schreiben Sie eine Notiz wie: „Mrs. Brown bedauert, dass eine frühere Verlobung ihr das Vergnügen nehmen wird, die höfliche Einladung von Mrs. Jones anzunehmen."

Niemand sollte bei der Annahme oder Ablehnung einer Einladung an seiner Höflichkeit sparen. Es ist besser, auf der anderen Seite einen Fehler zu machen. Ihr Freund hat sein Bestes getan, um Sie einzuladen.

Oft wird uns die Frage gestellt: „Sollten Einladungen an Trauernde verschickt werden?" Natürlich sollten sie das tun. Niemand würde wissentlich in ein Haus eindringen, in dem innerhalb eines Monats ein Todesfall vorliegt oder eingetreten ist; aber danach ist es, obwohl es ein leeres Kompliment ist, eines, das bezahlt werden muss; es ist ein Teil der Maschinerie der Gesellschaft. Da Einladungen mittlerweile zu Hunderten von angeheuerten Gehilfen geleitet werden, sollte eine Dame ihre Liste sorgfältig überarbeiten, damit auf ihren Karten keine Namen von Verstorbenen stehen dürfen; Aber an die zurückgebliebenen Familienmitglieder, die einen Verlust erlitten haben, sollte sorgfältig gedacht werden, und es sollte nicht schmerzhaft sein, den Namen eines Verstorbenen auf den Einladungen oder Hochzeitskarten zu sehen. Menschen in tiefer Trauer werden nicht zu Abendessen oder Mittagessen eingeladen, aber bei Hochzeiten und großen Veranstaltungen werden Karten als Erinnerung und Kompliment verschickt. Nach einem Jahr der Trauer sollte die Trauerfamilie Karten mit schmalem schwarzem Rand an alle verschicken, die ihrer gedacht haben.

Es sei darauf hingewiesen, dass in allen Ländern eine von Privatpersonen in einem Umschlag verschickte Karte einem Besuch gleichkommt. In England kommt eine per Post verschickte Nachricht einem Besuch gleich, außer nach einem Abendessen. Auf einer Karte, die per Post verschickt wird, steht mit Bleistift nichts außer den drei Buchstaben „PPC". Auf einer Karte sollten keine Wörter wie „akzeptiert", „ablehnt" oder „bedauert" stehen. So sehr in New York der Verlust von Karten für große Empfänge und dergleichen, von denen einige von den Boten in die Gosse geworfen werden, großen Unwillen hervorruft, ist es tausendmal schade, dass wir uns nicht darauf einigen können, alle Einladungen per Post zu verschicken. Menschen bekommen immer Briefe, die per Post verschickt werden, vor allem solche, auf die sie verzichten könnten. Warum sollten sie nicht ihre interessanteren Briefe bekommen, die Einladungen enthalten? In England gilt dies als durchaus respektvoll, und da unser Volk diese vornehme Etikette gerne kopiert, warum sollte es diesen sinnvollen Teil davon nicht befolgen?

Es ist in jeder Hinsicht eine ebenso große Freude, einen Brief per Post zu verschicken wie mit den schmutzigen Fingern eines angeheuerten Boten. Nur sehr wenige Menschen in diesem Land können es sich leisten, ihre eigenen Bediensteten zu schicken, die wiederum selten die richtige Adresse finden.

Kapitel VII.
Kompliment-, Höflichkeits-, Beileids- und Glückwunschkarten.

Eine angesehene Dame aus New York stellte nach ihrer Genesung von einer schweren Krankheit eine Karte aus, die einen neuen Aufbruch darstellt. Wenn wir ihre Eignung und den Bedarf an einer solchen Karte bewundern, wundern wir uns, dass keiner von uns zuvor etwas so Kompaktes und Stattliches, Gefälliges und Anständiges erfunden hat – dass ihr Gedanke nicht unser Gedanke gewesen wäre. Der Text lautet in eleganter Schrift, schlicht und bescheiden: „Frau _____ überbringt ihr Komplimente und dankt für die jüngsten freundlichen Anfragen." Diese Karte, verschickt in einem Umschlag, der das Familienwappen als Siegel trägt, erreichte alle, die Karten und Anfragen für ein nützliches und bedeutendes Mitglied der Gesellschaft hinterlassen hatten, das wochenlang zwischen Leben und Tod zitterte.

Diese Karte ist eine Aufmerksamkeit für ihren großen Kreis besorgter Freunde, an die nur eine gutherzige Frau gedacht hätte, und doch war der Gedanke alles; Denn danach könnten der Graveur und die Sekretärin den Rest erledigen und zeigen, was für eine arbeitssparende Erfindung es für eine vielbeschäftigte Frau ist, die noch nicht stark genug ist, Notizen an alle zu schreiben, die ihr schweres Leid mitgefühlt haben. Die erste Freude der Genesung ist die Dankbarkeit und die zweite, dass wir bei unseren Freunden Interesse und Mitgefühl geweckt haben und dass wir nicht allein waren, als wir mit der Krankheit kämpften. Deshalb können wir durchaus empfehlen, dass diese Karte zur Mode wird. Es erfüllt ein universelles Bedürfnis.

Dies könnte man als eine der „Komplimentkarten" bezeichnen – eine Phase des Kartenabschieds, die wir hierzulande kaum erreicht haben. Es ist mehr noch, es ist eine herzliche und freundliche Blüte der Etikette, „gerade raus", wie wir von den Apfelblüten sagen.

Was nun die Verwendung durch die Betroffenen betrifft: Warum wäre es nicht gut für Personen, die einen Freund verloren haben, auch eine solche Karte eingravieren zu lassen? „Herr R_____ möchte Ihnen seinen Dank für Ihr Mitgefühl bei seinem kürzlichen Trauerfall zum Ausdruck bringen" usw. Es würde einer Person, die keine Lust hat, Briefe zu schreiben, eine Welt des Briefeschreibens ersparen, und es wäre ein sehr erfreuliches Zeichen dafür erhalten, wenn alle anderen derartigen Token unmöglich sind. Denn die Menschen hinterlassen ihre Karten einem Trauernden und wissen nie, ob sie sie erhalten haben oder nicht. Dies gilt insbesondere für Mehrfamilienhäuser; Und wenn Menschen in Hotels wohnen, wer weiß, ob die Karte jemals ihr

Ziel erreicht? Im Allgemeinen stellen wir fest, dass dies nicht der Fall ist, sofern wir den Mut haben, dies zu untersuchen.

Die Karten, die uns ein Diener schickt, um die notwendigen Erkundigungen für einen kranken Freund, für die glückliche Mutter und das neugeborene Baby einzuholen, sind im Wesentlichen „Komplimentkarten". In übermäßig zeremoniellen Kreisen sind die Zeremonienbesuche bei diesen Anlässen sehr aufwändig – wie zum Beispiel am spanischen Hof; und eine Dame aus New York war einmal sehr amüsiert, als sie die Karte eines hervorragenden spanischen Beamten erhielt, der ihre neu angekommene Tochter besuchte, als diese drei Tage alt war, und eine Karte für die „neue Tochter" hinterließ. Er hinterließ natürlich eine Karte für die glückliche Mama und verlangte nicht, weiter als bis zur Tür zu gehen, aber er kam im Staat.

In England war es üblich, dass die „Familie" nach einer Geburt Taufkarten verschickte, aber das war hierzulande nie Mode und verschwindet in England zunehmend. Die für solche Veranstaltungen ausgestellte Gratiskarte ist heute im Allgemeinen eine Einladung zum Genuss von Caudle – einem sehr köstlichen Brei aus Haferflocken und Rosinen, Brandy, Gewürzen und Zucker, der vor Ende der Abgeschiedenheit des Monats offiziell im Zimmer der Dame serviert wird. Man wird sich daran erinnern, dass der Däumling in eine Schüssel voller Fruchtbarkeit geworfen wurde, von der viele Altertumsforscher annehmen, dass es sich um eine Schale handelte. Heutzutage ist eine Caudle-Party eine sehr fröhliche, elegante Angelegenheit und findet etwa sechs Wochen, nachdem der junge Herr oder die Herrin bereit ist, zu seinem oder ihrem Eintritt in diese weltliche Sphäre gratuliert oder kondoliert werden. Wir finden in englischen Etikette-Büchern sehr formelle Anweisungen zu diesen Komplimentkarten. „Karten, auf denen man sich bei Krankheit nach Freunden erkundigen kann, müssen persönlich abgegeben werden und dürfen nicht per Post verschickt werden. Auf der Visitenkarte einer Dame muss über dem gedruckten Namen „Anfragen" stehen, und diesen Worten darf nichts anderes hinzugefügt werden."

Um sich zu bedanken, werden gedruckte Karten verkauft, auf denen der Name des Besitzers über den gedruckten Worten steht. Der Versand dieser ausgedruckten Karten erfolgt in der Regel per Post, da der Versand erfolgt, während die angefragte Person noch invalid ist. Diese Karten werden auch verwendet, um Informationen über die Genesung des Absenders zu übermitteln. Daher würden sie nicht verschickt, solange die Person in Gefahr sei oder schwer erkrankt sei. Aber das kam uns immer sehr dürftig vor. geschäftliche Art, „freundliche Anfragen" zu erwidern. Die bedruckte Karte sieht billig aus. Viel besser ist die gravierte und sorgfältig gestaltete Karte von Frau _____, die wie ein persönliches Kompliment wirkt.

Wir verschicken in diesem Land nicht die abscheulichen Beerdigungs- oder Gedenkkarten, die in England in jedem Schreibwarenladen verkauft werden, um die Freunde über einen Todesfall in der Familie zu informieren. Das ist nicht nötig, da die Zeitungen die traurige Nachricht verbreiten.

Es gibt jedoch ein sehr ausführliches Papier namens „*faire part*", das sowohl in England als auch in Frankreich nach einem Todesfall herausgegeben wird und in dem der Trauernde Ihnen den beklagten Tod einer mit ihm verbundenen Person mitteilt. Auch anlässlich einer Hochzeit werden diese aufwändigen Papiere, eingraviert auf einem großen Blatt Briefpapier, an alle Bekannten in England und auf dem Kontinent verschickt.

Kondolenzbesuche können in der Woche nach dem Anlass, zu dem sie stattfinden, beginnen. Persönliche Besuche werden nur von Verwandten oder sehr vertrauten Freunden gemacht, die selbstverständlich selbst beurteilen, ob es angemessen ist, ausführlich über den Kummer zu sprechen, der das Haus verwüstet hat. Die Karten werden von der Person, die sich um die betroffenen Personen kümmert, an der Tür hinterlassen, und eine Karte ist so gut wie ein halbes Dutzend. Es ist nicht notwendig, eine trauernde Familie mit Karten zu überschütten. Diese Karten müssen ein Jahr lang nicht zurückgegeben werden, es sei denn, unserem Vorschlag wird gefolgt, die Karte wird wie von uns angegeben graviert und dann per Post verschickt. Es ist noch keine Mode, aber es liegt in der Luft und verdient es, eine zu sein.

Glückwunschkarten werden persönlich hinterlassen, und wenn die Damen zu Hause sind, sollte der Besucher hineingehen und seine Glückwünsche von Herzen überbringen. Bei solchen Besuchen würde eine per Post verschickte Karte im engen Freundeskreis als kaltblütig gelten. Es muss zumindest persönlich abgegeben werden.

Nun zu den Zeremonienkarten. Diese sind an diejenigen weiterzuleiten, die Einladungen zu Hochzeiten verschickt haben, sorgfältig adressiert an die Person, die Sie einlädt; auch nach einer Unterhaltung, zu der Sie eingeladen wurden, innerhalb einer Woche nach einem Abendessen (dies muss ein persönlicher Besuch sein) und am „Tag" der Dame, falls sie einen hat; und wir können hier hinzufügen, dass eine Dame, wenn sie bei einem Anruf feststellt, dass sie nicht erkannt wird, sich beeilen sollte, ihren Namen zu nennen. (Dies ist eine Antwort auf viele Anfragen.) Durch das Überreichen von Karten werden nur Anrufe aus rein zeremoniellen Gründen getätigt, etwa bei einem Tee oder einem allgemeinen Empfang usw. Wenn Karten einmal in der Saison hinterlassen wurden, müssen sie nicht noch einmal hinterlassen werden.

Unter den Begriffen Höflichkeit und Kompliment sollten die Anrufe stehen, mit denen eine Verlobung offiziell bekannt gegeben wird. Die Eltern hinterlassen die Karten des Verlobtenpaares zusammen mit ihren eigenen allen Verbindungen und Freunden der beiden Familien. Dies ist eine formelle Ankündigung, und alle, die diese Andeutung erhalten, sollten nach Möglichkeit einen Glückwunschbesuch abstatten.

Da junge Menschen oft ohne ihre Eltern gefragt werden, stellt sich die Frage: Was sollten die Eltern tun, um ihr Gefühl für diese Aufmerksamkeit zu zeigen? Sie sollten ihre Karten bei denen ihrer Kinder hinterlassen oder verschicken, die die Einladung erhalten haben. Das sind Höflichkeitskarten. Karten sollten nicht den Töchtern einer Familie überlassen werden, ohne auch die Eltern in höflicher Form einzubeziehen. Herren, wenn Sie eine beliebige Anzahl von Damen besuchen, senden Sie bitte nur eine Karte ein, und Karten, die an einem Empfangstag, an dem eine Person zu Besuch ist, zurückgelassen werden, verpflichten den Besucher nicht zur Rückkehr. An Rezeptionstagen wird dem Gast keine separate Karte hinterlassen.

Bei wiederkehrenden Zeremonienbesuchen, beim ersten Besuch nach einem Empfehlungsschreiben oder bei der Ankündigung Ihrer Ankunft in der Stadt oder Ihrer geplanten Abreise kann man eine Karte an der Tür hinterlassen, ohne nach der Dame zu fragen.

Die Beachtung dieser kleinen Dinge ist ein Beweis für Selbstachtung und Respekt gegenüber seinen Freunden. Sie werden bald zu einfachen Gewohnheits- und Erinnerungssache. Für die Wohlerzogenen sind sie eine Selbstverständlichkeit. Niemand, der sich in der Gesellschaft wohlfühlen möchte, sollte sie vernachlässigen.

Eine Dame sollte niemals einen Herrn aufsuchen, es sei denn beruflich oder offiziell. Sie sollte an seine Tür klopfen, ihre Karte einsenden und so feierlich wie möglich sein, egal ob Anwalt, Arzt oder Geistlicher. Beim Betreten eines überfüllten Salons kann es unmöglich sein, die Gastgeberin sofort zu finden, so dass in vielen schönen Häusern in New York der Brauch, den Namen bekannt zu geben, zu einer notwendigen Mode geworden ist. Es ist unmöglich, höflich zu sein, ohne ein gutes Gedächtnis zu pflegen. Der abwesende oder in sich versunkene Mensch, der Namen und Gesichter vergisst, der sich an unglückliche Themen erinnert, Beziehungen durcheinander bringt, von den Toten spricht, als ob sie leben würden, oder von einem unglücklichen Abenteuer in der Familie spricht, der sich in Persönlichkeiten vertieft, der metaphorisch weitertritt die Zehen einer Person, wird in der Gesellschaft niemals Erfolg haben. Er muss seine „Höflichkeitskarten" berücksichtigen.

Die Franzosen sprechen von „ *la höflichsse du foyer* ". Sie sind voll davon. Kleine Opfer, kleine Höflichkeiten, ein freundlicher Geist, unbedeutende Aufmerksamkeiten, Selbstbeherrschung, Nachsicht für die Fehler anderer — das macht die Eleganz des Lebens aus. Wahre Höflichkeit hat ihre Wurzeln sehr tief. Wir sollten Höflichkeit nicht nur aus dem Wunsch heraus pflegen, zu gefallen, sondern weil wir auf die Gefühle anderer Rücksicht nehmen und die Zeit anderer verschonen. Kompliment- und Höflichkeitskarten sparen daher Zeit und drücken eine freundliche Erinnerung aus. Alles in unserer geschäftigen Welt – oder „Wirbel", wie manche es nennen –, das diese beiden Dinge bewirkt, ist eine wertvolle Entdeckung.

Eine Höflichkeitskarte wird immer mit Blumen, Büchern, Bonbonnieren, Wild, Süßigkeiten, Früchten verschickt – all den kleinen Geschenken, die unter engen Freunden kostenlos angeboten werden. Aber als Anerkennung für diese Geschenke oder Aufmerksamkeiten reicht eine Karte nicht aus. Es ist auch nicht angebracht, „bedauert" oder „akzeptiert" auf eine Karte zu schreiben. In jedem Fall sollte eine Notiz verfasst werden.

Jede Karte muss absolut schlicht sein. Hochzeitskarten sollten möglichst schlicht und unaufdringlich sein.

Die Zeremonie, Besuche zu machen und Karten zu hinterlassen, hat der Satiriker für bedeutungslos, dumm und nutzlos gehalten; aber es liegt der Struktur der Gesellschaft zugrunde. Formelle und zeremonielle Besuche sind unbedingt erforderlich. Sie können kaum jemanden zu sich nach Hause einladen, bevor Sie nicht angerufen und eine Karte hinterlassen haben. Und so hat man einen Schutz vor aufdringlichen und unerwünschten Bekanntschaften. Um eine Bekanntschaft zu verhindern, muss man nur aufhören, Karten zu hinterlassen. Dies geschieht somit leise, aber sicher.

Herren, die keine Zeit zum Anrufen haben, sollten durch ihre Karten vertreten sein. Diese können durchaus den Händen von Frau, Mutter, Tochter und Schwester anvertraut werden, sollten aber gewissenhaft hinterlassen werden.

Man kann durchaus feststellen, dass die Karte nur einer höheren Entwicklungsstufe angehört. Kein Affe, kein „fehlendes Glied", kein Zulu, kein Wilder trägt eine Karte. Es ist das Werkzeug der Zivilisation, ihr „Feldmarker und Gerät". Es kann verbessert werden; es kann und wurde missbraucht; aber in unserem gegenwärtigen Umfeld kann darauf nicht verzichtet werden.

KAPITEL VIII.
DIE ETIKETTE BEI HOCHZEITEN.

Es vergeht kaum eine Woche im Jahr, in der die Modezeitschriften nicht „Antworten an Korrespondenten" zu dem für junge Damen interessantesten Thema veröffentlichen: der Etikette bei Hochzeiten. Kein Buch kann die klare Wahrheit mit ausreichend Nachdruck zum Ausdruck bringen, dass die Etikette bei einer großen Hochzeit immer gleich ist. Am nächsten Tag schreibt wieder jemand an eine Zeitung:

„Soll der Bräutigam um elf Uhr morgens einen Frack tragen, und wer bezahlt die Hochzeitskarten?" Die heutige Hochzeit in England hat für Amerika „die Mode vorgegeben". Kein Mann zieht vor seinem Abendessen um sieben Uhr jemals einen Frack an, daher trägt jeder Bräutigam einen Gehrock und leichte Hosen in jedem Muster, das ihm gefällt; Mit anderen Worten: Er trägt ein formelles Morgenkleid, fährt mit seinem Trauzeugen zur Kirche und wartet in der Sakristei auf die Ankunft der Braut. Er kann nach Belieben Handschuhe tragen oder nicht. Der Trauzeuge ist der enge Freund, manchmal auch der Bruder, des Bräutigams. Er begleitet ihn, wie gesagt, in die Kirche, folgt ihm zum Altar, steht zu seiner Rechten etwas hinter ihm und hält während der Trauung seinen Hut. Nachdem dies beendet ist, zahlt er das Honorar des Geistlichen, begleitet die Brautpartei in einem Streich allein nach Hause und hilft dann den Platzanweisern dabei, dem Brautpaar Freunde vorzustellen.

Der Bräutigam darf der Braut Geschenke machen, die ihm gefallen, und den Brautjungfern etwas in Form eines Fächers, eines Medaillons, eines Rings oder eines Blumenstraußes schicken; er muss auch den Ehering kaufen und natürlich schickt er der Braut einen Blumenstrauß; aber er soll keine Karten oder Kutschen oder das Hochzeitsfrühstück bereitstellen; Dies alles wird von der Familie der Braut erledigt. In England wird vom Bräutigam erwartet, dass er die Braut in seiner eigenen Kutsche wegfährt, aber in Amerika ist selbst das nicht oft erlaubt.

In der Zwischenzeit ist die Braut prächtig gekleidet, meist in weißem Satin, mit einem Schleier aus Spitzenspitze und Orangenblüten, und wird in einer Kutsche mit ihrem Vater zur Kirche gefahren, der sie verschenkt. Ihre Mutter und andere Verwandte, die ihr vorausgegangen sind, nehmen die vorderen Plätze ein. Auch ihre Brautjungfern sollten ihr vorausgehen und sie im Altarraum der Kirche erwarten.

Anschließend bilden die Platzanweiser die Prozession, mit der fast alle städtischen Hochzeiten beginnen. Die Platzanweiser zuerst, zwei und zwei; dann die Brautjungfern, zwei und zwei; dann ein paar hübsche Kinder –

Brautjungfern unter zehn; und dann die Braut, die sich auf den rechten Arm ihres Vaters stützt. Manchmal gehen die kleinen Brautjungfern den anderen voraus. Als der Trauerzug die unterste Altarstufe erreicht, brechen die Platzanweiser ihre Reihen auf und gehen nach rechts und links; Auch die Brautjungfern trennen sich, gehen nach rechts und links und lassen so Platz für das Brautpaar. Als die Braut die unterste Stufe erreicht, tritt der Bräutigam vor, nimmt sie bei der rechten Hand und führt sie zum Altar, wo beide niederknien. Der Geistliche, der bereits an seinem Platz ist, zeigt ihnen an, wann sie aufstehen sollen, und macht dann damit weiter, die beiden eins zu machen.

Das Brautpaar geht Arm in Arm den Gang entlang und wird sofort zur Kutsche geführt und nach Hause gefahren; der Rest folgt. In einigen Fällen, aber selten in diesem Land, wird in der Sakristei ein Brautregister unterzeichnet.

Früher zogen Bräute den ganzen Handschuh aus; Jetzt schneiden sie geschickt den Finger des linken Handschuhs ab, so dass sie ihn entfernen können, ohne den ganzen Handschuh für den Ring auszuziehen. Das ist eine kirchliche Trauung, die tausendmal gleich durchgeführt wird. Die Orgel erklingt den Hochzeitsmarsch, der Geistliche legt die nötigen Gelübde zu langsamer Musik ab, oder auch nicht, ganz wie es den Vertragsparteien gefällt. Musik trägt jedoch wesentlich zu dieser Zeremonie bei. Bei einer Trauung zu Hause wird meist auf die Brautjungfern und den Trauzeugen verzichtet. Der Geistliche tritt ein und stellt sich der Gesellschaft entgegen, das Brautpaar folgt ihm und stellt sich ihm gegenüber. Nach der Zeremonie zieht sich der Geistliche zurück und das Brautpaar erhält Glückwünsche.

In Amerika wurde versucht, die englische Mode eines Hochzeitsfrühstücks einzuführen. Es ist noch nicht üblich, aber es ist vielleicht angebracht, hier die richtige Etikette zu beschreiben. Die Herren und Damen, die zu diesem Frühstück eingeladen werden, sollten über diese Ehre zwei Wochen im Voraus informiert werden und sofort annehmen oder ablehnen, da es die ganze Formalität eines Abendessens hat und Sitzplätze natürlich sehr wichtig sind. Bei der Ankunft im Haus, in dem das Frühstück stattfinden soll, lassen die Herren ihre Hüte im Flur zurück, die Damen nehmen ihre Hauben jedoch nicht ab. Nach der Begrüßung von Braut und Bräutigam sowie Vater und Mutter unterhält sich die Gesellschaft einige Augenblicke, bis das Frühstück angekündigt wird. Dann gehen Braut und Bräutigam zuerst, gefolgt vom Vater der Braut mit der Mutter des Bräutigams, dann vom Vater des Bräutigams mit der Mutter der Braut, dann vom Trauzeugen mit der ersten Brautjungfer, dann von den Brautjungfern mit den begleitenden Herren, die zu dieser Ehre eingeladen wurden , und dann die anderen geladenen Gäste, wie es die Mutter der Braut arrangiert hat. Kaffee und Tee werden nicht angeboten, aber Bouillon, Salate, Vögel, Austern und andere warme und kalte

Speisen, Eis, Gelees usw. werden zu diesem Frühstück zusammen mit Champagner und anderen Weinen serviert, und schließlich gibt es noch die Hochzeitstorte wird der Braut vorgelegt und sie schneidet eine Scheibe ab.

Der Gesundheitszustand der Braut und des Bräutigams wird dann von dem für dieses Amt ausgewählten Herrn, in der Regel dem Vater des Bräutigams, vorgeschlagen und vom Vater der Braut beantwortet. Manchmal wird vom Bräutigam erwartet, dass er antwortet, und er schlägt vor, dass es den Brautjungfern gut geht, wofür sich der Trauzeuge bedankt. Sofern nicht alle besonders glücklich reden, kann dies unangenehm sein, und ein „Stehfrühstück" wird viel häufiger, wie die Franzosen sagen, *als Buffet serviert* . Erstens spricht die Möglichkeit, mehr Leute zu befragen, für diese letztere Praxis, und es ist weitaus weniger schwierig, mehreren stehenden Leuten eine große, einfache Zusammenstellung zu servieren, als einer Reihe sitzender Leute etwas zu servieren, das eigentlich ein Abendessen ist.

Hochzeitsgeschenke werden jederzeit innerhalb von zwei Monaten vor der Hochzeit verschickt, je früher desto besser, da viele Bräute ihre eigenen Tische gerne kunstvoll arrangieren, wenn die Geschenke gezeigt werden. Außerdem sollten alle Bräute eine persönliche Nachricht schreiben, in der sie jedem Schenkenden für sein Geschenk danken, sei es groß oder klein.

Alle Personen, die Geschenke schicken, sollten zur Hochzeit und zum Empfang eingeladen werden, obwohl die Umkehrung dieses Vorschlags nicht zutrifft; Denn nicht von allen, die zur Hochzeit eingeladen werden, wird erwartet, dass sie Geschenke schicken.

Hochzeitsgeschenke sind mittlerweile geradezu absurd prachtvoll geworden. Der alte Brauch, der bei den sparsamen Niederländern begann und dem jungen Paar seine Haushaltsausrüstung und einen Geldbetrag zu geben begann, ist mittlerweile zu einer sehr kühnen Zurschaustellung von Reichtum und zur Schau gestellter Großzügigkeit verkommen, so dass Freunde mit gemäßigten Mitteln befreundet sind haben Angst, etwas zu senden. Sogar das Kissen, auf dem neuerdings eine wohlhabende Braut in New York knien sollte, war so aufwendig mit Perlen bestickt, dass sie sichtlich zögerte, am Altar mit dem Knie darauf zu drücken. Silber- und Goldservices, die zu kostbar sind, als dass man sie einem gewöhnlichen Schloss und Schlüssel anvertrauen könnte, werden bei der Hochzeit ausgestellt und sofort in einen geeigneten Safe geschickt. Dies ist eine der notwendigen und unvermeidlichen Überwucherungen eines Luxus, mit dem wir noch nicht umgehen gelernt haben. In Frankreich machen sie es besser: Ihre nächsten Verwandten zeichnen einen Geldbetrag, der an die Mutter der Braut geschickt wird, die ihn je nach Wunsch der Braut in die Brautaussteuer oder in Juwelen oder Silber ausgibt.

Bisher hat dieser Brauch den guten Geschmack überwunden, so dass viele Menschen mit feinem Geist jetzt zögern, die Geschenke zu zeigen.

Nachdem die Braut ihren Gästen anderthalb Stunden Zeit gegeben hat, zieht sie sich zurück, um ihr Kleid zu wechseln. Im Allgemeinen begleiten sie ihre engsten Freunde. Sie kehrt bald in ihrer Reisekleidung zurück und wird am Fuß der Treppe vom Bräutigam empfangen, der ebenfalls sein Kleid gewechselt hat. Der Vater, die Mutter und enge Freunde küssen die Braut, und als das glückliche Paar losfährt, folgt ihnen ein Regen aus Satinpantoffeln und Reis. Wenn ein Pantoffel oben auf der Kutsche landet, ist ihnen für immer Glück sicher.

Hochzeitstorte wird nicht mehr verschickt. Es ist ordentlich in Kartons verpackt; Jeder Gast nimmt, wenn er möchte, eins mit, wenn er das Haus verlässt.

Hochzeitsgeschenke aus weißem Band und künstlichen Blumen sind in England unverzichtbar, aber Amerika hatte bis vor Kurzem den guten Geschmack, darauf zu verzichten. Solche Verzierungen werden hierzulande für die Ohren der Pferde und die Mäntel der Bediensteten verwendet. Hier trägt der Bräutigam einen *Boutonniere* aus natürlichen Blumen.

Eine Witwe sollte bei ihrer Hochzeit niemals von Brautjungfern begleitet werden oder einen Schleier oder Orangenblüten tragen. Sie sollte in der Kirche farbige Seide und eine Haube tragen. Sie sollte von ihrem Vater, Bruder oder einem nahen Freund betreut werden.

Es ist angebracht, dass sie ihren ersten Ehering abnimmt, da das Tragen desselben für den Bräutigam schmerzhaft sein muss.

Wenn die Witwenbraut zu Hause geheiratet hat, darf sie leichte Seide tragen und keine Haube tragen, sie sollte sich jedoch keines der Anzeichen einer ersten Hochzeit hingeben.

Es ist eine explodierte Idee, jedem zu erlauben, die Braut zu küssen. Es ist nur angebracht, dass die nahen Verwandten das tun.

Die Formel für Hochzeitskarten lautet im Allgemeinen wie folgt:

Herr und Frau Brown erbitten die Freude, Sie bei der Hochzeit ihrer Tochter Maria mit John Stanley in der Ascension Church am Dienstag, dem 15. November, um zwei Uhr begleiten zu dürfen.

Diese Einladungen werden auf Notizpapier eingraviert.

Wenn Freunde zu einem Hochzeitsfrühstück oder einem Empfang im Haus eingeladen werden, wird dies auf einer separaten Karte vermerkt, die im selben Umschlag beiliegt.

Natürlich werden in großen Städten mit einem großen Bekanntenkreis viele in die Kirche und nicht ins Haus gebeten. Diese Tatsache sollte niemals Anstoß erregen.

Die kleinere Karte läuft folgendermaßen ab:

Empfang in der 99 B Street, um halb zwei.

Auf diese Einladungen reagieren die eingeladenen Gäste nicht, außer zu gehen oder Karten zu hinterlassen. Von allen geladenen Gästen wird jedoch erwartet, dass sie das junge Paar besuchen und im Laufe des Jahres einladen.

Natürlich gibt es auch ruhigere Hochzeiten und sehr einfache Vereinbarungen zum Servieren von Erfrischungen: Eine Hochzeitstorte und eine Karaffe Sherry werden oft allein den Trauzeugen angeboten.

Viele Bräute heiraten lieber im Reisekleid und mit Hut und gehen sofort, ohne Glückwünsche.

Die Flitterwochen dauern in unserem geschäftigen Land normalerweise nur zwei Wochen am Himmel, und einige wenige Brautpaare verbringen sie lieber im ruhigen Landhaus eines Freundes, wie es in England üblich ist. Aber andere machen eine eilige Reise nach Niagara oder zu den Thousand Islands oder reisen nach Europa, je nachdem. Es ist außergewöhnlich, dass niemand zu Hause bleibt; Um ein neues Leben zu beginnen, sind sich alle einig, dass ein Ortswechsel die erste Voraussetzung ist.

Nach der Rückkehr nach Hause werden der Braut Brautessen und Partys angeboten und sie wird drei Monate lang mit Auszeichnung behandelt. Ihr Weg ist oft mit Blumen übersät, von der Kirche bis zu ihrer eigenen Tür, und er ist, metaphorisch gesehen, in den ersten Wochen ihres Ehelebens so geschmückt. Alle beeilen sich, sie in ihrem neuen Zustand willkommen zu heißen, und sie muss nur lächeln und die liebenswürdigen Glückwünsche und Aufmerksamkeiten entgegennehmen, die ihr überschüttet werden. Denken Sie jedoch daran, dass ihre Eltern beim Versenden von Karten nach der Hochzeit darauf achten, dass die Freunde der Braut wissen, wo sie in ihrem Nachlass zu finden ist.

Nun zum Zeitpunkt der Hochzeit. Die Idee einer Hochzeit im Juni hat etwas außerordentlich Poetisches. Es ist der Monat der sanfteren Gefühle und der Hochzeitsreise. In England ist es der beliebteste Monat für Hochzeiten. Der Mai gilt als Unglücksbringer, und in einem alten Almanach aus dem Jahr 1678 finden wir folgenden Hinweis: „Zeiten, die die Ehe verbieten: Die Ehe wird am 13. Januar und am Septuagesima-Sonntag geschlossen; sie wird bis zum Weißen Sonntag wieder geschlossen und dann kommt sie." wieder hinein und geht erst wieder hinaus bis zum Rogationssonntag. Von da an ist es bis zum Dreifaltigkeitssonntag verboten, von dort ist es bis zum Adventssonntag verboten; aber dann geht es aus und kommt erst am darauffolgenden 18. Januar wieder heraus.

Unsere Bräute haben jedoch alle Jahreszeiten für sich, mit Ausnahme des Mai, wie wir bereits sagten, und des Freitags, einem Unglückstag. Der Monat der Rosen hat ganz tolle Empfehlungen parat. Die Zeremonie findet am besten auf dem Lande in einer hübschen kleinen Kirche statt, deren Altargeländer anmutig Kränze zieren und deren gotische Fenster sich auf grüne Rasenflächen und gepflegte Gärten öffnen. Die Braut und ihre Brautjungfern können über die zarte Grasnarbe gehen, ohne ihre Hausschuhe zu beschmutzen, und es besteht die Möglichkeit, Sonnenschirme, die vollständig aus Blumen bestehen, zu tragen. Wenn der Fußweg jedoch zu weit ist, wird die Braut in der Kutsche ihres Vaters allein zur Kirche gefahren, wobei ihre Mutter, ihre Schwestern und Brautjungfern ihr vorausgegangen sind. In England verlangt die Etikette, dass Braut und Bräutigam die Kirche in der Kutsche des Bräutigams verlassen. Dort ist es eine strenge Etikette, dass der Bräutigam die Kutsche ausstattet, mit der er zum Hochzeitsfrühstück zurückkehrt und anschließend feierlich abreist, mit vielen Hochzeitsgeschenken auf den Köpfen der Pferde und riesigen weißen Blumensträußen auf der Brust von Kutscher und Diener.

Auch in England gehört es zur Etikette, mit vier Pferden zu dem Ort zu fahren, an dem die Flitterwochen verbracht werden sollen; aber in Amerika erfolgt die Fahrt im Allgemeinen zum nächsten Bahnhof.

Lassen Sie uns die Pflichten des Trauzeugen noch einmal skizzieren. Er begleitet den Bräutigam zur Kirche und steht neben ihm und wartet am Altar, bis die Braut eintrifft; dann hält er den Hut des Bräutigams. Anschließend trägt er sich als Zeuge in das Register ein, zahlt das Priesterhonorar und folgt dann dem Brautzug aus der Kirche, schließt sich der Party im Haus an, wo er dem Bräutigam noch weiter hilft, indem er die Gäste vorstellt. Bei einer Hochzeit im Juni bilden die Brautjungfern manchmal eine Reihe in der Nähe der Tür, sodass die Braut durch diese hübsche Gasse zur Kirche gehen kann.

Die Verwandten des Bräutigams sitzen rechts vom Altar oder der Kommunionbank, also zur Rechten des Bräutigams, und die Verwandten der Braut sitzen links, also zur Linken der Braut. Der Bräutigam und der Trauzeuge stehen links vom Geistlichen am Altar. Die Braut wird vom Bräutigam an der rechten Hand genommen und steht natürlich auf seiner linken Hand; ihr Vater steht etwas hinter ihr. Manchmal stehen die weiblichen Verwandten mit der Brautgruppe im Altarraum, aber das kann nur in einer sehr großen Kirche passieren; und der Rektor muss dies veranlassen, da in hohen Kirchen die Trauungen außerhalb des Altarraums stattfinden.

Nach der Zeremonie beugt sich der Geistliche vor und gratuliert den Jugendlichen. Dann nimmt die Braut den linken Arm des Bräutigams und geht den Gang entlang, gefolgt von ihren Brautjungfern und den Platzanweisern.

Einige unserer Korrespondenten haben uns schon einmal gefragt, was der Trauzeuge gerade macht? Wahrscheinlich wartet er in der Sakristei, oder wenn nicht, eilt er einen Seitengang entlang, steigt in eine Kutsche und fährt zu dem Haus, in dem die Hochzeitsfeier stattfinden soll.

Der Oktober ist ein guter Monat für Hochzeiten in der Stadt und auf dem Land. In unserem Klima sind die strahlenden, nicht zu warmen Oktobertage bewundernswert für die Stadtgäste, die zur Hochzeit an einen ländlichen Ort eingeladen werden, und es ist sicherlich eine angenehme Jahreszeit für die Hochzeitsreise. Reisekostüme für Bräute in England sind sehr elegant, sogar auffällig. Es werden Samt und sogar leichte Seide und Satin verwendet. aber in unserem Land sind Kostüme aus schlichtem Stoff und Kaschmir schicker und modischer.

Bei Hochzeiten in Familien, in denen kürzlich ein Todesfall eingetreten ist, sollten alle Freunde, auch die verwitwete Mutter, ihre Trauer für die Zeremonie beiseite legen und in Farben erscheinen. Es gilt als unglücklich und unangemessen, bei einer Hochzeit Schwarz zu tragen. In unserem Land erscheint eine verwitwete Mutter zur Hochzeit ihrer Tochter in lila Samt oder Seide; In England trägt sie tiefes Kardinalrot, was unter diesen Umständen als Trauer oder als angemessen für eine trauernde Person angesehen wird.

Wir sollten hinzufügen, dass Platzanweiser und Trauzeugen bei einer englischen Hochzeit unbekannt sind. Der Küster der Kirche übt die Aufgaben aus, die hier von Kirchendienern wahrgenommen werden.

Hinweis: Die jungen Leute, die kurz vor der Hochzeit stehen, erstellen gemeinsam eine Liste, an wen Karten geschickt werden sollen, und alle Karten stammen von der Familie der jungen Dame. Niemand findet es seltsam, Karten für eine Hochzeit zu bekommen. Eine junge Dame sollte jedem, der ihr ein Geschenk schickt, einen Dankesbrief schreiben, bevor sie das Haus verlässt; An alle Freunde, Verwandten usw. ihres Mannes, alle ihre eigenen und an Menschen, die sie nicht kennt, sollten diese Notizen besonders geschrieben werden, da ihre Geschenke möglicherweise aus einem Gefühl der Freundlichkeit gegenüber ihren Eltern oder ihrem *Verlobten* hervorgehen , was sie tun sollte erkenne. Es ist geschmackvoller, diese Notizen auf Notizpapier als auf Karten zu schreiben. Es ist nicht notwendig, jedem Familienmitglied eine Karte zu schicken; Fügen Sie sie alle unter der Überschrift „Mr. und Mrs. Brown und Familie" hinzu. Für eine junge Dame wäre es angemessen, ihre Visitenkarten an einen Arzt zu schicken, unter dessen Obhut sie stand, wenn sie mit ihm gesellschaftlich bekannt ist. Dies wird jedoch nicht erwartet, wenn die Bekanntschaft rein beruflicher Natur ist. Ein modischer und beliebter Arzt würde mit Hochzeitskarten überhäuft werden, wenn das üblich wäre. Wenn man jedoch Dankbarkeit und Erinnerung zeigen möchte, wäre es nicht unangemessen, einem solchen Herrn Karten zu schicken.

KAPITEL IX.
„WER BEZAHLT DIE KARTEN?"

Wir haben eine Reihe von Briefen von unseren Korrespondenten erhalten, in denen wir gefragt wurden, ob der Bräutigam für die Hochzeitskarten bezahlt. Diese Frage haben wir so oft verneint beantwortet, dass wir es für gut halten, die Philosophie der Etikette bei Hochzeiten zu erklären, die im entferntesten auf der frühen, wilden Geschichte der Menschheit basiert und auch in unserer späteren und komplexeren Zivilisation noch Früchte trägt erinnert uns an die Vergangenheit. In frühen und wilden Tagen suchte der Mann heldenhaft nach seiner Braut und entführte sie mit Gewalt. Der Tatar tut dies immer noch, und die Idee wurde in patriarchalischen Tagen nur dadurch verbessert, dass die Braut durch die Arbeit ihres Mannes oder durch seinen Reichtum an Schafen und Rindern gekauft wurde. Es ist immer noch eine Theorie, dass die Braut auf diese Weise entführt wird. Deshalb wurde immer die Vorstellung gehegt, dass die Braut etwas sorgfältig Gehütetes ist, und dass der Bräutigam als eine Art freundlicher Feind betrachtet wird, der kommt, um ihrer liebevollen und eifersüchtigen Familie das vielgeschätzte Objekt wegzunehmen. So trägt die lange gehegte Theorie im englischen Zeremoniell Früchte, bei dem der Bräutigam nur die Kutsche zur Verfügung stellt, in der er die Braut zu den Flitterwochen fährt. Bis zu diesem Zeitpunkt verfügte er über keine Eigentumsrechte. Auch das ist in Amerika unter modischen Menschen nicht erlaubt, da der Vater der Braut sie in seiner eigenen Kutsche auf die erste Etappe ihrer Reise schickt. Es gehört nicht zur Etikette, dass der Bräutigam für seine eigene Hochzeit etwas anderes bereitstellt als den Ring und einen Blumenstrauß für die Braut, Geschenke für die Brautjungfern und den Trauzeugen sowie ein kleines Andenken für den Platzanweiser. Er bezahlt den Geistlichen.

Er sollte *nicht* für die Karten, die Kutschen, die Unterhaltung oder alles, was mit der Hochzeit zusammenhängt, bezahlen. Dies wird vor dem obersten Etikette-Gericht entschieden. Das ist die Zuständigkeit der Familie der Braut und sollte darauf beharrt werden. Wenn sie dazu nicht in der Lage sind, soll es keine Hochzeit und keine Karten geben. Für ein mittelloses Mädchen ist es besser, im Reisekleid zum Altar zu gehen und keinerlei Einladungen oder Hochzeitskarten zu verschicken, als dem Bräutigam die Bezahlung dafür zu überlassen. Dies stellt keine Beeinträchtigung der Rechte des Bräutigams dar. Es handelt sich lediglich um eine ordnungsgemäße und universelle Etikette.

Am Altar stellt der Bräutigam, wenn er Millionär ist, seine Frau ihm gleich, indem er sagt: „Mit all meinen weltlichen Gütern schenke ich dir." Aber bis er diese Worte ausgesprochen hat, hat sie keinen Anspruch auf seine Handtasche für Kleidung, Karten, Haushaltsgegenstände oder irgendetwas anderes als die Gegenstände, die unter die Kategorie der Geschenke fallen, deren Schenkung die Aufgabe eines Liebhabers ist.

Eine sehr präzise, alte Aristokratin aus New York löste die Verlobung ihrer Tochter mit einem Herrn, weil er ihr ein Kleid aus Paris mitbrachte. Sie sagte, wenn er nicht genug wüsste, um ihrer Tochter *keine* Kleidung zu geben, während sie unter ihrem Dach war, sollte er sie nicht haben. Das ist ein übertriebener Eindruck, aber das Prinzip ist fundiert. Die Stellung einer Frau ist so heikel, die Beziehungen von Verlobten so ungewiss, dass es peinlich wäre, wenn der Herr für die Schuhe, die Kleider und die Karten seiner Verlobten bezahlen würde.

Nehmen wir an, wie es letzten Winter zweimal der Fall war, dass eine Ehe aufgelöst wird, nachdem die Karten offen sind. Wer soll es dem Bräutigam zurückzahlen, wenn *er* die Karten bezahlt hat? Sollte der Vater der Braut ihm einen Scheck schicken? Das wäre sehr beleidigend, aber eine Familie wäre nervös, wenn sie gegenüber einem verlassenen Schwiegersohn in finanzieller Schuld stünde. Die Dame kann ihren Ring und die Geschenke, die ihr Geliebter ihr gemacht hat, zurückgeben; Sie haben keinen Kontakt erlitten, der sie verletzen könnte. Aber sie konnte keine Schuhe, Kleider oder Hauben zurückgeben.

Es ist daher klugerweise durch die Etikette angeordnet, dass der Liebhaber auch am Morgen der Hochzeit nichts bezahlen darf, was ihm nicht ohne Schaden zurückgegeben werden könnte, wenn die Verlobung aufgelöst würde.

Natürlich kann im primitiven Leben der Liebhaber für seine Geliebte bezahlen, wie wir es im Fall zweier junger Menschen sagen würden, die in bescheidenen Verhältnissen zusammenkommen. Solche Ehen sind in Amerika üblich, und viele dieser Paare haben den höchsten sozialen Rang erreicht. Aber sie dürfen nichts versuchen, was die Etikette des modischen Lebens imitiert, es sei denn, sie können es gut und gründlich tun.

Nichts ist ehrenhafter als eine Hochzeit, die nur in Anwesenheit von Vater, Mutter und Priester gefeiert wird. Zwei junge Menschen, die keine prächtigen Kleider, Equipagen, Karten und Zeremonien haben wollen oder können, können auf diese Weise immer geheiratet werden und anschließend in den Senat oder ins Weiße Haus gehen. Sie werden dadurch im Folgenden nicht behindert. Aber die Braut sollte niemals ihre Würde vergessen. Sie sollte den Bräutigam niemals für Karten oder irgendetwas bezahlen lassen, es sei denn, es handelt sich um die Heiratsurkunde, wo immer sie in diesem Land benötigt wird, und um das Honorar des Geistlichen. Wenn sie das tut, bringt sie sich selbst in eine falsche Position.

Ein sehr vernünftiger Beobachter, der über Amerika und seine jungen Menschen und die ihnen gewährte Freiheit schreibt, sagt: „Die Freiheit oder die Freiheit unserer Jugend muss eingeschränkt werden. Da unsere Gesellschaft komplex und künstlich wird, wie die älteren Gesellschaften in Europa." „Unsere Kinder werden gezwungen sein, sich ihnen im Status anzunähern, und die Eltern müssen sich ihrer Verantwortung bewusst werden."

Dies ist eine Bemerkung, die sofort auf die Freiheit zutrifft, die Verlobten in ländlichen Gegenden zugestanden wird, wo das junge Mädchen auf Kosten ihres Geliebten eine Reise unternehmen darf. Die natürlichen Beschützer eines Mädchens sollten es besser wissen, als dies zuzulassen. Sie wissen, dass ihre Reinheit ihre größte Anziehungskraft auf den Mann ausmacht und dass eine gewisse Schüchternheit und jungfräuliche Frische die Mitgift sind, die sie ihrem zukünftigen Ehemann mitbringen sollte. Angenommen, diese Verlobung wird gelöst. Wie wird sie von einem anderen Liebhaber akzeptiert, nachdem sie die Gastfreundschaft des ersten genossen hat? Würde es nicht immer ein unangenehmes Gefühl zwischen den beiden Männern hervorrufen, obwohl Nr. 2 möglicherweise vollkommenen Respekt vor dem Mädchen hat?

Die Etikette kann manchmal Fehler machen, aber im Allgemeinen basiert sie auf einem richtigen Prinzip, und hier basiert sie zweifellos auf Wahrheit und Gerechtigkeit. In anderen Ländern ist diese Wahrheit so vollständig erkannt, dass Töchter durch die Wachsamkeit der Eltern fast bis an den Rand der Absurdität geschützt werden. Ein junges Mädchen darf niemals alleine ausgehen, und kein Mann darf den Haushalt betreten, bis sein Charakter einer genauen Prüfung unterzogen wurde. Die Ehe ist ein einzigartiger Vertrag, und all das Unrecht, das durch übereilte Eheschließungen verursacht wird, all die Probleme vor Gericht, alle Scheidungen, werden durch die Nachlässigkeit amerikanischer Eltern vervielfacht, die, und zwar wirklich, an die fast universelle Reinheit des Vertrages glauben Ihre Töchter kümmern sich nicht um die Herde und erinnern sich nicht an das eine schwarze Schaf.

Dieses Übel der übermäßigen Freiheit und der lockeren Etikette unserer Jugend kann nicht durch Gesetze ausgerottet werden. Es muss am Herdstein beginnen. Das Familienleben muss reformiert werden. junge Damen müssen strenger erzogen werden. Die Blüte der Unschuld sollte nicht von unvorsichtigen Händen abgewischt werden. Wenn eine Mutter ihre Tochter ohne Matrone zurücklässt, um Aufmerksamkeiten ohne ihre würdevolle Anwesenheit zu empfangen, öffnet sie die Tür für einen unwürdigen Mann, der die Heirat vorhat oder nicht. Er könnte ein äußerst ungeeigneter Ehemann sein, selbst wenn er die Ehe ernst *meint*. Wenn er die junge Dame mitnimmt, ihre Taximiete, ihre Theaterkarten und ihre Reisen bezahlt und sie dann fallen lässt, wem haben sie es außer sich selbst zu verdanken, dass ihre Blüte abgewischt wird, dass ihr Charakter leidet, dass sie geschaffen ist lächerlich und heiratet jemanden, den sie nicht liebt, um ein Zuhause zu haben.

Wenn Männer auf ihre vielfältigen Erfahrungen zurückblicken, neigen sie dazu, sich mit großem Respekt an die Frauen zu erinnern, die kalt und distanziert waren. Sie lieben die Frucht, die am höchsten hing, die Blume, die bewacht wurde und die nicht unter ihren Füßen auf der Straße wuchs. Sie blicken mit vager Verwunderung zurück, dass sie jemals in ein schnelles Mädchen verliebt waren, das zu einer vulgären Frau heranreifte.

Und wir müssen uns daran erinnern, welche fatale Auswirkung der Verlust der respektvollen Bindungen auf die Ehe hat. Liebe ohne Vertrauen ist ohne Respekt, und wenn ein Liebhaber seinen *Verlobten nicht respektiert hat*, wird er seine Frau niemals respektieren.

Es ist das Privileg der Braut, den Hochzeitstag zu benennen, und ihrem Vater und ihrer Mutter, die Bezahlung ihrer Aussteuer vorzunehmen. Nach der Veröffentlichung der Hochzeitseinladungen tritt sie nicht mehr in der Öffentlichkeit auf.

Die Familienmitglieder der Braut gehen vor der Braut in die Kirche; Der Bräutigam und sein Trauzeuge erwarten sie am Altar.

Als Letztes kommt die Braut mit ihrem Vater oder Bruder, der sie verschenken soll. Auf der Altarstufe gesellt sich zu ihr ihr *Verlobter*, der ihre Hand nimmt, und dann wird sie seine lebenslange Hand.

All diese Kleinigkeiten bedeuten viel, wie jeder erfahren kann, der sich mit den schmerzhaften Details eines Scheidungsverfahrens auseinandersetzt.

Da der Freundeskreis auf beiden Seiten nun sehr groß ist, ist es in letzter Zeit üblich geworden, einige, die nicht zum Hochzeitsfrühstück eingeladen sind, einzuladen, um der Zeremonie in der Kirche beizuwohnen. Dies ersetzt manchmal die Ausgabe von Karten. Niemand denkt daran, die Frischvermählten aufzusuchen, die weder eine Einladung zur Zeremonie in der Kirche noch Karten nach der Eingewöhnung in ihr neues Zuhause erhalten haben.

Jetzt schreibt uns einer unserer Korrespondenten: „Wer bezahlt die *After-Cards*?" In den meisten Fällen werden diese zusammen mit den anderen Karten bestellt und von der Mutter der Braut bezahlt. Wenn sie jedoch erst nach der Hochzeit angeordnet werden, kann der Bräutigam dafür aufkommen, so wie er für die gewöhnlichen Ausgaben seiner Frau aufkommen würde. Dennoch ist es eine strengere Etikette, dass auch diese von der Familie der Braut bezahlt werden müssen.

Personen, die zur Hochzeit eingeladen werden, senden Karten an das Haus, wenn sie nicht teilnehmen können, und senden oder hinterlassen in jedem Fall Karten innerhalb von zehn Tagen danach, es sei denn, sie befinden sich in tiefer Trauer, wenn ihnen eine Ausnahmegenehmigung gewährt wird.

Die Etikette einer Hochzeit zu Hause unterscheidet sich in Bezug auf Karten überhaupt nicht von der Etikette einer kirchlichen Trauung. Bei einigen unserer Korrespondenten scheint große Verwirrung darüber zu herrschen, wem sie ihre Rücksendekarten schicken sollen, wenn sie zu einer Hochzeit eingeladen werden. Manche fragen: „Soll ich sie der Braut schicken, da ich ihre Mutter nicht kenne?" Sicherlich nicht; Schicken Sie sie an jeden, der Sie einlädt. Rufen Sie anschließend die Braut an oder schicken Sie ihr Karten, aber die erste und wichtigste Karte geht an die Dame, die die Hochzeit gibt.

Die Reihenfolge des religiösen Teils der Zeremonie wird von der Kirche festgelegt, in der sie stattfindet. Der Bräutigam muss den Rektor oder Geistlichen aufsuchen, den Organisten aufsuchen und die Arrangements treffen, die der Braut gefallen. Wir wiederholen jedoch, dass alle *Kosten* , mit Ausnahme des Honorars für den Geistlichen, von der Familie der Braut getragen werden.

Der Küster soll dafür sorgen, dass das weiße Band über den Gang gespannt ist, dass Markise und Teppich vorhanden sind, und es wäre gut, wenn die Polizeivorschriften sich auch auf die Gruppe der Müßiggänger erstrecken könnten, die sich um die Kirchentür drängen, auf die große Unannehmlichkeiten für die Gäste.

Eine Hochzeitseinladung erfordert keine Antwort, es sei denn, es handelt sich um ein Hochzeitsfrühstück im Sitzen. Die übriggebliebenen Karten sind völlig ausreichend. Die separaten Karten des Brautpaares sind nicht mehr in der Einladung enthalten. An der Kleidung ist bei einer Hochzeit nichts Schwarzes außer Herrenmänteln zulässig.

KAPITEL X.
HOCHZEITEN NACH OSTERN.

Von der kommenden Brautaussteuer können wir, beginnend am Altar, viel Farbe erwarten. Damit haben die Brautjungfern eine Chance verpasst, sich durch ein anderes und farbiges Kleid zu profilieren. Aber auch wenn einige exzentrische Bräute sich dafür entscheiden, in Rosa zu heiraten, können wir aufgrund der wunderschönen Kleider, die wir gesehen haben, nicht umhin zu glauben, dass die meisten Bräute weiterhin in Weiß heiraten werden; Deshalb müssen Schneiderinnen nicht blass werden.

Und alle unsere Bräute können sich darüber freuen, dass sie keine französischen Bräute sind. Es ist sehr mühsam, in Frankreich zu heiraten, insbesondere wenn einer der Vertragspartner ein Ausländer ist. Erforderlich sind eine Taufurkunde, die Heiratsurkunde des Vaters und der Mutter sowie eine schriftliche Einwilligung des Großvaters und der Großmutter, sofern einer der beiden noch lebt und die Eltern verstorben sind. Die Namen der Parteien werden dann elf Tage lang an der Tür der *Mairie , dem Büro des Bürgermeisters,* angebracht .

In England gibt es vier Möglichkeiten zu heiraten. Die erste Möglichkeit besteht in einer Sonderlizenz, die es zwei Personen ermöglicht, jederzeit und an jedem Ort zu heiraten; aber das ist sehr teuer, kostet fünfzig Pfund und ist nur über einen Erzbischof erhältlich. Dann gibt es noch die gewöhnliche Lizenz, die entweder bei Doctors' Commons oder durch einen Geistlichen erworben werden kann, der auch ein Leihmutter sein und seinen Wohnsitz in der Diözese haben muss, in der die Eheschließung stattfinden soll; Beide Parteien müssen schwören, dass sie volljährig sind oder, falls sie minderjährig sind, die Zustimmung ihrer Eltern haben. Aber eine Heirat im Aufgebot gilt als die orthodoxeste und zugleich wirtschaftlichste Vorgehensweise. Die Aufgebote müssen an drei aufeinanderfolgenden Sonntagen vor der Heirat in der Kirche der Pfarrei veröffentlicht werden, in der die Dame wohnt. Das gleiche Gesetz gilt auch für den Herrn, und die Parteien müssen fünfzehn Tage in der Pfarrei gelebt haben. Oder der Bund fürs Leben kann in einer lizenzierten Kapelle oder im Büro eines Standesbeamten geknüpft werden, wobei die Ankündigung drei Wochen vorher erfolgen muss.

Wir zitieren lediglich diese Schutzmaßnahmen gegen unvorsichtige Ehen, um unseren Bräuten zu zeigen, wie frei sie sind. Und vielleicht sind sie, wie wir manchmal feststellen, zu frei; Wenn man die Häufigkeit der Scheidungen betrachtet, besteht die Gefahr, dass es zu einfach ist, den Bund fürs Leben zu schließen, den so viele später gerne lösen würden.

Wir werden diesem Anlass jedoch keinen Dämpfer verpassen, da er an Trubel, Hektik, Fröhlichkeit und Aufregung mit keinem anderen Tag im Leben eines Menschen vergleichbar ist. Die Stadthochzeit in New York ist zunächst durch die Ankunft des Caterers gekennzeichnet, der das Hochzeitsfrühstück serviert. und später vom Floristen, der die Räume dekoriert, die Blumenglocke aufhängt, den Blumenschirm aufspannt oder im Erkerfenster eine Blumengrotte baut, in der das glückliche Paar stehen soll . Einige der neuesten Freaks in der Blumenmode lassen eine Laube aus hochwachsenden Farnen errichten, wobei sich die Farne über dem Brautpaar treffen. Dies setzt natürlich voraus, dass die Hochzeit zu Hause stattfindet. Ein weiteres Bauwerk ist ein Haus ganz aus Rosen, groß genug, um Braut und Bräutigam aufzunehmen. Dieser ist zunächst aus Bambus oder hellem Holz gebaut, dann dicht mit Rosen bedeckt und ist sehr schön und fast zu duftend. Wenn jemand beim Betrachten dieser floralen Tür zur Ehe nicht „Badehaus" vorgeschlagen hätte, wäre es perfekt gewesen. Es sieht auch ein wenig wie ein Beichtstuhl aus. Vielleicht ist ein freierer Schwung sowohl für Braut als auch für Bräutigam besser. Es sollte keine zu enge Atmosphäre oder zu viele übertrieben duftende Blumen herrschen; Denn bei einer Hochzeit zu Hause wird, egal wie gut die Vorbereitungen geplant sind, immer etwas Zeit damit verbracht, auf die Braut zu warten, ein paar Geschenke kommen zu spät und es herrscht immer eine leichte Verwirrung, so dass die Mama leicht nervös wird und errötete, und die Braut war aufgeregt.

Eine kirchliche Trauung ist für die Brautjungfern und die Familie sowie für die Braut und ihren Vater, die gemeinsam zur Kirche gehen müssen, mit deutlich mehr Aufwand verbunden.

Glücklicherweise gibt es kein strenges Gesetz, wenn jeder zur festgesetzten Stunde zu spät zur Kirche kommt, wie in England. Dort würde das Gesetz lauten: „Die Trauung muss zwischen 8 Uhr morgens und 12 Uhr vollzogen werden, bei Androhung einer Suspendierung und eines Verbrechens mit vierzehnjähriger Beförderung." Das ist der strenge Befehl an die amtierenden Priester.

Der Grund für diesen merkwürdigen Brauch und die schreckliche Strafe, die auf seinen Verstoß wartet, ist angeblich auf das Unrecht zurückzuführen, das die „Hedge"-Pfarrer unschuldigen Parteien zugefügt haben. Auch leider! weil unsere englischen Vorfahren dazu neigten, nach dem Mittag betrunken zu sein und keinen Eid ablegen konnten.

Hier kommen die Gäste zuerst in der Kirche an. Der Bräutigam verlässt die Sakristei, unterstützt von seinem Trauzeugen, und dann stimmt die Orgel den Hochzeitsmarsch an.

Zwei kleine Mädchen, wunderschön gekleidet in Kate-Greenaway-Hüten und weißen Kleidern und mit riesigen Schärpen, die Blumensträuße tragen, kommen zuerst herein; dann die Brautjungfern, die eine Allee bilden. Dann gehen die Braut und ihr Vater zum Altar, wo der Bräutigam sie entgegennimmt und ihr Vater zurücktritt. Die Braut steht zur Linken des Bräutigams; Ihre erste Brautjungfer tritt fast hinter ihr her und ist bereit, den Handschuh und den Blumenstrauß entgegenzunehmen. Nachdem die Zeremonie beendet ist, gehen Braut und Bräutigam zuerst den Gang entlang, und die Kinder folgen ihnen; nach ihnen die Brautjungfern, dann die Platzanweiser, dann der Vater und die Mutter und so weiter. Manchmal gehen die Platzanweiser zuerst, um bereit zu sein, die Braut zu verhüllen, die Türen zu öffnen, die Leute zurückzuhalten und allgemein für Ordnung zu sorgen.

Die Unterzeichnung des Registers in der Sakristei ist kein amerikanischer Brauch, aber es ist mittlerweile Mode, eine stark beleuchtete Pergamenturkunde vom frisch verheirateten Paar mit zwei oder drei Zeugen, den Brautjungfern, dem Trauzeugen, dem Vater und anderen unterzeichnen zu lassen Mutter usw. sind im Allgemeinen die bezeugenden Parteien.

Wenn ein Hochzeitsfrühstück im Sitzen vereinbart wurde, findet es etwa eine halbe Stunde nach der Rückkehr der Parteien aus der Kirche statt. Es wird versucht, zu den Sitten der Vergangenheit zurückzukehren und den Bräutigam (*la* Sir Charles Grandison) dazu zu bringen, die Gäste mit einer Serviette auf dem Arm zu bedienen. Das macht oft viel Spaß und unterbricht die Formalität. Natürlich ist sein Warten eine Pfründe und ein Witz.

Der Tisch für ein solches Hochzeitsfrühstück sollte eine Hufeisenform haben. Aber für eine Hochzeit in der Stadt, bei der viele Gäste in einem immer größer werdenden Kreis eingeladen werden sollen, ist ein solches exklusives Frühstück fast unmöglich, und es wird in der Regel ein großer Tisch gedeckt, an dem die Gäste uneingeladen eintreten und bedient werden die Kellner.

Acht Brautjungfern sind eine modische Zahl; und die Braut hat natürlich das Privileg, die Kleider auszuwählen. Die schönsten Toiletten, die wir je gesehen haben, bestanden aus Heliotrop- *Gaze* über Satin; und wieder Kleerot, beleuchtet mit weißer Spitze. Die Hauben für dieses letzte Kleid waren aus weißem Chip mit roten Federn; Breite Hüte aus gelbem Satin mit gelben Federn werden die Heliotrop-Brautjungfern überragen. Eine Gruppe von Brautjungfern wird nilgrüne Kleider tragen, mit rosa Federn in ihren Frisuren; Ein weiteres Set, wahrscheinlich das mit der rosa Braut, wird aus weißem Satin und Silber sein.

Das Kleid einer Braut wird in letzter Zeit mit Orangenblüten und Flieder geschmückt. Der Schleier war mit orangefarbenen Blumen befestigt; der Ansteckstrauß bestand aus einer Mischung aus Orangenblüten und Flieder; das Spitzenkleid war mit fliederfarbenen Spritzern übersät; der Handstrauß ganz aus Flieder; Der Erfolg des Gärtners bei der Herstellung dieser mit weißen Flieder bedeckten Zwergsträucher hat uns eine wunderschöne Blume in großer Perfektion beschert. Schlüsselblumen werden als Ansteckblumen und Handsträuße für Brautjungfernkleider verwendet. Die Kleider sind aus hellblauem Surah, mit gelben Gainsborough-Hüten aus Satin und gelben Federn. Weiße Handschuhe und Schuhe sind für Bräute angemessen. Der weiße unbekleidete Kinder- oder Schwedenhandschuh wird der Favorit sein; und hohe Prinzessinnenkleider mit langen Ärmeln gelten nach wie vor als der beste Stil.

Bei Hochzeitsgeschenken erfreuen sich Schmuck und etwas ungewöhnliche Gegenstände großer Beliebtheit. Aufwändig verarbeitete Vasen, Weinkühler aus Messing, Rahmen aus emailliertem Glas, kleine, in Silber eingefasste Spiegel, Gürtelverschlüsse, Haarnadeln aller Art, erlesene alte Louis Treize-Silberkästchen von seltsamem Design und Uhren, sogar alte Miniaturen, gehören alle zu den am meisten erwünschten Dingen. So viele unserer Frühlingsbräute reisen sofort nach Europa, dass es absurd erscheint, sie mit teuren Tafelservices oder den üblichen Lampen und Pfefferstreuern zu beladen . Diese können später kommen. Wie viel schöner ist es, der Braut etwas zu schenken, das sie tragen kann!

Hochzeitsgeschenke werden, wenn sie gezeigt werden, im vorderen Raum im zweiten Stock auf Tischen verteilt und von Blumen umgeben sein. Einige Bräute geben am Vortag einen Nachmittagstee, um die Geschenke einigen guten Freunden zu zeigen. Jedes Geschenk trägt auf seiner Karte den Namen des Schenkenden.

Eine Braut beabsichtigt, eine äußerst originelle Innovation zu machen. Anstatt sofort die Stadt zu verlassen, bleibt sie zu Hause und besucht abends den Junggesellenball, um um drei Uhr morgens nach Philadelphia aufzubrechen. Bei einigen kirchlichen Trauungen werden die Gäste nur dort eingeladen; es wird keinen Empfang geben.

Witwen, die erneut heiraten möchten, sollten daran erinnert werden, dass sie weder Hochzeitsgeschenke noch einen Schleier oder Orangenblüten tragen dürfen. Eine Witwenbraut sollte eine Haube tragen, sie sollte keine Brautjungfern haben, und ein Kleid aus Seide oder Samt mit Pfirsichblüten ist ein sehr hübsches Kleid. Bei einer bestimmten Hochzeit in der Innenstadt tragen alle Herren außer dem Bräutigam einen Gastgeschenk. Er trägt immer nur eine Blume.

Hochzeitsgeschenke sollten aus weißem Band und silbernen Blättern bestehen. Große Blumensträuße aus weißen Blumen sollten die Ohren der Pferde und die Mäntel der Kutscher und Lakaien schmücken.

Es ist Geschmackssache, ob die Braut zum Altar ihre Handschuhe trägt oder mit unbedeckten Händen hinaufgeht. „Hochkirchliche" Bräute bevorzugen den letzteren Brauch. Die Braut trägt, wenn sie möchte, ein Gebetbuch anstelle eines Blumenstraußes. Die Heilige Kommunion wird dem Ehepaar auf Wunsch gespendet.

Ein Korrespondent fragt: „Wer sollte zu einer Hochzeit eingeladen werden?" Wir sollten Ihre gesamte Besuchsliste nennen oder keine. Es ist ein ungewöhnliches Gefühl, bei einer Hochzeit ausgeschlossen zu werden, und keine Erklärung, dass es sich um eine „kleine und nicht allgemeine Einladung" handelt, scheint diejenigen zu befriedigen, die so übergangen werden. Es ist viel besser, bei einem so wichtigen Anlass niemanden zu beleidigen.

Hochzeitskarten und Hochzeitsbriefpapier haben sich überhaupt nicht verändert. Die einfachen Stile sind die besten. Die Brautwäsche sollte mit dem Mädchennamen der Braut gekennzeichnet sein.

Wenn Bräute nur eine Möglichkeit finden könnten, ihren Freunden nach der Heirat mitzuteilen, wo sie zu finden sind, wäre das eine große Annehmlichkeit.

Die neueste Art von Verlobungsringen besteht aus einem Diamanten und einem Rubin oder einem Diamanten und einem Saphir, die im rechten Winkel oder diagonal gefasst sind. Armreifen mit dem in Juwelen eingefassten Brautmonogramm sind sehr hübsch und eine begehrte Verzierung für die Geschenke der Brautjungfern, da sie als Andenken und besonders hübscher Schmuck dienen. Sie scheinen das Medaillon völlig verdrängt zu haben. Der in Silber oder Gold geschnittene Name der Braut dient als Spitzennadel und ist sehr wirkungsvoll.

KAPITEL XI.
SOMMERHOCHZEITEN.

Eine neue Mode bei der Gravur des Hochzeitsbriefpapiers ist die erste Neuheit der Frühsommerhochzeit. Die Karte wird gänzlich weggeworfen, und jetzt werden überall Notizblätter mit den Worten der Einladung in *sehr feiner* Fließschrift verwendet, ohne Wappen oder Chiffren. Wir freuen uns, dass die sehr respektvolle Form der Einladung, „Herr und Frau John H. Brown bitten um die Ehre Ihrer Anwesenheit" usw., wieder in Mode kommt. Es hätte niemals ausgehen dürfen. Nichts bedeutet mehr Selbstachtung als Respekt, und wenn wir unsere Freunde bitten, uns zu besuchen, können wir es uns durchaus leisten, ungewöhnlich höflich zu sein. Die kurze, knappe und nicht allzu freundliche Ansage „Mr. und Mrs. John H. Brown bitten um Ihre Anwesenheit" usw. usw. kann durchaus dem viel eleganteren und formelleren Kompliment weichen.

Von einer hohen gesellschaftlichen Autorität in New York haben wir eine viel einfachere und herzlichere Einladung erhalten, die auch nachahmenswert ist: „Mr. und Mrs. Winslow Appleblossom bitten um die Freude Ihrer Gesellschaft bei der Hochzeitsfeier ihrer Tochter am Dienstagnachmittag, dem 16. Juni." ." Dies ist ohne Karten oder Namen, vorausgesetzt, dass letztere später folgen werden.

Eine andere sehr ausführliche und nützliche Ankündigung einer Hochzeit, von einer Dame, die außerhalb der Stadt lebt, vermittelt jedoch auf einem Blatt Papier die gewünschte Information darüber, wo die Braut zu finden ist:

_Frau. Seth Osborne
gibt am Mittwoch, dem 9. September, in Bristol, Connecticut, die Hochzeit ihrer Tochter Margurite mit Herrn Joseph Wendon bekannt.

Ab dem 1. Januar zu Hause,
in der Wood Street 758._

Diese Ankündigungskarte ist ein Beispiel für Prägnanz und beantwortet die oft gestellte Frage: „Wohin sollen wir im nächsten Winter gehen, um das Ehepaar zu finden?"

Bei der Einrichtung des Hauses für die Frühlingshochzeit sind die Floristen auf die neue Technik gestoßen, nur *eine* Blume in Massen zu haben; So hören wir von der Apfelblütenhochzeit, der Fliederhochzeit, der Lilienhochzeit, der Rosenhochzeit und der Narzissenhochzeit, der Veilchenhochzeit und der Gänseblümchenhochzeit. Dies wurde so gut umgesetzt, dass bei einer kürzlichen Gänseblümchenhochzeit die Spitzen- und Diamantornamente der

Braut das Gänseblümchenmuster trugen und jede Brautjungfer eine Gänseblümchennadel mit Diamantmitte erhielt.

Diese Art, eine einzelne Blume zu bündeln, hat ihre Vorteile, wenn es sich bei dieser Blume um einen wunderschönen, gefiederten Flieder handelt, der so dekorativ wie ein Federbusch ist; aber es ist nicht zu loben, wenn Blumen so düster sind wie das Veilchen, das heutzutage an Beerdigungen erinnert. Narzissen sind wunderschön und originell und Apfelblüten machen einen Saal in einem Queen-Anne-Herrenhaus sehr dekorativ. Niemandem muss gesagt werden, dass Rosen besser aussehen, wenn man sie in Massen aufstellt, und es ist eine hübsche Einbildung einer Braut, die Blume, die den Schmuck ihrer Hochzeit bildete, zu *ihrer* Blume fürs Leben zu machen.

Die Leidenschaft für kleine Mädchen als Brautjungfern wird bei Hochzeiten im Frühling und Sommer stark gefördert. Man wird an die Kinderhochzeiten des 15. Jahrhunderts erinnert, wenn diese Lieblinge mit Kate-Greenaway-Hüten vor der Braut den Gang entlanggehen. Auch der junge Bruder der Braut, ein kleiner Junge, der sie im vaterlosen Zustand seiner Schwester kürzlich weggab, bot ein rührendes Bild. Mittlerweile ist es Mode geworden, sowohl die Jugend als auch das Alter anzurufen, um die Segnungen zu erteilen, von denen man einst annahm, sie seien allein auf Geheiß derer, die die Zeit geheiligt hatte.

Die Brautkleider bestehen in der Regel aus weißem Satin und Spitzenspitze, wobei die Vorliebe für Tüllschleier deutlich zu erkennen ist. Eine Nadel für den Schleier mit einem Diamantornament und fünf großen Diamanten, die an kleinen Ketten hängen, macht einen sehr schönen Effekt und ist eine Neuheit. Bei einer kürzlichen Hochzeit schenkte der Bräutigam seinen Platzanweisern mit Diamanten besetzte Katzenaugen als Schalnadeln, da das Katzenauge als sehr glücklicher Stein gilt.

Die Platzanweiser und der Bräutigam tragen sehr große *Boutonnieres* aus Stephanotis und Gardenien oder ebenso große Maiglöckchensträuße in ihren Knopflöchern.

Bei einer der Landhochzeiten des Frühlings spielte ein Pfeifer in voller schottischer Tracht während der Hochzeitszeremonie auf dem Rasen äußerst beredte Musik. Dies war ein Kompliment an den Bräutigam, der Kapitän in einem Highland-Regiment ist.

Eine vorherrschende Mode für Hochzeitsgeschenke besteht darin, schwere Möbelstücke wie Sideboards, Schreibtische, Schränke und Klaviere zu verschenken.

Ein Lieblingskleid für Reisen ist Heliotrop-Kaschmir mit passender Haube. Für eine dunkelhäutige Braut gibt es nichts passenderes als dunkelblaue Maßanfertigung mit weißer Weste und Matrosenkragen. Auch grauer

Kaschmir mit Stahlposamenten liegt voll im Trend. Auch ein hellgrauer Mohair, besetzt mit gleichfarbiger Spitze, fand große Bewunderung.

Wir haben die Umgebung der Bräute erwähnt, aber nicht über die Hintergründe gesprochen. Ein mit weißem und violettem Flieder behangener Wandschirm bildete den Hintergrund einer schönen Braut, ein hängender Vorhang aus Jacque-Minot-Rosen bildete den passenden Rahmen für eine andere. Der vielleicht majestätischste dieser Blumenschirme bestand aus kostbaren Orchideen, von denen jede ein Vermögen wert war. Eines der schönsten Frühlingshochzeitskleider war aus cremeweißem Satin über einem Tüllunterrock gefertigt, wobei der Tüll von einem langen diagonalen Band aus breiter Perlenstickerei gehalten wurde und die Satinschleppe mit Bandschleifen im Stil echter Liebender besetzt war. mit Saatperlen bestickte Knoten; Eine Seite des Rocks war mit einem Schauer weißer Flieder verziert.

la Watteau von den Schultern herab und wurde an der Spitze der Taille befestigt. An der Seite bildeten drei große Falten einen Vorhang, der mit Orangenblüten gesäumt war.

Aus England hören wir von den seltsamsten Kombinationen der Reisekleidung. Biskuitfarbener Canvas, um die Polonaise herum in Grün und Gold bestickt, während der Rock mit einem breiten Band aus grünem Samt eingefasst ist. Die neuen Wollspitzen in allen Farben kommen im „Abschiedskleid" einer Braut sehr gut zur Geltung.

Wir werden oft von Sommerbräuten gefragt, ob sie zu ihrem Reisekleid Hauben oder runde Hüte tragen sollen. Wir sagen ohne zu zögern Hauben. Eine sehr hübsche Hochzeitshaube besteht aus bleifarbenen Perlen ohne Grundierung, leicht und transparent; Schnüre aus rotem Samt und ein Strauß roter Pflaumen vervollständigen diese Haube. Goldfarbenes Stroh, besetzt mit goldbraunem Samt und schwarzem Netz, ergibt eine hübsche Reisehaube. Durchbrochenes schwarzes Stroh mit schwarzem Spitzenbesatz und roten Rosen, sehr hoch am Scheitel, mit „gespaltener Vorderseite" ist eine sehr schicke und passende Haube für ein Frühlingskostüm.

Ein hübsches Kleid für die kleinen Brautjungfern besteht aus einem rosa Faille-Slip, der mit gepunktetem Musselin bedeckt ist und nicht in der Taille gebunden ist, und dem breitesten der hohen Gainsborough-Hüte aus blassrosa Seide mit riesigen Schleifen, aus den bekannten Bildern von Gainsboroughs hübschen Frauen.

Aber wenn eine Sommerbraut mit einer Haube reisen muss, gibt es keinen Grund, dass ihre Aussteuer nicht einen großen Livorno-Hut enthalten sollte, dessen Stroh auf dem Rücken in langen Schlaufen aufgewickelt ist und dessen Zwischenräume mit Schleifen aus Heliotropband ausgefüllt sind. Die Krone sollte mit weißen Straußenspitzen bedeckt sein. Dies ist ein sehr passender Hut für eine Rasenparty.

Es wäre eine bezaubernde Ergänzung zu unserem bekannten und etwas abgedroschenen Hochzeitsmarsch, der immer dann gespielt wird, wenn die Braut den Altar hinaufgeht, wenn ein Chor von Chorknaben ein Epithalamium singen würde, wie es heute in England üblich ist. Diese frischen, jungen Stimmen, die das junge Paar begrüßen, würden zu den kleinen Brautjungfern und den jungen Brüdern passen . Nein, sie würden jene Fresken der italienischen Villen vorschlagen, in denen Hymen und Amor, zwei unsterbliche Jungen, dem glücklichen Paar immer vorausgehen.

Überall ist es ein angenehmer Teil von Hochzeiten, dass von den treuen Hausangestellten, die die Braut von Kindheit an geliebt haben, erwartet wird, dass sie bei der Zeremonie anwesend sind und jeweils einen Hochzeitsgeschenk tragen, der von der schönen Hand der Braut selbst angefertigt wurde. Es wird eine amüsante Anekdote über einen Kutscher aus Yorkshire erzählt, der, neu in Amerika angekommen, die Braut zur Kirche fahren sollte. Die Braut kannte ihn nicht, zumal er ein Neuzugang in der Truppe war, und schickte ihm durch die Hände ihrer Zofe seine Gunst. Aber Yorkshire entschied sich entschieden dagegen, solch ein stellvertretendes Angebot anzunehmen, und bemerkte: „Sag ihr, dass ich es lieber von ihr lassen möchte." Und so musste „sie" herunterkommen und die Gunst an seinem Livreerock anbringen, sonst hätte er die „Bänder" aufgegeben. Die Krankenschwestern, der Koch, die Mägde und die Diener erwarten in England bei einer Hochzeit immer einen Gastgeschenk und ein kleines Trinkgeld, und in diesem Land sollte man mit einer Schachtel Kuchen und möglicherweise mit einem neuen Kleid oder einer Mütze in Erinnerung bleiben , oder eine Motorhaube oder etwas, das an den Tag erinnert.

Der Plan, die Erfrischungen während des gesamten Empfangs in Form eines Buffets zu servieren, behält seinen Platz als bequemste und angemessenste Form. Das Hochzeitsfrühstück, bei dem Toasts ausgebracht und Reden gehalten werden, ist in England praktikabel, aber kaum hier, wo wir nicht dazu geboren sind. Die alt ausgebildeten Hausangestellten, die ein solches Fest servieren, können in Amerika nicht nach Belieben erfunden werden, daher ist es besser, unsere gut gefüllten Tische so wie sie sind schwer beladen mit Leckereien zu belassen, die der Konkurrenz trotzen, und die von einer Schar von serviert werden Kellner.

Der hübsche Plan, die Brauttorte anzuschneiden und nach einem Ring zu suchen, ist schon lange gescheitert, da die Brautjungfern erklären, dass dadurch ihre Handschuhe ruiniert werden und dass es in der heutigen Zeit mit achtzehn Knöpfen zu viel Mühe macht, einen Handschuh auszuziehen und anzuziehen um in einem Stück fettigem Teig einen Ring zu finden. Es könnte jedoch ein Hochzeitsessen ergänzen.

KAPITEL XII.
HERBSTHOCHZEITEN.

Das erste, was der glücklichen Person, die eingeladen wird, die Brautgeschenke zu besichtigen, ins Auge fällt, ist die Dominanz von Silberwaren. Mittlerweile haben wir das Zeitalter der Bronze und des Messings hinter uns, und Silber steht an erster Stelle. Nicht nur die Kaffee- und Teeservices, sondern auch die Tafelservices und das gesamte Mobiliar des Schreibtisches und sogar Besen und Bürsten sind mit silbernen Griffen aus Kunsthandwerk gefertigt – letzterer natürlich für die Toilette und zum Abstauben von Samt. Federn, Hauben usw.

Das oxidierte, hässliche, verfärbte Silber ist nicht mehr so in Mode wie früher, und das schöne, helle, hochglanzpolierte Silber mit seiner eigenen natürlichen und unvergleichlichen Farbe ist eingetreten. Die Tabletts bieten eine herrliche Oberfläche für ein Monogramm, das jetzt ist dem alten holländischen Silber nachempfunden und trägt den Knoten vieler echter Liebhaber und jede Art von Verzierung; manchmal sogar ein kleiner Vers oder Blumenstrauß, wie es früher genannt wurde. Eine Teedose bei einer kürzlichen Hochzeit trug den folgenden fast veralteten Reim, den Corydon in pastoralen Zeiten an Phyllis geschickt haben könnte:

„Mein Herz ist dir gegeben.
Oh, gib mir dein Herz. Wir werden sie zusammen einschließen und den Schlüssel wegwerfen.“

Es sollte hinzugefügt werden, dass die silberne Teedose die Form eines Herzens hatte und einen Schlüssel hatte. Eine Herzensangelegenheit einer Hausfrau ist die verschließbare Teedose.

Ein weiteres einzigartiges Geschenk war eine goldene Teeschaufel mit antikem Muster, wahrscheinlich einst der Breilöffel eines Babys. Es gab auch Apostellöffel und kleine silberne Kanus und andere Geräte zum Aufbewahren von Zigaretten und Asche; kleine geheimnisvolle Kästchen für die Toilette, zur Aufbewahrung von Lockenstäben und Haarnadeln; Spiegelrahmen und sogar Stuhllehnen und Tische – alles aus Silber.

Mehrere wunderschöne Regenschirme mit allen möglichen Griffen erinnerten an die Anekdote des Mannes, der sagte, er habe seine Frau zum ersten Mal in einem Sturm gesehen, sie in einem Sturm geheiratet, mit ihr in einem Hurrikan gelebt, sie aber bei angenehmem Wetter begraben; Sonnenschirme mit juwelenbesetzten Griffen und wunderschön bemalte Fächer sind ebenfalls beliebte Geschenke für frisch Verheiratete.

Freunde verschwören sich, ihre Opfergaben gemeinsam darzubringen, damit es keine Duplikate und keine Teile im Silberservice gibt, die nicht zusammenpassen. Das ist ein ganz ausgezeichneter Plan. Alte Stücke wie Silberkrüge, Queen-Anne-Silber und die stets schöne Baltimore-Verarbeitung werden hoch geschätzt.

Es ist nicht mehr in Mode, die Geschenke bei der Hochzeit zur Schau zu stellen. Sie werden in einem oberen Raum arrangiert und am Tag vor der Zeremonie einigen Freunden der Braut gezeigt. Es ist auch nicht in Mode, dass die Braut viele Juwelen trägt. Diese sind ihrem ersten Auftritt als verheiratete Frau vorbehalten.

Cluster aus Diamantsternen, Gänseblümchen oder Primeln, die zu Gruppen zusammengefasst werden können, sind mittlerweile beliebte Geschenke. Bei diesem kostspieligen Geschenk schließen sich wieder mehrere Freunde an, wie bei der Silberübergabe. Auch Diamantarmbänder, die als Halskette verwendet werden können, sind beliebte Geschenke. Alle möglichen Vasen, Porzellanteile, Cloisonné, Uhren (obwohl es nicht mehr so viele Uhren und Lampen gibt wie noch vor ein paar Jahren), erlesene Radierungen, gerahmt und bestickte Tischdecken, Doyleys und nützliche Bezüge für Kommode und Wäsche -steht, sind in Ordnung.

Die Braut bevorzugt jetzt Einfachheit in ihrem Kleid – prächtige und kostspielige Einfachheit. Ein eleganter Schleier aus weißem Satin und Tüll, letzterer sehr voll, ersterer extrem lang und mit schwungvoller Schleppe, hoher Korsage und langen Ärmeln, langen weißen Handschuhen und vielleicht einer Blume im Haar – das ist die neueste Mode für eine Herbstbraut. Die jungen Damen sagen, dass sie es vorziehen, dass ihre Pracht auf die Tage nach der Heirat wartet, in denen ihr Schmuck getragen werden kann. Das hat durchaus Sinn, denn eine Braut ist schon interessant genug, wenn sie einfach gekleidet ist.

Die Trauung sollte in einer Kirche stattfinden und ein hoher kirchlicher Beamter sollte mit der Trauung beauftragt werden. Die Gäste werden von den Platzanweisern hereingebracht, die übrigens jetzt wie der Bräutigam und der Trauzeuge perlmuttfarbene, schwarz bestickte Glacéhandschuhe tragen. Die Vordersitze sind für Verwandte und enge Freunde reserviert, und der Hauptplatzanweiser hat ein Papier, auf dem die Namen der Personen stehen, die Anspruch auf diese Vordersitze haben. Die so reservierten Plätze sind mit einem weißen Band als Abgrenzungslinie versehen. Musik sollte die Braut einläuten.

Die Mode der Brautjungfern ist vorübergehend ausgestorben, und eine Person, in der Regel eine Schwester, begleitet die Braut als weibliche Helferin allein zum Altar. Die Braut kommt, begleitet von ihrem Vater oder einem nahen Freund, als letzte nach den Platzanweisern herein. Nachdem ihre

Mutter, ihre Schwester und ihre Familie ihr vorausgegangen sind, gruppieren sich diese nahen Verwandten um die Altarstufen. Ihre Schwester oder eine Brautjungfer steht neben ihr am Altargeländer und kniet mit ihr und dem Bräutigam nieder, genau wie der Trauzeuge. Der Bräutigam nimmt seine Braut aus der Hand ihres Vaters oder nächsten Freundes, der sich dann zurückzieht und etwas hinter dem Brautpaar steht. Er muss nahe genug sein, um schnell reagieren zu können, wenn er die Worte hört: „Wer gibt dieser Frau die Möglichkeit, diesen Mann zu heiraten?" Nach der Zeremonie gehen Braut und Bräutigam gemeinsam, gefolgt von den nächsten Verwandten, zum Haus, wo das Hochzeitsfrühstück serviert wird. Hier steht das Brautpaar unter einem Bogen aus Herbstblättern, Goldrute, Astern und anderen Blumen der Jahreszeit und empfängt seine Freunde, die von den Platzanweisern vorgestellt werden.

Vater und Mutter nehmen bei dieser Gelegenheit keine bestimmte Position ein, sondern mischen sich unter die Gäste und sind Teil der Gesellschaft. In einem opulenten Landhaus werden an schönen Tagen kleine Tische auf dem Rasen aufgestellt, die Damen setzen sich darum herum und die Herren tragen ihnen die Erfrischungen; oder die Plätze sind wunderschön mit Herbstzweigen und Farnen, Blumen und immergrünen Pflanzen geschmückt und die Erfrischungen werden dort serviert. Wenn es ein schlechter Tag ist, sind natürlich die üblichen Arrangements eines überfüllten Buffets angebracht; Es gibt kein „sitzendes" Hochzeitsfrühstück mehr; es passt nicht zu unseren amerikanischen Vorstellungen, wie jüngste Experimente gezeigt haben. Wir haben viele Briefe mit der Frage, ob die Herren der Familie der Braut Handschuhe tragen sollen. Sie sollten, und wie wir angedeutet haben, aus perlmuttfarbenem Ziegenleder sein und an den Nähten schwarz bestickt sein.

Die eine Brautjungfer muss in Farben gekleidet sein. Bei einer kürzlichen, sehr modischen Hochzeit trug die Brautjungfer leuchtendes Butterblumengelb, ein echtes Directoire-Kleid, einen weißen Spitzenrock, ein gelbes Mieder und einen Hut mit gelbem Besatz – ein sehr malerisches, hübsches Kostüm. Die Seidenstrümpfe und Pantoffeln waren gelb, der Hut von Livorno war sehr groß, seitlich hochgeschlagen, mit gelben Federn und langen Bändern aus gelbem Samtband. Gelb gilt heute als Lieblingsfarbe und Glücksbringer. Einst galt es als Synonym für Neid, doch das ist nicht mehr der Fall.

Es stellte sich heraus, dass das Tragen eines Gebetbuchs aus Elfenbein mit Unannehmlichkeiten verbunden war und wurde daher eingestellt. Wenn eine junge Dame jedoch möchte, dass ihr Gebetbuch mit ihren Gelübden am Altar verbunden wird, kann sie es ordnungsgemäß tragen. Allerdings lassen Bräute ihre Blumensträuße zu Hause, da die enorme Größe eines modernen Blumenstraußes das Geben und Nehmen des Rings erschwert.

Eine sehr hübsche Dekoration für eine Hochzeit im Herbst ist die Anfertigung eines Wandteppichs aus Herbstblättern, der hinter der Braut hängt, wenn sie sie empfängt. Dies kann durch Aufnähen der Blätter auf ein Stück Drogerie erreicht werden, auf das ein Künstler mit Kreide und Kohle eine geschickte Skizze gezeichnet hat. Wir haben einige wirklich aufwändige und künstlerische Gruppen gesehen, die auf diese Weise von ernsthaften und selbstlosen Freundinnen zusammengestellt wurden. Romeo und Julia, Hamlet und Ophelia, Tristan und Iseult können so als Dekorationen dienen.

Selbstverständlich können die Wände der Kirche auch mit orientalisch gemusterten Palmen, Blumen und Blättern edel geschmückt werden. In dieser Jahreszeit ist die Fülle der Natur so üppig, dass sogar die Früchte zum Einsatz gebracht werden können. Es sollte darauf geachtet werden, nicht zu viele Tuberosen in die Gegend zu stellen, da der Duft bei manchen Übelkeit hervorruft.

Der Verlobungsring sollte am dritten Finger der linken Hand getragen werden. Es sollte einen Solitärstein haben – entweder einen Diamanten oder einen Farbstein. Auch farbige Steine und diagonal gefasste Diamanten wie ein Saphir und ein Diamant werden getragen; aber keine Perle, denn nach der deutschen Vorstellung sind „Perlen Tränen für die Braut". Der Ehering ist ganz anders, er ist lediglich ein schlichter Goldring, weder sehr breit noch mit einem quadratischen Ring, wie es vor ein paar Jahren der Fall war, und der Verlobungsring wird als Schutz über dem Ehering getragen. Es ist nicht üblich, dass die zukünftige Braut ihrem künftigen Ehemann einen Ring schenkt, aber viele Mädchen machen ihrem Verlobten gerne ein Verlobungsgeschenk. Im Inneren des Verlobungsrings sind das Datum der Verlobung und die Initialen aller Vertragsparteien angegeben. Der Ehering trägt das Datum der Eheschließung und die Initialen.

Findet die Trauung zu Hause statt, treten Braut und Bräutigam gemeinsam ein und nehmen vor dem bereits eingetretenen Geistlichen Platz; dann kommen der Vater und die Mutter und andere Freunde. Für das Brautpaar sollten Sitzkissen bereitgelegt werden, auf denen es knien kann, und der Vater sollte in der Nähe sein, damit der Geistliche ihn sehen kann, wenn er um seine Vollmacht bittet.

Für Herbsthochzeiten gibt es nichts Schöneres als ein Reisekleid als ein maßgeschneidertes Kostüm aus sehr leichtem Stoff und einer passenden Tasche für einen kalten Tag. Keine Reisekleidung sollte an sich zu schwer sein, da unsere Eisenbahnwaggons so sehr warm gehalten werden.

Wir wurden gebeten, die Bedeutung des Wortes „Flitterwochen" zu definieren. Es stammt von den Deutschen, die nach der Hochzeit dreißig Tage lang Met oder Metheglin – ein Getränk aus Honig – tranken.

Bei Hochzeiten wird die Brauttorte nicht mehr angeschnitten und serviert; Das Geschenk des Kuchens in Schachteln hat das abgelöst. Beim Hochzeitsfrühstück wird das Eis nun in schicke Schachteln verpackt, die auf ihrer Oberfläche Hochzeitsmottos sowie Orangenblüten und Veilchen tragen. Da der Ring das Ausdruckssymbol für die Ewigkeit des Pakts ist und da der Brautkuchen und die üblichen Trankopfer bedeutende Symbole für die Nektarsüßigkeiten der Ehe darstellen, wird es nicht genügen, den Kuchen ganz zu verbannen, obwohl ihn nur wenige Menschen essen Nur wenige möchten es wegtragen.

Bei den Römern galt der Juni als der günstigste Monat zum Heiraten; Aber für die Angelsachsen war der Oktober schon immer eine beliebte und glückverheißende Jahreszeit. Wir stellen fest, dass das Fest immer auf die gleiche Weise begangen wurde, egal ob druidisch, heidnisch oder christlich.

Wir wurden gefragt: Wer soll die einzelne Brautjungfer zum Altar führen? Es sollte der Bruder des Bräutigams, ihr eigener *Verlobter* oder ein auserwählter Freund sein – niemals der Trauzeuge; Er verlässt seinen Freund, den Bräutigam, nicht, bis er ihn auf dem hoffnungsvollen, aber unsicheren Meer zu Wasser gelassen sieht, dessen Rückschläge und dessen Lächeln ständig in Versuchung geführt werden.

„Der Mann muss ein glückliches Leben führen,
der von einer Frau geführt wird. Wer von ehelichen Ansprüchen befreit ist, wird mit Sicherheit unter seinen Schmerzen leiden."

Dies ist ein „Sträußchen" für etwas Oktobersilber.

KAPITEL XIII.
VOR DER HOCHZEIT UND NACHHER.

Der Empfang eines verlobten Mädchens durch die Familie ihres zukünftigen Mannes sollte äußerst herzlich sein, und es sollte keine Zeit verloren gehen, sie herzlich willkommen zu heißen. Es ist der Moment aller anderen, in dem sie einen solchen Empfang mit größter Dankbarkeit aufnehmen wird und in dem jede Vernachlässigung ihr mit Sicherheit größtes Unglück bereiten wird.

Es ist üblich, dass die Mutter des Bräutigams so bald wie möglich nach der offiziellen Bekanntgabe der Verlobung sowohl die Familie der werdenden Braut als auch sich selbst zu einem Abendessen einlädt. Die beiden Familien sollten sich treffen und sofort Freundschaften schließen. Das ist wichtig.

Diesen nahen Verwandten wird zuerst das voraussichtliche Datum des Hochzeitstags zugeflüstert, damit genügend Beratung und Vorbereitung bei der Auswahl der Hochzeitsgeschenke möglich sind. In wohlhabenden Familien hat jeder dem jungen Paar manchmal ein silbernes Tafelservice und viel Silber geschenkt, und die Räume im Haus des Vaters der Braut sehen aus wie ein Juweliergeschäft, wenn man die Geschenke zeigt. All die prächtigen Ormolu-Ornamente für den Kaminsims, hübsche Uhren und Lampen, Fächer in großen Mengen, Löffel und Gabeln zu Hunderten und die feinen vergoldeten Ornamente der letzten Jahre, Möbel, Schals aus Kamelhaar und Armbänder – alles ist gestapelt in der am meisten bewunderten Verwirrung. Und wenn die Einladungen herauskommen, dann kommen Sie mit ihren eiliger beschafften Geschenken in die Außenwelt; seltene Porzellanstücke, kleine Gemälde, Ziergegenstände für die Person – alles, alles ist in Ordnung.

Ein Geschenk wird in der Regel dort verpackt, wo es gekauft wird, und mit der Karte des Schenkenden vom Geschäft direkt an die Braut verschickt. Sie sollte das Eintreffen immer durch eine von ihr selbst verfasste persönliche Notiz bestätigen. Eine junge Braut war einmal tödlich beleidigt, indem sie ihre Gaben nicht auf diese Weise anerkannte. Sie sagte, sie hätte so viele, dass sie keine Zeit fand, die Notizen zu schreiben, was natürlich als prahlerisch und höchst ungnädig galt.

Geschenke, deren Wert dem persönlichen Geschmack oder dem Fleiß des sendenden Freundes zu verdanken ist, gelten als besonders höflich. Eine Stickerei, ein Gemälde, ein Aquarell sind äußerst schmeichelhafte Geschenke, da sie ein langes und vorher festgelegtes Interesse bezeugen.

Kein Freund sollte sich davon abhalten lassen, ein kleines Geschenk zu schicken, das keinen Geldwert darstellt, denn andere und reichere Menschen können ein teureres Geschenk schicken. Oftmals bleibt das kleine Geschenk ein überaus liebenswertes und nützliches Andenken.

Was das Präsentieren der Hochzeitsgeschenke betrifft, ist dies eine Sache des individuellen Geschmacks. Manche Leute missbilligen es und halten es für protzig; andere haben einen großen Raum, der der Präsentation der Geschenke gewidmet ist, und es ist sicherlich amüsant, sie zu betrachten.

Was das Verhalten des verlobten Paares während ihrer Verlobung betrifft, neigen unsere amerikanischen Mütter dazu, in ihren Ansichten über die gewährte Freiheit etwas nachsichtiger zu sein als die Engländer. Bei letzterem darf keine junge Dame alleine mit ihrem *Verlobten fahren* ; Es muss ein Diener anwesend sein. Keine junge Dame darf die Familie ihres *Verlobten besuchen* , es sei denn, er hat eine Mutter, die sie empfängt. Es ist ihr auch nicht gestattet, allein mit ihm ins Theater zu gehen oder unter seiner Begleitung zu reisen, im selben Hotel einzukehren oder eine dieser strengen Regeln zu lockern, die eine strenge Begleitperson durchsetzen würde; und es muss zugegeben werden, dass diese strenge und sorgfältige Beachtung des äußeren Erscheinungsbildes dem besten Geschmack entspricht.

Was den Verlobungsring angeht, schreibt die moderne Mode einen Diamant-Solitär vor, dessen Preis zwischen zweihundertfünfzig und zweitausend Dollar liegen kann. Die Frage der Präsentation ist ein Geheimnis zwischen den Verlobten.

Abendhochzeiten unterscheiden sich im Wesentlichen nicht von Tageshochzeiten, außer dass der Bräutigam Abendkleidung trägt.

Wenn die Hochzeit zu Hause stattfindet, wird der Platz, an dem die Brautgesellschaft stehen soll, normalerweise durch ein Band markiert, und der Geistliche kommt in seiner Robe vor dem Brautpaar herab; sie stehen ihm gegenüber, und er steht der Firma gegenüber. Sitzkissen sind für sie vorbereitet, auf denen sie knien können. Nach der Zeremonie zieht sich der Geistliche zurück und die Brautpartei nimmt seinen Platz ein, um die Glückwünsche ihrer Freunde entgegenzunehmen.

Sollte bei einer Hochzeit getanzt werden, ist es angebracht, dass die Braut die erste Quadrille mit dem Trauzeugen eröffnet und der Bräutigam mit der ersten Brautjungfer tanzt. Es ist jedoch nicht sehr üblich, dass eine Braut tanzt oder dass bei einer Abendhochzeit getanzt wird, aber es ist kein schlechter alter Brauch.

Nachdem das Brautpaar von seiner Hochzeitstour zurückgekehrt ist, geben die Brautjungfern ihnen jeweils ein Abendessen oder eine Party oder zeigen ihnen etwas Aufmerksamkeit, wenn sie so platziert sind, dass sie dies tun können. Auch die Mitglieder der beiden Familien servieren jeweils ein Abendessen für das junge Paar.

Heutzutage ist es für die Braut ein sehr bequemer und angenehmer Brauch, mit ihren Hochzeitskarten zwei oder mehr Empfangstage im Winter nach

ihrer Hochzeit anzukündigen, an denen ihre Freunde sie besuchen können.
Die Gewissheit, zu Hause eine Braut zu finden, ist sehr erfreulich. Bei diesen
Gelegenheiten trägt sie ihr Hochzeitskleid nicht, sondern empfängt sie, als
ob sie als eines ihrer Mitglieder in die Gesellschaft eingetreten wäre. Der
gesamte Hochzeitsschmuck ist weggeräumt und sie trägt ein dunkles
Seidenkleid, das so schön aussehen kann, wie sie möchte. Was das Tragen
ihres Hochzeitskleides auf Bällen oder Abendessen nach ihrer Hochzeit
angeht, so ist es völlig angemessen, dies zu tun, wenn sie ihren Schleier und
ihre Orangenblüten ablegt.

Die Braut sollte allen Freunden ihres Mannes gegenüber sehr aufmerksam
und versöhnlich sein. Sie werden sie von dem Moment an, in dem sie von
der Verlobung hören, mit Interesse betrachten, und es ist geschmacklos,
wenn sie ihnen gegenüber Gleichgültigkeit zeigt.

Stille Trauungen, entweder in der Kirche oder zu Hause, werden von
manchen Familien sehr bevorzugt. Tatsächlich bevorzugen die Franzosen,
von denen wir viele Lektionen über Anmut und guten Geschmack gelernt
haben – und vielleicht noch mehr lernen werden – sie unendlich.

Für eine ruhige Hochzeit kleidet sich die Braut in ein Reisekleid und eine
Haube und macht sich auf den Weg zu ihrer Hochzeitsreise. In England ist
es, wie gesagt, Brauch, dass Braut und Bräutigam in ihrer eigenen Kutsche
losfahren, die mit weißen Bändern geschmückt ist, wobei der Kutscher und
der Bräutigam weiße Blumensträuße tragen und Gefälligkeiten an den Ohren
der Pferde tragen. und dass sie einen Monat lang Flitterwochen verbringen
sollten. Auch dort schenkt die Braut (sei es Hannah Rothschild oder die
Baroness Burdett-Coutts) ihren Brautjungfern sehr elegante Geschenke, wie
ein Medaillon oder ein Armband, während der Bräutigam dem Trauzeugen
eine Schalnadel oder ein anderes Geschenk schenkt. Der amerikanische
Brauch ist nicht so universell. Allerdings gibt entweder die Braut oder der
Bräutigam der Brautjungfer etwas und jedem Platzanweiser eine Schalnadel.
So wird eine Hochzeit zu einer sehr teuren und aufwändigen Angelegenheit,
die ruhige und sparsame Menschen manchmal vermeiden müssen.

Nach der Versendung der Heiratseinladungen tritt die Dame nicht mehr in
der Öffentlichkeit auf.

Der Zeitraum der Kartenhinterlegung nach einer Hochzeit ist noch nicht
endgültig festgelegt. Einige Behörden sprechen von zehn Tagen, aber das
wäre in einer überfüllten Stadt und mit einem großen Bekanntenkreis völlig
unmöglich.

Wenn sie nur in die Kirche eingeladen werden, denken viele Damen, dass sie
ihre ganze Pflicht erfüllen, indem sie irgendwann im Winter eine Karte
hinterlassen und das junge Paar in ihre späteren Einladungen einbeziehen.

Sehr strenge Menschen rufen jedoch innerhalb von zehn Tagen an, und wenn sie ins Haus eingeladen werden, ist der Anruf noch wichtiger und sollte bald nach der Hochzeit erfolgen.

Wenn aber ein junges Paar seine künftige Adresse nicht mitteilt, sondern nur zu einer kirchlichen Trauung einlädt, ist es oft sehr schwierig zu wissen, wo man anrufen soll, und der erste Besuch muss auf unbestimmte Zeit verschoben werden, bis das Paar Karten mit der Benachrichtigung an seine Freunde verschickt über ihren Aufenthaltsort.

Hochzeitseinladungen bedürfen keiner Antwort. Aber auch Personen, die weit entfernt wohnen und nicht an der Hochzeit teilnehmen können, sollten ihre Karten per Post verschicken, um den Gastgebern zu versichern, dass die Einladung angekommen ist. Die übliche Form für Hochzeitskarten ist diese:

Herr und Frau Theodore Chapman
bitten um Ihre Anwesenheit bei der Hochzeit ihrer Tochter am
Mittwochabend, dem 4. November, um acht Uhr. Gnadenkirche.

Die Karte der jungen Dame, die ihres künftigen Ehemanns und eine weitere Karte an den Auserwählten –

Nach der Zeremonie zu Hause, 7 East Market Street –

liegt ebenfalls bei.

Menschen mit einem großen Bekanntenkreis können natürlich nicht immer alle ihre Freunde zu einer Hochzeitsfeier einladen und laden deshalb alle in die Kirche ein. Manchmal verlangen Leute, die zu Hause eine kleine Hochzeit geben sollen, eine Antwort auf die Hochzeitseinladung; In diesem Fall sollte natürlich eine Antwort gesendet werden, und man sollte sehr vorsichtig sein, diese schmeichelhaften Einladungen nicht zu ignorieren. Jede Nachlässigkeit ist unentschuldbar, wenn ein so wichtiges Ereignis *bevorsteht* . Wenn Brautjungfern aufgrund einer Krankheit oder eines plötzlichen Todesfalls daran gehindert werden, ihr Amt auszuüben, sollten sie die Braut so schnell wie möglich benachrichtigen, da es nach der Einberufung eines Brautkorps schwierig ist, diesen neu zu organisieren.

Was die Hochzeitsreise anbelangt, so gilt sie nicht mehr als obligatorisch, und auch die Abgeschiedenheit während der Flitterwochen wird nicht mehr verlangt. Ein sehr modisches Mädchen, das letzten Sommer in Newport einen Engländer geheiratet hatte, kehrte in drei Tagen zurück, um ihr eigenes Haus in Newport zu beziehen und Einladungen zu empfangen und zu verteilen. Wenn das frischverheiratete Paar also mit der Haushaltsführung auf seine eigene Weise beginnt, stellt es in der Regel ein paar „Zuhause"-Karten aus und öffnet damit eine einfache Tür für zukünftige Gastfreundschaften. Sicherlich wird die einst oberflächliche Hochzeitstour nicht mehr als wesentlich erachtet, und es ist die vernünftigere Mode, für einen Monat das Haus eines Freundes ein paar Meilen außerhalb der Stadt zu übernehmen.

Wenn das Brautpaar in den frühen Tagen seiner Hochzeit eine Badestelle aufsucht, sollte es sehr vorsichtig sein, seine Zärtlichkeit äußerlich zur Schau zu stellen.

Solche Darstellungen in Autos oder auf öffentlichen Plätzen, wie man sie oft sieht, bei denen die Braut ihren Kopf auf die Schulter ihres Mannes legt, Händchen hält oder sich küsst, sind gleichzeitig vulgär und unanständig. Jegliche öffentliche Zurschaustellung von Zuneigung sollte sorgfältig vermieden werden. Die Zuneigung ist zu heilig, als dass man sie nach außen zeigen könnte, und die Zuschauer sind in einer sehr unangenehmen Lage. Die Franzosen nennen Liebesspiel *l'...... deux* , und kein Egoismus ist angenehm. Wer ein Paar junge Tauben in der Öffentlichkeit gurren sieht, neigt dazu, zu sagen, dass ein Streit nicht mehr weit ist. Für einen Liebhaber ist es möglich, jede Aufmerksamkeit und jeden Fleiß zu zeigen und seine Demonstrationen nicht zu übertreiben. Es ist durchaus möglich, dass die Dame ihren Mann liebt, ohne auch nur den geringsten Verstoß gegen den guten Geschmack zu begehen.

Von dem jungen Paar wird nicht erwartet, dass es in Sachen Unterhaltung sofort reagiert, es sei denn, Fortune war außergewöhnlich freundlich. Die Außenwelt ist nur allzu gerne bereit, sie zu unterhalten. Nichts kann unkluger sein, als dass ein junges Paar überstürzte Ausgaben tätigt, die sein zukünftiges Glück und seinen Seelenfrieden gefährden könnten, und es sollte auch nicht das Gefühl haben, dass es verpflichtet ist, die Abendessen und Partys, die es bekommen hat, sofort zurückzugeben. Zweifellos wird die Zeit kommen, in der sie dazu in der Lage sein werden.

Aber die Ankündigung eines Tages, an dem die Braut ihre Freundinnen empfängt, ist fast unverzichtbar. Die Erfrischungen bei diesen Gelegenheiten sollten nicht über Tee und Kuchen hinausgehen, höchstens aber über Punsch, Tee, Schokolade und Kuchen, die auf einem Tisch an einem Ende des Raumes stehen oder von einem Kellner gereicht werden können. Bouillon ist an einem kalten Wintertag ebenfalls angebracht und vielleicht die nützlichste aller einfachen Erfrischungen. Denn bei einem „Vier-Uhr-Tee" oder bei mehrtägigen Empfängen ist eine große Unterhaltung ausgesprochen vulgär.

KAPITEL XIV.
HOCHZEITEN AUS GOLD, SILBER UND ZINN.

Nur sehr wenige Menschen haben die einmalige Gelegenheit, fünfzig Jahre lang im heiligen Stand der Ehe zusammenzuleben. Wenn sie die vielen Gebrechen des Fleisches und die allgemeine Unvereinbarkeit der Gemüter so weit überwunden haben, verdienen sie es, beglückwünscht zu werden und ein Hochzeitsfest zu veranstalten, das genauso feierlich und doppelt so beeindruckend sein wird wie das erste. Aber was sollen wir ihnen geben?

Die Gaben von Gold müssen in gewisser Weise eingeschränkt werden, und daher gilt die so strenge und unabänderliche Vorschrift, die bei Hochzeiten aus Zinn und Silber gilt, dass keine Geschenke aus einem anderen Metall als dem an diesem Tag festgelegten gemacht werden dürfen, nicht bei einer goldenen Hochzeit. Eine in goldenen Buchstaben gedruckte Karte, die beispielsweise ankündigt, dass John Anderson und Mary Brown 1830 geheiratet haben und 1880 ihre goldene Hochzeit feiern werden, ist im Allgemeinen die einzige goldene Manifestation. Eine der kürzlich ausgestellten Karten lautet wie folgt:

1831. 1881.

Herr und Frau John Anderson,
zu Hause, 21. November 1881, Goldene Hochzeit, 17 Carmichael Street, um acht
Uhr.

Alles in Gold, auf weißem, dickem englischem Papier, das ist fast die gesamte Goldpräsenz, die bei einer goldenen Hochzeit nötig ist, es sei denn, ein Freund schenkt der betagten Braut Schmuck. Die Braut empfängt ihre Kinder und Enkelkinder gekleidet in einem Artikel, den sie bei ihrer ersten Hochzeit trug, sofern noch welche vorhanden sind. Manchmal hat ein Schleier, ein Taschentuch oder ein Fächer, kaum jemals das ganze Kleid, fünfzig Jahre überdauert, und sie hält einen Strauß weißer Blumen in der Hand. Es wird eine Hochzeitstorte mit einem Ring darin zubereitet, und auf dem Zuckerguss sind das Datum und das Monogramm der beiden zu sehen, die schon so lange zusammenleben.

Diese goldenen Hochzeiten können traurig sein. Es ist nicht gut für die Alten, Jubiläen zu feiern – zu viele Geister kommen zum Fest. Dennoch kann es nicht schaden, wenn die Menschen glücklich genug sind, dies zu tun. Ihre Umgebung mag vielleicht ihre schönsten Träume übertreffen, aber was sie selbst betrifft, ist der Kontrast schmerzhaft. Mit Brautfreuden haben sie wenig gemein, und es sei denn, es handelt sich um den Wunsch eines unbändigen Nachkommen, nur wenige alte Paare möchten die Goldene Hochzeit lieber in ihrem Herzen feiern. Wenn sie am Fuße der Leiter angefangen haben und dann aufgestiegen sind, möchten sie sich vielleicht nicht an ihre frühen Kämpfe erinnern; Wenn sie einen guten Start hatten und allmählich in Armut oder Krankheit versunken sind, möchten sie diese besseren Tage sicherlich nicht im grellen Licht eines Jubiläums fotografieren. Nur die außergewöhnlich guten, glücklichen und gelassenen Menschen können es sich leisten eine Goldene Hochzeit feiern.

Ganz anders bei der Silberhochzeit, die in diesem Land stattfindet, während die Menschen noch jung sind, in der Blüte ihres Lebens, mit viel vor sich, und wenn man auf halbem Weg anhält, um über seine Freunde und seine Segnungen Rechenschaft abzulegen, ist eine kluge und kluge Entscheidung angenehme Sache. Die Karten werden in Silber gedruckt ausgegeben, etwa in diesem Stil:

1856. 1881.

_Herr. und Mrs. Carter erbitten die Freude Ihrer Gesellschaft am Mittwoch, dem 27. Oktober, um acht Uhr. Silberne Hochzeit.

John Carter. Sarah Smith._

Das ist zumindest eine Form. Viele Menschen fügen ihren Namen jedoch nicht am Ende hinzu; während wiederum einige sogar noch weiter gehen; und transkribieren Sie die Heiratsurkunde aus der damaligen Zeitung.

Geschenke aus Silber sind vergleichsweise günstig und immer nützlich. Daher schicken fast alle Freunde, die eingeladen werden, ein Geschenk aus Silber mit der Aufschrift „Silberhochzeit" oder, noch besser, mit einem passenden Motto und eingravierten Initialen des Paares der Knoten eines wahren Liebhabers.

In altholländischem Silber sind diese hübschen Monogramme und der Liebesknoten sehr verbreitet. Dies wurde wahrscheinlich auf dem ursprünglichen Hochzeitssilber angebracht, und wir wissen, dass diese Kunst von Männern wie Albrecht Drer, Benvenuto Cellini und Rubens studiert wurde, denn wir finden unter ihren Zeichnungen viele Monogramme und ähnliche Geräte. Es trägt wesentlich zur Schönheit eines Silberstücks bei, eine solche Gravur zu tragen, und es ist immer gut, ein Motto oder einen „Blumenstrauß", wie es in der Angebotsphrase heißt, hinzuzufügen und so dem Geschenk ein persönliches Interesse zu verleihen unser Fehlen von Wappen. Da es viele hübsche Schmuckstücke aus Silber gibt, ist es möglich, die Geschenke zu variieren, indem man manchmal *Flakons präsentiert* (ein Anhängerflakon *für* die *Chatelaine* : In diesem hübschen Schmuckstück sind jetzt einige sehr künstlerische Dinge enthalten, mit farbigen Plaketten, die antike Figuren darstellen usw.). Manchmal wird ein kostspieliges Tiefdruckwerk in Silber eingelassen und als Anstecknadel gefasst. Uhren aus Silber, Armbänder, Statuen aus Silber, Halsketten, Bilderrahmen und

filigrane Anhänger, die an silbernen Halsketten hängen, die Perlen ähneln;
wunderschöne Schmuckkästchen und Boxen für die Toilette; gut mit Silber
ausgestattete Ankleidekästen; Handspiegel in gemasertem Silber gefasst;
Armbänder, Siegelanhänger und Medaillons im Hochrelief – alle sind jetzt als
Geschenk aus dem zweiten Edelmetall erhältlich. Ein sehr hübsches
Geschenk wurde von einem jungen Künstler für seine Mutter zur Feier ihrer
Silberhochzeit entworfen. Es handelte sich um ein Monogramm und einen
Liebesknoten nach der Mode des 17. Jahrhunderts, und wenn man es
zusammenfügte, ergab es eine prächtige Gürtelschließe, wobei jedes kleine
Ornament des Reliefs die beiden Daten wiederholte. Mit Edelsteinen
verzierte Mantelspangen aus massivem Silber , im Mittelalter *Fermillets genannt*
, sind hübsche Geschenke, und diese Verzierungen können auch mit Gold
und Emaille veredelt werden, ohne ihren Silbercharakter zu verlieren.
Chimärentiere und Blumenornamente werden häufig zur Verschönerung
dieser *Agraffen verwendet* .

Sehr schön sind in Silber eingefasste Spiegel für den Toilettentisch; auch
Bürsten und Kämme können daraus hergestellt werden. Alles Silber neigt
dazu, zu trüben, aber ein Eintauchen in Wasser und Ammoniak reinigt es
sofort, und nur noch wenige Menschen mögen das weiße, schaumige Silber.
Was einen grauen Farbton angenommen hat, wird viel mehr bewundert.
Tatsächlich haben kunstvolle Juweliere das gehämmerte Silber eingeführt,
das wie eine alte Teekanne aus Zinn aussieht und für die Bewunderer des
echten Silbertons sehr hässlich ist; aber es macht das Tragen einer silbernen
Chtelaine sehr viel einfacher, denn die Ketten und Verzierungen, die eine
Dame jetzt an ihrem Gürtel trägt, werden mit Sicherheit täglich in Mode
kommen. Auch silberne Sonnenschirmgriffe liegen voll im Trend. Wir haben
uns ausführlicher mit dem Thema Silbergeschenke befasst, um einige Fragen
zu beantworten, was es angemessen ist, bei einer Silberhochzeit Geschenke
zu machen. Natürlich können die Reichen Krüge, Vasen, Gemüseschalen,
Suppenterrinen und Kellner schicken. All die schönen Dinge, die unsere
Silberschmiede jetzt herstellen, sind eine Verlockung für den Geldbeutel. Es
gibt auch hübsche Silberketten mit alten und seltenen Münzen und seltsame
Uhren aus Silber, die Früchten, Nüssen und Tieren ähneln. Je weiter wir in
der Geschichte der Silberwaren zurückgehen, desto bessere Modelle werden
wir mit Sicherheit erhalten.

Zur Unterhaltung gehört natürlich auch der unvermeidliche Kuchen, und die
Braut steckt das Messer hinein, wie sie es vor 25 Jahren getan hat. Der Ring
wird sehnsüchtig gesucht. Dann wird eine große und reichliche Mahlzeit
angeboten, genau wie an jedem Empfangstisch. Bei den meisten dieser
Silberhochzeiten ist Champagner in Ordnung, Gesundheit wird getrunken
und es werden Reden gehalten.

Besonders reizvoll sind Silberhochzeiten, die auf dem Land gefeiert werden, insbesondere wenn das Haus groß genug ist, um mehrere Gäste aufzunehmen. Dann lässt sich mancher Brauch von besonderer Bedeutung und Freundlichkeit beobachten; Jeder kann helfen, das Fest vorzubereiten, das Haus mit Blumen zu schmücken und die Braut vor den tränenreichen Momenten zu bewahren, die jeder Rückblick mit sich bringt. Alle sollten versuchen, die Szene fröhlich zu gestalten, denn es gibt keinen anderen Grund, sie zu feiern.

Zinnhochzeiten, die nach Ablauf von zehn Jahren zwischen zwei Verheirateten stattfinden, sind Signale für allgemeine Ausgelassenheit. Es werden nicht nur die üblichen Zinnutensilien angeboten, die für die Küche und den Haushalt verwendet werden können, sondern auch fantastische Designs und Verzierungen, die für Lacher sorgen. Eine junge Braut erhielt einen hübschen Scheck von ihrem Schwiegervater, der ihn mit der Aufschrift „Zinn" beschriftete, und schickte ihn ihr in einer eigens für diesen Zweck aufwändig angefertigten Zinn-Taschenbüchlein. Ein sehr hübscher Blechfender wurde für den Kamin eines anderen gebaut und war nicht so hässlich. Es wurden ein Blechschirm, Blechkronleuchter, Blechventilatoren und Blechtische angeboten. Wenn diese keinem anderen Zweck dienen, eignen sie sich hervorragend für spätere Theaterzwecke, wenn die Familie private Theaterstücke usw. zu Hause mag.

Holzhochzeiten finden nach fünf Ehejahren statt und bescheren der Braut eine umfangreiche Neueinrichtung der Küche und heutzutage einige schöne Geschenke aus Holzschnitzereien. Die Holzhochzeit, die vor einigen Jahren scherzhaft mit einer Trittleiter und einem Nudelholz begonnen wurde, droht nun tatsächlich zu einem ganz besonderen Jubiläum zu werden, da die Kunst des Holzschnitzens so beliebt ist und von Männern so häufig praktiziert wird und Frauen. Jeder ist bereit für eine geschnitzte Schatulle, einen Bilderrahmen, einen Paravent, ein Sideboard, einen Stuhl, eine Kommode, einen Schminktisch, ein Kinderbett oder ein Bettgestell. Scheuen Sie sich nicht, ein kunstvoll geschnitztes Stück Holz anzubieten. Bis auf die hölzernen Muskatnüsse ist alles in Ordnung; sie sind ausgeschlossen.

Bei einer der goldenen Hochzeiten der Rothschilds lasen wir von Geschenken wie einem Tafelservice aus massivem Gold; eine ziselierte Tasse Benvenuto Cellini aus massivem Gold, angereichert mit Edelsteinen; eine Schatulle mit Golddeckel aus der Frührenaissance, mit dem Kopf von Marie de Medici aus oxidiertem Gold; von Ringen aus Zypern, die Saphire aus den Gräbern der Kreuzfahrer enthalten; aus massiven Kristallen, in Trinkbecher geschliffen, mit Henkeln aus Gold; aus Jadekelchen in goldenen Untertassen; von singenden Vögeln in Gold; und von Toilettengeräten, alle aus massivem Gold, ganz zu schweigen von Ketten, Ringen usw. Das ist Luxus und als solcher denjenigen zu empfehlen, die ihn sich leisten können. Aber es muss große Unannehmlichkeiten mit sich bringen. Gold ist so wertvoll, dass man mit einem kleinen Stück davon viel bewirken kann, und selbst ein Rothschild möchte nicht auf ein goldenes Ankleidekästchen verzichten, damit es nicht die ehrlichsten Kellnerinnen in Versuchung führt.

Zweifellos können sich einige unserer millionenschweren Amerikaner solche Geschenke zur goldenen Hochzeit leisten, aber natürlich sind sie selten, und selbst wenn sie üblich wären, würden sie weniger in Erinnerung bleiben als einige weniger prächtige Geschenke. Unsere republikanische Einfachheit wäre empört und schockiert, wenn sie sähe, wie viele Münzen des Reiches aus dem Verkehr gezogen würden.

Sollten wir jedoch einer fünfzigjährigen Braut ein Geschenk machen wollen, gibt es viele bezaubernde Goldschmuckstücke, die sehr ansprechend, sehr kunstvoll und für einen mittelgroßen Geldbeutel nicht zu teuer sind. Da sind die zarten Arbeiten von Castellani, das Gold und die Emaille von Venedig, die Goldarbeiten in verschiedenen Farben, die so künstlerisch geworden sind; Es gibt moderne Antiquitäten, die dem auf Zypern gefundenen phönizischen Schmuck nachempfunden sind – diese werden zu Anstecknadeln für die Mütze, Anhängern für den Hals, Ringen und Armbändern sowie Schachteln für kleine Süßigkeiten verarbeitet, die vor vielen Jahren noch so in Mode waren und hübsche Geschenke sind eine ältere Dame. Für einen Gentleman ist es schwieriger, Souvenirs zu finden. Wir müssen zugeben, dass es immer schwierig ist, ein Geschenk für einen Herrn auszuwählen. Wenn er nicht so viele Füße hat, wie Briareus Hände hatte, oder wenn er kein Tausendfüßler ist, kann er nicht alle ihm gegebenen Pantoffeln tragen; und die Hemdknöpfe und Ärmelknöpfe sind ebenso belastend. Ringe liegen zum Glück mittlerweile voll im Trend und können so teuer sein, wie man möchte. Aber fast bedauert man den Verzicht auf Schnupftabak, denn dadurch entstanden viele schöne Schachteln. Es wäre jedoch schwierig, solche goldenen Schnupftabakdosen zu finden, wie sie einst unter Monarchen und wohlhabenden Schnupftabakdosen herumgereicht wurden. Das Verteilen von Hochzeitsgeschenken musste seit seinen Anfängen viele Veränderungen über sich ergehen lassen, was ein weiser und großzügiger Wunsch war, dem jungen Paar bei der Arbeit im Haushalt zu helfen. Es ist mittlerweile zu einem Anlass der Zurschaustellung geworden. So auch bei den Geschenken bei der Gold- und Silberhochzeit. Sie sind fast keine freundlichen Gaben mehr und sind oft eher ein Beweis für den Reichtum des Gebers als für seine Liebe.

Kein Wunder, dass manche feinsinnige Menschen, die ihre Silberhochzeit feiern möchten, auf ihren Einladungen den Satz „Keine Geschenke erhalten" drucken lassen.

Ausländer haben einen schönen Brauch, den wir nicht haben, sich jeden fünften Tag, jeden Geburtstag, jeden Heiligentag im Kalender eines Freundes zu merken. Ein Blumenstrauß, ein Obstgeschenk, eine nette Nachricht, ein kleines Fest, das nichts kostet, gibt es in jeder Familie zum Geburtstag des Papas oder zum Geburtstag der Mama. Aber da wir nichts dergleichen haben und die meisten Leute es vorziehen, dass, wie im Fall des Helden der *Piraten* , nur einmal in vier Jahren ein Geburtstag stattfinden soll, ist es gut für uns, das Zinn, das Silber usw. zu feiern goldene Hochzeiten.

Der zwanzigste Hochzeitstag wird nie gefeiert. Es wird als sehr unglücklich angesehen, dies zu tun. Die Schotten gehen davon aus, dass der eine oder andere innerhalb eines Jahres sterben wird, wenn der zwanzigste Jahrestag auch nur erwähnt wird.

Kapitel XV.
DIE ETIKETTE DER BÄLLE.

Eine Gastgeberin darf auf ihren Einladungskarten nicht das Wort „Ball"
verwenden.
Sie könnte sagen:

_Frau. John Brown bittet um die Freude an der Gesellschaft von Herrn und
Frau Amos Smith am Donnerstagabend, dem 22. November, um neun Uhr.

Tanzen. RSVP_

Oder,

_Frau. John Brown
zu Hause Donnerstagabend, 22. November, um neun Uhr.

Cotillion um zehn. RSVP_

Aber sie sollte den Zweck ihrer Partei nicht weiter verdeutlichen. In New
York, wo junge Damen durch einen Ball bei Delmonico's in die Gesellschaft
eingeführt werden, lautet die Einladung häufig:

_Herr. und Frau Amos Smith bitten um die Freude
Ihrer Gesellschaft am Donnerstagabend, dem 22. November, um neun
Uhr.

Delmonico's._

Die Karte des jungen Dbutanten liegt manchmal (wenn auch nicht immer)
bei.

Werden diese Einladungen an neue Bekannte oder an Fremde in der Stadt
verschickt, liegt den Herren die Karte des Herrn bei, bei Damen und Herren
die des Herrn und seiner Frau, sofern es sich um eine erste Einladung
handelt.

Ein Ballsaal sollte sehr gut beleuchtet, äußerst gut belüftet und sehr fröhlich
gekleidet sein. Es ist der Höhepunkt der Heiterkeit des Tages; Und obwohl
das Abendessen eine schöne Kleidung erfordert, verlangt ein Ball danach.
Junge Menschen mit schlanker Figur bevorzugen leichte, durchsichtige
Kleider; Die Begleitpersonen können schweren Samt und Brokat tragen.
Juwelen sind in Ordnung. Eine Fülle von Blumen in den Händen der Frauen
soll den Räumen Glanz und Duft verleihen. Die große Anzahl an
Blumensträußen, die an eine Debütantin geschickt werden, ist oft peinlich.
Die heutige Mode besteht darin, sie mit verschiedenen Bändern am Arm
aufzuhängen, so dass sie fast wie ein Besatz des Kleides aussehen.

Herren, die sich vor dem Ball noch keine Partner ausgesucht haben, kommen zu ihrer Gastgeberin und bitten darum, sich Damen vorzustellen, die mit ihnen tanzen. Da eine Gastgeberin während des Empfangs ihren Platz nicht verlassen darf und zu einem Ball rund um die Uhr Leute kommen, bittet sie in der Regel zwei oder drei bekannte Gesellschaftsfreunde, mit ihr zu empfangen, die ihr diesen Teil ihrer Pflicht kostenlos abnehmen Die Gastgeberin sieht auf ihrem Ball gerne „Mauerblümchen": Sie wünscht allen jungen Leuten viel Spaß. Wohlerzogene junge Männer sagen der Gastgeberin immer, dass sie sie bitte, sie Damen vorzustellen, die möglicherweise ohne Partner sind, da sie sich gerne für sie nützlich machen würden. Nachdem er mit einer Dame getanzt und ein paar Mal mit ihr durch den Raum gelaufen ist, steht es einem Herrn völlig frei, die junge Dame zu ihrer Begleitperson zurückzubringen und eine weitere Verlobung anzustreben.

Ein großer Nachteil von Bällen in Amerika ist der Mangel an Bequemlichkeit für diejenigen, die sitzen bleiben möchten. In Europa, wo die Älteren zuerst berücksichtigt werden, sind die Sitze für die Begleitpersonen etwas höher im Raum verteilt, und zu ihren Füßen sitzen die Debütantinnen. Diese rot bezogenen Sofas, sozusagen in zwei Etagen, werden vom Polsterer hergebracht (da wir Stühle für die in Großstädten üblichen, überfüllten *Musicals oder Lesungen mieten) und sind sehr praktisch.* Es ist merkwürdig, dass nicht alle großen Säle damit ausgestattet sind, da sie jedem bei sehr geringem Aufwand Komfort bieten und das Erscheinungsbild des Raumes bereichern. Eine Reihe gut gekleideter Damen, in Samt, Brokat und Diamanten gekleidet, einige mit weißem Haar, bildet sicherlich einen sehr vornehmen Hintergrund für diejenigen, die zu ihren Füßen sitzen.

Wildstücken , Salaten, Eis, Gelees und Früchten beladen ist. ab Beginn des Abends. Für diejenigen, die Deutsch tanzen, wird erneut ein warmes Abendessen mit reichlich Tassen Bouillon serviert.

Aber wenn die Gastgeberin es wünscht, wird das Abendessen erst dann serviert, wenn sie das Wort gibt, dann geht ihr Mann in Anwesenheit der vornehmsten Dame voran, der Rest der Gesellschaft folgt ihm. Die Gastgeberin geht selten zum Abendessen, bevor nicht jeder bedient wurde. Sie nutzt die Gelegenheit und geht durch ihren Ballsaal, um zu sehen, ob alle glücklich und umsorgt sind. Wenn sie zum Abendessen geht, dann, um einen angesehenen Gast zu begleiten – wie zum Beispiel den Präsidenten. Dies ist jedoch ein Punkt, der dem Fingerspitzengefühl der Gastgeberin überlassen werden kann.

Eine junge Dame neigt nicht dazu, ihre Ballsaalverpflichtungen zu vergessen, aber sie sollte auf keinen Fall dies tun. Sie muss aufpassen, dass sie nicht einen Herrn beleidigt, indem sie sich weigert, mit ihm zu tanzen, und dann das Angebot eines anderen annimmt. Solche Dinge, die leichtsinnige

Mädchen tun, verletzen die Gefühle eines jungen Mannes unnötig und beweisen, dass die junge Dame nicht die Ausbildung einer vornehmen Frau genossen hat. Ein junger Mann sollte nicht vergessen, wenn er eine junge Dame um das Deutsch gebeten hat. Er muss ihr einen Blumenstrauß schicken und anwesend sein, um mit ihr zu tanzen. Wenn er durch Krankheit oder einen Todesfall in seiner Familie ferngehalten wird, muss er ihr vor der vereinbarten Stunde eine Nachricht schicken.

Auf einem Ball ist es nicht nötig, sich von der Gastgeberin zu verabschieden. Alles, was sie von Ihnen verlangt, ist, dass Sie sich beim Eintreten vor ihr verneigen und sich in ihrem Haus so angenehm und glücklich wie möglich fühlen.

Junge Männer sind auf Bällen nicht immer so höflich, wie sie sein sollten. Wenn sie wohlerzogen sind, sollten sie sich umschauen und nachsehen, ob eine Dame beim Abendessen unbeaufsichtigt gelassen wurde, und fragen, ob sie Erfrischungen holen können, ob sie eine Dame zu einem Sitzplatz führen, eine Kutsche nehmen usw. können. Für einen jungen Mann ist es keine Unverschämtheit, auf diese Weise mit einer Dame zu sprechen, die älter ist als er selbst, auch wenn er ihm nicht vorgestellt wurde; Das Dach ist für einen solchen Zweck ein ausreichender Einstieg.

Die ersten Personen, die von den in ein Haus eingeladenen jungen Herren zum Tanz aufgefordert werden, sollten die Töchter des Hauses sein. Ihnen und ihren unmittelbaren Verwandten und Freunden muss die erste Aufmerksamkeit geschenkt werden.

Für junge Damen ist es nicht ratsam, bei jedem Tanz mitzumachen, und auch eine junge Begleitperson sollte nicht tanzen und ihren Schützling sitzen lassen. Der sehr schlechte amerikanische Brauch, mehrere junge Mädchen mit einer sehr jungen Begleitperson – vielleicht einer von ihnen, die gerade erst geheiratet hat – auf einen Ball zu schicken, hat zu großer Vulgarität in unserem amerikanischen Stadtleben geführt, ganz zu schweigen von dem allgemeinen Missverständnis gegenüber Ausländern was beleidigt, ohne unsere nationale Eitelkeit zu korrigieren. Eine Mutter sollte sich bemühen, mit ihren Töchtern auf Bälle zu gehen und so lange dort zu bleiben. Aber viele Mütter sagen: „Wir sind nicht eingeladen, es gibt keinen Platz für uns." Dann sollten ihre Töchter nicht akzeptieren. Es ist ein sehr schlechter Brauch in den USA, die Mütter nicht einzuladen. Lassen Sie eine Dame zwei oder drei Bälle geben, wenn ihre Liste so groß ist, dass sie nur die Töchter einladen kann. Wenn es absolut notwendig ist, die Einladungen zu begrenzen, sollte der Vater mit den Töchtern gehen, denn wer sonst soll sie zu ihrem Wagen begleiten, sich um sie kümmern, wenn sie ohnmächtig werden, oder sich um ihre besonderen oder zufälligen Bedürfnisse kümmern? Die Tatsache, dass einige etablierte alte Gesellschaftsveteranen darauf bestehen, „auf der Bühne überflüssig zu bleiben", sollte Damen, die in der Unterhaltungsbranche auftreten, nicht davon abhalten, den Vorstellungen der besten Gesellschaft treu zu bleiben, die zweifellos für Begleitung sind.

Eine Dame sollte ihre Räume nicht überfüllen. Fünfhundert Menschen in einen heißen Raum zu stecken, in dem es keine Stühle zum Ausruhen und wenig Luft zum Atmen gibt, ist eine sehr grausame Prüfung der Freundschaft. Diese Unmöglichkeit, seine „fünfhundert lieben Freunde" in einem engen Haus unterzubringen, hat dazu geführt, dass Bälle in öffentlichen Räumen veranstaltet werden – eine Neuerung, die eine vornehme Französin, die einen Amerikaner heiratete, schockierte. „Sie haben keinen Schutz für die Gesellschaft in Amerika", bemerkte sie, „außer Ihren Häusern. Keine Aristokratie, kein König, keine Höfe, keine Traditionen, sondern das heilige Zuhause. Gehen Sie nun keine großen Risiken ein, wenn Sie Ihr Zuhause verlassen." Häuser und bring deine Mädchen in ein Hotel? In ihren weisen Bemerkungen steckt etwas ; und mit der Nachlässigkeit der Aufsicht in Städten, die heute größtenteils von verantwortungslosen Ausländern bevölkert sind, nehmen die Gefahren zu.

Die erste Pflicht eines Herrn beim Betreten eines Ballsaals besteht darin, sich vor der Dame des Hauses und ihren Töchtern zu verbeugen; Dann sollte er sich bemühen, seinen Gastgeber zu finden – eine manchmal sehr schwierige Angelegenheit. Besonders zu tadeln sind jedoch junge Männer, die ihren Gastgeber nicht herausfinden und darauf bestehen, ihm vorgestellt zu werden. In Amerika geht man manchmal davon aus, dass Familienväter einen sehr unbedeutenden Platz in ihrem eigenen Haus einnehmen und zu nichts anderem als dem Ausstellen von Schecks taugen. Dies weist auf einen sehr niedrigen sozialen Stand hin, und kein Mann, der in das Haus eines Herrn eingeladen wird, sollte es verlassen, bis er sich vor dessen Kopf verneigt hat.

Für enge Freunde ist es angemessen, andere Freunde um Einladungen zu einem Ball zu bitten, insbesondere für junge Herren, die „tanzende Männer" sind. Bei Anfragen im Namen von Damen sollte man vorsichtiger vorgehen, aber die Gastgeberin hat immer das Privileg zu sagen, dass ihre Liste voll ist, wenn sie nicht die Freunde ihrer Freunde einladen möchte. Es ist kein Grund zur Beleidigung, wenn diese Ablehnung höflich erfolgt. In den meisten Luxushäusern ist eine Teestube vom Anfang bis zum Ende eines Balls geöffnet, häufig im zweiten Stock, wo Bouillon, Tee, Kaffee und Makronen oder ein Teller Sandwiches oder ähnliches serviert werden leichte Erfrischung, für diejenigen, die kein schweres Abendessen wünschen. In diesem Raum steht auch eine große Schüssel mit eisgekühlter Limonade – eine äußerst dankbare Erfrischung nach dem Verlassen eines heißen Ballsaals.

Die Praxis, Crash über Teppiche zu legen, hat sich für die Tänzer aufgrund des feinen Flaums, der beim Tanzen entsteht, als so ungesund erwiesen, dass sie heute fast vollständig aufgegeben wird; und Parkettböden werden immer beliebter, und das Tanzen auf ihnen ist in jeder Hinsicht so viel angenehmer, dass die Damen lieber ihre schweren Salonteppiche vor einem Ball ausbreiten, als sie zu krachen.

Für die Herren ist ein Rauchzimmer oben oder unten eingerichtet, in dem in einigen Häusern Zigarren, Brandy und Brausewasser bereitstehen. Wenn diese Vorkehrung nicht getroffen wird, ist es für Herren der Gipfel der Unfeinheit, in den Umkleidekabinen zu rauchen.

Das schlechte Benehmen junger Männer auf großen Bällen, wo sie ihre Privilegien missbrauchen, indem sie rauchen, sich beim Abendessen betrinken, unangemessen essen, die Tische blockieren und sich unziemlich benehmen, bis hin zu Schlägereien in den Speisesälen, ist bekannt in den Annalen der Vergangenheit, die für die junge Modewelt jeder Stadt immer eine Schande bleiben. Glücklicherweise sind solche Verstöße gegen den Anstand mittlerweile so selten, dass es nicht nötig ist, sie hier zu berühren.

Viele unserer Korrespondenten stellen die peinliche Frage: „Wen sollte man zum ersten Ball einladen?“ Dies ist eine Frage, die nicht pauschal beantwortet werden kann. Der Takt und die Feinheit des Gastgebers müssen darüber entscheiden.

Auf öffentlichen Bällen sollte es Manager, Platzanweiser, Ordner und, wenn möglich, ein Damenkomitee geben, das den Ball empfängt. Es trägt viel mehr zur Eleganz eines Balls bei, wenn eine anerkannte Gastgeberin oder ein Gastgeberkomitee anwesend ist: Das Gesamtbild des Raumes wird dadurch verbessert. Und gegenüber einer Fremden aus einer anderen Stadt sollten diese Damen gastfreundlich sein und darauf achten, dass sie mit der angemessenen Aufmerksamkeit vorgestellt und behandelt wird.

Am Haupteingang eines Hauses, in dem ein Ball stattfinden soll, sollten eine Markise und ein Teppich angebracht werden, um die Gäste vor dem Wetter und den Blicken der Zuschauer zu schützen, die sich in einer großen Stadt immer versammeln, um den Ball zu sehen gut gekleidete Damen steigen aus. Leider sind diese Markisen bei starkem Regen am meisten zu beanstanden; Sie sind nicht wasserdicht und bieten, sobald sie gründlich nass sind, keinerlei Schutz mehr.

Der Cotillion im deutschen Stil wurde erstmals kurz nach der Schlacht von Waterloo am deutschen Hof getanzt, wahrscheinlich auf dem Ball in Aachen, der den alliierten Herrschern gegeben wurde. Gefälligkeiten dienen lediglich der Förderung des Genusses und der Abwechslung. Es ist nicht notwendig, dass die Leute verheiratet sind, um es zu tanzen. Man engagiert seinen

Partner dafür wie für jeden anderen Tanz. In Europa war es viele Jahre lang in Mode, bevor es in dieses Land kam, aber hier wird es seit über vierzig Jahren getanzt, erstmals in Washington.

Kapitel XVI.
MODISCHES TANZEN.

Die Rückkehr zur Quadrille bei einigen der letzten Bälle im Delmonico's im Winter 1884 war eine wichtige Epoche in der Geschichte des Tanzes und bekräftigte das bekannte Sprichwort der Schneider, dass in fünfzig Jahren alles rund ist. In dieser Hinsicht scheint die Mode beständig zu sein, denn es ist fast fünfzig Jahre – sicherlich vierzig – her, dass die Quadrille ihren Höhepunkt in der Mode erreichte. In Deutschland, wo um des Tanzens willen getanzt wird, galt die Quadrille längst als *Rokoko* und steif. In England und auf Hofbällen diente es Herrschern und Leuten von unbequem hohem Rang immer als würdige Möglichkeit, einen Ball zu beginnen, ein Fest zu eröffnen, und es existierte sporadisch im Land und in Washington, selbst während des 19. Jahrhunderts Jahre, in denen die Lancers, ein viel lebhafterer Tanz, ihn lange Zeit von den New Yorker Bällen verdrängt hatten.

Die Quadrille ist ein stattlicher und gesprächiger Tanz. Die Zahlen sind korrekt und jeder sollte sie gut genug kennen, um auf die Stimme des Führers zu reagieren. Aber da die Figuren einen ständig von seinem Partner abhalten, besteht das erste Gesetz darin, einen großen Vorrat an Smalltalk zu haben, damit beim erneuten Zusammentreffen eine Bemerkung und ein Lächeln die verlorene Zeit wettmachen können. Eine Dame braucht eine ruhige, anmutige Haltung und die Fähigkeit, eine elegante Höflichkeit zu zeigen. Niemand unternimmt heutzutage Schritte; Bei den schnellen Figuren der Quadrille ist jedoch eine Art Galopp erlaubt. Ein trotziges Auftreten, das manchmal ein schüchterner Mann an den Tag legt, ist fehl am Platz, obwohl es bestimmte Figuren gibt, die einen Mann eher trotzig machen. Eine davon ist, dass er als *Cavalier Seul* zu drei Damen vordringen muss, die ihn häufig auslachen. Dann sollte ein Mann ebenso ein ausgelassenes Auftreten in einer Quadrille vermeiden; die Dame nicht zu fröhlich herumschwingen. Es handelt sich nie um einen ausgelassenen Tanz, wie zum Beispiel beim Virginia-Reel.

Alle Menschen neigen dazu, langsam und zur Musik durch eine Quadrille zu gehen, bis sie zur „Damenkette" oder zur „Promenade" gelangen. Es ist jedoch zulässig, diesem stattlichen Spaziergang einen kleinen Schwungschritt und eine anmutige Tanzbewegung hinzuzufügen. Eine Quadrille kann nicht gleichmäßig weitergehen, wenn durch Unwissenheit, Hartnäckigkeit oder Unaufmerksamkeit eines der Tänzer Verwirrung entsteht. Es ist daher angebracht, wenn man die Figuren nicht kennt, einen Tanzmeister zu konsultieren und sie zu lernen. Es handelt sich um einen äußerst wertvollen Tanz, da alle Altersgruppen, Größen und Konditionen von Männern und Frauen daran teilnehmen können. Jung, alt, beleibt, dünn, faul, aktiv, verstümmelt oder alleinstehend, *ohne Kastenverlust* , kann eine Quadrille tanzen. Niemand sieht lächerlich aus, wenn er eine Quadrille tanzt. Es ist ausgesprochen einfacher als der Deutsche, macht eine *TTE -TTE* -Konversation und ermöglicht es einem Gentleman, für eine Dame höflich zu sein, die möglicherweise kein guter Tänzer für Waltz oder Polka ist. Die Moral von Reigentänzen scheint heute wenig in Frage gestellt zu werden. Jedenfalls sollen junge Mädchen in der Gegenwart ihrer Mütter durch ihr Vergnügen nicht geschädigt werden. Tanzen ist eine der ältesten und historischsten Formen der Unterhaltung. Sogar Sokrates lernte tanzen. Es gibt keine Exkommunikation mehr für den Walzer, diesen Tanz, den Byron missbrauchte.

In England ist der *Valse deux temps* immer noch der modischste und wird immer der schönste aller Tänze sein. Einige Kritiker aller Länder sagten, dass nur Deutsche, Russen und Amerikaner ihn tanzen könnten. Die Deutschen tanzen es sehr schnell und mit viel Bewegung, machen es aber elegant, indem sie das Tempo hin und wieder verlangsamen. Die Russen hingegen tanzen so leise Walzer, dass sie mit einem vollen Glas Champagner durch den Raum gehen können, ohne einen Tropfen zu verschütten. Diese Gleichmäßigkeit beim Walzertanz ist sehr anmutig und kann nur durch langes Üben, ein gutes Gehör für Musik und eine natürliche Anmut erreicht werden. Junge Amerikaner, die in der Regel die besten Tänzer der Welt sind, schaffen diesen Schritt zur Bewunderung. Bei jedem Reigen ist es die Pflicht des Herrn, seine schöne Begleiterin anmutig zu führen; Er darf keinen Zusammenstoß oder Sturz riskieren. Eine Dame sollte niemals Walzer tanzen, wenn ihr schwindelig ist. Es ist ein Zeichen einer Herzkrankheit und hat zum Tod geführt. Sie sollte auch nicht auf dem falschen Fuß auftreten und sich von ihrem Partner herumtragen lassen; Sie muss aber ihren Teil der Arbeit erledigen und leicht und gut tanzen, oder gar nicht. Andererseits sollte ihr Partner weder auf den Zehenspitzen tanzen, noch seinen Partner zu sehr vom Boden heben; alles sollte glatt, anmutig und zart sein.

Der amerikanische Tanz der Saison ist jedoch die Polka – nicht der altmodische „Heel and Toe", sondern der schnelle und fröhliche Schritt der sklavenischen Nationalitäten. Es kann langsam oder schnell getanzt werden. Es ist jedoch immer ein beherzter Schritt, und die Musik ist zweifellos hübsch. Die Tanzmeister beschreiben den Schritt einer Polka als „Hüpfen, drei Gleiten und eine Pause", und die Musik ist im Zweivierteltakt. Um den Schritt auf die Musik anzuwenden, muss man ihn im Vier-Achtel-Takt ausführen, wobei man zu jedem Takt der Musik vier zählt, wobei jeder Takt laut der Uhr etwa eine Sekunde Zeit in Anspruch nimmt. Die Polka Redowa und die Polka Mazourka sind Modifikationen dieses Schrittes zu unterschiedlichen Zeiten.

Der Galopp ist in diesem Winter ein weiterer Modetanz. Es ist sehr einfach und wird zu sehr schneller Musik getanzt; Es ist inspirierend am Ende eines Balls.

Das *Menuett de la cour* wurde erstmals in der antiken Provinz Poitou in Frankreich getanzt. Im Jahr 1653 tanzte Ludwig XIV., der ihn leidenschaftlich liebte, in Paris in Perfektion. Im Jahr 1710 führte Marcel, der berühmte Tanzmeister, es in England ein. Dann verschwand es für viele Jahre, bis Königin Victoria es 1845 bei einem *Kostümball im Buckingham Palace wiederbelebte. In New York wurde es 1883 für Mrs. W. K. Vanderbilts prächtigen Tanzball wiederbelebt und eifrig geübt, und es fand große Bewunderung.* Es scheint keinen Grund dafür zu geben, warum die Anmut, die Würde, die kontinuierliche Bewegung; Die Höflichkeit, die *Pas Grace* , der geschickt geführte Zug, das Spiel mit dem Fächer sollten diesen eleganten Tanz nicht einmal unseren republikanischen Tänzern empfehlen; aber es wurde diesen Winter nicht getanzt. Es ist möglicherweise zu viel Aufwand. Ein Tanzmeister arbeitete den ganzen Winter über daran, es den Künstlern der letzten Saison beizubringen.

Eine Höflichkeit (oder, wie wir gerne sagen, einen *Knicks*) richtig zu machen, ist eine sehr schwierige Kunst, doch jeder, der die Quadrille tanzt, muss sie lernen. Aus Höflichkeit gegenüber ihrem Partner tritt die Dame mit dem rechten Fuß ab, wobei sie fast ihr gesamtes Gewicht darauf trägt, während sie gleichzeitig die Ferse des linken Fußes anhebt und sich so in die zweite Position bringt, ihrem Partner zugewandt und eins *zählend* . Dann gleitet sie mit dem linken Fuß nach hinten und hinüber, bis sich die Zehe des linken Fußes direkt hinter der rechten Ferse befindet, wobei die Füße etwa die halbe Fußlänge voneinander entfernt sind. Dieses Gleiten beginnt am Fußballen des linken Fußes und endet damit, dass beide Füße flach auf dem Boden stehen und das Gewicht auf den hinteren Fuß verlagert wird. Das Beugen der Knie und das Senken der Augen beginnen mit dem Beginn des Gleitens mit dem linken Fuß, und die Kniebeuge wird stetig fortgesetzt, bis der linke Fuß die erforderliche Position erreicht, wobei zwei gezählt *werden* ; dann, ohne das Gewicht des hinteren Fußes zu verändern, erhebt sie sich allmählich, wobei sie gleichzeitig die vordere Ferse anhebt und die Augen anhebt, bis sie ihre volle Größe wiedererlangt und dabei drei *zählt* ; und verlagert schließlich das Gewicht auf den vorderen Fuß, wobei *vier gezählt werden* . Das ist die aufwändige und anmutige Höflichkeit. Es sollte bei einem Meister studiert werden.

Der „Deutsche" (der „Cotillon", wie ihn die Franzosen nennen) ist jedoch und wird wahrscheinlich noch lange der angesagteste Tanz der Gesellschaft sein. Es beendet jeden Ball in New York, Washington, Boston, Philadelphia und Newport; Es ist ein Teil des Lebensgeschäfts und erfordert höchste Kompetenz in seiner Führung. Es können beliebig viele daran teilnehmen;

es reicht oft zweimal um einen großen Ballsaal. Alle Paare darin gelten als einander vorgestellt. Keine Dame kann sich weigern, mit einem Herrn zu tanzen, der auf Deutsch zu ihr gebracht wird. Solange sie im verzauberten Kreis bleibt, muss sie mit jedem darin tanzen. Deshalb darf die deutsche Sprache nur auf ausgewählten Versammlungen vorgestellt werden, nicht auf einem öffentlichen Ball. Der Leiter eröffnet den deutschen Vortrag, indem er bestimmten Paaren bedeutet, einen *Rundgang* durch den Raum zu machen.

Viele unserer Korrespondenten schreiben uns und fragen uns, was die neuesten und beliebtesten Zahlen in der deutschen Sprache sind. Diese Frage ist schwer zu beantworten, da der Anführer immer seine eigenen Lieblingsfiguren hat. Das Deutsche beginnt im Allgemeinen mit *l'avant trois double , was im Allgemeinen so beschrieben werden kann: Nachdem der Anführer mit seiner Partnerin die Tour de Valse* durchgeführt hat , verlässt er sie und bringt zwei andere Damen vor; seine Dame bringt zwei andere Herren vor; die beiden *Trios* stellen sich einander gegenüber, dann vor und zurück, und jeder Herr führt mit der Dame vor ihm eine *Tour de valse auf* . Handelt es sich um ein großes Unternehmen, können zwei oder mehr Paare gemeinsam starten, wobei jedes Paar auf die gleiche Weise wie das erste Paar andere Damen und Herren auswählt. Nach der *Tour de Valse* kommt dann *La Chaise* . Der Leiter setzt seinen Partner auf einen Stuhl in der Mitte des Raumes; Dann bringt er zwei Herren hervor und stellt sie der Dame vor, die einen von ihnen auswählt. Anschließend setzt er den abgelehnten Herrn ein und bringt ihm zwei Damen. Er wählt auch einen Partner aus und der Anführer tanzt mit der abgelehnten Dame zu ihrem Platz. Diese Figur kann von beliebig vielen Paaren getanzt werden.

Les Drapeaux ist eine Lieblingsfigur. Es müssen fünf oder sechs doppelte Sätze kleiner Flaggen mit nationalen oder ausgefallenen Motiven bereitstehen. Der Anführer nimmt von jedem Muster eine Flagge und sein Partner nimmt das Duplikat. Sie führen eine *Tour de Valse durch* . Anschließend präsentiert der Dirigent seine Fahnen fünf bis sechs Damen und sein Partner präsentiert die entsprechenden Fahnen ebenso vielen Herren. Die Herren suchen dann die Damen auf, die die Duplikate besitzen, und führen mit ihnen eine *Tour de Valse auf* , wobei sie beim Tanzen die Fahnen schwenken. Von allen Paaren wiederholt.

Les Bouquets bringt den Gefallen. Eine Reihe kleiner Blumensträuße und Ansteckblumen werden auf einen Tisch oder in einen Korb gelegt. Das erste Paar führt eine *Tour de Valse durch* ; sie trennen sich dann. Der Herr nimmt einen Blumenstrauß und die Dame eine Ansteckblume. Sie wählen nun neue Partner aus, denen sie den Blumenstrauß und die Ansteckblume überreichen, wobei die Dame die Ansteckblume am Mantel des Herrn befestigt. Sie führen mit ihren neuen Partnern eine *Tour de Valse durch* . Von allen Paaren wiederholt. Sträuße und Boutonnieres werden häufig durch andere

Gefälligkeiten ersetzt, wie Rosetten, Miniaturfahnen, künstliche Schmetterlinge, Abzeichen, Schärpen, Bonbons, Glöckchen (letztere werden an kleinen Bandstücken befestigt und am Mantel oder Kleid befestigt) und Schalnadeln , Armreifen, Fächer, Kappen, Imitationen antiker Münzen, Brustnadeln, Spitzennadeln, Medaillons; und sogar Geschenke von großem Wert, wie Tücher, Schals, Vasen, Bilderrahmen, Schreibtische und Stühle (natürlich vertreten durch Eintrittskarten), wurden diesen Winter auf Deutsch eingeführt. Aber die billigen, leichten, fantastischen Dinge sind die besten und tragen mehr zum Vergnügen des Unternehmens bei.

Einige Figuren tummeln sich an der deutschen Grenze. Eine davon heißt *La Corde* . Ein Seil wird vom führenden Paar quer durch den Raum gespannt, über das die Herren springen, um zu ihren Partnern zu gelangen. Für viel Vergnügen sorgt das Stolpern von Herren, die durch das absichtliche Hochziehen des Seils geworfen werden. Nachdem alle ihre Partner erreicht haben, führen sie eine *Tour de Valse durch* und gewinnen ihre Plätze zurück. Diese Zahl ist nicht zu loben. Noch weniger ist die Figur namens *Les Masques* . Die Herren trugen Masken, die an „Bully Bottom" und andere groteske Gesichter und Tierköpfe erinnerten. Sie heben diese Köpfe über einen Bildschirm, wobei die Damen ihre Partner auswählen, ohne sie zu kennen; Die Herren bleiben bis zum Ende der *Tour de Valse maskiert* . Diese Figur wurde letzten Winter bei Delmonico und im Brunswick getanzt, und die Mütter beklagten sich darüber, dass der Spaß viel zu schnell und zu wild wurde. *Les Rubans* ist eine sehr hübsche Figur. Sechs Bänder, jedes etwa einen Meter lang und in verschiedenen Farben, sind an einem Ende eines etwa 24 Zoll langen Stocks befestigt. Außerdem muss ein doppelter Satz Bänder, der an einem anderen Stock befestigt ist, bereitliegen. Das erste Paar führt eine *Tour de Valse durch* und trennt sich dann. Der Herr nimmt ein Paar Bänder und bleibt nacheinander vor den Damen stehen, die er für die Figur auswählen möchte. Jede dieser Damen erhebt sich und ergreift das lose Ende des Bandes. Die First Lady nimmt den anderen Satz Bänder und führt die sechs Herren auf die gleiche Weise vor. Das erste Paar führt die Damen und Herren zueinander, und jeder Herr tanzt mit der Dame, die das Duplikat seines eigenen Bandes hält; Der erste Herr tanzt mit seiner Partnerin.

Wir könnten mit diesen Zahlen endlos weitermachen, aber wir haben keinen Platz mehr. Die Position eines Tänzers sollte mit Hilfe eines Lehrers erlernt werden. Der Oberkörper sollte ruhig sein; der Kopf wird in einer natürlichen Position gehalten, weder zur einen noch zur anderen Seite gedreht; die Augen sind weder nach unten noch nach oben gerichtet. Der Herr sollte seinen Arm fest um die Taille einer Dame legen, sie nicht zu nahe halten, sondern ihre rechte Hand fest mit der linken Hand halten; die Dame dreht die Handfläche ihrer rechten Hand nach unten; Ihr rechter Arm sollte fast gerade, aber nicht steif sein. Der linke Arm des Herrn sollte leicht gebeugt sein, sein Ellenbogen sollte leicht nach hinten geneigt sein. Es ist jedoch sehr unelegant – ja sogar vulgär –, die gefalteten Hände an die Seite oder Hüfte des Herrn zu legen; Sie sollten vom Körper ferngehalten werden. Der Schritt sollte im Einklang erfolgen; Beugt der Herr seinen rechten Ellbogen zu stark, zieht er die linke Schulter der Dame an seine rechte und zieht die Dame dadurch zu nahe. Die rechte Schulter des Herrn und die linke der Dame sollten genauso weit auseinander liegen wie die anderen Schultern. Wenn ein Gentleman seine Partnerin nicht richtig hält und sie dadurch entweder darum kämpft, frei zu sein oder aus Mangel an angemessener Unterstützung wild tanzt, wenn er zulässt, dass er und seine Partnerin mit anderen Paaren kollidieren, kann er nicht als guter Tänzer angesehen werden.

Kapitel XVII.
BRIEFE UND BRIEFSCHREIBEN.

Von der Person, die eine anmutige Notiz schreiben kann, spricht man immer mit lobenden Worten. Die Briefkunst gilt als besonders weiblich, und die Romanciers und Essayisten sind voller Komplimente für das Geschlecht, das abwechselnd gelobt und verunglimpft wird, je nachdem, ob es dem Mann gut oder schlecht geht. Bulwer sagt: „Eine Frau ist das Genie der Briefkommunikation. Sogar Männer schreiben besser an eine Frau als an jemanden ihres eigenen Geschlechts. Zweifellos zaubern sie beim Schreiben das liebevolle, zuhörende Gesicht, das zarte, verzeihende Herz herauf." bereitwillige Träne des Mitgefühls, und leidenschaftliche Vertraulichkeiten von Herz und Verstand fließen schnell aus der Feder." Aber so etwas wie einen „Briefstil" gibt es heute nicht mehr. Unsere unmittelbaren Vorfahren haben bessere und längere Briefe geschrieben als wir. Sie bedeckten drei Seiten großen Briefpapiers mit Krähenfederschrift, falteten das Papier ordentlich, steckten eine Kante unter die andere (denn es gab keine Umschläge) und versiegelten es dann mit einer Oblate oder Siegellack. Der Versand eines dieser Briefe war teuer – 25 Cent von New York nach Boston. Man könnte jedoch sagen, dass der elektrische Telegraph und die billigen Post- und Postkarten in gewisser Weise die Korrespondenz im alten Sinne ruiniert haben; Liebende und liebevolle Mütter schreiben zweifellos immer noch lange Briefe, aber das eigentliche Geschäft des Briefschreibers ist am Ende. Allerdings hat das Verfassen von Notizen entsprechend zugenommen; und in den letzten zehn Jahren kam es zu einer umfangreichen Einführung prangender Wappen und Chiffren, bildlicher Gestaltung und kunstvoller Monogramme in den Ecken gewöhnlichen Briefpapiers. Das alte illuminierte Messbuch der Mönche, die Fantasie der Japaner, der allzeit bereite Geschmack der Franzosen, sie alle wurden erschöpft, um die immer hungrige Laune zu befriedigen, die nach etwas Neuem verlangt.

Die Häufigkeit, mit der Geschäfts- und Vergnügungsnotizen durch eine Stadt und einen Kontinent fliegen müssen, hat auch das Siegellack abgeschafft, dessen eindeutiges, rotes, klares Oval bei unseren Großvätern ein fester Bestandteil war und der immer noch der einzige ist Die in England anerkannte elegante, formelle und feierliche Art, einen Brief zu versiegeln.

Allerdings gab es in diesem Land ernsthafte Einwände gegen die Verwendung von Wachs, die während der frühen Reisen nach Kalifornien entdeckt wurden. Die starke Hitze der Landenge von Panama schmolz das Wachs und die Briefe wurden unwiederbringlich zusammengeklebt, was zum Verlust der Adresse und zur Verwirrung des Postmeisters führte. So wurde der geklebte Umschlag – üblich, billig und notwendig – zur fast vorherrschenden Mode für alle Notizen und Briefe.

in den Romanen dieser Zeit wird oft vom „rosenfarbenen und duftenden *Billet-Doux* " gesprochen. Aber farbiges Notizpapier wurde schon vor langer Zeit nicht mehr verwendet, und in den letzten Jahren haben wir die starken Farbtöne nicht mehr gesehen. Ein paar blasse Grün-, Grau-, Blau- und Fliedertöne haben tatsächlich einen Platz in modischen Schreibwaren gefunden, und ein tiefes kaffeefarbenes, schweres Papier war vor etwa drei Jahren ein wenig ausverkauft; Aber derzeit gilt keine nennenswerte Farbe als stilvoll, es sei denn, es handelt sich um *Cru* , bei dem es sich nur um ein cremiges Weiß handelt.

Dem fantasievollen, prunkvollen und farbigen Monogramm wird endlich ein langer Waffenstillstand versprochen; Das Wappen und die Chiffre werden auf das Regal gelegt, und die Damen haben einfach die Adresse ihres Stadtwohnsitzes oder den Namen ihres Landortes in einer Ecke aufgedruckt (meistens in Farbe) oder, was die neueste Modeerscheinung ist, ein Faksimile ihrer Initialen, sorgfältig eingraviert und über die Ecke des Briefpapiers gestrichelt. Der Wochentag, ebenfalls von ihrer eigenen Handschrift kopiert, ist oft auf den quadratischen Karten eingeprägt, die heute so häufig für kurze Notizen verwendet werden, oder auf dem Notizpapier.

Es gibt eine Mode, die sich nie geändert hat und sich nie ändern wird, die immer guten Geschmack hat und die heute vielleicht die vollkommenste aller Stile wäre, und das ist gutes, einfaches, dickes englisches Briefpapier , quadratisch gefaltet, in einen quadratischen Umschlag gesteckt und mit rotem Siegellack versiegelt, auf dem das Wappen des Schriftstellers abgebildet ist. Niemand kann einen Fehler machen, der in irgendeinem Teil der Welt solche Briefpapiere verwendet. Auf diesem Papier und in dieser Form sind die Notizen der Botschafter niedergeschrieben; Auf solchem Papier und in solchem Stil würde Prinzessin Louise ihre Notizen schreiben.

Es gibt jedoch kein Gesetz gegen das Monogramm. Viele Damen bevorzugen es immer noch und verwenden immer das Papier, das ihren Freundinnen bekannt geworden ist. Dabei handelt es sich jedoch eher um eine Mode aus der Vergangenheit als um eine Gegenwart.

Der Plan, alle Briefpapiere mit der Adresse zu kennzeichnen, ist bewundernswert, denn es erinnert die Person, die die Nachricht erhält, wirksam daran, wohin die Antwort geschickt werden soll – Informationen, deren Wichtigkeit manche Damen vergessen und die immer geschrieben werden sollten , falls nicht gedruckt, am Kopf eines Briefes. Es verleiht dem Notizpapier außerdem ein stilvolles Finish, ist einfach, unaufdringlich und nützlich.

Die Tinte sollte immer schwarz sein. Aufgrund der sehr überlegenen, dauerhaften Eigenschaften einer bestimmten violetten Flüssigkeit, die im Tintenfass nie dick wurde, verwendeten bestimmte Damen vor einigen Jahren häufig violette und lila Tinte. Aber sie sind nicht elegant; sie sind nicht in Mode; die besten Notizenschreiber verwenden sie nicht. Die schlichte schwarze Tinte, die den geschriebenen Zeichen große Klarheit verleiht, ist das einzige modische Medium.

Jede Dame sollte lernen, eine elegante, freie und gebildete Hand zu erlangen; Es gibt nichts, das so nützlich ist und den Schriftsteller überall so sicher lobt wie eine solche Chirographie; während eine verkrampfte, arme, schlampige, ungebildete, ungeformte Handschrift beim Leser mit Sicherheit den Eindruck erweckt, dass diese Eigenschaften mehr oder weniger bezeichnend für den Charakter des Schriftstellers sind. Der eckige englische Zeiger ist derzeit in Mode, wenn auch weniger gut lesbar und nicht schöner als der runde Zeiger. Wir können nicht auf die große Frage eingehen, ob die Handschrift einen Charakter anzeigt oder nicht; Aber wir sind der Meinung, dass die Notizen einer Person im Allgemeinen charakteristisch sind und dass eine saubere, fließende, anmutige Hand und ein sauberes Blatt, frei von Flecken, immer angenehm für das Auge sind. Auch der Verfasser von Notizen muss sorgfältig zwischen der vertrauten Notiz und der zeremoniellen Notiz unterscheiden und sollte lernen, beides zu schreiben.

Der Brauch verlangt, dass wir alle Notizen in der ersten Person mit der Formel „Meine liebe Frau Smith" beginnen und mit den Ausdrücken „Mit freundlichen Grüßen", „Mit freundlichen Grüßen" usw. schließen. Die Gesetze der Etikette Erlauben Sie uns nicht, Ziffern wie 3, 4, 5 zu verwenden, sondern verlangen Sie, dass wir *drei, vier, fünf* schreiben . In einer Notiz an einen Freund sind keine Abkürzungen erlaubt, wie zum Beispiel „Ich würde mich freuen, Sie zu sehen." man muss aufschreiben: „Ich würde mich freuen, dich zu sehen." Die älteren Briefschreiber achteten darauf, das erste Wort der Seite unter die letzte Zeile der Seite davor zu schreiben. Das Datum sollte nach der Unterzeichnung des Namens angegeben werden.

Ein großer und sehr häufiger Fehler unter unvorsichtigen Briefschreibern ist die Verwechslung der ersten und dritten Person; wie ein Kind schreiben würde: „Miss Lucy Clark kommt gerne zum Abendessen, aber ich gehe woanders hin." Das ist natürlich völlig ignorant und unangemessen.

Eine Notiz als Antwort auf eine Einladung sollte in der dritten Person verfasst werden, wenn die Einladung in der dritten Person erfolgt. Keine Abkürzungen, keine sichtbare Eile, sondern eine aufwändige und vollendete Zeremonie sollte solche Briefe kennzeichnen. Beispielsweise muss die Annahme einer Einladung zum Abendessen in folgender Form erfolgen:

Es war bekannt, dass eine Dame in New York auf eine Einladung zum Abendessen einfach mit den Worten antwortete: „Kommen Sie gerne." Es erübrigt sich hinzuzufügen, dass sie nie wieder eingeladen wurde.

Es ist unmöglich, jemandem genaue Anweisungen zum Stil einer Notiz zu geben, denn dieser muss das Ergebnis jahrelanger sorgfältiger Erziehung, Ausbildung und guter geistiger Fähigkeiten sein. „Eine hübsche Notiz schreiben" ist auch so etwas wie ein Geschenk. Manchen jungen Männern und jungen Mädchen fällt es sehr leicht, anderen gelingt es kaum, die Kraft zu erlangen. Es ist jedoch unbedingt notwendig, danach zu streben.

Ordnen Sie zunächst Ihre Ideen, wissen Sie, was Sie sagen möchten, und gehen Sie das Schreiben einer Notiz mit einer gewissen Bedachtsamkeit an. Wenn es notwendig ist, es hastig zu schreiben, nehmen Sie alle Ihre Geisteskräfte zusammen und versuchen Sie, es kurz, verständlich und umfassend zu formulieren.

Achten Sie vor allem auf *die richtige Schreibweise* . Ein schlecht geschriebenes Wort fällt wie ein Fleck auf einer vertrauten oder feierlichen Notiz auf.

Senden Sie niemandem eine verschwommene, fleckige oder schlampige Nachricht. es wird bleiben, um beim Empfänger ein gewisses Vorurteil gegen Sie hervorzurufen. Es ist heute nicht mehr wie früher in Mode, unbedingt einen Rand um den Rand des Papiers herum freizulassen. Man schreibt jetzt überall auf das Papier und beseitigt damit eine gewisse Eleganz, die die alten Buchstaben zweifellos besaßen. Aber das Porto ist eine Überlegung, und alles, was wir von den jungen Briefschreibern verlangen können, ist, dass sie ihre Briefe nicht *kreuzen* . Karierte Buchstaben sind der Schrecken aller Menschen, die keine Falkenaugen haben.

Kein Brief oder keine Notiz sollte auf liniertem Papier geschrieben werden. Dies zu tun ist sowohl unelegant als auch unmodern und erinnert an das Schulzimmer. Jeder junge Mensch sollte lernen, zeilenlos zu schreiben.

Die quadratischen Karten werden häufig verwendet und sind ziemlich groß genug, um alles zu übermitteln, was eine Dame normalerweise sagen möchte, wenn sie eine Einladung gibt oder annimmt. Oftmals sind auf der Karte auch der Wochentag und die Adresse aufgedruckt.

Quadratische Umschläge haben auch die langen vom Tisch des eleganten Notizschreibers verdrängt, und der Brauch, alle feierlichen Notizen mit Siegellack zu verschließen, wird auch heute noch von den anspruchsvollsten Briefumschlägen gepflegt. Es wäre jedoch absurd zu sagen, dass es fast genauso verbreitet ist wie die bequemere Angewohnheit, den gummierten Umschlag anzufeuchten, aber es ist weitaus eleganter, und jeder junge Mensch sollte lernen, einen Brief richtig zu verschließen. Um einen guten Eindruck von einem gravierten Steinsiegel zu erhalten, salben Sie es leicht mit Leinöl, damit das Wachs nicht anhaftet. Bestäuben Sie es dann mit Rouge-Puder, um den Glanz zu entfernen, und drücken Sie es schnell, aber fest auf das geschmolzene Wachs.

Datumsangaben und numerische Bezeichnungen, beispielsweise die Nummer eines Hauses, können in arabischen Ziffern geschrieben werden, Mengen sollten jedoch in Worten ausgedrückt werden. Nur wenige Abkürzungen sind respektvoll. Eine verheiratete Frau sollte immer mit dem Vornamen ihres Mannes als Präfix angesprochen werden.

In diesem Land, wo wir keine Titel haben, ist es Brauch, alles abzukürzen, mit Ausnahme des Titels „Reverend", den wir immer dem Klerus verleihen. Aber es wäre besser, wenn wir es uns zur Gewohnheit machen würden, jedem seinen besonderen Titel zu verleihen und allen zurückgekehrten Botschaftern, Kongressmitgliedern und Mitgliedern der Legislative den Titel „Ehrenwert". Der römisch-katholische Klerus und die Bischöfe der Episkopal- und Methodistenkirchen sollten mit ihren richtigen Titeln angesprochen werden, und eine Notiz sollte, wie eine Anrede, mit Respekt erfüllt sein. Es ehrt den Verfasser und die Person, an die es geschrieben ist, während ein nachlässiger Brief beiden schaden kann.

Kapitel XVIII.
KOSTET DEINE GEWOHNHEITEN.

Wir werden oft nach dem passenden Kleid gefragt, das wir beim Nachmittagstee, auf Bällen, beim Abendessen, bei Taufen usw. tragen sollen.

Ordentlichkeit und schlichte Eleganz sollten eine Dame immer auszeichnen, und danach darf sie so teuer sein, wie sie will, wenn auch nur zum richtigen Zeitpunkt. Und wir können hier sagen, dass Einfachheit und Schlichtheit viele reiche Frauen in hohen Positionen charakterisieren; und man kann eine echte Dame immer anhand ihres Kleidungsstils von einer Imitation unterscheiden. Vulgarität ist selbst unter einem teuren Kleidungsstück leicht zu erkennen. Harmonie und Fitness sowie Eignung für Alter, Zeit und Jahreszeiten sollten vorhanden sein. Jeder kann Vulgarität und Schlamperei vermeiden; und in diesen Tagen, wo die Mode per Telegraf reist, kann man *la mode sein* .

Französische Frauen haben ein Talent für Kleidung. Eine alte Frau oder eine Frau mittleren Alters versteht es, bei der Zusammenstellung und Harmonisierung von Farben das Beste aus sich herauszuholen; Sie begeht nie den Fehler, sich zu jung zu machen. In unserem Land sehen wir oft eine alte Frau, die wie eine *Figurante gekleidet ist* und sich einbildet, dass sie die Anmut der Jugend erlangen würde, indem sie sich deren Gewänder leiht. All diese Nachahmung der jugendlichen Kleidung „vervielfacht die Falten des Alters und macht seinen Verfall noch auffälliger."

Bei Bällen in diesem Land wird von älteren Frauen nicht erwartet, dass sie einen tiefen Ausschnitt tragen, es sei denn, sie möchten, damit die Begleitperson ein Kleid tragen kann, wie sie es bei einem Abendessen tragen würde – entweder ein Samt- oder Brokatkleid mit Pompadour-Schnitt eine Fülle wunderschöner Spitze. Alle ihre Ornamente sollten im Charakter übereinstimmen und sie sollte ihrem Schützling so unähnlich wie möglich sein. Die jungen Mädchen sehen am besten in leicht hauchdünnen Stoffen aus, in Tüll, Krepp oder Tarlatan, in blassen hellen Farben oder in Weiß, während eine ältere, beleibte Frau nie so schlecht aussieht wie in tief ausgeschnittenen hellen Seiden- oder Satinstoffen. Junge Frauen sehen in natürlichen Blumen gut aus; ältere Frauen mit Federn und juwelenbesetzten Kopfbedeckungen.

Wenn ältere Frauen mit voller Figur tief ausgeschnittene Kleider tragen, sollte ein Spitzenschal oder Schal oder etwas Ähnliches über den Hals geworfen werden; und der gleiche Rat könnte man dünnen und dürren Gestalten geben. Eine Dame schreibt uns, welches Kleid sie zur Taufe ihres Kindes tragen soll. Wir empfehlen einen hochgeschlossenen Anzug aus dunkler Seide; Es kann aus so schönem Material sein, wie sie möchte, aber im Großen und Ganzen sollte es schlicht und ordentlich sein. Keine Frau sollte sich in ihrem eigenen Haus übermäßig kleiden; es ist der schlechteste Geschmack. Die gesamte Kleidung sollte dem Geist der dargebotenen Unterhaltung entsprechen. Helle Seidenstoffe, geschwungene Schleppen, sehr farbenfrohe und mit Federn geschmückte Hauben, Spitzenschirme und leichte Handschuhe sind für Kutschen bei den Rennen geeignet, aber für Spaziergänge auf der Straße sind sie fehl am Platz. Für einen Hochzeitsempfang reichen sie zwar aus, für ein Picknick oder einen Ausflug sind sie jedoch nicht geeignet. Rasenpartys, Blumenschauen und Promenadenkonzerte sollten alle in fröhlicher, fröhlicher Kleidung gekleidet sein; und die Kostüme für diese und für Yachtzwecke dürfen so wirkungsvoll und kokett wie möglich sein; Aber für die Kirche, für Lesungen, für ein Morgenkonzert, für einen Spaziergang oder einen Morgenbesuch zu Fuß ist ein maßgeschneidertes Kostüm mit schlichtem, dunklem Hut am meisten zu bewundern. Tragen Sie auf der Straße niemals eine „elegante" Haube.

Die Kostüme für Picknicks, Ausflüge, Reisen; und die Meeresseite sollte aus einem festen Stoff, einfachem Schnitt und einfarbig sein. Was sich waschen lässt, ist besser für unser Klima. Serge, Tweed und Piqué sind die besten.

Ein Morgenkleid für ein spätes Frühstück kann so luxuriös sein, wie man möchte. Die moderne Mode aus imitierter Spitze, die in großen Mengen über einem Foulard oder einem Gingham-Karo, einem Musselin oder einer Baumwolle getragen wird und hübsch verarbeitet ist, ist für Frauen jeden Alters geeignet; aber eine alte „Firmenkleidung", die für den Dienst an einer Badestelle hergerichtet wurde, ist schrecklich und nicht erträglich.

In dieser Saison ist es angesagt, bei Hochzeiten ein komplettes Kleid zu tragen. Die Braut und ihre Dienerinnen sind mit tiefem Ausschnitt und kurzen Ärmeln in der kalten Morgenluft in mehreren eleganten Kirchen erschienen. Der Bräutigam trägt gleichzeitig ein Morgenkostüm. Es ist eine Ära der Tiefhälse. Das Pendel der Mode schwingt in diese Richtung. Davon haben wir schon einmal gesprochen, deshalb möchte ich nur erwähnen, dass der tiefe Ausschnitt in vielen Sommerabendkleidern sowie bei morgendlichen Hochzeiten vorherrschen wird.

Die sehr enge Mode drapierter Röcke sollte alle Frauen dazu anhalten, sehr vorsichtig zu sein, wie sie sich hinsetzen. Ein Franzose sagte, er könne einen Herrn an seinem Gang erkennen; Ein anderer hat kürzlich gesagt, dass er eine Dame daran erkennen kann, wie sie sich setzt. Einer Frau wird viel weniger Haltungsfreiheit eingeräumt als einem Mann. Er kann seine Position nach Belieben ändern und sich räkeln oder räkeln, die Beine überschlagen oder sogar seinen Fuß stillen, wenn er möchte; aber eine Frau muss Anmut und Würde haben; in jeder Geste muss sie „damenhaft" sein. Jeder, der eine großartige Schauspielerin wie Modjeska gesehen hat, weiß, was für eine erworbene Anmut das ist.

Eine Frau sollte sich daran erinnern, dass sie „einem Geschlecht angehört, das es sich nicht leisten kann, grotesk zu sein". Es sollte niemals zu Aufruhr oder Nachlässigkeit kommen.

Der Manie nach extravaganter Kleidung auf der Bühne, den *„pieces des robes"*, gilt als einer der größten Feinde des legitimen Dramas. Die Hauptdarstellerin muss eine auffällige Zurschaustellung aufwändiger Gewänder aufweisen, die neuesten Erfindungen der Modisten. In Paris bestimmen diese Bühnenkostüme die Mode, und Hauben, Mützen und Roben werden durch ihre Namen individualisiert. Sie sehen bei den Trägern sehr gut aus, aber bei einer älteren, unscheinbaren, beleibten Frau mittleren Alters, die sie adoptiert hat, sehen sie sehr schlecht aus.

Schlichte Satin- und Samtstoffe, edle und dunkle Brokate, von einem Künstler angefertigt, lassen jeden gut aussehen. Die ältere Frau sollte in der Lage sein, sich ohne Anstrengung oder Anstrengung jeglicher Art zu bewegen; Eine gut verarbeitete schwarze Seide ist unverzichtbar; und sogar „eine Berühmtheit vergangener Tage" kann durch eine vernünftige, aber nicht allzu glänzende Toilette gut aussehen.

Das als „kostenlose Trauer" bezeichnete Kleid, das in sich eher widersprüchlich ist, ist jetzt sehr elegant und elegant gestaltet. Schwarz und Weiß in allen Variationen und schwarze Signalhörner und Perlenbesatz, alle Schattierungen von Flieder und Lila werden von den Franzosen als geeignete Farben und Verzierungen beim Ausstieg aus Schwarz angesehen; während die Engländer zur vollen Trauer noch die Mütze, die Trauermütze und den Schleier, den schlichten Musselinkragen und die Manschetten, das Kreppkleid, den großen schwarzen Seidenumhang, die Krepphaube und den Schleier bewahren.

Bei der Trauer werden oft schwere, prunkvolle und teure Gewänder getragen, die jedoch nicht den besten Geschmack haben. Lobenswert sind die schlichten schwarzen Seidenstoffe.

Zum Nachmittagstee trägt die Gastgeberin in diesem Land im Allgemeinen ein hübsches, hochgeschlossenes Kleid, oft eine Kombination aus geprägtem oder brokatiertem Samt, Satin und Seide. Sie trägt selten das, was in England „Teekleid" genannt wird, ein halbloses Kleidungsstück. Bei Besuchen zum Nachmittagstee wird die gewöhnliche Gehkleidung nicht geändert, es sei denn, die drei oder vier Damen, die beim Empfang helfen, kommen in hübschen Empfangskleidern. Bei diesen Empfängen wird häufig ein Rock aus hellem Brokat mit einem Überkleid aus dunklem Samt getragen, und wenn es von einem französischen Künstler angefertigt wird, handelt es sich um ein wunderschönes Kleid. Diese dunklen Samtstoffe werden normalerweise hoch gearbeitet, mit einer sehr reichen Spitzenkrause.

Der hohe Medici-Kragen und die hübsche Medici-Mütze aus Samt erfreuen sich bei heutigen Damen mittleren Alters großer Beliebtheit und sind ein sehr passender Kleidungsstil für die Oper. Die derzeitige Mode, in voller Kleidung in der Oper zu musizieren, verbessert zwar nicht unbedingt die Musik, lässt das Haus aber auf jeden Fall sehr hübsch und stattlich aussehen.

Zu viele Kleider sind ein Fehler, selbst für eine opulente Frau. Sie kommen aus der Mode und sind, abgesehen von einem Mädchen, das auf viele Bälle geht, völlig unnötig. Ein tanzendes Mädchen muss ständig erneuert werden, denn es sollte immer frisch sein, und der „Verschleiß" des Cotillions ist enorm. Nichts ist so ärmlich wie ein schmutziges, verblichenes und geflicktes Ballkleid; Der Tänzer sollte besser zu Hause bleiben, als solche zu tragen.

Die Art der Ärmel sollte berücksichtigt werden. Eine beleibte Frau sieht in einem losen Ärmel aus herabhängender Spitze, der nur bis zum Ellbogen reicht, sehr schlecht aus. Dadurch wirkt der Arm doppelt so groß. Sie sollte als dünnen Ärmel schwarze Spitze bis zum Handgelenk tragen, mit herunterlaufenden Samtbändern, um die Größe des Arms zu verringern. All diese Spitzenärmel bis zum Ellenbogen, mit Goldtropfen, Stahlbesatz oder Jetten, sind sehr unpassend; Niemand außer den Schwachen sollte sie tragen.

Eine enge Schnürung ist auch für diejenigen, die sie normalerweise anwenden – Frauen im Alter von 38 oder 40 Jahren, die etwas dicker werden, sehr unpassend. Wenn sie sich so verschnüren, bekommen sie lediglich eine unziemliche Gesichtsrötung und sind nicht die hübschen, bequem aussehenden Geschöpfe, die der Himmel für sie vorgesehen hat. Zwei oder drei schöne, in der Gesellschaft bekannte Frauen haben sich letztes Jahr durch enge Schnürung das Leben genommen. Der Effekt einer um einen Zentimeter geringeren Taille war nicht deutlich genug, um dies zu einem sinnvollen Opfer für die Gesundheit und die Leichtigkeit des Atmens zu machen.

Bei der Mittagsparty einer Dame, die immer eine Gelegenheit für hübsche Kleidung ist und bei der immer Hauben getragen werden, zeigen die Gesichter derjenigen, die zu eng gekleidet sind, immer die Belastung durch eine äußerst unziemliche Röte; Und da amerikanische Räume immer zu warm sind, muss das Leid enorm sein.

Es ist auch ein sehr dummer Plan, sich für eine anmutige Schlankheit auszuhungern oder zu „ *bant* "; Frauen werden nur runzelig, haben Krähenfüße unter den Augen und sehen weniger jung aus als diejenigen, die sich in Ruhe lassen.

Eine prächtig gekleidete Frau am richtigen Ort ist ein schöner Anblick. Eine gut gekleidete Frau ist eine Frau, die sich selbst und ihre Umgebung versteht.

KAPITEL XIX.
KLEIDUNG ZUM FAHREN.

Niemand, der die Trainerparade in New York gesehen hat, kann die außergewöhnliche Veränderung, die sich in der Kleidungsmode für diesen besonderen Anlass vollzogen hat, nicht übersehen. Früher trugen Damen schwarze Seide oder Wolle, Baumwolle oder Seide in dunkler oder dezenter Farbe; und von einer Frau, die auf dem Dach einer Kutsche ein weißes Kleid hätte tragen sollen, hätte man vor zehn Jahren angenommen, dass sie sich unerwünscht auffällig machte.

Jetzt werden die leuchtendsten und reichsten Seidenstoffe, orangefarbene, blaue, rosafarbene und lilafarbene Kleider, mit Spitzenvolants besetzt, eigentlich Abendkleider – alle bezaubernden Konfektionen von Worth oder Piugat – auf den Kutschendecken mit allergrößter Freiheit zur Schau gestellt Freundlichkeit, die jeder Passant kommentieren kann. Die Dame auf dem Dach einer Kutsche ohne Mantel sieht ganz ähnlich aus wie auf einem Galaball oder einem Abendessen. Sie beklagt sich dann darüber, dass von den Zuschauern manchmal bösartige Bemerkungen kommen und dass die Damen beleidigt werden. Die Mode begann in Longchamps und in Ascot, wo, besonders am erstgenannten Ort, eine Dame das Privileg hatte, in ihrer Victoria, mit bis zur Taille gerüschter lila Seide, in vollkommenster und aristokratischer Abgeschiedenheit zu sitzen. Dann nahm die schnelle Truppe des Prinzen von Wales die Sache auf und stürzte sich in einen Wettstreit um die Kleidung für die öffentliche Prozession durch die Straßen Londons, bei der eine Dame zum ebenso prominenten Beobachtungsobjekt wurde wie die Kutsche des Oberbürgermeisters. Sie wurde in Amerika aufgegriffen und weiterentwickelt, bis sie einen Höhepunkt der Pracht und, wenn man so sagen darf, Unangemessenheit erreichte, die für die Befolgung ausländischer Moden in diesem Land charakteristisch ist. Wie kann ein weißer Satin mit Spitzenbesatz oder eine orangefarbene Seide das Kleid sein, in dem eine Dame der Sonne, dem Regen oder dem Staub einer Coaching-Expedition begegnen sollte? Ist es das Kleid, in dem sie das Gefühl hat, dass sie den Blicken einer gemischten Menschenmenge in einem überfüllten Hotel oder auf einer viel befahrenen Durchgangsstraße begegnen sollte? Welche Kleidung zum Wechseln bleibt für den Salon übrig?

Wir freuen uns zu sehen, dass die Prinzessin von Wales, deren Geschmack nahezu perfekt zu sein scheint, beschlossen hat, ihr hübsches Gesicht diesem übertriebenen Einsatz von Farben entgegenzustellen. Sie erschien kürzlich in London auf dem Dach einer Kutsche in einem dunkelblauen Flanellanzug. Auch hier wird beschrieben, dass sie und die Kaiserin von Österreich dunkle, gepflegte *Drap d't-* Anzüge und auch Wollkleider trugen. Man kann die zarten

Figuren und raffinierten Gesichtszüge dieser beiden königlichen Schönheiten in diesem gepflegten und unauffälligen Kleid erkennen, und wenn man sie mit den prachtvollen rosa-weißen und spitzen-orangefarbenen Kleidern derjenigen kontrastiert, die nicht königlich sind, wie vulgär die Extravaganz darin ist Farbe wird!

Unsere Großmütter reisten in Reitanzügen aus Wollstoff, und wir haben oft Mitleid mit ihnen wegen der Hitze und der Qual, die sie in den schweren, weit geschnittenen, langärmeligen Gewändern ertragen mussten; Dennoch können wir nicht anders, als zu glauben, dass sie auf dem Dach einer Kutsche besser ausgesehen hätten als ihre Enkelinnen – wer sollte bedenken, wenn sie sich über die unhöflichen Bemerkungen beschweren, dass wir hier keine Aristokratie haben, deren Gefühle der Mob zu respektieren hat, und dass dies umso schlichter ist Je weniger sie sich kleiden, desto weniger werden sie unangenehme Schimpfwörter hören, die auf sie angewendet werden. Wenn eine Frau in der heutigen etwas aggressiven Amazonas-Mode einen Mann in ihrem Pony-Phaeton fährt (er sitzt einige Zentimeter unter ihr), deutet ein fröhliches Kleid zweifellos ungewollt auf viel Kühnheit hin. Ein vulgärer Mann, der eine Dame in weißem Samt, spanischer Spitze und großem Hut sieht – in einem seiner Meinung nach „protzigen" Kleid –, ahnt durch diesen Anblick nicht die Vorstellung von Bescheidenheit oder Vornehmheit; Er neigt sehr dazu, zu lachen und etwas zu sagen, das nicht ganz respektvoll ist. Dann sagt die Dame: „Mit wie wenig Respekt werden Frauen in Großstädten, in Newport oder in Saratoga behandelt!" Wäre sie schlichter gekleidet, in einem dunklen Foulard oder einem unauffälligen Flanell- oder Stoffkleid, mit einfach arrangiertem Hut, wäre sie genauso hübsch und besser für die Sache geeignet, mit der sie es zu tun hat, und sehr viel weniger bösen Kommentaren ausgesetzt. Frauen kleiden sich recht schlicht, wenn sie die „Salzmeerwelle" in Versuchung führen, und auch wenn sie zu Pferd sind. Nichts könnte einfacher sein als das Reitkleid, und doch gibt es ein so schickes Kleid? Aber auf dem Trainer dürften sie nicht zu fein sein.

Natürlich können Frauen sich kleiden, wie sie wollen, aber wenn sie sich auffällig kleiden möchten, müssen sie bereit sein, die Konsequenzen zu tragen. Vor ein paar Jahren wagte sich keine Dame auf die Straße, ohne dass ein Mantel oder ein Schal ihre Schultern bedeckte. Es war eine damenhafte Vorsichtsmaßnahme. Dann kamen die unrühmlichen Tage der „Zurückgebundenen", einer Kleidungsform, die der Figur höchst unpassend erschien, und nun glücklicherweise nicht mehr. Diese absurde Mode hatte zweifellos Einfluss auf die Sitten dieser Zeit.

Besser wäre es, wenn Frauen ihre Reize zur Schau stellen würden, die höfischen Kleider dieser Schönheiten von Bird-cage Walk, am St. James's Park, wo „Lady Betty Modish" geboren wurde – volle, lange, bauschige Brokate, hochgestecktes, *langes* Haar anmutige Schals und Handschuhe, die bis zum Ellenbogen reichen. Sogar Rouge und Puder dienten als Maske, um die Wange zu verbergen, die rot wurde oder auch nicht, wenn man sie mit kühnen Augen ansah. Wir sollten uns jedoch nicht so verstehen, als würden wir diese verherrlichen. Die Schönheit des 19. Jahrhunderts besteigt eine Kutsche ohne diese Hilfsmittel zur Schüchternheit. Es kommt ihr nicht in den Sinn, irgendeinen ihrer Reize zu verbergen. Sie geht auf den Logenplatz ohne Umhang oder Schal oder irgendetwas anderes als einen Hut auf dem Hinterkopf und einen bunten Sonnenschirm, der sie vor einem möglichen Gewitter schützt. Diese Damen sind keine Mitglieder einer Akklimatisierungsgesellschaft. Sie können kein neues Klima herbeiführen. Leiden sie nicht unter Erkältung? Gehen die Winde nicht durch sie hindurch? Antwortet, ihr alle Lungenentzündungen und Diphtherien und Rheumatismen!

Der Humor, mit dem die lustigen Zeitungen und die Karikaturisten diese sehr übertriebenen Kostüme behandeln, ist nicht von Feingefühl. Es ist keine Delikatesse erforderlich. Ein Wechsel zu einem ruhigeren Kleidungsstil würde dieser Behandlung, über die sich so viele Damen beschweren, bald ein Ende bereiten. Lassen Sie sie sich wie die Prinzessin von Wales und die Kaiserin von Österreich kleiden, wenn sie im auffälligen Hochrelief der Kutsche sitzen, und das Ergebnis wird sein, dass Damen, ob verheiratet oder alleinstehend, nicht den Beleidigungen ausgesetzt werden, mit denen so viele von ihnen konfrontiert werden beschweren, und von denen die Papiere nach jeder Trainerparade voll sind.

Reiterinnen müssen sich selten über die Unhöflichkeit eines Passanten beschweren. Ihre Zahlen sind bescheiden, und im Großen und Ganzen fahren sie heutzutage gut. Eine Dame kann von ihrem Pferd absteigen und an einem überfüllten Ort herumlaufen, ohne ein beleidigendes Wort zu hören: Sie ist für ihre Übung angemessen gekleidet.

Auch hier wird eine junge Dame im Rasentennis-Anzug nicht von der unverschämten Kritik einer gemischten Schar von Zuschauern angegriffen. Tausende spielen in Newport, Saratoga und an anderen Ferienorten, Tausende schauen zu, und niemand bringt ein Wort des Tadels von sich. Der kurze Flanellrock und das enge Trikot sind für die aktive Läuferin unverzichtbar und ihr etwas exzentrisches Aussehen wird geduldet. Es handelt sich nicht um eine Ausstellung oder Show, sondern um ein gutes, gesundes Spiel körperlicher Betätigung. Die Menschen empfinden Interesse und Freude daran. Es ist wie das altmodische Maibaumfest, die freundlichen Turniere der Nachbarn auf dem gemeinsamen Spielplatz der Nachbarschaft, mit den Tänzen unter den Walnussbäumen der sonnigen Provence. Das Spiel ist belebend und selbst diejenigen, die es nicht kennen, sind mit der Animation zufrieden. Wir haben bisher jene gymnastische Kultur vernachlässigt, die die Griechen zu dem anmutigen Volk machte, das sie waren, und die zur Bildung des Geistes beitrug.

In keinem dieser Kostüme findet irgendjemand etwas zum Lachen; aber wenn die Leute ein hoch oben auf einer Kutsche montiertes Ballkleid sehen, neigen sie sehr dazu, darüber zu lachen; Und selten kommen Frauen von einer Trainerparade ohne ein Kribbeln in der Wange und ohne ein Gefühl der Scham wegen einer Bemerkung über ihre Kleidung und ihr Aussehen nach Hause. Eine junge Dame fuhr letzten Sommer in einem Pony-Phaeton zum Ocean House in Newport und war beleidigt, weil ein Herr auf der Piazza sagte: „Dieses Mädchen hat eine sehr schmale Taille, und sie will, dass wir das sehen." Wer war schuld? Die junge Dame war sehr auffällig gekleidet: Sie trug weder Mantel noch Jacke und meinte wahrscheinlich, dass ihre Taille sichtbar sein sollte.

Überall auf der Welt gibt es wachsende Einwände gegen die einst so modische Sanduhrform, und wir sollten sie als besten Beweis für eine Tendenz zu einer vernünftigeren und gesundheitsförderlicheren Kleidungsform begrüßen gesunde Entfaltung der natürlichen und wichtigsten Funktionen einer Frau. Aber wenn sich eine Frau in einen 16-Zoll-Gürtel schnürt und sich dann in Brokat, Satin und leuchtende Farben kleidet und auffällig wird, sollte sie nichts dagegen haben, dass Männer, wenn sie sehen, wie sie ihren Mantel beiseite wirft, einen Kommentar dazu abgeben ihre Reize in keinem Maß. Sie hat niemanden, dem sie die Schuld geben kann, außer sich selbst.

Wir könnten hinzufügen, dass sich Frauen durch diese übermäßige Kleidung des Vorteils des Kontrasts im Stil berauben. Insbesondere Spitze eignet sich für das Haus und für das Galadinner oder den Ball. Das Gleiche gilt für die leichten, fröhlichen Seidenstoffe, deren Falten und Beschaffenheit nicht zum Klettern einer Kutsche geeignet sind. Wenn leuchtende Farben erwünscht sind, lassen Sie Damen die Merino- und Nonnenschleier für Trainerkleider wählen; Oder, noch besser, lassen Sie sie sich in dunklen Farben kleiden, in schlichten und unauffälligen Kleidern, die weder Staub noch Sonne noch Regen zu trotzen scheinen. Auf dem Dach eines Reisebusses sind sie den Elementen weitaus stärker ausgesetzt als auf dem Deck einer Yacht.

Auch gibt es keinen Grund, warum amerikanische Frauen auf einer Kutsche erscheinen sollten, die in roten Samt und weißen Satin gekleidet ist, weil die schnelle Serie des Prinzen von Wales dies in London tut. Erinnern wir uns an die Tatsache, dass die Königin dem Prinzen Schloss Windsor zur Nutzung während der Ascot-Woche zur Verfügung gestellt hatte, dass sie jedoch, als sie erfuhr, dass zwei recht auffällige amerikanische Schönheiten erwartet wurden, das Darlehen widerrief und den Prinzen aufforderte, seine Gäste zu bewirten Gäste woanders.

KAPITEL XX.
Inkongruenzen der Kleidung.

Wir sind uns alle des Werts eines Kostüms bewusst, wie zum Beispiel des Kleides der Pompadour-Ära: das Mieder des Schweizer Bauern, die Mütze der Normandie, die Faldetta der *Malteser*, die ungarische Nationaltracht, das frühe Englisch, der puritanische Karreeschnitt, die spanische Mantilla, der römische Schal und die weiße Mütze – all das kommt vor uns; und wenn wir jedes charakteristische Kleidungsstück erwähnen, tritt auf der Leinwand der Erinnerung eine hübsche kleine Figur hervor, in der jedes Detail vom Schuh bis zum Kopfschmuck harmonisch ist.

Niemand in seinen kühnsten Träumen könnte jedoch mit dem Bild einer Marquise losziehen und das Ganze mit einer Normandie-Mütze abrunden. Auch konnte er das dunkle Haar des flotten kleinen Ungarn nicht pudern. Die Schönheit dieser Kostüme zeigt sich in jedem einzelnen als Ganzes und nicht in den einzelnen Teilen. Die Marquise muss Rosa oder Blau oder eine helle Farbe tragen; Sie muss die lange Taille, die eckige Korsage, den großen Reif, den gepflegten Pantoffel mit Rosette und hohem Absatz, Rouge und Flicken als Ergänzung zu ihrem gepuderten Haar haben, sonst ist sie keine Marquise.

Die Schweizer Bäuerin muss den kurzen Rock, das weiße Hemd, das schwarze Samtmieder, das Kreuz und die Schleife, die groben Schuhe und den Kopfschmuck ihres Kantons haben; die normannische Bäuerin ihr dunkles, auffälliges Kleid, ihren hochhackigen Schuh mit goldenen Schnallen und ihre weiße Schürze; die Ungarin ihre gepflegte, scharlachrote Militärjacke mit Goldbesatz, ihren knappen Unterrock und Militärstiefel, ihre hohe Mütze und Feder. Die Kleidung des englischen Bauern, die heute als „Mutter Hubbard"-Hut und -Umhang bekannt ist und den Kostümforschern als Teil der Landfrauen zu Shakspeares Zeiten sehr vertraut ist, erfordert den kurzen, hochgesteckten Unterrock und die hochhackigen, hochhackigen Schuhe. Schneiden Sie die Schuhe so, dass sie perfekt sind.

Wir leben jedoch in einer Zeit, in der die Mode, ungeachtet des künstlerischen Prinzips, alle diese Kostüme vermischt und sich hier einen Hut und dort einen Schuh ausleiht, wobei die Wirkung jedes Kleidungsstücks, von seiner ursprünglichen Absicht abgelenkt, verloren geht.

Wenn „alle Dinge ihrer Jahreszeit entsprechend gewürzt sind", so ist auch die gesamte Kleidung (oder sollte sie sein) zeitgemäß und umfassend, stimmig und vollständig. Das große Erfolgsgeheimnis der Franzosen als Künstlerinnen und Zaubererinnen weiblicher Kostüme besteht darin, dass sie die *gesamte Figur* und ihre Anforderungen, die Lebens- und Luxusbedingungen, die Angemessenheit der Substanz und die Bedürfnisse der Trägerin berücksichtigen. Eine Dame, die einen Samtteppich oder einen Parkettboden betreten soll, braucht keinen Holzschuh; Sie braucht einen Satin-Hausschuh oder einen Stiefel. Doch im modernen Salon sehen wir manchmal eine junge Dame in einem schweren Balmoral-Stiefel tanzen, der nur für die Sümpfe und das Heidekraut eines schottischen Landstreichers geeignet ist. Das Vorhandensein eines kurzen Kleides in einem Salon oder einer langen Schleppe auf der Straße ist Teil der allgemeinen Unstimmigkeit der Kleidung.

Die Verwendung des Ulsters und des Derby-Huts wurde auf englischen Yachten deutlich, wo Frauen lernten, sich in die Haltung von Männern zu versetzen, und sich die Sturmfock sehr gut aneigneten; Aber wenn einer dieser Frauen gesagt worden wäre, dass sie früher oder später in diesem Kleid auf den Straßen Londons auftauchen würde, wäre sie schockiert gewesen.

In den Tagen der französischen Auswanderung, als hochgeborene Damen an Bord befreundeter Schiffe im Hafen von Honfleur flüchteten, trugen viele von ihnen die langen Mäntel mit weiten Röcken ihrer Ehemänner, die lieber zitterten, als den Schmerz zu ertragen sehen, wie ihre Frauen unter Erkältung leiden. Diese Figuren wurden von Londoner Schneidern und Konfektionären beobachtet und daraus entstand der englische Pelisse, der später in Mode kam. Auf eine beleibte Engländerin war die Wirkung einzigartig absurd, und viele der frühen Karikaturen machen uns diese Inkongruenz zunutze; Denn obwohl eine kleine Figur in einem Pelisse gut aussieht, ist dies bei einer kräftigen Figur nie der Fall. Die Engländerin mit einem Gewicht von 200 oder 300 Pfund sollte statt eines eng anliegenden Rocks eine Tasche, einen Schal oder einen weiten Umhang tragen. Allerdings gehen wir auseinander. Der Sinn für das *persönliche Werden* ist ein weiterer Zweig des großen Themas Kleidung. Ein Samtkleid zum Beispiel erfordert als Besatz teure und echte Spitze. Es sollte nicht durch bretonische oder imitierte Valenciennes ergänzt werden. Alle sehr hübschen Spitzenimitationen eignen sich für billige Seide, Popeline, Sommerstoffe oder Kleider aus leichten und luftigen Stoffen; aber wenn der Stoff des Kleides besonders reichhaltig ist, sollte die Spitze dazu passen.

Auch in Sachen Schmuck gilt: Zu einem teuren Kleid sollte kein Billig- oder Kunstschmuck getragen werden. Es ist dem guten Geschmack ebenso fremd, wie es für einen Mann wäre, Kopf und Körper mit den modischsten Hüten und Mänteln und seine Beine mit weißer Ente zu bekleiden. Die Idee ist widersprüchlich.

Die gleiche Inkongruenz gilt für einen Geschmack, der unseren Landsleuten oft vorgeworfen wird – die Sehnsucht nach dem Prunk. Eine Frau, die morgens an einer Sommerfrische Diamanten, echte Spitze und Samt anzieht, ist entschieden unpassend. Viel besser ist es, einen Gingham mit Hamburger-Stickerei und einen Strohhut mit einem darum gebundenen Taschentuch zu tragen, der jetzt so hübsch und so modisch ist. Dann ist sie bereit für das Meer oder die Bergfahrt, die Klettertour oder das Segeln. Ihre Stiefel sollten stark sein, ihre Handschuhe lang und fest. So passt sie ihre Kleidung dem Anlass an. Am Abend wird sie Gelegenheit haben, den zarten Stiefel und die Schleppe aus Gaze oder Seide zu tragen, oder die geschickte Kombination aller Materialien, die als „Wertvolles Kostüm" bekannt ist.

Beim Kauf eines Hutes sollte eine Frau vor einem langen Psyche-Glas stehen und sich selbst von Kopf bis Fuß betrachten. Oftmals ist eine sehr hübsche Haube oder ein sehr hübscher Hut, der zum Gesicht wird, in diesem wellenförmigen Umriss, der für diejenigen wahrnehmbar ist, die den Effekt als Ganzes betrachten, absolut schrecklich . Jeder kann sich erinnern, wie absurd eine große Figur mit dem runden Poke-Hut und der zarten Fanchon-Haube aussah, und das gleiche Ergebnis wird durch den runden Hut hervorgerufen. Eine große Figur sollte von einem Gainsborough- oder Rubens-Hut mit nickenden Federn gekrönt werden. Dann ist die Wirkung hervorragend und die Proportionen bleiben erhalten.

Nichts kann widersprüchlicher sein als eine lange, schlanke, ästhetische Figur mit einer Kopfbedeckung, die so unverhältnismäßig groß ist, dass sie mit ihrem Kopfschmuck aus Matten an einen Sandwich-Insulaner erinnert. Der „Ästhetikwahn" hat jedoch zu einer Verbesserung der Kostüme geführt. Es ist der Epaulettenärmel, der so vielen Figuren, die leider zu schmal sind, Weite verleiht. Alle Physiologen spekulieren über die zunehmende Enge der Brust bei der angelsächsischen Rasse. Dies ist in Amerika besonders deutlich zu erkennen. Um dem abzuhelfen, hat sich ein genialer Schneider eine kleine Puffung oben am Arm ausgedacht, was sehr schick ist. Es passt auch gut zum „Goldtuch"-Kostüm aus der Zeit von Franz I., das modernen Luxus so sehr prägt. Es ist eine Art Wedelkostüm, dieses Kleid aus dem 19. Jahrhundert, und kann durchaus einige der festlichen Merkmale des 16. und 17. Jahrhunderts übernehmen, wenn sie nicht unpassend sind. Wir haben, wie diese reichen Adligen und wohlhabenden Bürger, auf Friedenszeiten gehofft; wir haben unser eigenes neues Indien gefunden; Unsere Galeonen kommen beladen mit der Beute aller Länder; Wir sind reich und können Samt und Brokat tragen.

Aber wir sollten den Anstandsregeln der Kleidung ebenso treu sein wie sie. In der alten Bürgerzeit war es dem reichsten Bürger nicht gestattet, Samt zu tragen; Er hatte seinen eigenen malerischen Kragen, seinen Anzug aus dunklem Stoff und seinen passenden Hut. Er hatte keine Ahnung, dass er den Cian mit seinem langen Hut und seiner Feder nachahmen sollte. Wir sind alle Patrizier; wir können entweder den nüchternen oder den schwulen Anzug tragen; aber vermeiden wir Unstimmigkeiten.

Eine Frau, die sich für einen festlichen Abend anzieht, sollte bedenken, dass alles, von ihren Ohrringen bis zu ihrem Fächer, die Idee von Luxus suggerieren und vermitteln muss. Ein Holzfächer ist morgens an einer Wasserstelle sehr schön, aber abends reicht er nicht aus. Keines der modernen *Chtelaine*- Arrangements, so dekorativ sie auch sein mögen, ist für den Abendgebrauch geeignet. Mit der *Chtelaine* war ursprünglich die Kette gemeint, an der die Hausherrin ihre Schlüssel trug; Daher bleibt die frühe Assoziation mit der Nützlichkeit bestehen: Es ist nicht von luxuriöser Absicht, so sehr es auch mit moderner Mode geschmückt sein mag.

Gewiss ist manche Mode aus einem niedrigen Stand heraus entstanden. Der Hosenbandorden erzählt von der Launenhaftigkeit eines Monarchen; Die Schuhschnalle und das Hufeisen haben sich in die höchste Kategorie der Schmuckstücke eingeschlichen. Aber wie es drei Generationen braucht, um einen Gentleman zu erschaffen, so dauert es mehrere Jahrzehnte, um dem niederen Schmuck Adel zu verleihen. Wir dürfen nicht versuchen, Dinge zu erzwingen.

Ein Teil der wachsenden und traurigen Inkongruenz moderner Kleidung zeigt sich in der unvermeidlichen Unbeholfenheit einer großen Anzahl von Blumensträußen. Eine Schönheit kann die Insignien der Schönheit nicht zu Hause lassen, noch kann sie so unfreundlich sein, Mr. Smiths Blumen zu tragen und die von Mr. Brown zu ignorieren; so erscheint sie mit vollen Armen und Händen, was ihrer Kleidung und ihrer Gesamtwirkung unendlich schadet. Es könnte eine Vereinbarung getroffen werden, durch die solche Trophäen in der Schleppe der Hohepriesterin der Mode geschleppt werden könnten.

Ein wenig Lektüre, ein wenig Aufmerksamkeit für das Kostümstudium (übrigens ein wunderschönes Studium) würden einer jungen Frau bald beibringen, das Unpassende in der Kleidung zu vermeiden. Manche Menschen haben Geschmack als eine natürliche Gabe: Sie wissen, wie sie sich kleiden sollen, indem sie sich mit ihrem inneren Selbst beraten. Andere leider! sind ganz ohne. Die Menschen, die für uns Hüte, Mäntel und Kleider herstellen, haben im Allgemeinen keine Ahnung von der Geschichte der Kleidung. Für sie haben der Hut des Rundkopfes und der des Kavaliers dieselbe Bedeutung. Für alle Geschmacks- und Lesemenschen sind sie jedoch sehr unterschiedlich, und alle Künstler wissen, dass die Kostüme, die ihre Macht auf der Welt behalten, aufgrund ihrer Anpassung an die klimatischen Bedingungen und der Anmut und Leichtigkeit, mit der sie ihre Macht behalten, bevorzugt wurden und überdauert haben sie waren getragen.

KAPITEL XXI.
Etikette der Trauer.

Es gibt keine Möglichkeit, das Thema Tod und Bestattung sowie die Bedingungen, unter denen Beerdigungen durchgeführt werden sollten, anzusprechen, ohne die Gefühle anderer zu verletzen. Der Versuch des Herzogs von Sutherland in England, die schreckliche Form abzuschaffen, die alle erschaudern lässt, die einen Freund verloren haben – die des Sarges –, wurde als respektlos bezeichnet, weil er vorschlug, die Toten in Weidenkörben zu begraben. mit Farnblättern als Leichentüchern, damit der arme Lehm leichter zur Mutter Erde zurückkehren kann. Diejenigen, die die Einäscherung befürworten, erleiden erneut eine noch schlimmere Missachtung; und doch bedauert jeder den gegenwärtigen düsteren Apparat und die düsteren Bräuche unserer Traueranlässe.

Der Tod ist für das christlichste und resignierteste Herz immer noch eine sehr schreckliche Tatsache, ein Schock für alle, die leben, und seine Umgebung ist, wenn wir tun, was wir wollen, schmerzhaft. „Ich rieche den Schimmel über der Rose", sagt Hood in seinen erbärmlichen Zeilen zum Tod seiner Tochter. Deshalb haben wir Schwierigkeiten, Schwarz zu tragen, was an sich schon eine Negation unseres erklärten Glaubens an die Auferstehung darstellt. Wir bekennen die Logik der Verzweiflung, wenn wir uns in ihre düsteren Falten hüllen. Man könnte meinen, das Kleid, das wir tragen sollten, könnte blau sein, die Farbe des Himmels, oder weiß, als Zeichen des Lichts, das die erlöste Seele erreicht hat.

Der Brauch, der uns alle zu Sklaven macht, hat beschlossen, dass wir Schwarz tragen sollen, als Zeichen des Respekts gegenüber denen, die wir verloren haben, und als Leichentuch für uns selbst, als Protest gegen den sanften Dienst an Licht und Fröhlichkeit, den unser Herr stets anstrebt um uns zu erreichen. Dies ist eine Seite der Frage; aber noch einmal ein Wort zu seinen guten Diensten. Ein Trauerkleid schützt eine Frau in tiefster Trauer vor der vorzeitigen Fröhlichkeit eines vorbeikommenden Fremden. Es ist eine Mauer, eine Zufluchtszelle. Hinter einem schwarzen Schleier kann sie sich verstecken, wenn sie geschäftlich oder in der Freizeit unterwegs ist, ohne Angst vor Störungen zu haben.

Am ungesundsten ist hingegen der schwarze Schleier: Er schadet den Augen und schädigt die Haut. Da es an Nase und Stirn reibt, kommt es mit ziemlicher Sicherheit zu Abschürfungen und oft auch zu lästigen Wunden. Für die Augen, die durch das Weinen geschwächt sind, ist es sicherlich gefährlich, und die meisten Augenärzte verbieten es jetzt.

Die Engländer, von denen wir unsere Art in Bestattungsangelegenheiten übernehmen, haben eine durch das Sozialrecht vorgesehene Einschränkung, die eine nützliche Sache ist. Sie schreiben nun vor, dass Krepp auch für den nächsten Verwandten nur sechs Monate lang getragen werden darf und dass die Trauerdauer ein Jahr nicht überschreiten darf. Die Trauer einer Frau um ihren Mann ist die konventionell tiefste Trauer, die erlaubt ist, und jeder, der eine englische Witwe gesehen hat, wird zustimmen, dass sie einen „Leichenwagen" aus sich macht. Bombazine und Krepp, eine Witwenmütze; und ein langer; dicker Schleier – das ist die moderne englische Idee. Manche Witwen haben die Mütze sogar aus schwarzem *Crêpe-Lisse* , im Allgemeinen ist sie jedoch aus Weiß. In diesem Land sind die ersten Trauerkleider einer Witwe fast vollständig mit Krepp bedeckt, einem äußerst kostspieligen und unangenehmen Material, das durch Feuchtigkeit und Staub leicht ruiniert wird – eine Art Buß- und Selbstdemütigungskleid, sehr hässlich und sehr teuer. Mittlerweile gibt es jedoch auch andere und angenehmere Stoffe, die ebenfalls das totenschwarze, glanzlose Aussehen haben, das allein als Respekt vor den Toten angesehen wird, und die nicht so teuer wie Krepp oder so unangenehm zu tragen sind. Für schwere Winterkleider werden der Henrietta-Stoff und Imperial-Serges gewählt, während für weniger schwere Stoffe Tamise-Stoff, Bayonnaise, Grenadine, Nonnenschleier und amerikanische Seide verwendet werden.

Unsere Trauerbräuche sind nicht mit dem Pomp, dem Stolz und den traurigen Umständen überladen, die für englische Beerdigungen charakteristisch sind. Tatsächlich sind Trauerzeremonien in England so übertrieben – mit den angeheuerten Stummen, den nickenden Federn, dem kostbaren Sarg und den Geschenken von Handschuhen, Bändern und Ringen usw. –, dass Lady Georgiana Milnor aus Nunappleton in York eine große Sie war eine Freundin des Erzbischofs, schrieb ein Buch gegen die Misshandlungen, befahl, ihren eigenen Leichnam in einem Sarg aus Kiefernholz zu begraben, und verbot ihren Dienern und Verwandten, Trauer zu tragen. Ihre Wünsche wurden buchstabengetreu umgesetzt. Ein schwarzer, mit Stoff überzogener Sarg mit silbernen Beschlägen gilt als der beste Geschmack, und die Sargträger erhalten höchstens einen weißen Schal und ein Paar schwarze Handschuhe. Auch dies geschieht nicht immer. Der Verkehr mit diesen zurückgegebenen Bändern und Handschuhen war einst ein wahres Vermögen für den Bestatter. Trauer ist sehr teuer und kostet eine Familie oft mehr, als sie sich leisten kann; Aber es ist ein Opfer, das selbst die Ärmsten gerne bringen, und diejenigen, die es sich am wenigsten leisten können, tragen oft die schönste Trauerkleidung, so tyrannisch ist die Sitte. Sie halten es für einen Akt der Respektlosigkeit gegenüber dem Andenken der Verstorbenen und der Lebenden – aufgrund dieses Denkprozesses kann niemand verstehen, es sei denn, es beruht auf dem erblichen Glauben, den wir an die heidnische Idee haben, die Mähnen der Verstorbenen zu versöhnen sind nicht in düsteres Schwarz gekleidet.

Unser Geschäft ist jedoch die Etikette der Trauer. Witwen tragen in Amerika etwa zwei Jahre lang, manchmal lebenslang, tiefe Trauer, bestehend aus Wollstoffen und Krepp. Kinder tragen dasselbe ein Jahr lang als Eltern und hellen es dann mit schwarzer Seide auf, die mit Krepp besetzt ist. Auf halbtraurige Abstufungen von Grau, Lila oder Flieder wurde verzichtet und stattdessen auf Kombinationen aus Schwarz und Weiß zurückgegriffen. Kostenlose Trauer besteht aus schwarzer Seide ohne Krepp. Die Franzosen kennen drei Trauergrade: tiefe, gewöhnliche und halbe Trauer. In tiefer Trauer werden nur Wolltücher getragen; in gewöhnlicher Trauer Seide und Wolle; in halber Trauer, grau und violett. Eine amerikanische Dame ist immer schockiert über die Fröhlichkeit und Fröhlichkeit der französischen Trauer. In Frankreich schreibt die Etikette vor, dass ein Ehemann ein Jahr und sechs Wochen lang trauert – das heißt sechs Monate tiefe Trauer, sechs gewöhnliche und sechs Wochen halbe Trauer. Für eine Frau, einen Vater oder eine Mutter sechs Monate – drei tiefe und drei halbe Trauer; für einen Großelternteil zweieinhalb Monate leichter Trauer; für einen Bruder oder eine Schwester zwei Monate, davon einer in tiefer Trauer; für einen Onkel oder eine Tante drei Wochen gewöhnliches Schwarz. In Amerika, wo es keine feste Herrschaft gibt, ist bekannt, dass Damen in tiefe Trauer um ihre eigenen Verwandten oder die ihrer Ehemänner trauern, oder vielleicht auch um Menschen, die sie nie gesehen haben, und sieben Jahre lang als düstere Denkmäler des Trauerns zurückgeblieben sind oder zehn Jahre, ständig in Schwarz; Wenn sie dann ein Kind oder einen geliebten Verwandten verlieren, haben sie nicht mehr die letzte Möglichkeit an Kleidung, um die wahre Trauer auszudrücken, die ihr Leben erfüllt – kein tieferes Schwarz, in das sie eintauchen könnten. Diese kostenlose Trauer sollte, wie im französischen Brauch, auf zwei oder drei Wochen begrenzt sein. Es ist bekannt, dass die Gesundheit eines zarten Kindes durch den ständigen Anblick seiner tief trauernden Mutter ernsthaft beeinträchtigt wird.

Die Zeitspanne, in der sich Trauernde aus der Welt zurückziehen, ist in letzter Zeit deutlich verkürzt worden. Ein Jahr lang werden keine formellen Besuche durchgeführt, und es herrscht auch keine Fröhlichkeit im Haus. Schwarz wird oft zwei Jahre lang von einem Mann oder einer Frau getragen, von Eltern ein Jahr lang und von Brüdern und Schwestern ein Jahr lang; ein starkes Schwarz wird nach dieser Zeit aufgehellt. Damen beginnen, einen kleinen schwarzen Gazeschleier über dem Gesicht zu tragen und haben die Angewohnheit, den schweren Kreppschleier wieder über den Hut zu werfen. Es ist auch angebracht, bei einer Beerdigung ein schlichtes schwarzes Kleid zu tragen, obwohl dies nicht unbedingt notwendig ist.

Freunde sollten die Hinterbliebenen innerhalb eines Monats aufsuchen, natürlich ohne zu erwarten, sie zu sehen. Freundliche Briefe, die ihr Mitgefühl zum Ausdruck bringen, sind den Betroffenen von engen Freunden sehr willkommen, und Blumengeschenke oder andere Mitgefühlsbekundungen sind wohlüberlegt und angemessen. Heutzutage werden Karten und Briefpapier von jenen in Trauer gelegt, die ihr Bedauern über die Toten auf herkömmliche Weise zum Ausdruck bringen möchten; aber sehr breite schwarze Ränder wirken wie Prunk und sind zweifellos geschmacklos. Zweifellos sind all diese Dinge auf ihre Weise angemessen, aber ein schmaler schwarzer Rand erzählt die Geschichte des Verlustes ebenso wie ein Zentimeter kohlschwarzer Düsternis. Die Mode, Taschentücher zu tragen, die aus einem 5 cm breiten Quadrat aus weißem Batist und einem 10 cm breiten Rand aus schwarzem Stoff bestehen, dürfte durchaus abgelehnt werden. Einige Monate nach dem Tod ihres Soldatenmannes wurde einmal eine fröhliche junge Witwe in Washington auf einem Empfang tanzen gesehen, mit einem langen schwarzen Schleier und einem dieser Taschentücher in der Hand, die so aussahen, als wäre es ein schwarzer Handschuh war in Tinte getaucht. „Sie hätte es in Blut tauchen sollen", sagte ein Umstehender. Unter solchen Umständen erfahren wir, wie viel Bedeutung der Trauer beigemessen werden muss, die ein Trauerschleier zum Ausdruck bringt.

Die Trauer, die Soldaten, Matrosen und Höflinge tragen, hat etwas Pathetisches und Wirkungsvolles. Eine mit Krepp drapierte Flagge, ein grauer Kadettenärmel mit schwarzem Band oder ein langes Stück Krepp um den linken Arm eines Senators, ein schwarzes Unkraut auf einem Hut, all das berührt uns immer. Sie scheinen sogar zu behaupten, dass das Gefühl des Herzens umso stärker zum Ausdruck kommt, je heller das Schwarz ist. Wenn wir unsere Toten lieben, besteht keine Gefahr, dass wir sie vergessen. „Der übliche Anzug in feierlichem Schwarz" ist nicht nötig, wenn wir ihn in unserem Herzen tragen können.

Für eine leichtere Trauerfarbe wird Jett auf Seide verwendet, und es besteht kein Zweifel, dass es ein sehr schönes Kleid ergibt. Es ist eine einzigartige Tatsache, dass es für manche Menschen eine gewisse Beruhigung ist, sehr schönes Schwarz zu tragen. Als Worth gebeten wurde, eine amerikanische Witwe, die er noch nie gesehen hatte, anzuziehen, schickte er ihr ein Foto, denn er sagte, er wolle sehen, „ob sie die Art von Frau sei, die es genießen würde, schwarz zu werden".

Sehr elegante Kleider werden mit Jet-Stickerei auf Krepp – dem wunderschönen weichen französischen Krepp – hergestellt, aber Spitze ist niemals „traurig". Sogar die Franzosen, die zu diesem Thema nur sehr oberflächliche Vorstellungen haben, verzieren selbst in der Zeit der zweiten Trauer nicht die prächtigsten Kleider mit Spitze, es sei denn, sie nähen die

Yak-Wollspitze auf einen Stoffumhang oder eine Mantilla. Während einer sehr eleganten Halbtrauer kann jedoch schwarze Spitze auf weißer Seide getragen werden; aber das ist fraglich. Auch in tiefster Trauer sind in schwarzer Emaille gefasste Diamantornamente erlaubt, ebenso in schwarz gefasste Perlen. Die Initialen des Verstorbenen aus schwarzen Brillanten oder Perlen sind heute in Medaillons und Ärmelknöpfen oder Anstecknadeln eingefasst. Bei der Trauer wird niemals Goldschmuck getragen.

Weiße Seide, mit schwarzem Jett bestickt, wird in der zweiten Phase der Hoftrauer mit schwarzen Handschuhen verwendet. Tiefes Rot gilt in England als geeignete Alternative zum Trauerschwarz, wenn der Träger während der Zeit des ersten Trauerjahres zu einer Hochzeit eingeladen wird. In St. George's, Hanover Square, kann man daher oft eine Witwe sehen, die bei der Hochzeit einer Tochter oder eines Sohnes mitwirkt und einen prächtigen roten Brokat oder Samt trägt, den sie unmittelbar nach der Hochzeit für sich ablegt feierliches Schwarz.

Die Frage der schwarzen Handschuhe beschäftigt alle, die in der Hitze des Sommers Trauer tragen müssen. Der schwarze Samthandschuh ist schmerzhaft warm und schmutzig, entstellt die Hand und verschmutzt das Taschentuch und das Gesicht. Der schwedische Ziegenhandschuh liegt jetzt viel mehr im Trend, und der Seidenhandschuh ist so sorgfältig gefertigt und mit so vielen Knöpfen versehen, dass er ebenso stilvoll, aber auch viel cooler und angenehmer ist.

Trauerhauben werden etwas größer getragen als gewöhnliche Hauben. In England werden sie immer noch in der altmodischen Cottage-Form hergestellt und sind sehr nützlich, um den schweren Schleier zu tragen und das Gesicht zu beschatten. Die Königin hat diesen Haubenstil schon immer getragen. Ihre Witwenmütze hat sie nie abgelegt, und mit ihrem langen weißen Schleier, der ihr über den Rücken fällt, wenn sie am Hof erscheint, ist es das eleganteste Kleid, das sie je getragen hat. Für einen solchen Kummer wie ihren liegt etwas Angemessenes und Würdevolles darin, dass sie am Trauerkleid festhält. Es bringt ihre traurige Isolation voll zum Ausdruck: Denn eine Königin kann keine nahen Freunde haben. Die ganze englische Nation hat Mitleid mit ihrer Trauer gehabt und ihr schwarzes Kleid gelobt. Wir können auch nicht den Kummer kritisieren, der eine Mutter dazu bringt, um ihre Kinder zu trauern. Wenn es für sie ein Trost ist, sich in Krepp zu wickeln, sollte sie es tun. Die Welt hat kein Recht, mit denen zu streiten, die lieber Asche auf ihre Köpfe legen.

Ohne den Spott, die konventionellen Absurditäten und die Affektiertheiten, die sich so leicht im Namen der Trauer karikieren lassen, kann keine Verurteilung zu stark sein. Es liegt eine gruselige Gruseligkeit darin, über „dekorative" oder „werdende" oder „kostenlose" Trauer zu sprechen.

Vernünftige Menschen schaffen es natürlich, sich zu kleiden, ohne in die eine oder andere Richtung zu gehen. Wir sehen so manchen blassgesichtigen Trauernden, dessen ruhiges Trauerkleid die Geschichte des Trauerfalls erzählt, ohne uns das schmerzhafte Gefühl zu vermitteln, dass Krepp zu dick oder Bombazin zu schwer ist, um Trost zu spenden. Übertreibung ist in der Trauer wie in allem abzulehnen.

Das Ablegen der Trauer sollte in Abstufungen erfolgen. Es schockiert Menschen mit gutem Geschmack zu sehen, wie eine unbeschwerte junge Witwe in die Farben springt, als hätte sie die Stunden gezählt. Wenn auf Schwarz verzichtet werden soll, soll sein Rückzug langsam und anmutig durch ruhige Kostüme gekennzeichnet werden, während das Gefühl der Trauer, dem freundlichen Einfluss der Zeit nachgebend, in Resignation und Fröhlichkeit übergeht. Wir vergessen unsere Toten nicht, aber wir trauern um sie mit einem Gefühl, das nicht länger an Schmerz teilhaben kann.

Vor einer Beerdigung sehen die Damen einer Familie niemanden außer den engsten Freunden. Die Herren müssen natürlich den Geistlichen und die Beamten sehen, die die Zeremonie leiten. Mittlerweile ist es fast üblich, die sterblichen Überreste in eine Kirche zu tragen, wo die Freunde der Familie die letzte Ehre erweisen können, ohne sich in ein Privathaus drängen zu müssen. Sargträger werden schriftlich eingeladen und versammeln sich im Haus des Verstorbenen, um die sterblichen Überreste nach den Zeremonien in der Kirche zu ihrer letzten Ruhestätte zu begleiten. Die engsten Freundinnen gehen selten in die Kirche oder zum Grab. Das ist allerdings reine Gefühlssache und sie können gehen, wenn sie wollen. Nach der Beerdigung kehren nur die Familienmitglieder in das Haus zurück, und es wird nicht erwartet, dass eine trauernde Ehefrau oder Mutter mehrere Wochen lang jemand anderen als ihre Familienmitglieder sieht.

Die Vorbereitungen für eine Beerdigung im Haus obliegen der Obhut eines Leichenbestatters, der die Möbel aus dem Salon entfernt und so viel Platz wie möglich mit Campinghockern füllt. Der Geistliche liest den Gottesdienst am Kopfende des Sarges, um den sich die Angehörigen gruppieren. Wenn der Körper nicht durch eine Krankheit entstellt ist, wird er oft mit der Kleidung bekleidet, die er im Leben trägt, und in einen offenen Sarg gelegt, als läge er auf einem Sofa, und alle Freunde werden gebeten, einen letzten Blick darauf zu werfen. Es ist jedoch ein etwas grässliches Vorgehen, die Toten wie die Lebenden aussehen zu lassen. Der Körper eines Mannes ist normalerweise schwarz gekleidet. Ein kleiner Junge wird in seiner Alltagskleidung aufgebahrt, aber sicherlich sehen die Jungen beiderlei Geschlechts in der weißen Kaschmirrobe passender aus.

Der Brauch, den Sarg mit Blumen zu schmücken, ist ein schöner Brauch, aber in großen Städten ist er so übertrieben und so eine reine Geldsache, dass heute allgemein darum gebeten wird, keine Blumen zu schicken.

In England trägt eine Hofdame als ihre Mutter drei Monate lang Krepp und Bombazin (oder ein gleichwertiges glanzloses Tuch). In dieser Zeit geht sie nirgendwo hin. Danach trägt sie glanzlose Seide mit Krepp- und Gagatbesatz und geht auf Befehl vor Gericht. Sie kann auch zu Konzerten gehen, ohne gegen die Etikette zu verstoßen, oder zu Familienhochzeiten. Nach sechs Monaten reduziert sie ihre Trauer wieder auf Schwarzweiß und kann den „Salon" besuchen oder zu kleinen Abendessen gehen. Für einen Ehemann verdoppelt sich die Zeit genau, aber auf keinen Fall darf die Witwe erst nach Ablauf eines Jahres auf einem Ball, im Theater oder in der Oper gesehen werden.

In diesem Land wird von niemandem, der um einen Elternteil, ein Kind, einen Bruder oder einen Ehemann trauert, erwartet, dass er vor Ablauf von drei Monaten bei einem Konzert, einem Abendessen, einer Party oder an einem anderen öffentlichen Vergnügungsort gesehen wird Danach ist man vielleicht auf einem Konzert zu sehen. Aber vor Ablauf von sechs Monaten in die Oper, zum Abendessen oder auf eine Party zu gehen, gilt als herzlos und respektlos. Tatsächlich ist ein tiefes Trauerkleid an einem solchen Ort eine unangenehme Anomalie. Wenn man sich, wie es viele tun, dafür entscheidet, keine Trauer zu tragen, kann man unangefochten zu jedem Vergnügungsort gehen, denn man hat sein Recht auf Unabhängigkeit geltend gemacht; aber wenn sie Trauer tragen, müssen sie die Etikette respektieren. Viele, die zutiefst betrübt sind und den Flor und die feierliche Kleidung als Zeichen des Respekts gegenüber den Toten betrachten, halten es für eine Frau fast für eine Sünde, auf die Straße zu gehen. zwei Jahre lang Auto fahren oder laufen, ohne einen tiefen Kreppschleier über ihrem Gesicht. Es ist eine häufige Bemerkung der Kritiker, dass eine Person, die ihre Trauer vor dieser Zeit erleichterte, „sich nicht besonders um den Verstorbenen kümmerte"; und viele Leute halten es für eine große Ehre, dass eine Witwe oder ein Waisenkind ihren Krepp zwei Jahre lang trägt.

Natürlich kann niemand sagen, dass eine Frau nicht ihr ganzes Leben lang Trauer tragen sollte, wenn sie möchte, aber es ist eine ernste Frage, ob sie dadurch nicht das Wohlergehen und Glück der Lebenden beeinträchtigt. Kinder sind, wie wir bereits sagten, von dieser Verhüllung ihrer Mütter oft auf seltsame Weise betroffen, und Männer mögen sie immer nicht.

Der gesunde Menschenverstand und der gesunde Anstand sollten jedoch die Leichtsinnigen davon abhalten, sich viel auf die Vergnügungen und Fröhlichkeiten des Lebens einzulassen, bevor sechs Monate nach dem Tod eines nahen Freundes vergangen sind. Wenn sie überhaupt vorgeben,

Schwarz zu tragen, können sie die dadurch auferlegten Beschränkungen nicht allzu gewissenhaft respektieren.

KAPITEL XXII.
Trauer- und Bestattungszwecke.

Nichts ist in unserem Land in der öffentlichen Meinung unentschlossener als die Etikette der Trauer. Es hat noch nicht den erblichen und positiven Charakter erhalten, der in England die geringste Abweichung von der althergebrachten Sitte so verwerflich macht. Wir haben nicht die Stummschaltungen oder die nickenden Federn des Leichenwagens, die immer noch Teil der englischen Leichenwagen sind; Auch der Rang des armen Lehms, der in seine letzte Heimat reist, wird nicht durch den Prunk und die Zeremonie seiner Abreise veranschaulicht. Dennoch werden wir zur Beantwortung einiger relevanter Fragen einige oberflächliche Bemerkungen machen, beginnend sozusagen mit dem Ende – der Rückkehr des Trauernden in die Welt.

Wenn trauernde Personen wieder in die Gesellschaft eintreten möchten, sollten sie allen ihren Freunden und Bekannten Karten hinterlassen, als Zeichen dafür, dass sie in der Lage sind, Anrufe zu bezahlen und entgegenzunehmen. Solange diese Andeutung nicht erfolgt, wird die Gesellschaft es nicht wagen, in die Privatsphäre des Trauernden einzugreifen. In Fällen, in denen Anfragekarten hinterlassen wurden, auf denen oben auf der Karte die Aufschrift „Anfragen" steht, sollten diese Karten mit Karten beantwortet werden, auf denen „Vielen Dank für freundliche Anfragen" steht. Wenn jedoch keine Rückfragekarten hinterlassen wurden, kann dieses Formular weggelassen werden.

Natürlich gibt es eine Art höflicher Trauer, die keine Abgeschiedenheit erfordert – die aus Respekt vor dem Verwandten eines Mannes getragen wird, den man vielleicht nie gesehen hat. Aber niemand, der einen schweren Kreppschleier trägt, sollte zu einem Schwulenempfang, einer Hochzeit oder einem Theater gehen; das Ding ist unpassend. Noch weniger sollte die Trauer einen davon abhalten, sich richtig zu erholen: Je mehr das Herz schmerzt, desto mehr sollte man versuchen, Fröhlichkeit und Fassung zu erlangen, Musik zu hören, Gesichter zu sehen, die man liebt: Das ist eine Pflicht, nicht nur eine kluge und vernünftige Pflicht Regel. Dennoch ist es gut, einige etablierte Bräuche in Bezug auf Besuche und Kleidung zu haben, damit die Schwulen und Herzlosen bei der Beobachtung das vermeiden können, was jeden schockiert – den Anschein mangelnder Achtung vor der Erinnerung an die Toten –, was die ganze Gesellschaft tun darf Gehen Sie in Anstand und Ordnung voran, was Ziel und Ziel des Studiums der Etikette ist.

Einer herzlosen Frau, die über den Tod ihres Mannes nicht trauert, sondern sich darüber freut, sollte beigebracht werden, dass die Gesellschaft sie nicht respektieren wird, wenn sie dem Andenken des Mannes, dessen Namen sie trägt, die „Hommage erweist, die das Laster erweist". Tugend", ein lobenswerter Respekt vor den Gepflogenheiten der Gesellschaft in Bezug auf Trauer und Rückzug aus der Welt. Trauerkleidung hat den Zweck, dass sie ein Schutzschild für den wahren Trauernden ist und oft ein Vorhang der Ehrbarkeit für die Person, die ein Trauernder sein sollte, es aber nicht ist. Wir werden daher von den besten englischen und amerikanischen Autoritäten die unserer Meinung nach aktuellsten Bräuche in der Traueretikette übernehmen.

Was die Trauerperioden angeht, wird uns gesagt, dass die Trauer einer Witwe achtzehn Monate dauern sollte, obwohl sie in England mit zwölf Monaten etwas gelockert wird. In den ersten sechs Monaten sollte das Kleid aus Kreppstoff oder Henrietta-Stoff sein, der vollständig mit Krepp bedeckt ist, Kragen und Manschetten aus weißem Krepp, eine Krepphaube mit einem langen Kreppschleier und bei Bedarf eine Witwenmütze aus weißem Krepp. In Amerika werden Witwenmützen jedoch nicht so häufig getragen wie in England. In der ersten Trauerfeier werden mattschwarze Samthandschuhe getragen; Danach eignen sich *Wildleder- oder Seidenhandschuhe besonders im Sommer.* Nach sechsmonatiger Trauerzeit kann der Krepp entfernt und Grenadine, Copeau-Fransen und abgestorbene Pflanzenreste verwendet werden, wenn der Kreppgeruch unangenehm ist, wie es bei manchen Menschen der Fall ist. Nach zwölf Monaten wird die Witwenmütze abgenommen und der schwere Schleier gegen einen leichteren ausgetauscht. Das Kleid kann aus Grenadine-Seide, schlichtem schwarzem Ripsband oder mit Kreppbesatz besetztem Kaschmir mit Jet-Besatz und Crpe-Lisse darüber bestehen Hals und Ärmel.

In tiefer Trauer werden alle Arten von schwarzem Fell und Robbenfell getragen.

Die Trauer um einen Vater oder eine Mutter sollte ein Jahr dauern. Ein halbes Jahr lang sollte Henrietta-Tuch oder Serge mit Kreppbesatz getragen werden, zunächst mit schwarzem Tüll an den Handgelenken und am Hals. Ein tiefer Schleier wird an der Rückseite der Haube getragen, jedoch nicht über dem Kopf oder Gesicht wie beim Witwenschleier, der im heruntergeklappten Zustand die gesamte Person bedeckt. Diese Mode wird von Ärzten heftig beanstandet, die glauben, dass viele Augenkrankheiten auf diese Weise entstehen, und empfehlen für den allgemeinen Gebrauch einen dünnen Nonnenschleier anstelle von Krepp, der seinen schädlichen Farbstoff in die empfindlichen Nasenlöcher abgibt und ebenfalls katarrhalische Krankheiten hervorruft wie Blindheit und Katarakt des Auges. Es ist tausendmal schade, dass die Mode den Kreppschleier vorschreibt, aber so ist es. Es ist das Banner des Leids, und niemand hat den Mut, darauf zu verzichten. Den Trauergästen, die ihn tragen, können wir nur empfehlen, aus gesundheitlichen Gründen einen kleinen Schleier aus schwarzem Tüll über

Augen und Nase zu stecken und den schweren Krepp so oft wie möglich abzuwerfen.

Nur Jet-Ornamente sollten 18 Monate lang getragen werden, es sei denn, es werden als Erinnerungsstücke gefasste Diamanten verwendet. Zur Halbtrauer eine Haube aus Seide oder Chip, besetzt mit Krepp und Band. Trauerblumen und Crpe Lisse an Händen und Handgelenken weisen nach dem zweiten Jahr den Weg zu Toiletten in Grau, Lila und Weiß und Schwarz.

Die Trauer um einen Bruder oder eine Schwester kann dasselbe sein; für einen Stiefvater oder eine Stiefmutter dasselbe; für Großeltern dasselbe; aber die Dauer kann kürzer sein. In England dauert diese Art der respektvollen Trauer nur drei Monate.

Die Trauer um Kinder sollte neun Monate dauern. In den ersten drei Monaten sollte das Kleid mit Krepp besetzt sein, die Trauer sollte weniger tief sein als die um einen Ehemann. Niemand ist jemals bereit, die Trauer abzulegen; Deshalb haben diese Regeln diesen Vorteil: Sie ermöglichen es den Freunden einer trauernden Mutter, ihr zu sagen, wann es an der Zeit ist, ihre Kleidung fröhlicher zu machen, was sie zum Wohle der Überlebenden, von denen viele vielleicht betroffen sind, zwangsläufig tun wird ein Leben lang, indem ich eine Mutter immer in Schwarz sehe. Es ist gut für Mütter, sich daran zu erinnern, wenn ihnen die Trauer um ein verlorenes Kind die ganze Erde unfruchtbar erscheinen lässt.

Wir werden oft gefragt, ob Kondolenzbriefe auf schwarzkantigem Papier geschrieben werden sollten. Auf keinen Fall, es sei denn, der Autor trägt Schwarz. Der Telegraf sendet jetzt Botschaften des Respekts und der Anteilnahme über Meer und Land wie eine Stimme aus dem Herzen. Vielleicht ist es besser als jedes andere Wort des Mitgefühls, obwohl jeder, der dazu in der Lage ist, einem Hinterbliebenen schreiben sollte. Für diese Buchstaben gibt es keine Formel; Sie müssen dem guten Geschmack des Einzelnen überlassen werden, und vielleicht sind die einfachsten und am wenigsten konventionellen die besten. Eine Karte mit ein paar mit Bleistift geschriebenen Worten war oft der beste Kondolenzbrief.

In Frankreich wird ein langer und tiefgründiger Trauerbrief oder eine Traueradresse, ein so genannter *Faire-Teil* , an alle der Familie bekannten Personen geschickt, um sie über einen Todesfall zu informieren. In diesem Land wird das nicht gemacht, obwohl einige Erwähnungen des Verstorbenen im Allgemeinen an Freunde in Europa geschickt werden, die sonst nichts von dem Tod erfahren würden.

Ehefrauen tragen Trauer für die Verwandten ihrer Ehemänner, genauso wie sie es für ihre eigenen tun würden, ebenso wie Ehemänner für die Verwandten ihrer Ehefrauen. Witwer tragen in England zwei Jahre lang

Trauer um ihre Frauen; hier nur ein Jahr. Witwer treten viel früher in die Gesellschaft ein als Witwen, da es eine weitverbreitete Regel ist, dass alle Herren, die um Verwandte trauern, sehr viel früher in die Gesellschaft eintreten als Damen.

Die Damen der Familie nehmen an der Beerdigung eines Angehörigen teil, wenn sie dazu in der Lage sind, und tragen ihre tiefste Trauer. Bedienstete trauern normalerweise um das Familienoberhaupt – manchmal auch um jedes Mitglied der Familie. Sie sollten eine schlichte schwarze Livree und Unkraut auf ihren Hüten tragen; Auch die Innenverkleidung des Familienwagens sollte schwarz sein.

Die Trauerzeit für eine Tante, einen Onkel oder Cousin beträgt drei Monate, und diese Zeit sollte mindestens vergehen, bevor die Familie ausgeht oder in fröhliche Gesellschaft geht oder im Theater, in der Oper usw. gesehen wird.

Wir kommen nun zum traurigsten Teil unseres Themas, der Betrachtung des Leichnams, der uns so lieb ist und uns doch so bald verlassen wird; so vertraut und doch so weit weg – das abgelegte Kleid, der geliebte Ton. Staub zu Staub, Asche zu Asche!

Was den Sarg betrifft, so ist er einfacher als früher; und obwohl es mit Satin gefüttert und sorgfältig gefertigt ist, ist es außen schlicht – schwarzer Stoff mit silberner Plakette für den Namen und silbernen Griffen, was dem modernsten Geschmack entspricht. Es gibt nur wenige der „Insignien des Leids". Bei der Beerdigung von General Grant, der zweimal Präsident war und als Retter seines Landes gilt, gab es einen prächtigen Katafalk aus violettem Samt, aber bei der gewöhnlichen Beerdigung gibt es nichts davon. Wenn unser reichster Bürger morgen sterben würde, würde er wahrscheinlich unauffällig begraben werden. Dennoch ist es rührend zu sehen, mit welcher Treue das ärmste Geschöpf versucht, „ihre tote Tochter zu begraben". Die mittellose Irin bittet um ein paar Dollar für diese heilige Pflicht, und das selten vergebens. Für die Reichen ist es eine Pflicht, bei Beerdigungen Prunk zu zeigen, denn es ist eine Ausgabe, die denjenigen schwer zu schaffen macht, bei denen Armut zu Trauer noch hinzukommt.

Bei der Umhüllung der sterblichen Überreste für das Grab werden die Überreste eines Mannes normalerweise „in seine Gewohnheit gekleidet, so wie er gelebt hat". Bei einer Frau sind die Geschmäcker unterschiedlich: Ein weißes Gewand und eine Mütze, die nicht unbedingt leichentuchartig sein müssen, sind absolut in Ordnung. Für Jugendliche und Kinder sind weiße Kaschmirmäntel und Blumen immer am besten geeignet.

Der verstorbene Kardinal, dessen prächtige Trauerfeiern und seine königliche „Prunkaufbahrung" seinem hohen Rang und dem prachtvollen Zeremoniell seiner Kirche entsprachen, lehnte den übermäßigen Einsatz von

Blumen bei Beerdigungen entschieden ab und forderte, dass keine Blumen an Deck geschickt werden sollten sein lebloser Ton. Er war ein bescheidener und bescheidener Mann und in diesen Dingen immer auf der richtigen Seite; deshalb lass seinen Rat die Oberhand gewinnen. Ein paar Blumen in die Hand des Verstorbenen gelegt, vielleicht ein einfacher Kranz, aber nicht jene bedeutungslosen Denkmäler, die für echte Trauernde zu solch traurigen Perversionen des guten Geschmacks, zu einem solchen Missbrauch von Blumen geworden sind. Diejenigen, die es sich leisten können, solche Dinge zu schicken, sollen das Geld für arme Mütter verwenden, die es sich nicht leisten können, einen Sarg für ein totes Kind oder einen Mantel für ein lebendes Kind zu kaufen.

Von allen Freunden des Verstorbenen wird erwartet, dass sie im Laufe eines Monats nach einem Todesfall Karten bei den Hinterbliebenen hinterlassen. Es liegt im Ermessen, ob diese beschriftet werden oder nicht. Diese Karten sollten sorgfältig aufbewahrt werden, damit sie ordnungsgemäß anerkannt werden können, wenn der Trauernde bereit ist, in die Welt zurückzukehren.

KAPITEL XXIII.
Kondolenzbriefe.

Wahrscheinlich hat kein Zweig der Briefkunst jemals freundliche Herzen so verwirrt wie derjenige, der mit dem Schreiben an Freunde in Not zu tun hat. Es ist herrlich, sich hinzusetzen und jemandem Freude zu wünschen; mit Glückwünschen über eine positive Neuigkeit überhäufen; um auszudrücken, wie froh Sie sind, dass Ihr Freund verlobt oder verheiratet ist, ein Vermögen geerbt, ein erfolgreiches Buch geschrieben oder ein unsterbliches Bild gemalt hat. Freude öffnet den Schrank der Sprache und die Juwelen des Ausdrucks sind leicht zu finden; Aber die Gefühlsquelle, die durch die unangenehme Atmosphäre der Trauer, durch den plötzlichen Schrecken des Todes oder durch den noch schrecklicheren Atem der Schande oder Schande oder sogar durch den kalten Windstoß unverdienten Unglücks erkaltet wird, versetzt den einzelnen Sympathisanten in eine Stimmung der Ratlosigkeit und von Traurigkeit, die an sich schon eine äußerst entmutigende Geisteshaltung für das Verfassen eines Briefes darstellt.

Und doch haben wir Mitleid mit unserem Freund: Wir möchten es ihm sagen. Wir möchten sagen: „Mein Freund, dein Kummer ist mein Kummer; nichts kann dich verletzen, was mich nicht verletzt. Ich kann natürlich nicht auf alle deine Gefühle eingehen, sondern dabeistehen und zusehen, wie du verletzt wirst, und selbst ungerührt bleiben.", ist unmöglich." All dies möchten wir sagen; Aber wie sollen wir es sagen, damit unsere Worte ihn nicht noch viel mehr verletzen, als er bereits verletzt ist? Wie sollen wir unsere Hand so sanft auf diese wunde Stelle legen, dass wir keine neue Wunde verursachen? Wie können wir einer Mutter, die sich über ein frisches Grab beugt, sagen, dass wir den Verlust bedauern, den sie durch den Tod ihres Kindes erlitten hat? Kann Sprache die Tiefe, die Höhe, die Unermesslichkeit, die Bitterkeit dieser Trauer messen? Was sollen wir sagen, was nicht abgedroschen und alltäglich, ja sogar gefühllos ist? Sollen wir Heiden sein und sagen: „Wen die Götter lieben, sterben jung" oder Christen und bemerken, dass „Gott die Kinder der Menschen nicht freiwillig demütigt?" Daran hat sie gedacht, leider hat sie es gehört! Früher oft – aber zu oft, wie sie jetzt denkt.

Sollen wir ihr sagen, was sie verloren hat – wie gut, wie liebevoll, wie mutig, wie bewundernswert der Geist war, der gerade das Fleisch verlassen hat? Ach! Wie gut weiß sie das! Wie ihr die Tränen steigen, wenn sie sich an die stille Standhaftigkeit erinnert, an die heldenhafte Geduld unter dem Schmerz, der töten sollte! Sollen wir antike Philosophen und moderne Dichter zitieren? Sie alle haben mehr oder weniger lange über den Tod und das Grab gelebt. Oder sollen wir in einfachen und unüberlegten Worten die Gedanken sagen, die unseren eigenen Geist erfüllen?

Die Person, die diesen Brief schreiben muss, kann ein gewandter Schriftsteller sein, der mit der Spitze seiner Feder den richtigen Ausdruck findet und von tröstender Sprache überströmt ist – ein solcher Mensch braucht keinen Rat; Aber den Hunderten, die Hilfe brauchen, würden wir sagen, dass die einfachsten Ausdrücke die besten sind. Ein entfernter Freund schrieb bei einer dieser Gelegenheiten einen Brief, der so kurz wie möglich war, aber in seiner Art vollkommen perfekt. Es lautete so: „Ich habe von Ihrer großen Trauer gehört und sende Ihnen einen einfachen Handdruck." Da es von einer fröhlichen und flüchtigen Person stammte, war es für den Trauernden ein großer Trost; fromme Zitate und sogar die Gemeinplätze der Beileidsbekundung schienen erzwungen zu sein. Zweifellos tun uns die Menschen sehr gut oder wollen es zumindest, wenn sie uns sagen, dass wir resignieren sollen – dass wir dieses Leid verdient haben; dass wir jetzt leiden, aber dass unsere gegenwärtigen Leiden nichts im Vergleich zu unseren zukünftigen Leiden sind; dass wir nur die Pforten der Qual betreten und dass uns jeder Tag das Ausmaß unseres Verlustes offenbaren wird. Dies ist die Formel, die bestimmte Personen unter dem Titel „Kondolenzschreiben" verwenden. Es ist der mit Galle vermischte Wein, den sie unserem Herrn zu trinken gaben; und so wie er es ablehnte, dürfen wir es auch tun. Zweifellos gibt es Menschen mit einem düsteren und einem religiösen Temperament, die sich an solchen Phrasen erfreuen; die den am wenigsten tröstenden Text der Heiligen Schrift zitieren; die unseren Kummer wie einen süßen Bissen unter ihrer Zunge rollen; die die Position des Haupttrauernden wirklich neidisch beneiden, da sie von großer Würde und beträchtlicher Tragweite ist; die Krepp und Bombazin als eine Art königlichen Mantel betrachten, der Auszeichnung verleiht. Es gibt viele solcher Menschen auf der Welt. Dickens und Anthony Trollope haben sie in Romanen verarbeitet – feierliche und lächerliche Malvolios; Sie existieren in der Natur, in der Literatur und in der Kunst. Es fügt dem Tod einen neuen Schrecken hinzu, wenn wir darüber nachdenken, dass solche Personen es nicht versäumen werden, ihn zum Anlass zu nehmen, Briefe zu schreiben.

Aber diejenigen, die uns kraftvoll und fröhlich schreiben, die sich nicht so sehr mit unserer Trauer beschäftigen, sondern mit unseren verbleibenden Pflichten – das sind die Menschen, die uns helfen. Einem Trauernden zu raten, in die Sonne zu gehen, seine Arbeit wieder aufzunehmen, den Armen zu helfen und vor allem seine Bemühungen fortzusetzen, die Tugenden des Verstorbenen nachzuahmen – das ist Trost. Für einen trauernden Freund ist es eine sehr teure und tröstende Sache, zu hören, wie die Exzellenz des Verstorbenen gepriesen wird, und all die wertvollen Zeugnisse zu lesen, die von Außenstehenden über das beendete heilige Leben abgelegt werden – und es gibt nur wenige, die so hart sind – herzhaft, als ob man nichts Gutes über die Toten sagen könnte: Es ist der Impuls der menschlichen Natur; es liegt unserer gesamten Philosophie und Religion zugrunde; Es ist das

„Ausstrecken einer Hand" und es tröstet die Betroffenen. Aber was sollen wir denen sagen, auf die die Schande ihre schwere, verunreinigende Hand gelegt hat? Ist es überhaupt gut, ihnen zu schreiben? Sollen wir nicht mit denen verwechselt werden, die wie Schakale um ein Grab herumstreifen, und werden unsere Beweggründe nicht missverstanden? Ist Mitleid nicht manchmal eine versteckte Bosheit? Entspricht der Satz „Es tut mir so leid für dich!" nicht. klingen manchmal wie „Ich bin so froh für mich?" Zweifellos ist es so; Aber ein aufrichtiger Freund sollte nicht aus Angst, sein Motiv könnte sich täuschen, davon abgehalten werden zu sagen, dass er einen Teil der Last tragen möchte. Lassen Sie ihn zeigen, dass er in Gedanken an den Unglücklichen denkt, dass er gerne helfen würde, dass er sich freuen würde, ihn zu sehen, ihn mitzunehmen, ihm ein Buch zu schicken oder ihm zumindest einen Brief zu schreiben. Ein solcher Wunsch wird niemandem schaden.

Philosophie – ein uriger und trockener Teil des alten Seneca oder des modernen Rochefoucauld – hat oft einem kämpfenden Herzen geholfen, wenn die Schande, ob verdient oder unverdient, die Seele in eiserne Fesseln gelegt hat. Mitfühlende Menschen mit engstirnigem Geist und unvollkommener Bildung haben oft die Gabe, sehr tröstende Dinge zu sagen. Irische Bedienstete zum Beispiel verletzen selten die Gefühle eines Trauernden. Sie brechen in der Sprache der Natur hervor, und wenn es manchmal grotesk ist, ist es fast immer tröstlich. Es ist der gebildete und gewissenhafte Mensch, dem das Verfassen eines Kondolenzbriefes schwer fällt.

Vielleicht ist ein großer Teil unserer Angst vor dem Tod das Ergebnis einer falschen Erziehung, und das Tragen von Schwarz könnte schließlich ein Fehler sein. In dem Moment, in dem wir leuchtende Farben, frische Blumen, Sonnenschein und Schönheit brauchen, verstecken wir uns hinter Kreppschleier und beschweren unsere Kleidung mit Asche; Aber da es konventionell ist, ist es in gewisser Weise ein Schutz und daher angemessen. Niemand hat Lust, den Ausdruck einer Trauer zu variieren, die den angelsächsischen Ernst in sich trägt, die skandinavische Melancholie eines Volkes, vor dem sich die Natur hinter einem nächtlichen Vorhang verbirgt. Für den sonnigen und anmutigen Griechen war die Straße der Toten die Via Felice; es war der glückliche Weg, das Tor der Blumen; Die Gräber waren wie die Häuser ausgestattet, mit Bildern der Geliebten und den allerkleinsten Kleinigkeiten, die der Verstorbene geliebt hatte. Man fragt sich, wenn auf der Straße aus Tanagra in der Nähe von Athen das Grab eines Kindes geöffnet wird und darin Spielsachen, Steckenpferde und kleine Schuhe gefunden werden, ob dieser Vater und diese Mutter schließlich nicht klüger waren als wir Wie Konstanze „füllt er seine leeren Kleidungsstücke mit seiner Gestalt aus." Liegt in der Beharrlichkeit, mit der wir den Tod mit der Finsternis verbinden, nicht etwas völlig Unaufgeklärtes?

Unsere Korrespondenten fragen uns oft: Wann sollte ein Kondolenzschreiben geschrieben werden? So schnell wie möglich. Scheuen Sie sich nicht, sich in Ihre Trauer einzumischen. Es ist im Allgemeinen eine willkommene Ablenkung. selbst dem krankhaftesten Trauernden, einen Brief zu lesen; und diejenigen, die von Trauer so betäubt sind, dass sie weder schreiben noch lesen können, werden immer eine willige Seele in ihrer Nähe haben, die für sie liest und antwortet.

Von den Betroffenen sollte jedoch niemals erwartet werden, dass sie Briefe beantworten. Sie können und sollten die freundlichste und prompteste Antwort erhalten, die ihre Freunde ihnen geben können Die traurige Seele kehrt langsam und blind zu Frieden und Resignation zurück. Wer würde sich die Chance entgehen lassen, eine solche Brücke zu bauen, und sei es nur eine von zehntausend? Diejenigen, die gelitten haben und stark waren, diejenigen, die wir lieben und respektieren, diejenigen, die den ehrlichen Glauben an die menschliche Natur haben, der es ihnen ermöglicht, das Rätsel dieser fremden Welt richtig zu erkennen, diejenigen, die im Glauben über brennende Pflugscharen gehen und nichts Böses fürchten, Das sind die Leute, die die besten Kondolenzbriefe schreiben. Sie befassen sich nicht mit unserer Trauer und übertreiben sie auch nicht, obwohl sie uns offensichtlich mit einem Kloß im Hals und einer Träne im Auge schreiben – sie sagen es nicht, aber wir spüren es. Sie erzählen uns vom gewissen Einfluss der Zeit, der unsere gegenwärtige Trauer in unsere zukünftige Freude verwandeln wird. Sie sprechen ein paar schöne Worte über den Freund, den wir verloren haben, und schildern ihren eigenen Verlust in ein paar passenden Worten aufrichtiger Anteilnahme, die Trost spenden können, wenn auch nur auf Wunsch des Autors. Sie bitten uns um Geduld. Gott hat Leben und Unsterblichkeit durch den Tod ans Licht gebracht, und an diejenigen, „die er für würdig erachtet hat, zu ertragen", kann dieser Gedanke jemals die Grundlage für einen Kondolenzbrief bilden.

„Gib mir", sagte der sterbende Herder, „einen großen Gedanken, damit ich mich damit tröste." Es ist ein Geschenk von nicht geringem Wert, ein großer Gedanke; und wenn jedes Kondolenzschreiben einen umfassenden Satz ehrlicher Anteilnahme enthalten könnte, wäre es ein gesegnetes Instrument, um Geduld und Resignation, Frieden und Trost an jene dunklen Orte zu tragen, an denen sich der Leidende vor Kummer das Herz ausfrisst, oder wo Rachel „weint um ihre Kinder und lässt sich nicht trösten, weil sie es nicht sind."

KAPITEL XXIV.
CHAPERONS UND IHRE AUFGABEN.

Es ist seltsam, dass die Amerikaner, die so dazu neigen, britische Bräuche nachzuahmen, nur langsam das Gesetz der englischen Gesellschaft übernommen haben, das eine Begleitperson zu einem unverzichtbaren Begleiter jeder unverheirateten jungen Frau erklärt.

Die Leser von „Little Dorrit" werden sich an die äußerst witzige Skizze von Mrs. General erinnern, die ihren jungen Damen beibrachte, ihre Münder zu einem damenhaften Muster zu formen, indem sie „Papa, Kartoffeln, Pflaumen und Prisma" sagten. Dickens wusste sehr wenig über die Gesellschaft und kümmerte sich sehr wenig um ihre Gesetze, und seine Damen und Herren galten in England als ebenso große Versager, wie seine Little Nells und Dick Swivellers Erfolge waren; aber er erkannte die Universalität von Begleitpersonen. Sein Porträt von Mrs. General (der erste Luxus, den sich Mr. Dorrit gönnte, nachdem er sein Vermögen geerbt hatte) zeigt, wie allgemein die Notwendigkeit einer Begleitperson in der englischen Gesellschaft und auf dem Kontinent für die ordnungsgemäße Einführung junger Damen ist, und wie umfassend Ihr „Stil" hängt von ihrer Begleitperson ab. Natürlich hat Dickens sie lustig gemacht, natürlich hat er sie lächerlich gemacht, aber er hat sie dorthin gebracht. Ein amerikanischer Schriftsteller hätte es nicht für erwähnenswert gehalten, und auch ein amerikanischer Papa mit zwei mutterlosen Töchtern hätte es nicht für nötig gehalten, eine Begleitperson für seine Töchter zu haben, wenn er mit ihnen reiste.

Natürlich ist eine Mutter die natürliche Aufsichtsperson ihrer Töchter, und wenn sie ihre Pflichten und die Gebräuche der Gesellschaft versteht, gibt es nichts weiter zu sagen. Das Problem ist jedoch, dass viele amerikanische Mütter in diesem Punkt äußerst nachlässig sind. Wir brauchen nicht auf die wundervolle Mrs. Miller – Daisys Mutter – auf dem Foto einer großen Klasse amerikanischer Matronen von Henry James Jr. hinzuweisen – eine Frau, die ihre Tochter liebte und wusste, wie sie sich um sie kümmern musste, wenn sie krank war , wusste aber nicht im Geringsten, wie sie sich um sie kümmern sollte, wenn es ihr gut ging; die ihr erlaubte, allein mit jungen Männern umherzugehen, sich zu „verloben", wenn es ihr gefiel, und die, als sie nach dem Erscheinen ihrer Tochter zu einer Party kam, sich eher dafür entschuldigte, überhaupt gekommen zu sein. All dies ist notorisch wahr und ergibt sich aus unserer primitiven Zivilisation. Es ist der Übergangszustand. Bis wir es besser lernen, müssen wir damit rechnen, dass wir auf dem Pincian-Hügel ausgelacht werden, und wir müssen damit rechnen, dass englische Schriftsteller Bilder von uns malen, die uns missfallen, und französische

Dramatiker, dass sie Stücke schreiben, in denen wir uns als Wilde hingestellt sehen.

Die Europäer hatten die Angewohnheit, sich um junge Mädchen zu kümmern, als wären sie das kostbare Porzellan aus menschlichem Ton. Die amerikanische Mutter behandelt ihre schöne Tochter, als wäre sie ein ganz normales Stück Delft, und als könnte sie den Strom des Lebens hinuntertreiben und alle anderen Gefäße in Stücke reißen, ohne dabei Schaden zu nehmen.

Aufgrund des sehr bemerkenswerten und starken Sinns für Anstand, den amerikanische Frauen von Natur aus besitzen – ihre wirklich gesunde Liebe zur Tugend, das Fehlen jedes krankhaften Verdachts auf Unrecht – hat diese Regel besser funktioniert, als irgendjemand zu hoffen gewagt hätte. Auch aufgrund der außergewöhnlich respektvollen und ritterlichen Natur amerikanischer Männer war es einer jungen Dame möglich, unbeaufsichtigt von Maine nach Georgia oder irgendwohin innerhalb der neuen geografischen Grenzen unseres sozialen Wachstums zu reisen. Herr Howells gründete eine Romanze auf dem Grundsatz, dass amerikanische Frauen keine Begleitperson brauchen. Doch wir müssen bedenken, dass noch nicht alle schwarzen Schafe getötet sind, und wir müssen uns auch daran erinnern, dass auf Anstand mehr geachtet werden muss, wenn wir aufhören, eine junge und primitive Nation zu sein, und wenn wir in die Liste der Reichen, Gebildeten und Luxuriösen eintreten Menschen der Erde.

So wenig uns die Meinung von Ausländern am Herzen liegt, möchten wir nicht, dass unsere jungen Damen in ihren Augen eine falsche Haltung einnehmen, und eine der ersten Notwendigkeiten einer angemessenen Haltung, eine der ersten Anforderungen einer eleganten Gesellschaft, ist dies Anwesenheit einer Begleitperson. Sie sollte eine Dame sein, die alt genug ist, um die Mutter ihres Schützlings zu sein, und ein tadelloses Benehmen haben sollte. Sie muss die Gesellschaft selbst gründlich kennen und ihre Gesetze respektieren. Sie sollte charakterlich über jeden Verdacht erhaben sein und sich ihrer Arbeit widmen. In England gibt es Hunderte von Witwen halbbezahlter Offiziere – wohlgeborene, gut ausgebildete, gebildete Frauen –, die wie Mrs. General für Geld angeheuert werden können, um diese Rolle zu spielen. In Amerika gibt es keinen solchen Kurs, aber es gibt fast immer eine Dame, die gerne und ohne Bezahlung die Aufgabe übernimmt, mutterlose Mädchen zu betreuen.

In England gilt es nicht als angemessen, dass ein verwitweter Vater eine unverheiratete Tochter ohne die Begleitung einer ortsansässigen Aufsichtsperson an die Spitze seines Hauses stellt, und es gibt hier schwerwiegende Einwände dagegen. Wir alle kennen Fälle, in denen diese Freiheit für junge Mädchen sehr schlecht war und zu großen Skandalen geführt hat, die durch die Anwesenheit einer Begleitperson hätten abgewendet werden können.

Die Pflichten einer Aufsichtsperson sind sehr hart und unermüdlich und manchmal sehr unangenehm. Sie muss ihre junge Dame überall hin begleiten; sie muss im Salon sitzen, wenn sie Herren empfängt; sie muss mit ihr zur Eisbahn, zum Ball, zur Party, zu den Rennen, zum Abendessen und insbesondere zu Theaterpartys gehen; Sie muss am Tisch den Vorsitz führen und, soweit sie kann, die Rolle einer Mutter spielen. Sie muss die Charaktere der Männer beobachten, die sich ihrem Schützling nähern, und sich bemühen, das unerfahrene Mädchen, wenn möglich, vor den Gefahren einer schlechten Ehe zu bewahren. Dieses Kunststück zu vollbringen und nicht zu einer spanischen Duenna, einem Drachen oder einer Frau General – die einfach nur ein Narr war – zu degenerieren, ist eine sehr schwierige Aufgabe.

Zweifellos ist ein lebhaftes amerikanisches Mädchen mit all ihrem ererbten Hass auf Autoritäten eine lästige Anklage. Alle jungen Menschen sind Rebellen. Sie mögen es nicht, beobachtet und bewacht zu werden. Sie haben keine Ahnung, um welche hesperidische Frucht es sich handelt, und lehnen den Drachen entschieden ab.

Aber eine weise, wohltemperierte Frau kann mit der Situation umgehen. Wenn sie Fingerspitzengefühl hat, wird eine Begleitperson viel zum Glück ihres jungen Schützlings beitragen. Sie wird dafür sorgen, dass die richtigen Männer vorgestellt werden; dass ihrer jungen Dame eine Partnerin für die Deutsche zur Seite gestellt wird; dass sie zu schönen Orten eingeladen wird; dass sie gut gekleidet und angemessen begleitet ist; dass sie den Rückschlag selbst in hübscher Manier gibt.

„Ich verdanke", sagte ein wohlhabender Witwer in New York, dessen Töchter alle bemerkenswert glückliche Ehen führten, „ich verdanke ihr ganzes Glück Mrs. Constant, die ich glücklicherweise als ihre Begleiterin gewinnen konnte. Sie kannte die Gesellschaft (die ich selbst nicht kannte). Sie wusste genau, was Mädchen tun sollten, und sie war selbst so freundlich, dass sie es nie ablehnten, sie bei sich zu haben. Sie war auch sehr starr und ließ sie nicht lange bleiben auf Bällen; aber sie liebten und respektierten sie so sehr, dass sie nie rebellierten, und jetzt lieben sie sie, als wäre sie wirklich ihre Mutter.

Es ist schwer, eine Frau mit eleganten Manieren und charmantem Charakter zu finden, die sich der Sklaverei – denn sie ist kaum weniger – einer Anstandsdame unterwirft; Dennoch sollte jede mutterlose Familie versuchen, eine solche Person zu finden. Auf Reisen in Europa kann eine kompetente Begleitperson mehr für junge Mädchen tun als jedes noch so große Vermögen. Sie hat das, was sie wollen – nämlich Wissen. Mit ihr können sie überall hingehen – in Gemäldegalerien, Theater, öffentliche und private Bälle und in die Gesellschaft, wenn sie es wünschen. Es gehört zur „Etikette", eine Begleitperson zu haben, und es ist der größte Verstoß dagegen, keine zu haben.

Wenn eine Frau durch den Schutzpanzer der Arbeit geschützt ist, kann sie auf eine Begleitperson verzichten. Die junge Künstlerin kopiert unangefochten, doch in der Gesellschaft mit ihren anderen Gesetzen muss sie von einer älteren Frau betreut werden.

Eine Begleitperson ist für ein verlobtes Mädchen unverzichtbar. Die Mutter oder eine Freundin sollte einen jungen *Verlobten immer* auf seinen Reisen zu den verschiedenen Vergnügungsorten und zu den Badestellen begleiten.

Nichts ist in den Augen unserer modernen Gesellschaft vulgärer, als wenn ein verlobtes Paar gemeinsam verreist oder ohne Begleitung ins Theater geht, wie es früher Brauch war. Das wird, wie wir wissen, viele Amerikaner schockieren und als „törichtes Nachahmen ausländischer Moden" bezeichnet werden. Aber es ist wahr; und wenn es nur um das „Aussehen" ginge, wäre es anständiger, eleganter und korrekter, wenn das junge Paar bis zur Hochzeit von einer Begleitperson begleitet wird. Die Gesellschaft erlaubt einem verlobten Mädchen, mit ihrem *Verlobten in einer offenen Kutsche* zu fahren , aber sie ist nicht damit einverstanden, dass er sie in einer geschlossenen Kutsche zu einer Abendparty mitnimmt.

Es gibt nicht ortsansässige Begleitpersonen, die am beliebtesten und nützlichsten sind. So kann eine Mutter oder eine ältere Dame mehrere junge Damen zu einem Abendessen, einer Kutschfahrt, einer Segelfahrt durch die Bucht oder einem Ball in West Point begleiten. Diese Dame kümmert sich um alle ihre jungen Schützlinge und achtet auf deren Anstand und ihr Glück. Sie ist im Moment der Schutzengel ihres Verhaltens. Es ist eine Fürsorge, die junge Männer immer bewundern und respektieren – die einer freundlichen, wohlerzogenen Anstandsdame, die nicht zulässt, dass der jugendliche Geist ihrer Schützlinge mit ihnen davonläuft.

Wenn die Begleitperson eine intelligente Frau ist und über das soziale Talent verfügt, das eine Begleitperson haben sollte, ist sie die beste Freundin einer Familie schüchterner Mädchen. Sie bringt sie voran und versetzt sie in eine Position, in der sie die Gesellschaft genießen können; Denn in einer großen Stadt ist viel Fingerspitzengefühl erforderlich, damit sich ein Mädchen im Ruhestand wohlfühlt. Die Gesellschaft verlangt einen gewissen Umgang, den nur der Sozialexperte versteht. Dem sollte die Begleitperson gewachsen sein. Es gibt Frauen, die ein soziales Talent haben, das einfach napoleonisch ist. Sie führen es wie ein großer General sein *Corps de Bataille* .

Auch hier gibt es schlechte Begleitpersonen. Eine kokette verheiratete Frau, die nur an sich selbst denkt und junge Mädchen mitnimmt, nur um ein schwules Leben zu führen (und die Welt ist voll von solchen Frauen), ist schlimmer als überhaupt keine Begleitperson. Sie ist kein Schutz für die junge Dame und sie verabscheut die ehrenwerten Männer, die sich ihrem Schützling nähern möchten. Ein sehr junger, vergnügungssüchtiger Begleiter, der es sich zur Aufgabe gemacht hat, die Trainergruppe respektabel zu machen, ihm aber keine charakterliche Würde aufzwingen kann, ist ein sehr armer Mann. Viele der eklatantesten Verstöße gegen die Anstandsregeln in der sogenannten modischen Gesellschaft sind auf die Wahl junger Begleitpersonen zurückzuführen, bei der es sich lediglich um eine bloße Anspielung auf die Frage und überhaupt nicht um eine Aufsichtspflicht handelt.

Es wird zu viel Champagner getrunken, die Öffnungszeiten sind zu spät, alberne Geschichten werden verbreitet und der Schein wird von diesen schwulen Mädchen und ihren jungen Begleitpersonen missachtet; Und doch gefällt es ihnen überhaupt nicht, wenn sie später auf den Seiten einer Zeitschrift von einem Engländer lächerlich gemacht werden, dessen Anstand, ob gebildet oder angeboren, durch ihr Verhalten erschüttert wurde.

Ein junger Franzose, der vor ein paar Jahren Amerika besuchte, hatte das schlechteste Urteil über amerikanische Frauen, weil er eine allein im Atelier eines Künstlers traf. Er interpretierte die zutiefst heiligen und korrigierenden Einflüsse der Kunst falsch. Es sei der Dame nicht in den Sinn gekommen, dass sie, wenn sie sich ein Bild ansehe, in den Verdacht geraten würde, den Künstler sehen zu wollen. Dennoch sollte die Tatsache, dass ein solcher Fehler gemacht werden konnte, Damen dazu veranlassen, selbst vor dem Anschein des Bösen vorsichtig zu sein.

Eine Begleitperson sollte ihrerseits daran denken, dass sie einen Brief nicht öffnen und keine unkluge Überwachung ausüben darf. Sie darf ihren Schützling nicht *verdächtigen* . Diese Art spanischer *Spionage* wird immer überlistet. Die erfolgreichsten Begleitpersonen sind diejenigen, die ihre jungen Schützlinge lieben, sie respektieren und versuchen, in jeder Hinsicht so zu sein, wie die Mutter gewesen wäre. Natürlich bergen alle Beziehungen dieser Art auf beiden Seiten viele Nachteile, aber es ist nicht unmöglich, dass es sich um eine angenehme Beziehung handelt, wenn beide Parteien ein wenig Fingerspitzengefühl an den Tag legen.

Lassen Sie Eltern oder Erziehungsberechtigte bei der Auswahl einer Begleitperson für einen jungen Schützling sehr genau auf die Vorgeschichte der Dame achten. Wenn jemals über sie gesprochen wurde, wenn sie jemals den schlechten Ruf hatte, zu flirten oder zu kokettieren, denken Sie nicht daran, sie in diese Position zu bringen. Clubs haben lange Erinnerungen und das Schicksal von mehr als einer jungen Erbin wurde durch die unüberlegte Wahl einer Begleitperson gefährdet. Wenn eine Frau eine makellose Bilanz und einen bewundernswerten Charakter haben sollte, sollte sie die Aufsichtsperson sein. Es wird gegen ihre Anklage sprechen, wenn sie es nicht getan hat. Bestimmte bedürftige Frauen, die früher Damen waren und sich über ihre Familien nur schwer an die Gesellschaft binden, sind immer auf der Suche nach einer jungen Erbin. Diese Frauen sind sehr schlechte Begleitpersonen und sollten gemieden werden.

Diese Aufsichtspflicht ist ein Punkt, der die Aufmerksamkeit sorgloser amerikanischer Mütter erfordert. Keine Mutter sollte sich ihrer Pflicht in dieser Hinsicht nicht bewusst sein. Das bedeutet nicht, dass sie an der Ehre oder Wahrheit ihrer Tochter zweifelt oder dass sie meint, sie müsse beobachtet werden, aber es ist angemessen, respektabel und notwendig, dass sie in der Gesellschaft an der Seite ihrer Tochter auftritt. Die Welt ist voller Fallen. Man kann nicht genug auf den Ruf einer jungen Dame achten, und es verbessert den Ton der Gesellschaft enorm, wenn eine elegante und respektable Frau mittleren Alters jede junge Party begleitet. Es trägt wesentlich dazu bei, das unaufhörliche Geschwätz des Klatsches zum Schweigen zu bringen; es ist das Gegenmittel zum Skandal; es macht die Luft klarer; und vor allem verbessert es den Charakter, die Manieren und erhebt den Geist der jungen Leute, die so glücklich sind, die Gesellschaft zu genießen und die Autorität eines gebildeten, weisen und guten Begleiters zu spüren.

KAPITEL XXV.
Etikette für ältere Mädchen.

Eine flotte Korrespondentin schreibt uns, dass sie unsere Einschränkungen hinsichtlich der Etikette, die Single-Frauen befolgen sollten, etwas peinlich findet. Da sie jetzt fünfunddreißig ist und das Haus ihres Vaters leitet und nicht die Absicht hat, jemals zu heiraten, fragt sie, ob sie eine Begleitperson braucht; wenn es notwendig ist, dass sie die strenge Selbstverleugnung befolgt, das Atelier eines Künstlers nicht ohne Schutzengel zu betreten; wenn sie niemals zulassen darf, dass ein Gentleman ihre Theaterkarten bezahlt; wenn sie, kurz gesagt, den Platz einer Matrone in der Welt einnehmen muss und niemals die Freiheit einer Matrone genießen darf.

Aus ihrem Brief können wir nur glauben, dass diese junge Dame von fünfunddreißig Jahren eine sehr attraktive Person ist und dass sie „nicht ihrem Alter entspricht". Da sie jedoch das Oberhaupt des Hauses ihres Vaters ist, hat die Etikette durchaus einen Sinn und erlaubt ihr, selbst zu beurteilen, welche Anstandsregeln ihr gehorchen müssen. Natürlich wird eine Frau nach ihrem 25. Lebensjahr mit jedem Lebensjahr immer weniger Gegenstand der Aufsicht. Zum einen ist sie besser in der Lage, die Welt und ihre Versuchungen einzuschätzen; Zweitens ist an die Stelle der wilden Anmut einer ausgelassenen Mädchenzeit eine gewisse Miene getreten, die vielleicht nicht weniger gewinnend, aber gewiss reifer ist. Mit den Jahren hat sie eine Würde erlangt, die in gewisser Weise eine vollständige Entschädigung für die verlorene Blüte darstellt. Viele Leute bevorzugen es.

Aber wir müssen hier sagen, dass sie nach europäischer Meinung noch nicht von der Vormundschaft emanzipiert ist, auf die die Gesellschaft für die jüngste Witwe verzichtet. Sie muss eine „Begleiterin" haben, wenn sie eine reiche Frau ist; und wenn sie arm ist, muss sie sich auf Reisen einer Gruppe von Freunden anschließen. Sie kann mit ihrem Dienstmädchen ins Ausland reisen, aber in Paris und anderen Städten auf dem Kontinent sollte eine noch jung aussehende Frau dies besser nicht tun. Sie ist weder vor Beleidigungen noch vor verletzendem Verdacht sicher, wenn sie sich selbst als „Miss" Smith bezeichnet und ohne ihre Mutter, eine ältere Freundin, einen Begleiter oder eine Party ist.

In Amerika kann eine Frau überall hingehen und fast alles tun, ohne Angst vor Beleidigungen haben zu müssen. Aber in Europa, wo der Brauch der Begleitung so weit verbreitet ist, muss sie vorsichtiger sein.

Was den alleinigen Besuch des Ateliers eines Künstlers betrifft, so gibt es in der Kunst selbst einen veredelnden und reinigenden Einfluss, der als Schutz dienen sollte. Aber wir dürfen das freche Buch von Maurice Sand nicht vergessen, in dem der Autor sagt, das erste, was er in Amerika beobachtet habe, sei, dass Frauen (selbst angesehene) allein in die Ateliers von Künstlern gingen. Es erscheint daher klüger, dass eine Dame, obwohl fünfunddreißig, bei ihren Atelierbesuchen von einer Freundin oder Begleiterin begleitet wird. Dieses einfache Mittel „bringt neidische Zungen zum Schweigen" und vermeidet selbst den entferntesten Anschein von Bösem.

Was die Bezahlung von Eintrittskarten angeht: Wenn eine Dame von fünfunddreißig Jahren einem Herrn erlauben möchte, den Eintritt in Gemäldegalerien und Theater zu bezahlen, hat sie ein unbestreitbares Recht dazu. Aber wir kämpfen nicht für ein Recht, sondern definieren nur ein Etikette-Gesetz, wenn wir sagen, dass es in der besten Gesellschaft, weder im Ausland noch hier, generell nicht erlaubt ist. Bei jungen Mädchen ist das völlig unzulässig, aber bei einer Frau von fünfunddreißig Jahren kann es aus einer Art *Kameradschaftsgründen erlaubt sein* , da ein Studienfreund für einen anderen bezahlen kann. Der Punkt ist jedoch heikel. Männer erzählen sich in der Freiheit ihrer Clubs gegenseitig die klugen Mittel, mit denen viele Frauen der Gesellschaft Logen für die Oper und Abendessen bei Delmonico von ihnen erpressen. Eine Frau sollte bedenken, dass es für junge Männer, die sie zu Konzerten und Theaterbesuchen einlädt, manchmal sehr unbequem sein kann, für diese Vergnügungen zu bezahlen. Manch ein armer Kerl, der säumig geworden ist, hat das der Dame zu verdanken, die ihn zuerst gebeten hat, sie zum Abendessen zu Delmonico zu bringen. Er schämte sich, ihr zu sagen, dass er arm sei, und stahl, um nicht wie ein Trottel zu wirken.

Eine andere Phase des Themas besteht darin, dass eine Dame, indem sie einem Herrn erlaubt, Geld für ihre Vergnügungen auszugeben, ihm gegenüber eine Verpflichtung eingeht, die Zeit und Zufall bedrückend wirken können.

Bei einem alten Freund, dessen Anspruch auf Freundschaft fest verankert ist, ändern sich die Verhältnisse jedoch. In seinem Fall kann es sich nicht um eine Verpflichtung handeln, und eine Frau kann ohne Zögern alle kleinen Aufmerksamkeiten und Freundlichkeiten annehmen, die ihn aus freundlichem Gefühl heraus anbieten.

Einst war es im Westen erlaubt, alleine mit einer Gentleman-Eskorte zu reisen. Eine Frau aus Kentucky in dieser historischen Zeit, „vor dem Krieg", hätte die Angemessenheit dieser Sache nicht in Frage gestellt, und ein westlicher Mann von heute hat immer noch den Wunsch, alles und überall „für eine Dame" zu bezahlen.

Der Bevölkerungszuwachs in den westlichen Staaten und das Anwachsen einer wohlhabenden und eleganten Gesellschaft in den Großstädten haben diesen Geist unkluger Ritterlichkeit stark verändert, und solche Bräuche verschwinden sogar an der Grenze. Mr. Howells' Roman „The Lady of the

Aroostook" hat amerikanische Leser mit der unfreundlichen Kritik vertraut gemacht, der eine junge Dame ausgesetzt ist, die ohne Begleitperson durch Europa reist, und wir glauben, dass es nur wenige Mütter gibt, die ihre Mutter sehen möchten Töchter in der Position von Miss Lydia Blood.

„Eine alte Jungfer", wie sich unsere Korrespondentin scherzhaft nennt, darf fast alles tun, ohne gegen die Etikette zu verstoßen, wenn sie sich bereit erklärt, als Anstandsdame zu arbeiten, und eine jüngere Person mitnimmt. So können Tante und Nichte weit und breit reisen; die Position einer älteren Schwester ist immer würdevoll; Das jugendliche Oberhaupt eines Hauses hat das Recht, sich durchzusetzen – sie muss es tun –, deshalb beugt sich die Etikette vor ihr (als „schöne Sitten und Gefälligkeiten gegenüber großen Königen").

Das Aussehen einer Frau hat viel zu bieten. Es gehört zur Ungerechtigkeit der Natur, dass manche Menschen kokett aussehen, obwohl das nicht der Fall ist. Schlechter Geschmack in der Kleidung, eine auffällige Farbe, eine natürliche Stimmung oder ein lautes Lachen haben oft dazu geführt, dass eine sehr gute Frau falsch interpretiert wurde. Eine solche Frau sollte in der Lage sein, über sich selbst zu urteilen; Und wenn sie bedenkt, dass in einer großen Stadt, in einem überfüllten Theater oder an einer Badestelle Urteile voreilig und oberflächlich sein müssen, sollte sie ihre natürliche Überschwänglichkeit drosseln und eine weibliche Begleiterin mitnehmen, die von einem anderen Typ ist als sie selbst . Ruhige und kalte puritanische Menschen sind vielleicht nicht respektabler als die frisch gefärbten und lachenden „alten Jungfern" von fünfunddreißig, aber sie sehen so aus, und in dieser Welt müssen Frauen auf den Schein achten. Ein älteres Mädchen muss jemals darüber nachdenken, wie es aussieht. Eine Frau, die sich an einer Badestelle auffällig kleidet, zum Frühstück ein *Peignoir* trägt, sich die Haare färbt oder so aussieht, als ob sie es täte, einen weißblonden Schleier über ihre Locken bindet und auf einer Hotelpiazza sitzt und ihre Füße zeigt, könnte das sein die beste, die kultivierteste Frau im Haus, aber ein oberflächlicher Beobachter wird das nicht glauben. Im Kopf jedes Passanten wird das Gefühl lauern, dass ihr die erste Anmut der Weiblichkeit, die Bescheidenheit, fehlt – und in der Kritik einer Menschenmenge liegt Stärke. Ein Mann, der an einer solchen Person vorbeigeht und ihr bescheiden gekleidete und unauffällige Damen gegenüberstellt, würde sich natürlich eine negative Meinung über sie bilden; und wenn sie allein wäre und ihr Name in den Büchern des Hauses als „Miss" Smith eingetragen wäre, würde er nicht zu streng sein, wenn er sie für ausgesprochen exzentrisch und mit Sicherheit für „schlechten Stil" halten würde. Wenn „Miss" Smith jedoch sehr schlicht und ruhig wäre und einfach und geschmackvoll gekleidet wäre, oder wenn sie im Sand säße und auf das Meer blickte oder einen Kranken oder eine jüngere Freundin betreute, dann wäre Miss Smith möglicherweise genauso unabhängig wie es ihr gefiel: Sie würde unter keinen verletzenden Kommentaren leiden. Selbst der Ausländer, der nicht an die Exzentrizität der englischen *Mees glaubt* , hätte kein Wort gegen sie zu sagen. Ein gutaussehendes älteres Mädchen könnte sagen: „Hässlichkeit hat also einen hohen Stellenwert." aber das meinen wir nicht. Hübsche Frauen können sich so gut benehmen, dass der Atem des Vorwurfs sie nicht berührt und auch nicht berührt, und hässliche Frauen können und werden manchmal einen unverdienten Vorwurf erhalten.

Es gibt einige Menschen, die mit dem geboren werden, was wir, in Ermangelung eines besseren Namens, als „zwickendes Wesen" bezeichnen. Ihr Schmuck sieht nie wie echtes Gold aus; ihr Benehmen ist immer schlecht; Sie haben den *falschen Hauch* von Mode, nicht den echten. Solche Menschen, besonders wenn sie Single sind, erhalten so manche Brüskierung, die sie nicht verdienen, und für eine Frau dieses Stils ist eine Begleiterin fast notwendig. Glücklicherweise gibt es fast immer *zwei* Frauen, die auf Reisen oder im Zusammenleben ihre Kräfte bündeln können, und die Unabhängigkeit eines solchen Paares ist herrlich. Wir haben in der englischen Literatur wiederholt Zeugnisse über das angenehme Leben der Damen von Llangollen, über das Leben von Miss Jewsbury und Lady Morgan sowie über die vorbildlichen Schwestern Berry. In unserem eigenen Land haben wir die Vorstellung, dass eine Begleiterin für talentierte Frauen, die Ärztinnen, Künstlerinnen oder Musikerinnen sind, fast abgeschafft; Aber denen, die noch in den Fesseln des Privatlebens stecken, können wir sagen, dass die Anwesenheit eines Gefährten ihre Freiheit nicht zerstören muss und sehr zu ihrer Ansehenswürdigkeit und ihrem Glück beitragen kann. Zweifellos ist es eine große Freude über die zusätzliche Lebensfreiheit, die ein älteres Mädchen erhält. „Jetzt kann ich ein Samtkleid tragen", sagte eine überaus hübsche Frau an ihrem dreißigsten Geburtstag. In England wird eine unverheiratete Frau von fünfzig Jahren „ *Mrs.* "genannt , wenn sie diesen Titel bevorzugt. So viele entzückende Frauen lieben erst spät, so viele bleiben einer vergrabenen Liebe treu, so viele sind „ältere Mädchen" aus Wahl und weil sie das stärkere Geschlecht nicht vernachlässigen, dass ihnen der ganze Respekt entgegengebracht werden sollte, der ihnen zusteht kommen den Verheirateten ganz natürlich zu. „Um eine alte Jungfer zu sein, braucht es eine sehr überlegene Frau", sagte Miss Sedgwick.

KAPITEL XXVI.
Neujahrsanrufe.

„Le jour de l'an", wie die Franzosen den ersten Januartag nennen, ist in der Tat der wichtigste Tag des Jahres für diejenigen, die noch immer den Brauch des Anrufens und Empfangens von Anrufen pflegen. Aber in New York ist es ein Brauch, der aufgrund der Größe der Stadt und des Bevölkerungswachstums Gefahr läuft, in Vergessenheit zu geraten. Es gibt jedoch auch andere Städte und „viel Land" (wie die Indianer sagen) außerhalb von New York, und es gibt immer noch gastfreundliche Tafeln, an denen sich Fröhliche und Unbeschwerte, Fröhliche und Nachdenkliche treffen und Wünsche austauschen können für ein frohes neues Jahr.

Denjenigen, die Anrufe erhalten, möchten wir sagen, dass es gut ist, wenn möglich alle Vereinbarungen zwei oder drei Tage vor Neujahr zu treffen, da der Besuch früh beginnt – manchmal um elf Uhr –, wenn der Anrufer dies vorhat schönen Tag. Eine Dame sollte ihr Haar für den Tag, an dem sie aufsteht, frisieren lassen, und wenn ihr Kleid nicht zu aufwendig ist, sollte sie es dann anziehen, damit sie im Salon sein kann, wenn der erste Besucher eintrifft. In Bezug auf die Kleidung sollten wir sagen, dass für ältere Damen schwarzes Satin oder Samt oder eine der derzeit angesagten Kombinationskleider mit hübscher Spitze und schwedischen Handschuhen in Perlmutt- oder Brauntönen (keine weißen Kinder; diese sind eindeutig Rokoko und nicht in Mode) wäre angebracht. Ein schwarzer Satin, gut verarbeitet und mit perlenbesetzten *Posamenten besetzt* , ist vielleicht das schönste Kleid, das jemand tragen kann. Brokatseide, schlichtes Ripsband, alles, was eine Dame bei der Hochzeitsfeier ihrer Tochter tragen würde, ist geeignet, obwohl ein schlichtes Kleid geschmackvoller ist.

Für junge Damen gibt es nichts Schöneres als ein Kleid aus leichtem Kaschmir und Seide mit hohem Halsausschnitt. Diese Kleider in den sehr hübschen Farbtönen, die man heute trägt, sind äußerst elegant, sehen warm aus und eignen sich für einen Empfang, bei dem die Tür oft geöffnet wird. Sehr elegant sind auch weiße Kleider aus dicker Seide oder Kaschmir, die am Hals mit Spitze besetzt sind. In allen Ländern dürfen junge verheiratete Frauen so prächtig sein wie ein Bild von Marie von Medici und können am Neujahrstag rosafarbene und weiße Brokatseide mit Perlenbesatz oder schlichte Cielblau- oder garnelenfarbene Seide tragen über weißem oder geprägtem Samt oder was auch immer sie wollen, so dass das Kleid hoch ausgeschnitten ist und Ärmel bis zum Ellenbogen hat. Jede Dame sollte einen Hermelinumhang oder bei Zugluft einen kleinen Schal aus Kamelhaar in der Nähe haben. Es entspricht keinem guten Geschmack, tagsüber Kleider mit tiefem Ausschnitt oder ärmellosen Kleidern zu tragen. Bräute tragen sie manchmal an ihrem Hochzeitstag, bei Empfängen oder am Neujahrstag jedoch kaum.

Während viel Pracht erlaubt ist, ist ein schlichtes schwarzes oder dunkles Seidenkleid, wenn es gut gemacht ist und mit frischen Rüschen an Hals und Handgelenken versehen ist, genauso angemessen wie alles andere, und Männer bewundern es im Allgemeinen mehr. Aber wenn eine Dame mehrere Töchter bei sich hat, sollte sie die Wirkung ihrer Räume studieren und die jungen Damen in hübschen Kontrastfarben kleiden. Dies lässt sich kostengünstig mit der Verwendung weicher, feiner Merinowolle bewerkstelligen, die es in allen zarten und modischen Farbtönen zu kaufen gibt. Kurze Kleider aus diesem Material werden häufig verwendet; Aber jetzt, da importierte Kleider so leicht zu bekommen sind, kann eine Mutter, die viele Töchter anziehen muss, nichts Besseres tun, als Kostüme zu kaufen, die denen ähneln, die sparsame französische Damen auf ihrem *Jour de l'an tragen* . Ein Kleidungsstück ist *unbedingt erforderlich* . Bei jedem Kostümstil müssen Handschuhe getragen werden.

Eine Dame, die mit vielen Anrufen rechnet und Erfrischungen anbieten möchte, sollte heißen Tee und Kaffee sowie eine Schüssel Punsch auf einem bequemen Tisch haben; Oder noch besser: Ein mit Bouillon gefüllter silberner Kessel steht im Flur, sodass ein ein- oder ausgehender Herr unaufgefordert eine Tasse davon trinken kann. Wenn sie in einem englischen Kellerhaus wohnt, kann dieser Tisch im unteren Esszimmer stehen. In einem Haus mit drei Räumen kann der Tisch und alle Erfrischungen im üblichen Speisezimmer oder im oberen Hinterzimmer untergebracht werden. Natürlich kann ihre „große Strecke" so großartig sein, wie sie möchte. Heiße Austern, Salate, entbeinter Truthahn, Wachteln und heiße Sumpfschildkröte sowie Weine *nach Belieben* werden von den Reichen angeboten; aber es ist schwierig, diesen Tisch in Ordnung zu halten, wenn zehn Männer um ein Uhr kommen, vierzig um vier und keiner dazwischen. Der beste Tisch ist einer, der mit entbeintem Truthahn, gelierten Zungen und *Fleischstücken* , Sandwiches und ähnlichen Gerichten gedeckt ist, mit Kuchen und Obst als dekorativem Beiwerk. Die moderne und bewundernswerte Ergänzung einer Spirituslampe unter einem Teekessel hält die Brühe, den Tee und den Kaffee immer heiß, und diese sollten zusammen mit den zum Servieren notwendigen Teetassen auf einem kleinen Tisch an der Seite stehen. Ein ordentlich gekleidetes Dienstmädchen sollte ständig an diesem Tisch anwesend sein, und ein oder zwei Diener werden benötigt, um die Tür zu bedienen und am Tisch zu warten.

Der Mann an der Tür sollte ein silbernes Tablett oder einen Kartenkorb haben, in dem er die Besucherkarten entgegennehmen kann. Ist ein Herr der Hausherrin nicht bekannt, schickt er seine Karte ein; andernfalls überlässt er es dem Kellner, der es in einen Behälter legt, wo es aufbewahrt werden soll, bis die Dame Zeit hat, die Karten aller ihrer Gäste zu prüfen. Wenn ein Herr eine junge Dame besucht und der Gastgeberin nicht bekannt ist, schickt er seine Karte an die erstere, die ihn der Gastgeberin und allen anwesenden Damen vorstellt. Wenn der Raum voll ist, ist lediglich eine Vorstellung bei der Gastgeberin erforderlich. Wenn der Raum vergleichsweise leer ist, ist es viel angenehmer, jeder Dame einen Herrn vorzustellen, da dies die Konversation tendenziell allgemeiner macht. Wenn ein Gast im Begriff ist abzureisen, sollte er zu einer Erfrischung eingeladen und zu diesem Zweck in den Speisesaal geführt werden. Diese Gastfreundschaft sollte niemals gefordert werden, da der Mensch ein Wesen ist, das speist und selten bereit ist, zuzulassen, dass ein Mittagessen ein Abendessen verdirbt. In einer ländlichen Gegend oder nach einem langen Spaziergang ist ein Besucher jedoch fast immer froh, sein Fasten zu brechen und eine eingelegte Auster, ein Sandwich oder eine Tasse Bouillon zu genießen.

Die Etikette des Neujahrstages schreibt kategorisch vor, dass ein Gentleman weder aufgefordert werden darf, seinen Mantel auszuziehen noch seinen Hut abzunehmen. Wahrscheinlich wird er während seines kurzen Besuchs lieber seinen Mantel tragen und seinen Hut in der Hand tragen. Wenn er eines davon entsorgen möchte, wird er dies im Saal tun; aber in diesem Punkt ist er ein freier moralischer Akteur, und es gehört nicht zu den Pflichten einer Gastgeberin, ihm vorzuschlagen, was er mit seiner Kleidung machen soll.

Viele Briefe erreichen uns mit der Frage: „Welche Themen sollten bei einem Neujahrsgespräch besprochen werden?" Ach! Das Wetter und die guten Wünsche können wir nur passend zur Jahreszeit vorschlagen. Das Gespräch neigt dazu, fragmentarisch zu sein. Ein gutes *Mot* wurde vor ein paar Jahren entwickelt, als die Straßen verschneit und die Wege schmutzig waren. Ein Herr beschwerte sich über den Schlamm und die schmutzigen Straßen. „Ja", sagte die Dame, „aber oben ist es sehr hell." „Diesen Weg gehe ich nicht", antwortete der Herr.

Ein Gentleman sollte nicht zum Bleiben gedrängt werden, wenn er anruft. Er hat im Allgemeinen nur fünf Minuten Zeit, um seinen Wunsch zum Ausdruck zu bringen, dass alte und angenehme Erinnerungen fortgeführt werden, dass neue und herzliche Freundschaften geschlossen werden sollen, und nach diesem Kompliment, das jeder wohlerzogene Mann einer Dame macht: „Wie bemerkenswert gut Sie sind." schauen heute!" er möchte weg sein.

In Frankreich ist es Brauch, dass ein Gentleman einen Frack trägt, wenn er am Neujahrstag einen großen Staatsbeamten besucht, in Amerika ist das jedoch nicht der Fall. Hier sollte er das Kleid tragen, in dem er einen gewöhnlichen Morgenbesuch machen würde. Wenn er einen Raum betritt, sollte er seine Handschuhe nicht ausziehen und bei der Begrüßung seiner

Gastgeberin auch nicht sagen: „Entschuldigen Sie meinen Handschuh." Er sollte ihre behandschuhte Hand in seine nehmen und sie herzlich drücken, ganz nach unserer angenehmen amerikanischen Art. Beim Verlassen ist die Zeremonie sehr kurz – je nach Fall einfach „Guten Morgen" oder „Guten Abend".

Für Herren ist es angemessen, am späten Abend des Neujahrstages anzurufen, und an den darauffolgenden Abenden werden Anrufe von Leuten getätigt, die tagsüber sonst beschäftigt sind. Wenn die Familie beim Abendessen ist oder die Dame von den Pflichten des Tages erschöpft ist, muss der Diener an der Tür sagen, dass Frau_____ entschuldigt werden möchte. Er darf ihr die Karte nicht vorlegen und sie somit dazu zwingen, ihrem Besucher eine Nachricht zu senden, die als persönliche Beleidigung aufgefasst werden könnte. Aber sie muss den Diener anweisen lassen, zu bestimmten Zeiten alles abzulehnen; dann kann niemand beleidigt sein.

Viele Damen in New York sind am Neujahrstag nicht mehr „zu Hause"; und wenn dies der Fall ist, wird ein Korb an der Tür zugebunden, um die Karten aufzunehmen. Sie tun dies, weil so viele Herren den Brauch des Anrufens aufgegeben haben, dass er auszusterben scheint und alle Vorbereitungen für einen Empfang zu einem hohlen Spott werden. Wie viele erschöpfte Frauen saßen schon mit einem Roman in der Hand und einem ausgebreiteten Frühstückstisch da und warteten auf die Anrufer, die nicht kamen! Auch das Versenden von Karten an Herren mit dem Hinweis, dass am Neujahrstag eine Dame zu Hause sein würde, ist inzwischen völlig aus der Mode gekommen, da die Herren häufig nicht darauf reagierten.

Es ist jedoch angemessen, dass eine verheiratete Frau, die nach einer langen Abwesenheit in Europa in ihre Heimat zurückkehrt, ihren Wohnort gewechselt hat oder in einem Hotel oder einer Pension wohnt (oder Freunde besucht), eine Nachricht schickt ihre Karte an die Herren, die sie empfangen möchte. Es muss daran erinnert werden, dass viele Herren, vor allem solche, die nicht mehr jung sind, die Mode, am Neujahrstag zu Besuch zu kommen, immer noch sehr mögen und in einem kurzen Wintersonnenschein so viele Menschen wie möglich besuchen. Diese Herren beklagen den Korb an der Tür und den Verfall des alten Brauchs in New York. Freunde der Familie und alte Freunde, die sie sonst nie sehen, sollen am Neujahrstag gesehen werden – oder sie sollten gesehen werden, wie diese alten Freunde meinen.

Ein persönlicher Anruf ist angenehmer als eine Karte. Lassen Sie einen Herrn vorbeikommen, und zwar persönlich, oder ignorieren Sie den Tag. Das sagen die vertrauenswürdigsten Autoritäten, und ihre Meinung basiert hervorragend auf gesundem Menschenverstand.

Könnten wir nur in die alte holländische Stadt zurückkehren, wo der Brauch begann, wo alle Feindseligkeiten geheilt und alle Beleidigungen vergessen wurden, am Neujahrstag, als die guten holländischen Hausfrauen ihre eigenen Kuchen backten und den Liebestrunk würzten, als alle … Die Frauen blieben zu Hause, um zu empfangen, und alle Männer riefen an. Was für einen anderen Neujahrstag sollten wir in New York genießen. Heutzutage treffen zwei oder drei Besucher ein, bevor die Gastgeberin bereit ist, sie zu empfangen; dann kommt eine, nachdem sie erschienen ist, verschwindet, und sie bleibt zwei Stunden lang allein; dann kommen vierzig. Sie erinnert sich an keinen ihrer Namen und führt mit keinem von ihnen ein vernünftiges oder gewinnbringendes Gespräch.

Aber für die Missbraucher des Neujahrstages, die Heuchler, die kein Recht haben, anzurufen, unter dem Deckmantel der allgemeinen Gastfreundschaft der Jahreszeit – die Langweiler, die an diesem Tag, wie an allen Tagen, nur ermüdend sind – wir Habe keine Salbe, kein Patentheilmittel. Eine Gastgeberin muss sie mit äußerster Höflichkeit empfangen und so liebenswürdig und angenehm wie möglich sein.

Der Neujahrstag in Washington ist ein sehr glänzender Tag. Um zwölf Uhr ruft die ganze Welt den Präsidenten an; die Diplomaten in voller Uniform, die Offiziere der Armee und der Marine in voller Uniform und die anderen Leute in prächtiger Kleidung. Später erhalten die Abteilungsleiter, Kabinettsminister, Richter usw. die untergeordneten Kreise der Gesellschaft.

In Paris wird die gleiche Etikette eingehalten, und jeder Angestellte wendet sich an seinen Chef.

In einer kleinen Stadt oder einem kleinen Dorf regiert sich die Etikette von selbst, und die Damen müssen nur mitteilen, dass sie zu Hause sind, mit heißem Kaffee und Austern, um die angenehmsten Anrufer zu empfangen – diejenigen, die kommen, weil sie wirklich bezahlen wollen einen Besuch, um guten Willen zum Ausdruck zu bringen und um den Ausdruck der Freundschaft zu bitten, den unsere zurückhaltende angelsächsische Natur so gerne zurückhält.

In New York verübten die Mäßigkeitsleute vor ein paar Jahren einen heftigen Angriff auf Damen, die junge Männer am Neujahrstag zum Trinken einluden. Es hieß, es führe zu viel Unordnung und Maßlosigkeit; und so haben viele aus Angst, ihren Bruder zur Sünde zu verleiten, die bekannte Bowle verbannt. In einer Reihe bekannter Häuser in New York wird kein Mittagessen angeboten, und in den reichsten und stilvollsten Häusern ist eine Tasse Bouillon oder Kaffee und ein Sandwich die übliche Erfrischung. Man wird daher sehen, dass es ein Tag der größten Freiheit ist. Es gibt keine Luxusgesetze mehr; aber es ist unmöglich zu sagen, warum die Damen von höchster Mode in New York ihn nicht immer noch zu einem Galatag machen. Die Vielzahl anderer Unterhaltungsmöglichkeiten, der unsichtbare, aber allmächtige Einfluss der Mode – all diese Dinge prägen die Welt unmerklich. Doch in tausend Häusern werden am großen 1. Januar Tausende herzliche Hände ausgestreckt, und allen wünschen wir ein frohes neues Jahr.

KAPITEL XXVII.
MATINEN UND SOIRES.

Eine Matine bedeutet in Amerika eine Nachmittagsvorstellung eines Theaterstücks oder einer Oper. In Europa hat es eine größere Bedeutung: In Frankreich wird jedes gesellige Beisammensein vor dem Abendessen als *Matine* bezeichnet , während jede Party nach dem Abendessen als *Soire bezeichnet wird* .

Die unangemessene Anwendung eines anderen Fremdworts zeigte sich auffallend in der altmodischen Bezeichnung der Abendempfänge des Präsidenten als *Deiche* . Der ursprünglich verwendete Begriff „Deich" bedeutete wörtlich das Aufstehen eines Königs. Als er aufstand und sich anzog, versammelten sich die Höflinge, die zu dieser Stunde das Privileg hatten, sich ihm zu nähern, in einem Vorraum und warteten darauf, bei seiner Toilette zu helfen, ihm einen guten Morgen zu wünschen oder vielleicht eine Bitte zu äußern. Mit der Zeit entwickelte sich diese Morgenversammlung zu einer wichtigen Gerichtszeremonie, und jemand, der die Bedeutung des Wortes nicht kannte, nannte die Abendempfänge von Präsident Jackson „die Deiche des Präsidenten". Also mit dem Wort *Matine* . Ursprünglich war damit ein Tagesempfang bei Hofe gemeint, heute bezeichnet es aber auch eine Tagesaufführung in einem Theater. Manchmal lädt eine Dame, die mutiger ist als ihre Nachbarn, zu einer „ *Matine Dansante* " oder „ *Matine Musicale* " ein, aber dieser beschreibende Stil ist nicht üblich.

Eine Morgenparty bietet viele Vorteile. Es bietet Damen, die nicht an Abendempfängen teilnehmen, das Vergnügen, sich informell zu treffen, und ist außerdem ein gut gewählter Anlass, eine neue Pianistin oder Sängerin vorzustellen.

Für eine vielbeschäftigte Modedame gibt es keinen passenderen Zeitpunkt als eine *Matine* , die um zwei beginnt und um vier oder halb drei endet. Es beeinträchtigt weder einen 5-Uhr-Tee oder eine Fahrt durch den Park, noch macht es sie für ein Abendessen oder eine Abendunterhaltung ungeeignet. Zwei Uhr ist auch eine sehr gute Zeit für ein großes und informelles allgemeines Mittagessen, wenn eine Dame die Kosten, die Formalität und den Ärger eines „Sitz"-Mittagessens vermeiden möchte.

Matine gehen können , ist das für den vielbeschäftigten Herrn nicht möglich; Und da es in Amerika nur wenige Freizeitmänner gibt, besteht die Morgenunterhaltung im Theater oder in der Gesellschaft fast immer aus einer Versammlung von Frauen. Um diese Ungleichheit der Geschlechter zu vermeiden, veranstalten viele Damen ihre Matineen an einem der Nationalfeiertage — Washingtons Geburtstag, Thanksgiving oder der

Dekorationstag. Bei diesen Gelegenheiten wird eine *Matine* , selbst im geschäftigen New York, von Herren gut besucht.

Wenn, wie es manchmal vorkommt, ein Prinz, ein Herzog, ein Erzbischof, ein berühmter Autor, ein Tom Hughes, ein Lord Houghton, ein Dean Stanley oder ein Nachkomme unserer französischen Verbündeten in Yorktown unser Land besucht, Eine der zufriedenstellendsten Formen der Unterhaltung, die wir ihm bieten können, ist ein Morgenempfang. Bei einer informellen *Matine* können wir ihn mit Autoren, Künstlern, Geistlichen, Anwälten, Redakteuren, Staatsmännern, reichen und sozial engagierten Bürgern und schönen und kultivierten Frauen der Gesellschaft treffen, wie wir vielleicht das Glück haben, sie zu kennen .

Die Hauptaufgabe der Gesellschaft besteht darin, die verschiedenen Elemente, aus denen sie besteht, zusammenzubringen – ihr stärkstes Motiv sollte darin bestehen, die bedeutsamen Angelegenheiten des Lebens durch einen einfachen und freundschaftlichen Umgang und Austausch von Ideen zu erleichtern.

Aber wenn wir hoffen, dass wir Männer mit Verstand und Vornehmheit hervorbringen, muss unser Ziel nicht nur darin bestehen, sich zu amüsieren, sondern auch zu amüsieren.

Um die älteren Männer, die den großen amerikanischen Namen auf seinem gegenwärtigen hohen Platz im Pantheon der Nationen bewahren, davon zu überzeugen, ein paar Stunden bei einer *Matine zu verbringen* , müssen wir als Gegenstück einen verlockenden Köder anbieten. Eine Dame, die Dekan Stanley empfing, sagte, dass ihr die für ihn gegebene *Matine* besonders gut gefiel , weil sie durch seinen Namen zum ersten Mal die angesehenen Geistlichen von New York dazu bewegte, in ihr Haus zu kommen.

Solche Männer lassen sich nicht von den Frivolitäten eines modischen gesellschaftlichen Lebens verführen, das von seiner Eitelkeit, seiner Aufregung, seiner Rivalität und seinem Flirt lebt. Nicht dass jede moderne Gesellschaft einem solchen Vorwurf ausgesetzt wäre, aber sie tendiert zur Leichtigkeit und Leere; und wir finden selten wirklich wertvolle Männer, die danach suchen. Deshalb muss eine Dame, die ihr Haus für die beste Gesellschaft attraktiv machen möchte, ihm etwas Höheres bieten als das, dem wir den allgemeinen Titel Mode geben könnten. Kleidung, Musik, Tanz, Abendessen sind entzückende Accessoires – sie sind Schmuck und Stimulanzien, keine Requisiten. Für eine gute Gesellschaft brauchen wir Männer und Frauen, die „gute Gesellschaft" sind, wie man in England sagt – Männer und Frauen, die reden können. Auch liegt der Vorteil nicht nur auf einer Seite. Das freie Spiel von Gehirn, Geschmack und Gefühl ist eine äußerst wichtige Erfrischung für einen Mann, der hart arbeitet, sei es auf der Kanzel oder an der Wall Street, auf dem Redaktionsstuhl oder in der langweiligen Arbeit des Autors. Der Maler sollte seine Pinsel reinigen und sich um einen Verkehr von bleibendem Wert mit denen bemühen, deren Leben sich von seinem eigenen unterscheidet. Die berufstätige Frau sollte auch die *Abwechslung* der Gesellschaft als notwendige, vielleicht fruchtbare Erholung der besten Kultur betrachten.

Andererseits ist keine Gesellschaft perfekt ohne die Elemente Schönheit, Anmut, Geschmack, Raffinesse und Luxus. Wir müssen all diese vielfältigen Möglichkeiten zusammenbringen, wenn wir ein echtes und lebendiges soziales Leben führen wollen. Denn dieses brillante Ding, das wir Gesellschaft nennen, ist ein fein gewebtes Gewebe aus Fäden unterschiedlicher Größe und Farbe in kontrastierenden Farbtönen. Es ist nicht Intrige oder die Zurschaustellung von Reichtum oder krankhafte Erregung, die dieses soziale Gefüge zusammenhalten muss, sondern Sympathie, diese angenehme Sache, die verfeinert und erfrischt, „den ausgefransten Ärmel der Fürsorge zusammenstrickt" und uns für die Zukunft stark macht Kampf des Lebens.

Und in keiner modernen Form der Unterhaltung können wir diese feinere Atmosphäre, diese wünschenswerte Sympathie zwischen der Welt der Mode und der Gedankenwelt besser erzeugen als durch *Matinen* , wenn sie unter günstigen Umständen stattfinden. Gewiss, wenn wir jeden Tag einen geben würden, müssten wir, wie gesagt, auf eine große Anzahl von Herren verzichten; aber bei einer gelegentlichen *Matinee kann man einige sehr gute Exemplare der Gattung Homo* fangen , und manchmal sogar die besten Exemplare. Es ist angebracht, ein sehr reichhaltiges Buffet anzubieten, da die Leute selten vor zwei Uhr zu Mittag essen und sich über ein Stückchen Vogel, eine Tasse Bouillon oder ein Blatt Salat freuen. Es ist viel besser, eine solche Unterhaltung früher anzubieten als den Fünf-Uhr-Tee; zu welcher Stunde sich die Leute ihren Appetit für das Abendessen aufsparen.

Eine *Soiree* ist eine weitaus schwierigere Angelegenheit und erfordert eine subtilere Behandlung. Es sollte kein Ball sein, sondern das, was man früher „Abendparty" nannte. Es muss das Tanzen nicht ausschließen, aber Tanzen ist keine Entschuldigung für sein Dasein. Es bedeutet ein sehr lebhaftes *Gespräch* oder eine Lesung oder ein *Musical* mit hübscher Abendkleidung (nicht unbedingt Ballkleidung), einem Abendessen und frühen Morgenstunden. Das war zumindest seine frühe Bedeutung im Ausland.

In New York hat es den Vorteil, dass es Herren anzieht. Sie mögen die entspannte, frühabendliche *Soiree sehr* . Wir meinen natürlich jene Herren, die sich nicht mehr für Bälle interessieren, und wenn Aristokratie, „die Herrschaft der Besten", bei amerikanischen Unterhaltungen angestrebt werden soll, sollten alle Anwärter auf gesellschaftliche Auszeichnung versuchen, die Männer zu besänftigen, die vertrieben werden aus dem

Ballsaal durch die Unverschämtheit und Anmaßung der unteren Elemente der modischen Gesellschaft. In Europa verleihen ihm genau die Eigenschaften, die einen Mann im Senat, auf dem Feld oder in der Handelskammer großartig machen, eine entsprechende herausragende Stellung in der gesellschaftlichen Welt. Manch ein graubärtiger Veteran in Paris führt den Deutschen an. Ein französischer Senator möchte im Boudoir gut aussehen. Bei diesen Männern ist soziales Geschick eine Voraussetzung für den Erfolg und wird als Pflicht gepflegt. Dies ist hier jedoch nicht der Fall, denn die beiden großen Erfolgsfaktoren in Amerika, Reichtum und Bildung, passen einen Mann nicht immer in die Gesellschaft, und noch weniger passt sich die Gesellschaft ihnen an.

Die *Soiree* ist, wenn sie richtig durchgeführt wird, eine Unterhaltung, zu der die Besten unserer Gesellschaft eingeladen werden können: ältere, nachdenkliche und gebildete Männer. Eine Dame sollte jedoch in Sachen Kleidung eine *Soiree nicht* mit einem Konzert oder Empfang verwechseln. Es ist der Gipfel der Unschicklichkeit, zu ersteren eine Haube zu tragen, wie es in New York zum ewigen Ekel der Gastgeberin geschehen ist.

macht, eine Woche oder zwei Wochen vor der Veranstaltung eine Einladung zu einer *Soire* auszusprechen , sollte sie sich durch sorgfältiges Ankleiden und frühes Erscheinen ihrer Gäste belohnen. Es mag angemessen sein, mit einer Haube zu einem Abendempfang zu gehen, aber niemals zu einer *Soiree* oder einer Abendparty.

Es besteht kein Zweifel, dass Reichtum in der amerikanischen Gesellschaft zu einer Macht geworden ist und dass wir Gefahr laufen, das Gefühl zu haben, dass wir ohne Reichtum weder Matinen noch *Soireen* geben *können* ; aber das ist ein Fehler. Natürlich ist der Besitz von Reichtum am wünschenswertesten. Geld ist Macht, und wenn man es gut verdient, ist es eine edle Macht; aber es bietet nicht alle Vorteile, die das Wesen des gesellschaftlichen Verkehrs ausmachen. Es verwöhnt zwar den Appetit, nährt aber nicht immer den Geist. Es gibt noch eine Ecke für diejenigen, die nur wenig Geld haben. Eine Dame kann mit sehr geringem Geldaufwand eine *Matinee* oder eine *Soiree in einem kleinen Haus* veranstalten ; und wenn sie die Inspiration des vorbildlichen Entertainers hat, wird jeder, den sie mit einer Einladung ehrt, in ihre kleine und anspruchslose *Menage strömen* . In unseren Großstädten gibt es viele Menschen, die großartige Bälle geben, das Auge blenden, die Sinne verwirren und erfreuen können und uns in sinnlichem Luxus ertränken können; Aber wie wenige gibt es, die in einer Seitenstraße und in einem bescheidenen Haus die Lampe anzünden, mit der die Misses Berry die klügsten und besten Leute in ihr kleines Wohnzimmer riefen!

Das Elegante, das Unprätentiöse, die ruhige *Soiree* , zu der die Modefrau den *Littrateur* und den Künstler, den Aristokraten an der Spitze der gesellschaftlichen Welt und den Millionär, der gestern seinen Höhepunkt erreichte, begrüßen soll, scheint das *Ultima Thule zu sein* worüber alle Menschen seufzen, seit es die Gesellschaft gibt. Es gibt einige Amerikaner, die so dumm sind, den Stolz der erblichen Aristokratien zu beeinträchtigen, und die einen eingebildeten traditionellen Maßstab haben, nach dem sie ihr blaues Blut rein halten wollen. Ein guter alter Großvater, der Talent oder Patriotismus oder weitreichende Ansichten über Staatskunst hatte, „der dem Staat einen Dienst erwiesen hat", ist ein Verwandter, auf den man stolz sein kann, aber seine Nachkommen sollten darauf achten, durch persönlichere Exzellenz zu zeigen einer sozialen Exklusivität, ihre Wertschätzung seiner Ehrlichkeit und seines Könnens. Was unsere Großväter waren, sind jetzt tausend Neuankömmlinge. Sie machten sich auf den Weg – die frühen amerikanischen Männer –, ungehindert von Klassenzwängen; sie gelangten durch ihre eigenen Verdienste zu Reichtum, Ansehen und sozialer Bedeutung; Sie schufteten für das Geld, mit dem sie ihren Enkeln Purpur und feines Leinen kaufen konnten. Und könnten sie den reinen und vollkommenen Snob sehen, der jetzt manchmal den Namen trägt, den sie so unbefleckt gelassen haben, würden sie verärgert und beschämt sein. Natürlich muss eine gewisse Exklusivität alle unsere Matinen *und* Soireen *kennzeichnen* ; Sie würden das Hauptelement der Ablenkung verfehlen, wenn wir alle einladen würden. Achten wir daher auf das Ästhetische und Intellektuelle, das Sympathische und Geniale und scheiden wir das Prätentiöse und Unreine aus. Es gibt viele Schurken, Heuchler und Abenteurer, die in die Tiefen unserer sozialen Kreise vordringen, und eine Gastgeberin sollte sich der Ausgrenzung solcher Menschen widmen.

Es wird gesagt, dass alle Frauen geborene Aristokraten sind, und manchmal wird es im gleichen Ton gesagt, mit dem der Sprecher später hinzufügt, dass alle Frauen geborene Narren sind. Aus ihrem feineren Sinn heraus genießt eine Frau Luxus, feine Kleidung, prächtige Häuser und alle Vornehmheiten, die man für Geld kaufen kann; Aber selbst die müßigste, luxuriöseste und dümmste Frau sehnt sich nach dem höheren Luxus, den nur Kunst, Intelligenz und feines Verständnis bringen können. die beiden sind füreinander notwendig. Für eine Gastgeberin ist die Schwierigkeit, so zu bewirten, dass sie die Finanziers, die Philosophen, die gebildeten Ausländer, die Modemenschen, die Sympathischen und die Künstler in einem perfekten Ganzen vereint, sehr groß; Aber eine Gastgeberin kann bei einer modernen *Matine* oder *Soiree* für die freundlichste Demokratie sorgen, wenn sie es richtig macht.

KAPITEL XXVIII.
NACHMITTAGSTEE.

Der Fünf-Uhr-Tee hat seinen Ursprung in England und wird dort weitergeführt, als notwendige Erfrischung nach einem Tag auf der Jagd, beim Autofahren oder beim Training im Freien, bevor man sich für das Abendessen anzieht – das sehr späte Abendessen nach englischer Mode. Es wird angenommen, dass die Prinzessin von Wales die Mode vorgab, indem sie in ihrem Boudoir in einem Landhaus ein sehr schickes „Teekleid" empfing, das, wie jede Dame weiß, die luxuriöseste Abwechslung zum engen Reitkleid oder Kutschenkleid darstellt. Ihre Freunde kamen auf ihre freundliche Einladung zwischen fünf und sieben Uhr in ihr Heiligtum, um mit ihr eine Tasse Tee zu trinken. Die Londoner Schönheiten waren froh, einen Vorwand für eine neue Unterhaltung zu haben, und nach und nach wurde es zu einer Mode, bei der die Leute so schnell und so laut redeten, dass sie an den Klang einer Trommel erinnerten – einer Pauke, der rasselndsten aller Trommeln . Dann erinnerte man sich daran, dass eine altmodische Unterhaltung Trommel genannt wurde und der Tee an Kessel erinnerte, und der Name passte zu den Umständen. In England, wo Sparsamkeit so in Mode ist, wurde sie schließlich als hervorragende Ausrede für die Unterdrückung von Ausgaben angesehen und gelangte in einer katastrophalen Zeit, kurz nach dem „Schwarzen Freitag", nach New York. Die Damen freuten sich, ihre Freundinnen zu einer für ihre Diener günstigen Stunde und zu einem für ihre Ehemänner preiswerten Unterhaltungsprogramm zu versammeln. So wurde die Pauke zur modischsten Unterhaltung. Nach einer Weile vergaßen die Leute seinen Ursprung und veranstalteten bei Tageslicht einen prächtigen Ball mit allem Luxus der Jahreszeit und nannten ihn um fünf Uhr Tee oder bezahlten alle ihre gesellschaftlichen Verpflichtungen mit einem ausgiebigen „Tee", der etwas kostete ihnen nichts weiter als das Anzünden des Gases und die Einstellung eines zusätzlichen Kellners. Sie wurden so beliebt, dass sie sich selbst besiegten, und die Damen mussten fünf, sechs, manchmal neun Tees eines Nachmittags einnehmen, und der ganze kalte Samstag – der Lieblingstag für Tees – wurde in einer Kutsche verbracht und versuchte, das Unmögliche zu erreichen.

Der einzige „Nachmittagstee", der in einer Großstadt wie New York vorherrschen sollte, ist der von ein oder zwei Damen, die normalerweise jeden Nachmittag um fünf Uhr „zu Hause" sind. Wenn es ein bekanntes Haus gibt, in dem die Gastgeberin die Festigkeit und Gastfreundschaft besitzt, um zu dieser Stunde immer vor ihrer brennenden Urne zu sitzen, ist sie sicher, dass es eine Schar von Herrenbesuchern gibt, die aus der Innenstadt kommen und sich über einen freuen Tasse Tee und ein Gespräch und eine Pause zwischen Arbeit und Abendessen. Der Anblick eines hübschen Mädchens beim Teekochen liegt dem männlichen Herzen immer am Herzen. Viele unserer jungen Anwälte, Makler und schwulen Männer von der Jagd mögen eine Tasse heißen Tee um fünf Uhr. Der Fehler lag in der Pervertierung der Idee, indem man sie zum Anlass für die offizielle Vorstellung einer Tochter oder zum Vorwand für andere und aufwändigere Unterhaltungen machte. Auch wenn in diesem Winter so manches Haus zur gleichen passenden Stunde geöffnet ist, und vielleicht nur mit der Bouillon, dem Teekessel und einem Stück Kuchen oder Sandwich (denn eigentlich wünscht sich niemand mehr Erfrischung als diese vor dem Abendessen und nach dem Mittagessen), ist die … Der Name dieser Nachmittagsunterhaltung wurde im gegenseitigen Einvernehmen gestrichen, und wir sehen auf einer Karte nicht mehr das Wort „Kettledrum" oder „Afternoon Tea", sondern lediglich das Datum und die Stunde.

Hierzu gibt es auf beiden Seiten viel zu sagen. Die Uridee war gut. Eine Menschenansammlung ohne die universelle Auster zu veranstalten, war zunächst eine große Erleichterung. Die Menschen, die kein Geld für große „Aufstriche" hatten, konnten ihren wohlhabenderen Nachbarn zeigen, dass auch sie den Geist der Gastfreundschaft besaßen. Alle, die einen Winter in Rom verbracht haben, erinnern sich an die kargen Unterhaltungsmöglichkeiten, die geboten wurden, so dass ein Künstler ohne großen Geldbeutel dennoch einen Prinzen bitten konnte, ihn zu besuchen. Es wurde zum Vorwurf der Amerikaner, dass sie allein sich schämten, arm zu sein, und dass sie ihre Freunde nicht bitten könnten, sie zu besuchen, es sei denn, sie könnten ein teures Abendessen, Abendessen oder Mittagessen anbieten. Andererseits hätten die Ärzte, so wurde gedrängt, herausgefunden, dass Tee das beste Stimulans für den Sportler und den Gehirnarbeiter sei. Der englische „Frühstückstee" hielt niemanden wach und war eine köstliche Vorspeise. Die Tasse Tee und ein Sandwich um fünf Uhr verdarben niemandem das Abendessen. Die Damen des Hauses begannen diese Unterhaltungen und empfingen bescheiden in schlichten, aber hübschen Kleidern; Ihre Gäste wurden gebeten, in Gehkleidung zu erscheinen. Doch bald begann sich die andere Seite der Geschichte zu erzählen. Eine Dame, die in Samt und Pelz gekleidet war, betrat einen beheizten Raum, in dem Gas den unterirdischen Feuern eines Ofens noch Unbehagen bereitete, trank ihre heiße Tasse Tee und kam heraus, um sich eine schreckliche Erkältung zuzuziehen. Ihr Gehkleid war offensichtlich für eine Pauke unpassend. Dann wurden sowohl die Gastgeberin als auch die Gäste eleganter, der Nachmittagstee verlor seinen primitiven Charakter und wurde zu einem fröhlichen Empfang. Dann wieder die Nerven! Die Ärzte verurteilen sogar die Tasse Tee am Nachmittag und erklären, dass sie die Ursache für einen Großteil der nervösen Erschöpfung, der Schlaflosigkeit und des namenlosen Elends unserer übererregten und erschöpften, sauerstoffgetriebenen Menschen ist. Wir sind zweifellos überarbeitet. Wir sind eine überzivilisierte

Gruppe, insbesondere in den Großstädten, und jeder muss für sich selbst entscheiden, ob „Tee" kein heimtückischer Feind ist. Dass die Einführung einer informellen, gesunden und kostengünstigen Art der Unterhaltung ein großes Desiderat ist, das niemand ignorieren und zulassen kann. Aber mit der Entwicklung einer Idee entwickelte sich aus dem Tee ein Abendessen und aus der kleinen Gruppe eine Menschenmenge, und natürlich wurde der Name zu einer Fehlbezeichnung.

Die ideale Unterhaltung scheint eine Zusammenkunft zwischen vier und sieben zu sein, worunter durchaus eine große, gasbeleuchtete Party verstanden wird, zu der eine Dame eintritt, die für einen heißen Raum angemessen gekleidet ist und einen Umhang trägt, den sie im Flur abwerfen kann. und wo sie ihren Besuch nach Belieben lang oder kurz machen kann und eine Tasse heiße Bouillon finden kann, wenn ihr kalt ist, oder Tee, wenn sie es vorzieht, oder ein üppigeres Mittagessen, wenn ihre Gastgeberin es möchte; und diese ideale Unterhaltung ist *kein* Nachmittagstee; es ist eine *Rezeption* . Es ist durch das Datum auf der Karte gut erkennbar und bedarf keines Namens.

Der Missbrauch des „Nachmittagstees" bestand darin, dass er andere Unterhaltungen ersetzte. Es hat die Party am frühen Abend, die in der Vergangenheit so angenehm war, fast ruiniert. Leute, die es sich durchaus leisten konnten, Frühstücke, Mittagessen, Abendessen und Bälle zu geben, bei denen Männer und Frauen sich treffen, reden und gut kennen lernen konnten, gaben ihnen nichts; Sie gaben einen Nachmittagstee.

Es kann sein, dass wir kein Frühstück anbieten, weil wir keinen „Freizeitkurs" haben. Bei all unserer Anglomanie ist es seltsam, dass wir uns diese einfache, ungezwungene Sache, ein englisches Frühstück, wie es Sydney Smith zu geben pflegte, nicht nachgeahmt haben. Herr Webster schreibt 1839 nach Hause: „In England lautet die Regel der Höflichkeit, ruhig zu sein, sich natürlich zu verhalten, keine Allüren zu zeigen und keine Hektik zu machen. Diese vollkommene Höflichkeit hat viel Übung gekostet." Er freute sich über das englische Frühstück, bei dem er „Boz", Tom Moore, Wordsworth und Rogers traf (die außer Frühstücken nie Unterhaltung boten). Wir sind alle Arbeiter in Amerika, trotzdem veranstalten wir ab und zu eine Frühstücksparty. Wir wissen sehr gut, wie man Abendessen und Damenessen gibt, und davon gibt es viele. Vielleicht ist der einzige Einwand gegen sie ihre übermäßige Üppigkeit. Die idealen Abendessen der Vergangenheit in Washington, mit der alten Virginia-Gastfreundschaft, den Austern, Sumpfschildkröten, wilden Truthähnen, Wildbret, serviert von Negerköchen und Kellnern, wobei die Gastgeberin den Gedanken der Angenehmheit vor Augen hatte, anstatt sich hauptsächlich um ihr Porzellan zu kümmern, ihr Glas und ihre Tischdecke. Diese sind in New York schon vor langer Zeit dem größeren Luxus der wohlhabenden Stadt gewichen, und wenn es Verluste gab, war das die Rede. New Yorker Frauen wurden zu einem Leben gezwungen, das sich aus übermäßigem Dressing, Tanzen, Besuchen, Einkaufen, Errungenschaften und deren Zurschaustellung sowie dem Führen des Lebens der Gesellschaft auf ihrem Höhepunkt zusammensetzt; Die Männer waren überwiegend im Handel und später an der Wall Street tätig. Kein Wunder, dass beide um vier Uhr innehielten und nach einer „Tasse Tee" riefen.

Auch weil der Name – vielleicht vorübergehend – nicht mehr existiert, wird die Mode auch nicht vergehen. Die Menschen werden sich immer noch um die dampfende Urne versammeln. Junge Damen finden es eine sehr schöne Freizeitbeschäftigung, den Teetisch mit den Blumenarrangements, dem Kuchenkorb, den Sandwiches, der silbernen Teedose, der unter dem Silber- oder Kupferkessel brennenden Alkohollampe, den gepolsterten „gemütlichen" um den Tee warm zu halten, der lange Tisch, an dem junge Herren und junge Damen sitzen können, während Mama, geduldige amerikanische Mama, im Salon die älteren Leute empfängt.

Es ist nicht mehr die ältere Dame, die am Teekessel sitzt; die getigerten Tiere bereiten die Tees nicht zu und trinken sie auch nicht; Die jüngeren Fotzen sind die Königinnen des Vier-Uhr-Tees. Es wird geflüstert, dass es ein passender *Deckname* für Flirt oder etwas noch Süßeres sei – dass viele Verabredungen beim „Vier-Uhr-Tee" eingegangen seien.

Sicherlich ist es eine sehr gute Gelegenheit, seine Teetassen zu zeigen. Bei einem Vier-Uhr-Tee kann das hübsche Porzellan, wenn es nicht zu groß ist, optimal zur Geltung kommen. Die sehr frühe Annahme einer großen gesellschaftlichen Unterhaltung unter dem Namen „Vier-Uhr-Tee" hat eines der schönsten Merkmale des englischen Tees, das des anmutigen Kleidungsstücks, des Teekleides, eher *ausgelöscht*.

Herrschaft von Worth sind in Frankreich Teekleider zu den luxuriösesten Kleidungsstücken geworden. Sie sind aus Seide, Satin und Samt gefertigt und mit zartem Surah gefüttert. Sie sind mit echter und imitierter Spitze besetzt und in den zartesten Rosa-, Blau-, Lavendel- und Perlentönen gehalten; Kaskaden aus Spitze erstrecken sich über die Vorderseite. In diesen, locker auf die Figur abgestimmt, aber dennoch sehr elegant und äußerst anziehend, empfangen die englische Prinzessin, die Herzogin und die kontinentale gekrönte oder königliche Dame oder die Königin der Mode ihre Gäste zum Nachmittagstee. Kein Wunder, dass wir in jeder Brautaussteuer von den wunderbaren „Teekleidern" lesen. In Amerika pflegen Damen seit jeher die enganliegenden und eleganten Kombinationen aus Seide, Surah, Brokat, Samt und Kaschmir zu tragen, die die Garderobe der modernen Mode füllen. Die Kleider aus zartem Kaschmir, die jungen Mädchen so gut stehen, sind beim Nachmittagstee immer sehr beliebt. Tatsächlich war die junge Dame, die für den Nachmittagstee gekleidet war, auch für das Abendessen gekleidet. Damit hatte die amerikanische junge Dame Recht, da unsere amerikanischen Nachmittagstees gemanagt wurden, denn nach europäischer Vorstellung ist es nicht *praktikabel* , außerhalb des Schlafzimmers oder Boudoirs ein locker fließendes Gewand im Teekleidmuster zu tragen. Es wurde von unwissenden Leuten an einer Wasserstelle gemacht, aber es sieht nie gut aus. Es handelt sich eigentlich um ein Ausziehkleid, obwohl in seiner Zusammensetzung Spitze und Satin verwendet werden können. Ein schlichtes, hohes und eng anliegendes Kleidungsstück ist bei uns das elegantere Kleid für den Nachmittagstee.

Nennen Sie es, wie Sie wollen – Empfang, Pauke, Nachmittagstee oder etwas ohne Namen – wir haben unbewusst durch die Nachahmung einer ganz anderen Art informeller Zusammenkunft eine einfache und vernünftige Unterhaltung in der Gesellschaft von vier bis sieben gewonnen; das sich scheinbar an alle Arten von Bedürfnissen richtet. Wir neigen in Amerika (so sagen Ausländer) dazu, etwas zu übertreiben – vielleicht auch zu untertreiben. Wie dem auch sei, alle stimmen Lord Houghton zu, der über den Satz lachte, dass wir wissen, wie man „eine gute Zeit hat".

KAPITEL XXIX.
KAUDLE UND TAUFBECHER UND ZEREMONIEN.

Viele junge Mütter fragen uns, was der Ausdruck „Caudle-Partys" bedeutet.

Früher wurde den Personen, die anriefen, um dem glücklichen Besitzer eines neuen Jungen oder Mädchens zu gratulieren, Glühwein und Pflaumenkuchen angeboten. Einige frühe Chronisten glauben, dass die beiden vermischt wurden und dass es zu einem Streit kam.

Es ist sicher, dass ein äußerst köstliches Getränk, eine Art Haferbrei, „zwei Tage" gekocht, mit Rosinen und Gewürzen und unter Zugabe von feinem altem Madeira (manche sagen Rum) ein Gericht darstellt, das vor einem König serviert werden kann, und angeboten wird Nun zu den Anrufern einer jungen Mama. Nach altem englischen Brauch wurde dieses Getränk drei Tage nach der Ankunft des kleinen Fremden serviert. Die in vielen alten Familien aufbewahrten Kesselbecher sind heute als Kuriositäten heiß begehrt; Sie haben zwei Griffe, so dass sie von einem zum anderen weitergegeben werden können. Sie wurden als Erbstücke weitergegeben, als diese Kerzenpartys bis vor kurzem in Mode waren als je zuvor. Jetzt gibt es eine konkrete Idee, sie wieder einzuführen. Damals bewirtete der frischgebackene Papa seine Freunde auch mit einem Junggesellenabschied, bei dem Junggesellen und auch Benedicks zum Essen von Buttertoast eingeladen wurden, der gezuckert und in einer mächtigen Punschschüssel verteilt und mit kochend heißem Bier übergossen wurde. Nachdem die Bowle geleert war, legte jeder Gast für die Krankenschwester ein Geldstück in die Bowle. Es wurde starkes Bier gebraut und eine Pfeife Wein bereitgelegt, damit der Großteil des Kindes getrunken werden konnte.

Dieses schmierige Durcheinander ist zum Glück inzwischen ausgestorben, aber der Caudle, ein wirklich köstliches Gericht oder Getränk, ist wieder in Mode. Es wird im Allgemeinen angeboten, wenn das Herrchen oder Fräulein etwa sechs Wochen alt ist und Mama ihre Freundinnen in einem Teekleid oder einem hübschen Genesungsumhang empfängt, sehr oft aus Samt oder Plüsch, geschnitten in Form einer Jacke und eines Rocks mit Gürtel, oder in einem langen Prinzessinnengewand, das vorne kunstvoll mit Spitzenkaskaden besetzt ist. Das Baby wird natürlich gezeigt, aber nicht viel behandelt. Manche Eltern veranstalten die Taufe und die Weihnachtsfeier zusammen, aber die Kirche sei damit nicht einverstanden, heißt es.

Die Auswahl der Paten ist immer eine heikle Aufgabe. Es ist natürlich ein sehr großes Kompliment, jemanden zu bitten, in dieser Beziehung zu stehen, die in England hoch angesehen ist, an die hier aber nicht so viel gedacht wird.

Früher gab es immer zwei Paten und zwei Patinnen, die im Allgemeinen aus Freunden und Verwandten ausgewählt wurden und von denen erwartet wurde, dass sie über die religiöse Erziehung des kleinen Kindes wachten und dafür sorgten, dass es zu gegebener Zeit konfirmiert wurde. In allen alten Ländern dauert diese Beziehung ein Leben lang; Für den Fall, dass die Eltern sterben, wird dem Kind vom Paten freundlicherweise Hilfe und Rat gegeben – in vielen Fällen sogar bis hin zur Adoption. Aber in unserem neuen Land, wo es keine etablierte Kirche gibt und wir an die Macht eines jeden Menschen glauben, für sich selbst zu sorgen, wurde diese schöne Beziehung vernachlässigt. Wir freuen uns, in unseren Briefen zu sehen, dass es erneuert wird und dass die Menschen mehr an diese altehrwürdigen Verbindungen denken.

Nach einer Geburt sollten Freunde und Bekannte anrufen und ihre Karten einsenden, oder sie durch ihre Bediensteten mit freundlichen Anfragen schicken. Wenn die Mutter bereit ist, ihre Freunde zu sehen, sollte sie, wenn sie möchte, diesen Zeitpunkt durch das Versenden von Karten für eine „Caudle-Party" kennzeichnen. Aber lassen Sie sie dabei eher überlegt sein, es sei denn, sie hat eine Mutter, eine Tante oder eine Schwester, die die ganze Mühe für sie übernimmt.

Der Pate und die Patin geben in der Regel ein kleines Geschenk; Ein silberner Becher oder Porring, Messer, Gabel und Löffel, ein silbernes Becken, ein Korallenzahnschneider oder Korallen und Glöckchen waren die früheren Geschenke; Heutzutage hören wir jedoch von einem wohlhabenden Paten, der einen Scheck über 100.000 Dollar in der Wiege des Babys liegen ließ; Und es ist nicht ungewöhnlich, dass diejenigen, die dazu in der Lage sind, eine sehr wertvolle Investition für das Kind tätigen, insbesondere wenn es den Namen des Paten trägt.

Manche Menschen – tatsächlich die meisten – bringen ihre Kinder zur Taufe in die Kirche und geben anschließend zu Hause ein Mittagessen, zu dem alle eingeladen sind, insbesondere der amtierende Geistliche und seine Frau sowie die Sponsoren. Die Geschenke sollten zu diesem Zeitpunkt überreicht werden. Die altmodischen Menschen geben dem Baby etwas Salz und ein Ei als Glücksbringer und legen Wert darauf, dass es zuerst die Treppe hinauf getragen wird, bevor es hinunter getragen wird, und dass es, wenn es zuerst hinausgeht, zum Haus eines nahegelegenen Menschen getragen wird und lieber Verwandter.

Die Konfirmation ist in der Episcopal Church die Nachfolge der Taufe; und in Frankreich ist dies eine schöne und sehr wichtige Zeremonie. Im Monat Mai sind die Straßen voller weißer Tauben – junge Mädchen, alle in Musselin- und Spitzenschleier, die mit ihren Müttern oder Begleitpersonen zur Konfirmation gehen. Hier kommt die Pflicht des Paten oder der Patin ins

Spiel; und wenn ein Kind eine Waise ist oder nachlässige oder unreligiöse Eltern hat, macht die Kirche den Paten dafür verantwortlich, dass diese Kinder zur Konfirmierung zum Bischof gebracht werden.

Bekanntmachungen über die bevorstehende Konfirmation werden immer einige Wochen vor der Veranstaltung in den verschiedenen Kirchen ausgegeben; und Personen, die zum Ritus zugelassen werden möchten, werden gebeten, ihren Wunsch mitzuteilen und ihren Namen ihrem Geistlichen zu nennen. In den Wochen vor dem vom Bischof festgelegten Tag werden Klassen gebildet und Unterricht und Vorbereitung erteilt. In England ist eine edle englische Dame in dieser wichtigen Zeit ebenso sehr um ihre Patentochter besorgt wie um ihre Tochter. Auch in Frankreich gilt die Verpflichtung als heilig. Wir wissen von einer Dame, die die Reise von Montpellier nach Paris auf sich nahm – obwohl sie sich die Kosten kaum leisten konnte –, um der Konfirmation ihrer Patentochter beizuwohnen, obwohl das junge Mädchen einen Vater und eine Mutter hatte.

Es ist eine sehenswerte Zeremonie, sowohl in England als auch in Frankreich. Die Mädchen ziehen in langen Prozessionen durch die Straßen; Das Kleid ist einheitlich weiß mit langen Schleiern. Es folgen Jugendliche in schwarzen Anzügen, schwarzen Krawatten und Handschuhen; Sie betreten einen Gang der Kirche, die Mädchen den anderen. Wenn die Zeit für das Handauflegen gekommen ist, gehen die Mädchen zuerst, zwei und zwei; Sie geben ihre Karte oder Urkunde in die Hände des bischöflichen Kaplans, der in ihrer Nähe steht, um sie zu empfangen. Die Kandidaten knien vor dem Bischof nieder, der ihnen einzeln die Hände auf den Kopf legt.

Natürlich halten sich Personen, die nicht der Episkopalkirche angehören, nicht an diesen Ritus. Da der Glaube an die Taufe jedoch fast überall verbreitet ist, gibt es keinen Grund, warum der Pate und die Patin nicht ausgewählt und befolgt werden sollten. Wir benennen unsere Kinder immer nach einem lieben Freund oder neigen dazu, sie zu nennen; und wir würden alle gerne glauben, dass eine solche Freundschaft, die am Altar begonnen wurde, als er zum christlichen Leben geweiht wurde, ihn begleiten und dem lieben kleinen Mann eine Hilfe sein könnte. In unserer kriegerischen Unabhängigkeit und unserer Freiheit von Glaubensbekenntnissen und Sitten haben wir zu viel weggeworfen und können es uns leisten, unseren Glauben und Respekt für ein paar alte Bräuche wieder zu bekräftigen.

Das Königshaus hat diese Befugnisse immer respektiert. König Edward VI. und seine Schwestern wurden jeweils im Alter von drei Tagen getauft, und die Zeremonie, die zwischen zwei und drei Tagen dauerte, fand nachts bei Fackellicht statt. Das Kind wurde unter einem Baldachin getragen, wobei Herren vorangingen, die die Geschenke der Sponsoren feierlich trugen, und begleitet von Trompetenklang.

Bei einer modernen Caudle-Party werden die Einladungen eine Woche im Voraus verschickt und lauten wie folgt:

„Mr. und Mrs. Brown bitten Sie um die Freude, Sie am Dienstagnachmittag um drei Uhr bei sich zu haben. 18 West Kent Street. Caudle. ‚Es werden keine Geschenke erwartet.'"

Für die Ehre, Pate zu sein, erhält man eine Nachricht in der ersten Person, in der man den Freund bittet, dieses freundliche Amt zu übernehmen, und auch erwähnt, dass der Name so und so sein wird. Wenn das Baby nach dem Paten benannt wird, wird meist ein sehr schönes Geschenk gemacht; Wenn nicht, schickt der Pate oder die Patin trotzdem ein kleines Zeichen der Wertschätzung. Dies ist jedoch reine Fantasiesache. Natürlich ist niemand verpflichtet, ein Geschenk zu machen.

Das Baby wird bei seiner Taufe in einem prächtigen, mit vielen Schnüren und Stickereien verzierten Gewand zur Schau gestellt, und es ist zu befürchten, dass es für ihn ein Tag der Unruhe sein wird. Babys sollten nicht zu sehr aufgeregt sein; Ein ruhiges und eintöniges Dasein, eine nicht zu auffällige Krankenschwester und regelmäßige Arbeitszeiten tragen zu einer guten Konstitution dieser empfindlichen Besucher bei. Die bunten Kleider und der klingelnde Schmuck der römischen Krankenschwestern werden nun von den ausländischen Ärzten als zu aufregend für die kleinen Augen angeprangert, die auf eine neue Welt blicken. Sie sind sehr hübsch und malerisch, und viele reisende Mütter geben viel Geld für diese leuchtenden Farben und den bäuerlichen Schmuck aus. Auch die Praxis, ein Kind rückwärts in einem Schubkarren fahren zu lassen, wird von modernen Ärzten scharf verurteilt.

Modebewusste Mütter, die Caudle-Partys veranstalten, sollten bedenken, dass Mutterschaft in unserem rauen Klima mit großer Nervenschwäche bei Mutter und Kind verbunden ist. Daher wird empfohlen, sich lange im Kinderzimmer zurückzuziehen, bevor die gefährliche Zeit beginnt, in der man seine Freunde bewirtet. Lassen Sie die Kinderparty warten und die Taufe findet ruhig im eigenen Schlafzimmer statt, wenn das Kind schwach ist. Zeigen Sie den jungen Fremden zu einem späteren Zeitpunkt: Eine Unze Vorbeugung ist mehr wert als ein Pfund Heilung.

KAPITEL XXX.
DER MODERNE ESSTISCH.

Die Ausstattung des modernen Esstisches ist ein deutlicher Hinweis auf das Wachstum des Luxus, das in der unmittelbaren Vergangenheit so fruchtbar war. Bis vor zwanzig Jahren war ein Abendessen, selbst im Haus eines Kaufmannsfürsten, eine einfache Angelegenheit. Es gab eine weiße Tischdecke aus doppeltem Damast; es gab große, schöne Servietten; Es gab ein reichhaltiges Service aus massivem Silber und vielleicht gutes Porzellan. Blumen, wenn sie überhaupt verwendet wurden, waren nicht in Hülle und Fülle vorhanden; Und was die Gläser anbelangt, so wurden nur ein paar schlichte weiße Gläser oder vielleicht ein grünes oder rotes für Wein- oder Haferflocken an die Seite des Tellers gestellt.

Natürlich gab es Abweichungen und Ausnahmen von dieser Regel, aber diese waren selten. Ein Mann oder oft ein Dienstmädchen wartete am Tisch; und als Schutz für das Tischtuch wurden Matten verwendet, was die Befürchtung implizierte, dass das von der Oberseite des Küchenherds geholte Geschirr beim Abstellen einen Fleck oder Fleck hinterlassen würde. Alles geschah nach einem einfachen oder wirtschaftlichen Plan. Die großen Abendessen wurden von Caterern serviert, die ihre Männer zu ihnen schickten, um sie zu bedienen, was zu der Bemerkung führte, die der Marquis von Hartington bei seinem Besuch in New York zur Zeit unseres Krieges oft als Ausdruck englischer Dummheit belächelte. Als er den alten Peter Van Dyck und seine farbigen Gehilfen ansah, die er in jedem Haus gesehen hatte, in dem er gegessen hatte, bemerkte er: „Wie sehr ähneln sich alle Ihre Diener in Amerika!" Eigentlich war es ein unbeabsichtigter Sarkasmus, aber es hätte unseren *Neureichen* durchaus zeigen können, dass es angebracht wäre, ihre eigenen ausgebildeten Bediensteten anstelle dieser externen Männer für die Arbeit in ihren Häusern zu haben. Ein Grad an Eleganz, den wir als Nation noch nicht erreicht haben, ist der Besitz einer gut ausgebildeten Truppe von Hausangestellten.

Eine Hausherrin sollte in der Lage sein, ihren Dienern die Art und Weise beizubringen, einen Tisch zu decken und ihn zu bedienen, wenn sie, wie es bei uns üblich ist, den ungebildeten Iren aus seinen heimischen Sümpfen als Hausdiener nehmen muss. Wenn sie den versierten und vielgelobten ausländischen Bediensteten anstellt, ist er zu geneigt, ihre Einrichtung durch Herabwürdigung des Umfangs, in dem sie geführt wird, in Unordnung zu bringen und in ihrem Haushalt eine Stimmung der Unzufriedenheit zu erzeugen. Diener einer sehr hohen Klasse, die die gesamte Verwaltung der Angelegenheiten übernehmen können, sind nur Menschen mit großem Reichtum möglich, und sie werden zu Tyrannen und nach kurzer Sklaverei für den Herrn und die Herrin völlig verabscheuungswürdig. Ein New Yorker Butler weigerte sich kürzlich, Geschirr abzuwaschen, und sagte seiner Geliebten, dass dies seine Fingernägel ruinieren würde. Aber dieser Mann war ein vollendeter Diener, der den Tisch deckte und ihn mit einer Leichtigkeit und Anmut bediente, die seiner Herrin das angenehme Gefühl der Gewissheit gaben, dass alles gut gehen würde, was für eine Gastgeberin das angenehmste aller Gefühle ist, und auch ohne welches Abendessen ein unbeschreiblicher Ärger ist.

Das Einrichten eines Esstisches und das Bedienen darauf sind die wichtigsten Pflichten eines oder mehrerer Diener, und jeder Verrat an Unwissenheit, jede Nervosität oder jeder Lärm, jeder Unfall ist zu beklagen, wenn man es so zeigt, wie man es möchte mangelnde Erfahrung und mangelnde Ausbildung.

Niemand möchte seine Freunde dazu einladen, sich unwohl zu fühlen. Diese schrecklichen Abendessen, die Thackeray beschreibt und bei denen Menschen mit geringem Einkommen versuchten, mit denen mit großen Mitteln zu konkurrieren, werden seinen Lesern für immer als eine der schmerzhaftesten aller Schein-Enthüllungen in Erinnerung bleiben. Wir sollten zuerst echt und danach dekorativ sein.

In einer wohlhabenden Familie sind ein Butler und zwei Lakaien beschäftigt, und es ist ihre Pflicht, harmonisch zusammenzuarbeiten, wobei der Butler die Kontrolle hat. Die beiden Lakaien decken den Tisch, der Butler schaut zu, ob alles richtig gemacht wird. Der Butler kümmert sich um den Wein und steht hinter dem Stuhl seiner Herrin. Wenn nur ein Mann beschäftigt ist, liegt die ganze Verantwortung bei ihm, und er hat im Allgemeinen die Hilfe des Stubenmädchens. Wo es nur ein Dienstmädchen gibt, muss die Hausherrin dafür sorgen, dass alle notwendigen Vorkehrungen getroffen werden.

Die Einführung des Ausziehtisches in unseren langen, schmalen Esszimmern hat zur Verdrängung des hübschen runden Tisches geführt, der von allen anderen der fröhlichste ist. Der ausziehbare Tisch ist jedoch fast unvermeidlich, und ein gewöhnlicher Tisch mit zwei zusätzlichen Tischplatten bietet Platz für zwölf Personen. Die Gastronomiebetriebe sagen, dass jede zusätzliche Platte Platz für vier weitere Personen bietet, doch um Gedränge zu vermeiden, wäre die Gastgeberin gut beraten, wenn sie dies mit ihren Esszimmerstühlen testen würde. New Yorker Dinnerpartys sind oft überfüllt, manchmal werden sechzehn Personen gefragt, obgleich der Tisch nur für vierzehn Personen Platz bietet. Das ist ein Fehler, denn Hitze und Gedränge sollten vermieden werden. In Landhäusern oder in Philadelphia, Boston, Washington und anderen Städten, wo die Speisesäle normalerweise größer sind als in einem New Yorker Haus, lässt sich die Gefahr von Gedränge, Hitze und mangelnder Belüftung leichter vermeiden;

Aber in einem gasbeleuchteten, ofenbeheizten Raum in New York sind die Leiden der Gäste manchmal schrecklich.

Die Vereinbarungen für das Abendessen sollten gleich sein, unabhängig davon, ob die Gruppe zehn oder zwanzig Personen umfasst. Über die Anzahl der einzuladenden Personen ist viel gesagt worden, und es gibt eine alte Regel, nach der man nicht „weniger als die Grazien und nicht mehr als die Musen" einladen sollte. Diese Vorliebe für ungerade Zahlen bezieht sich auf die Schwierigkeit, eine Gruppe von acht Personen unterzubringen. In diesem Fall kommen zwei Herren und zwei Damen zusammen, wenn der Gastgeber und die Gastgeberin das Kopf- und Fußende des Tisches einnehmen. Aber da die Zahl der Grazien drei betrug, konnte für eine Dinnerparty keine schlechtere Zahl ausgewählt werden; und neun wären an einem Ausziehtisch ebenso unbequem, da drei auf der einen Seite und vier auf der anderen Seite Platz finden müssten. Zehn ist eine gute Zahl für ein kleines Abendessen und leicht zu handhaben. Ein Diener kann zehn Leute bedienen und es gut machen, wenn er gut ausgebildet ist. An einem modernen Esstisch sitzen oft 24 Personen und werden von einem Butler und zwei Männern gut bedient, obwohl einige luxuriöse Dinner-Geber einen Mann hinter jedem Stuhl haben. Das ist jedoch Protzerei.

Wenn eine Dame Einladungen zu einem Abendessen für zehn oder zwanzig Personen ausstellt, sollte sie dies zwei Wochen im Voraus tun und ihre Karten wie folgt gravieren lassen:

Herr und Frau James Norman bitten um die Freude der Gesellschaft von Herrn und Frau John Brown beim Abendessen am Donnerstag, dem 8. Februar, um sieben Uhr.

Diese auf Notizpapier eingravierten Formulare, auf denen die erforderliche Uhrzeit und das Datum eingetragen sind, sind sehr praktisch und elegant und sollten vom glücklichen Empfänger sofort und auf die förmlichste Weise beantwortet werden, und die Verlobung sollte, wenn sie angenommen wird, gewissenhaft eingehalten werden. Sollte eine nachfolgende Erkrankung oder der Tod von Angehörigen oder andere Gründe dies nicht möglich machen, ist die Gastgeberin unverzüglich zu benachrichtigen.

Ein Herr wird niemals ohne seine Frau eingeladen, und eine Dame nicht ohne ihren Ehemann, es sei denn, zwischen den Parteien herrscht große Vertraulichkeit und das plötzliche Bedürfnis eines anderen Gastes macht die Bitte zwingend erforderlich.

Die übliche Zeit für Dinnerpartys in Amerika ist sieben Uhr; Aber egal zu welcher Stunde, die Gäste sollten darauf achten, auf die Minute pünktlich zu sein. Im Flur sollte der Herr eine Karte vorfinden, auf der sein Name und der der Dame, die er aufnehmen soll, geschrieben stehen, sowie eine kleine *Ansteckblume*, die er in sein Knopfloch steckt. Beim Betreten des Salons geht die Dame zuerst, ohne den Arm ihres Mannes zu ergreifen. Wenn der Herr die Dame, die er zum Abendessen einladen soll, nicht kennt, bittet er seine Gastgeberin, ihn ihr vorzustellen, und bemüht sich, sich mit ihr auf eine angenehme Basis zu stellen, bevor sie den Speisesaal betreten.

Als der letzte Gast eingetroffen ist, ist das Abendessen fertig und der Butler macht seine Ankündigung. Der Gastgeber geht voran, mit der Dame, der das Abendessen serviert wird, und die Gastgeberin folgt als letzte mit dem Herrn, den sie ehren möchte.

Wer ein modernes Esszimmer betritt, findet ein Bild vor sich, das das Ergebnis sorgfältiger Überlegung, Geschmack und Erfahrung ist und, wie alle Kunstwerke, es wert ist, studiert zu werden.

Der erste Gedanke des Betrachters ist: „Was für ein herrliches Stück Farbe!" Auf rotem Grund liegt die durchbrochene, weiße Tischdecke, darüber liegt eine Matte aus rotem Samt, bestickt mit Pfauenfedern und goldener Spitze. Darüber steht ein großes silbernes Tablett oder längliches Tablett, ausgekleidet mit reflektierendem Glas, auf dem Dresdner Schwan und silberne Lilien in einem wahren See zu schweben scheinen. In der Mitte dieses langen Tabletts steht eine hohe Vase aus Silber oder Kristall, in der Blumen und Früchte kunstvoll arrangiert sind, und darum herum sind tropische Ranken platziert. An jeder der vier Ecken des Tisches stehen vier in Gold gefasste rubinrote Glaskrüge, Standards für schöne und seltene Designs. Tassen oder silbervergoldete Vasen mit geschliffenem Glas in der Mitte enthalten die Bonbons und kleineren Früchte. Vier Kandelaber halten rote Wachskerzen mit roten Farbtönen, und jedem Platz gegenüber stehen flache, mit Blumen gefüllte Glaströge, gruppiert in einem floralen Muster.

Während der Diener den Stuhl zurückzieht, sieht der Gast an jedem Ort eine verwirrende Anzahl von Glaskelchen, Wein- und Champagnergläsern, mehrere Gabeln, Messer und Löffel sowie einen Majolikateller mit Austern auf der Halbschale und etwas davon Zitrone in der Mitte des Tellers. Die geschickt gefaltete Serviette enthält ein Brötchen, das der Gast sofort herausnimmt. Als die Diener dann alle Gäste sitzen sahen, reichten sie roten und schwarzen Pfeffer in silbernen Pfefferstreuern auf einem silbernen Tablett. Für die Austern liegt rechts neben jedem Teller eine kleine, besonders geformte Gabel. Obwohl manche Damen mittlerweile alle Gabeln auf der linken Seite des Tellers ablegen, ist dies jedoch nicht üblich. Nachdem die Austern gegessen sind, werden die Teller entfernt und zwei Suppensorten verteilt – eine weiße und eine braune Suppe.

Während dieses Teils des Abendessens hat der Gast Zeit, sich das wunderschöne Queen-Anne-Silber, die hübschen Lampen, sofern Lampen verwendet werden (wir können die Tatsache erwähnen, dass etwa 26 Kerzen ein Abendessen mit sechzehn Personen gut erhellen) und anzusehen die verschiedenen Farben der Lampen- und Kerzenschirme. Dann kann die Schönheit der Blumen besprochen und im weiteren Verlauf des Abendessens die Vielfalt des modernen Dresdner Porzellans, des Sevres-Porzellans, des Royal Worcester-Porzellans und des alten Blaus besprochen und bewundert werden.

Der Service ist *La Russe* ; das heißt, alles wird von den Dienern gereicht. Auf dem Tisch ist nichts außer den Weinen (und nur wenigen davon), den Bonbons und den Früchten zu sehen. Es sind keine fettigen Gerichte erlaubt. Jede Dame hat einen Blumenstrauß, möglicherweise ein bemaltes, mit Zuckerpflaumen gefülltes Seidennetz, und manchmal einen hübschen Fächer oder ein Band, auf das ihr Name oder Monogramm gemalt ist.

Zu seiner Rechten findet jeder Gast einen Kelch aus elegant graviertem Glas für Wasser, zwei von der breiten, flachen, sich erweiternden Form des modernen Champagnerglases (obwohl einige Leute für Champagner das lange, vasenartige Glas der Vergangenheit verwenden). ein wunderschönes böhmisches grünes Glas, offenbar mit Edelsteinen besetzt, für das Sprunggelenk, ein rubinrotes Glas für den Rotwein, zwei weitere große weiße Rotwein- oder Burgundergläser und drei Weingläser aus geschliffenem oder graviertem Glas. Harlekin-Gläser, die dem Tisch die Wirkung eines Tulpenbeets verleihen, liegen im Trend für alle, die Freude an Farbe und Abwechslung haben.

Die Gastgeberin mag die modernen, mit Goldfäden so exquisit bestickten Tischtücher bevorzugen, die die Möglichkeit bieten, das Familienwappen zu zeigen, oder die Wappentiere – den Löwen, den zweiköpfigen Adler und den Greif –, die in anmutigen Formen um das Wappen herum verschlungen sind ganze Tischkante und auf die Servietten.

Im weiteren Verlauf des Abendessens erlebt der Gast unerwartete Überraschungen durch die Schönheit der Teller, von denen einige aussehen, als wären sie aus massivem Gold; und wenn der römische Punsch serviert wird, kommt er im Herzen einer roten, roten Rose oder im Busen eines Schwans oder im Kelch einer Lilie oder im „richtigen kleinen, engen kleinen" Lebensspruchboot. Fayence, Porzellan, Glas und Eis werden für den römischen Punsch gepresst, und manchmal wird das schönste Gericht überhaupt aus Eis gehauen.

Wir werden versuchen zu verstehen, wie dieses Bild entsteht, beginnend mit dem Decken des Tisches, dessen Vorgang wir im nächsten Kapitel ausführlich erläutern werden.

KAPITEL XXXI.
Den Esstisch decken.

Nachdem der Tisch auf die richtige Länge ausgezogen wurde, sollte er mit einer Tischdecke aus Baumwollflanell bedeckt werden – weiß, wenn die Tischdecke aus gewöhnlichem Damast besteht; rot, wenn die offene Arbeitstischabdeckung verwendet werden soll. Dieser breite Baumwollflanell kann für 80 Cent pro Yard gekauft werden. Das Tischtuch, wenn es aus weißem Damast besteht, sollte perfekt gebügelt sein, mit einer langen Falte in der Mitte, die dem Butler als mathematisches Zentrum dienen muss. Bei der Verwendung von feinem weißem Damast kann sich niemand irren. Wenn eine Dame die seltenere russische Stickerei, die Goldstickerei auf dem durchbrochenen Tischtuch, haben möchte, kann sie das tun, aber sie darf kein Tuch auf ihren Tisch legen, das sich nicht waschen *lässt*. Abscheulich sind die durcheinandergewürfelten, mit Samt, Satin oder Bändern besetzten Dinge, die gelegentlich auf vulgären Tischen zu sehen sind.

Pergne ein Farbrelief zu verleihen .

Dies ist lediglich ein fantasievoller Zusatz und kann verwendet werden oder nicht; aber es wirkt sehr hübsch über einem durchbrochenen, weißen Tischtuch, auf dem das silberne Tablett der *Pergne* ruht. In vielen Familien gibt es silberne *Pergnes*, die Erbstücke sind. Diese werden jetzt aus Gründen der alten Assoziation geschätzt; ebenso wie die silbernen Kerzenleuchter und silbernen *Compotiers* . Aber wenn eine Familie diese Tischdekoration nicht besitzt, wird ein Mittelstück aus Glas verwendet. Der flache Blumenkorb, über den sich die Gäste unterhalten konnten, wurde weggeworfen, und der Schmuck eines Esstisches dürfte hoch sein, einschließlich der Lampen und Kandelaber, die derzeit das Gas ersetzen.

Nachdem die Tischdecke gedeckt und die Ornamente in der Mitte und an den Seiten platziert sind, sorgt der Butler dafür, dass jeder Diener ein sauberes Handtuch auf dem Arm hat, und macht sich dann daran, die Tellertruhe und den Glasschrank aufzuschließen. Er misst mit der Hand von der Tischkante bis zum Ende seines Mittelfingers und stellt das erste Glas ab. Diese Messung wird um den Tisch herum fortgesetzt und gewährleistet eine einheitliche Linie für den Wasserkelch und die darum gruppierten Rotwein-, Wein-, Hafer- und Champagnergläser. Dann lässt er an jeder Stelle einen Teller hinstellen, der groß genug ist, um den Majolika-Teller mit den Austern aufzunehmen, der später kommen wird. Ein Diener wird beauftragt, die Servietten zu falten, die groß, dick, fein und für diese Phase des Abendessens brauchbar sein sollten. Die Servietten werden nicht in irgendeiner Hotelvorrichtung gefaltet, sondern einfach in einer dreieckigen Pyramide, auf der das Brötchen oder Brot steht. Dann werden die Messer, Gabeln und

Löffel verteilt, die der Lakai jeweils mit seinem sauberen Handtuch abwischt, damit keine Feuchtigkeit seiner eigenen Hand ihre strahlende Sauberkeit beeinträchtigt. Diese sollten alle aus Silber sein; Zwei Messer, drei Gabeln und ein Suppenlöffel waren die übliche Anzahl, die auf jedem Teller lag.

Vor jedem Teller steht ein kleines Salzgefäß, entweder aus Silber oder Porzellan, in einer fantasievollen Form. Winzige Schubkarren werden häufig verwendet. Eine *Karaffe* mit Wasser sollte sehr spät aufgesetzt werden und frisch aus der Eistruhe sein.

Heutzutage werden für erlesenen Sherry und Madeira sehr dünne Gläser verwendet, die erst gegen Ende des Abendessens aufgesetzt werden, da sie sonst zerbrechen könnten.

Vor jedem Teller werden oft Menü- oder Kartenhalter aus Porzellan oder Silber platziert, um die Karte zu halten, auf der der Name des Gastes und die Speisekarte, aus der er wählen soll, aufgedruckt sind. Auf diese kann jedoch verzichtet werden und das Menü und der Name auf jeden Teller gelegt werden.

Der Butler richtet seine Aufmerksamkeit nun auf seine Anrichten und Tische, von denen er seine Vorräte holen soll. Viele Leute stellen Teller und Porzellan auf ihren Sideboards sehr auffällig zur Schau, und wenn jemand hübsche Dinge hat, warum zeigt man sie dann nicht? Die Ärmeren und Bescheideneren haben auf ihrer Anrichte einfach die Dinge, die sie brauchen. Aber es sollte eine Reihe großer Gabeln, eine Reihe großer Messer, eine Reihe kleinerer, eine Reihe Esslöffel, Soßenkellen, Dessertlöffel, Fischscheiben und Gabeln, ein paar Bechergläser und Reihen Rotwein geben , Sherry- und Madeiragläser und der Vorrat an Esstellern.

Auf einem anderen Tisch oder Sideboard sollten die Fingerschalen und Dessertteller aus Glas, die kleineren Löffel sowie Kaffeetassen und Untertassen platziert werden. Auf dem Tisch neben der Tür sollten die Tranchiermesser und die ersten zu verwendenden Speiseteller liegen. Hier teilt der Oberdiener oder der Butler den Fisch und schneidet das *Piece de Resistance* , das Rinderfilet, die Rehkeule, den Truthahn oder den Hammelrücken. Von diesem Beistelltisch aus sollte das gesamte Abendessen serviert werden. Wenn das Esszimmer klein ist, kann der Tisch im Flur oder in der angrenzenden Speisekammer aufgestellt werden. Während der Fisch serviert wird, sollte der erste Diener Chablis oder eine Art Weißwein anbieten; zur Suppe Sherry; mit Braten, Rotwein und Champagner, wobei jeder Gast gefragt wird, ob er trockenen oder süßen Champagner haben möchte.

Sobald die Teller entfernt sind, sollten sie nicht im Speisezimmer aufbewahrt, sondern sofort in die Küche geschickt werden, wobei ein Dienstmädchen draußen steht, um sie zu empfangen, damit keine Unordnung des Abendessens, noch nicht einmal eine unangenehme, die Sinne der Gäste erreichen kann Geruch. Wenn jeder Teller herausgenommen wird, muss ein neuer Teller an seinen Platz gestellt werden – im Allgemeinen ein sehr schönes Stück Sevres, dekoriert mit einer Landschaft, Blumen oder Gesichtern.

Schaumweine, Hockwein und Champagner werden nicht dekantiert, sondern in Eiskübeln aufbewahrt und bei Bedarf geöffnet. Auf der Anrichte wird der zum Gebrauch dekantierte Wein abgestellt und nach Bedarf ausgegossen; Nachdem das Spiel ausgeteilt wurde, werden Dekanter mit Madeira- und Portweinauswahl vor den Gastgeber gestellt, der sie an seine Gäste weitergibt.

In England ist ein sehr nützliches kleines Möbelstück, ein sogenannter Dinner-Wagen, angebracht. Hierbei handelt es sich um eine Reihe offener Regale, auf denen die zu verwendenden zusätzlichen Servietten oder *Servietten platziert werden.* denn in England wird die erste schwere Serviette weggenommen und mit dem römischen Punsch eine zartere mitgebracht, mit dem Wild eine andere und mit dem Eis noch eine andere. Auf diesem Speisewagen sind alle Dessertteller und Fingergläser untergebracht. Auf dem Teller, der für das Eis dienen soll, befindet sich ein goldener Eislöffel, und ein silbernes Dessertmesser und eine silberne Gabel begleiten die Fingerschale und den Glasteller. In diesem Speisewagen befinden sich auch die Salatschüssel und der Löffel aus Silber, die Salatteller und der silberne Brotkorb, in dem sich dünne Scheiben Schwarzbrot und Butter befinden sollten. Eine Porzellanschüssel mit drei Fächern, mit Käse und Butter und Keksen, die zum Salat gereicht werden, den zusätzlichen Soßen, den Gelees für das Fleisch, den Relishes, den Radieschen und Sellerie, den Oliven und dem gesiebten Zucker – alles Dinge, die als Hilfsmittel benötigt werden Auf diesen Speisewagen, oder *tagere*, wie er in Frankreich genannt wird, können die Teile des Esstisches gestellt werden.

Es sollten keine Esslöffel auf den Tisch gelegt werden, außer denen, die für die Suppe verwendet werden, da die Art, *La Russe zu servieren*, ihre Verwendung ausschließt; und die zusätzlichen Löffel, Menagen und Rollen werden auf die Anrichte gestellt.

Um auf einer großen Dinnerparty zu warten, sind durchschnittlich ein bis drei Personen als Kellner beschäftigt, und wenn nur ein Butler und ein Lakai beschäftigt sind, ist es notwendig, zusätzliche Bedienstete einzustellen.

Vor der Ankündigung des Abendessens stellt der Diener die Suppenterrinen und Suppenteller auf den Beistelltisch. Sobald die Austern gegessen und die Teller entfernt sind, beginnt der Butler mit der Suppe und schickt sie durch zwei Lakaien herum, einer auf jeder Seite, jeder trägt zwei Teller. Jeder Diener sollte sich den Gästen auf der linken Seite nähern, sodass die rechte Hand zum Annehmen des Tellers verwendet werden kann. Eine halbe Kelle Suppe reicht völlig aus.

Manche Damen erlauben ihrem Butler nie, etwas anderes zu tun, als den Wein zu reichen, was er an der *rechten* Hand (nicht an der linken) tut, und jede Person zu fragen, ob sie Sauterne, trockenen oder süßen Champagner, Rotwein, Burgunder usw. haben möchte. Aber wirklich clevere Butler servieren die Suppe, tranchieren und schenken auch den Wein ein. Ein unerfahrener Diener sollte niemals den Wein servieren; Es muss zügig und sauber erfolgen, nicht explosionsartig oder nachlässig. Das Überfüllen des Glases sollte vermieden werden, und die Bediensteten sollten überwacht werden, um sicherzustellen, dass sie Champagner nur denjenigen geben, die es wünschen, und dass sie die Gläser für Damen, die selten etwas trinken, nicht überfüllen.

Ein oder zwei große Tellerkörbe zum Entfernen von benutztem Geschirr und Silber sind notwendig und sollten nicht vergessen werden. Der Butler läutet eine Glocke, die mit der Küche kommuniziert, wenn er etwas benötigt, und gibt so nach jedem *Eingang* oder Gang dem Koch das Signal, eine weitere heraufzuschicken.

Sobald der Fisch herausgenommen wird, werden warme Speiseteller vorbereitet, und auf diesen heißen Tellern serviert der Butler das gesamte Fleisch; Vor dem *Hauptgang* werden den Gästen auch warme Teller serviert , mit Ausnahme *der Gänseleberpastete* , für die eine kalte Platte erforderlich ist.

Eingang passiert, sollte eine gewisse Diskretion an den Tag legen . Ein großer Esslöffel und eine große Gabel sollten auf die Schüssel gelegt und die Schüssel dann niedrig gehalten werden, damit sich der Gast leicht bedienen kann, während der Diener zu seiner Linken steht. Er sollte immer eine kleine Serviette über der Hand haben, wenn er an einem Gericht vorbeigeht. Auch um die Sektflasche sollte eine Serviette gewickelt werden, da diese oft von der Feuchtigkeit aus der Eistruhe tropft. Es ist die Aufgabe des Butlers, den Salat zuzubereiten, was er etwa eine halbe Stunde vor dem Abendessen tun sollte. Heutzutage gibt es so viele Reize, die den Appetit anregen, dass es den Anschein hat, als wären wir alle nach der Art von Heliogabal entschlossen, zu essen und zu sterben. Das Beste davon ist der römische Punsch, der nach dem kräftigen Braten Gaumen und Magen auf die Leinente oder anderes Wild vorbereitet. Dann kommen der Salat und der Käse, dann das Eis und die Süßigkeiten und schließlich *Käse-Savourie* oder *Käse-Fondu* . Dabei handelt es sich lediglich um gerösteten Käse in einer sehr eleganten Form, der in kleinen Silberschalen serviert wird, manchmal schon zu Beginn des Abendessens, direkt nach den Austern, am liebsten jedoch nach den Süßigkeiten.

Nach dem Dessert folgt der *Likör*, der in sehr kleine Gläser gegossen und vom Butler auf einem kleinen silbernen Kellner gereicht wird. Wenn das Eis entfernt ist, wird vor jede Person ein Dessertteller aus Glas mit einer Fingerschale gestellt, mit zwei Gläsern, eines für Sherry, das andere für Rotwein oder Burgunder, und den Trauben, Pfirsichen, Birnen und anderen Früchte werden dann weitergegeben. Nachdem die Früchte rund sind, werden die Zuckerpflaumen und etwas getrockneter Ingwer – eine sehr angenehme Konserve – vor dem Kaffee gereicht.

Die Gastgeberin macht das Zeichen, dass sie sich zurückzieht, und das Abendessen wird beendet. Die Herren bleiben bei Wein und Zigarren, *Likören* und Cognac, und die Damen ziehen sich in den Salon zurück, um zu plaudern und ihren Kaffee zu trinken.

Bei der Auswahl der Blumendekoration für den Tisch hat die Dame des Hauses das letzte Wort. Blumen, die stark duften, sollten nicht verwendet werden. Dass Rosen und Nelken, Veilchen und Flieder geeignet sind, versteht sich von selbst, denn sie sind immer entzückend; aber die schweren tropischen Düfte von Jasmin, Orangenblüten, Hyazinthe und Tuberose sollten vermieden werden. Eine sehr hübsche Dekoration erhält man durch die Verwendung einfarbiger Blumen wie Jacqueminot-Rosen oder scharlachroter Nelken, die, wenn man sie in das glänzende Kristallglas legt, einen sehr brillanten und schönen Effekt erzielen.

Blumen sollten erst kurz vor dem Abendessen auf den Tisch gestellt werden, da sie durch die Hitze und das Licht leicht welken können.

Wir haben den englischen Begriff „Lakaien" verwendet, um zu bezeichnen, was hierzulande üblicherweise als Kellner bezeichnet wird. Ein Kellner in England ist ein Angestellter im Hotel, kein Privatdiener.

Bei der Auswahl der Aufmerksamkeiten für Damen wird viel Geschmack und Einfallsreichtum aufgewendet, und diese hübschen Accessoires – *Bonbonnieres*, bemalte Bänder und Netztaschen sowie mit Blumen bedeckte Fächer – tragen wesentlich zur Eleganz und dem Luxus unseres modernen Esstisches bei.

Eine weniger vernünftige Idee besteht darin, jeder Dame Spielzeug zu präsentieren – zum Beispiel nachgeahmte Musikinstrumente, Knallbonbons, die eine unangenehme Detonation erzeugen, Imitationen von Negerminnesängern, Luftballons, Fahnen und Hummer, Kröten und Insekten aus Pappe. Diese Artikel sind weder geschmackvoll noch amüsant und haben „keine Entschuldigung dafür", außer dass sie die Möglichkeit bieten, mehr Geld auszugeben.

KAPITEL XXXII.
Gefälligkeiten und Bonbonnieres.

Wirklich „die Welt ist für ihr Alter sehr jung." Wir sind nie zu alt, um eine hübsche Aufmerksamkeit oder eine geschmackvolle *Bonbonniere zu bewundern* ; Und wenn wir auf die Saison zurückblicken, erinnern wir uns an die zauberhaftesten Gefälligkeiten, an denen Blumen auf seidenen Bannern gemalt waren und in denen der Name des Besitzers verflochten war. Man könnte meinen, dass die technischen Schwierigkeiten des Malens auf Seide einigermaßen überwunden sind, wenn man die endlosen Geräte aus Satin und bemalten Blumen auf den Mittagstischen betrachtet. Sehr hübsch sind kleine mit Seide überzogene Schachteln in acht- und sechseckiger Form mit eingelassenen Feldern, auf denen Eicheln und Eichenblätter, Rosenknospen oder Lilien gemalt sind und immer der Name oder die Chiffre des Empfängers steht. Das Osterei ist seit langem ein beliebtes Geschenk aus Seide, Satin, Plüsch und Samt, in abgedeckten, eiförmigen Schachteln mit Bonbons; Diese, in einem Nest aus Gold- und Silberfäden in einem *Cloisonn*-Korb gelegt, sind ein sehr hübsches Souvenir, das man von einem Mittagessen mit nach Hause nehmen kann.

Zu den anderen Leckerbissen gesellen sich auch Menühalter aus filigraner Goldarbeit. Diese hübschen kleinen Dinger tragen manchmal ein Foto oder einen Porzellanteller, auf den der Name der Dame gemalt ist, und auch ein paar Blumen. Die kleinen Porzellankarten sind nicht größer als eine Visitenkarte und oft sehr kunstvoll. Das berühmte und bekannte Hufeisen aus Silber oder vergoldetem Silber, das die Menükarte hochhält, ist ein weiterer hübscher Gefallen, und man kann es sehr gut mit nach Hause nehmen, da es zum Federhalter wird, wenn man es auf den Schreibtisch legt. Auch für die Namens- und Menükarten werden Drahtstützen verwendet, die an die Form der Musketen auf Kasernenhöfen erinnern. Plateaus, Muscheln, Körbe, Figuren, Vasen mit Blumen, Delfine, Tritonen, Schwäne, Meerestiere (im Geschirr), Rosen, die sich öffnen und die Zuckerpflaumen freigeben, Korallenzweige und vergoldete Muschelschalen sind alle hübsch, besonders wenn sie gefüllt sind mit Blumen.

Oft sieht man Körbe in verschiedenen Stilrichtungen. Einer, der mit einem breiten Band an der Seite gebunden ist, eignet sich anschließend sehr gut als Arbeitskorb. Sehr geschmackvoll sind durchbrochene Körbe, ausgekleidet mit purpurrotem oder scharlachrotem oder rosa oder blauem Plüsch, mit einer weiteren Auskleidung aus Silberpapier zum Schutz der Pflaumen. Ein sehr hübscher Korb hängt zwischen drei vergoldeten Griffen oder Stangen und ist mit Blumen oder Süßigkeiten gefüllt. Versilberte und vergoldete Käfer bzw. Schmetterlinge, außen angebracht, wirken phantasievoll.

Mit Moos bedeckte Tabletts mit getrockneten Gräsern und Stroh sowie Stapel von Pralinen, die an Munition erinnern, sind dekorativ und wirkungsvoll.

Winzige Schubkarren für Blumen sind eine beliebte Idee. Sie sind aus Stroh gearbeitet, ganz vergoldet oder schwarz oder braun bemalt und mit Gold besetzt; oder vielleicht blassgrün mit einem braunen Rand. Ein sehr hübsches Exemplar könnte aus altem Zigarrenkistenholz gefertigt sein; auf der einen Seite ein in Rot und Gold gemaltes Monogramm, auf der anderen ein Zweig aus Herbstblättern. Aus geschnitztem Holz gefertigte Schubkarren mit Zinn im Inneren können eine wachsende Pflanze enthalten – Stephanotis, Hyazinthen, Farne, Efeu oder jede andere winterharte Pflanze – und sind sehr schöne Souvenirs.

Die Designs für Reticules und *Chtelaines* sind endlos. Bei einem sehr teuren Mittagessen, an dem vierundzwanzig Damen teilnahmen, wurde jedem Gast ein seidenes Taschentuch von einem Quadratfuß überreicht, das mit Maillards Süßigkeiten gefüllt und mit einem exquisit gemalten Landschaftseffekt verziert war. Diese schönen Fadenkreuze können jede beliebige Form haben und aus fast jedem Material bestehen. Ein sehr hübscher Stil ist eine achtseitige, melonenförmige Tasche aus schwarzem Satin, die mit einer Verzierung aus scharlachroten Blumensträußen bemalt oder bestickt ist. Mit Gold geflochtene Seide, Brokat und Plüsch in Kombination sowie türkisches Frottee mit einer *Applikation* in leuchtenden Farben sind alle geeignet und wirkungsvoll.

Im Winter war ein schattierter Satinmuff, in dem eine *Bonbonniere versteckt war* , das Geschenk, das die Herzen von 28 Damen erfreute. Diese lassen sich leicht zu Hause herstellen, und ein Plüschmuff mit einem Vogelkopf ist ein beliebter „Gefallen".

Ein Blasebalg ist eine hübsche und preiswerte *Bonbonniere* . Sie können beim Konditor gekauft werden und schmecken besser als zu Hause; aber wenn man einfallsreich ist, ist es möglich, mit etwas Pappe, vergoldetem Papier, Seide und Leim einen sehr hübschen kleinen Nippes dieser Art herzustellen. Allerdings machen die Franzosen diese Dinge so viel besser als wir, dass eine Dame, die eine Mittagsparty gibt, besser alle ihre Leckereien bei einem Großhändler kaufen sollte. Der Kauf solcher Artikel im Großhandel ist eine echte Wirtschaftlichkeit, da der Einzelhandel den Preis verdoppelt.

Bronze, Eisen und Glas werden alle in den Dienst gepresst, und gelegentlich haben wir bei einem Mittagessen eine ganze militärische Bewaffnung aus Kanonen, Musketen, Schwertern, Bronzehelmen, ganzen Rüstungen, Tazza für Schmuck, Miniaturkästen, Tintenfässern und Pulver -Kisten, alle für ein paar Zuckerpflaumen.

Auf einer Taufparty riechen alle Annehmlichkeiten des Kinderzimmers –
prächtige Wiegen voller Blumen, eine mit Bändern besetzte Stube aus Brillant
für eine *Bonbonniere* , Puderdosen, Puffs, mit Zucker gefüllte Söckchen statt
Füßchen, ein hochgestellter Umhang für Kleinkinder (wirklich über Pappe),
eine Kinderkapuze und sogar das Flanellhemd wurden kopiert. Natürlich
sind die Taufschale und der Silberbecher leicht nachzuahmen.

Parfümeriewaren werden in kleinen Fläschchen aus geschliffenem Glas, in
Bleituben wie Farbtuben, in parfümierten Kunstblumen, in *Pulverbeuteln* und
in den Griffen von Ventilatoren eingeführt.

Von Hand bemalte Schachteln aus satiniertem Holz, kleine Holzhüllen für
Noten und Löschkästen sind eher hübsche Gefälligkeiten. Die schlichten
Schachteln und Buchumschläge können von den jungen Künstlern der
Familie gekauft und verziert werden. Nichts ist schöner als eine Eule, die für
eines davon auf einer Efeuranke sitzt. Tatsächlich spielt die Eule eine sehr
auffällige Rolle auf dem modernen Esstisch und Mittagessen. Seine Fähigkeit,
weise zu wirken und gleichzeitig dumm zu sein, passt zu ihm für die moderne
Gesellschaft. Er betritt es als Pfefferstreuer, als gefiederte *Bonbonniere* , als
Gurkenhalter (in China) und wird in allen Stilrichtungen gezeichnet, gemalt
und fotografiert. Über seinen Namen wird ein Wortspiel gemacht: „Sollte die
Eulenbekanntschaft vergessen werden?" usw. Er ist ein beliebter Schmuck
und wird oft aus Jade geschnitzt. Tatsächlich hat die Eule ihren Tag, da sie
die Nacht immer für sich hatte.

Das Eichhörnchen, der Hund, „der Frosch, der umwerben würde", die weiße
Ente, das Schwein und die Maus, alle sind in Porzellan und in den
verschiedenen Seiden und Gazen des französischen Geschmacks oder in
ihren einheimischen Häuten dargestellt , oder in irgendeiner der
Verkleidungen, die den Leuten gefallen könnten. Bären mit zerlumpten
Stäben bewachen einen Teller moderner Fayence, wie sie es auch vor den
Toren von Warwick Castle tun. Katzen miauen, fangen Mäuse, spielen auf
der Maultrommel, Elefanten voller erlesenster Süßigkeiten, Löwen und Tiger
mit Schokolade im Inneren und sogar das markante Gesicht und die langen
Haare von Oscar Wilde, der in seinem üppigen Schädel zuletzt Kümmel hält
Gehirne, spielten ihre Rolle als Gefallen.

Die grün emaillierte Libelle, Heuschrecken und Käfer, Fliegen und Wespen,
Motten und Schmetterlinge, bunt gefärbte Mandarinenenten, Pfauen und
Strauße, in Kieselsteine geschnittene oder aus Pappe gefertigte Schildkröten,
Garnelen und Krabben – sie alle sorgen kühl für das Mittagessen -Tisch als
Gastgeschenke und *Bonbonnieres* . Dann kommen Gondeln, Kähne,
Dampfschiffe und Fähren aus Gips oder Pappe, alle mit wundersamer
Kunstfertigkeit gebaut und mit Karamell beladen. Imitationen von Schlägern,
Schlagflügeln und Federbällen, Reifen und Stöcken, Kastagnetten, Tassen

und Bällen, Tamburinen, Gitarren, Geigen, Handorgeln, Banjos und Trommeln – sie alle haben als modische Gefälligkeiten ihre kleine Freude.

Kleine Statuetten von Kate Greenaways urigen Kindern erscheinen jetzt als Gefälligkeiten und sind sehr bezaubernd. Auch der „flexible Vorhang", der Ventilator, kommt nicht zu kurz. Solche aus Papier, hübsch, aber nicht teuer, sind weit verbreitete Gefälligkeiten. Aber das opulente Angebot umfasst hübsche Satinfächer, die mit dem Monogramm des Empfängers bemalt sind, oder einen Fächer, der zu Blumen und Kleid passt. Manchmal werden Fächer aus Spitze sowie aus Schildpatt und geschnitztem Elfenbein und Sandelholz präsentiert, aber sie sind zu protzig. Sagen wir den Spendern von Festen: Seien Sie nicht zu großartig, aber wenn Sie einen Fächer schenken, schenken Sie einen, der für etwas gut ist, und nicht für etwas, das mit dem „ersten Fall" zerbricht.

Eine sehr hübsche Reihe von Geschenkartikeln, „Feen" genannt, sind kleine, auf Musselin gemalte Kindergruppen mit einem Hintergrund aus Bändern. Der Musselin ist so dünn, dass die Kinder zu schweben scheinen. Auf dem Band ist auch der Name der Dame aufgemalt.

Wir finden, dass Gefälligkeiten für Herren, wie Sonnenblumen, Nadelkissen, kleine Geldbörsen, Schalnadeln und Ärmelknöpfe, nützlicher sind als solche für Damen, aber nicht so dekorativ.

Sehr hübsche Körbe, sogenannte *Huits* (Körbe, in denen die Weinbauern Erde für die Wurzeln der Weinreben transportieren), bestehen aus Stroh, sind mit künstlichen Blumen und Gräsern verziert und mit Bonbons gefüllt.

Kleine Livorno-Mützen, besetzt mit Pompons aus Musselin in Blau, Rosa oder Weiß, werden mit natürlichen Blumen gefüllt und am Arm aufgehängt. Das sind schöne Variationen.

Früchte – der Apfel, die Birne, die Orange und die Pflaume, herrlich realistisch – bestehen aus einer Komposition und sind offen für die Enthüllung der unerwartetsten Samen.

Eine Kelle, ein Messer, eine Gabel und ein Löffel aus kunstvoll bemaltem Holz sowie ein Paar Ruder behaupten, sie alle seien als künstlerische Neuheiten bekannt.

Taschen aus Plüsch und mit Gänseblümchen bestickter Seide sind sehr schöne und teure Geschenke; Sie sind stark mit Spitze besetzt und kosten vier Dollar pro Stück, werden aber im Dutzend etwas billiger verkauft. Blaue Schärpen mit auf Papier gemalten Blumen (und an der Schärpe ein Papier befestigt, auf dem die Speisekarte geschrieben werden kann) kosten achtzehn Dollar pro Dutzend. Ein Gericht mit Schnecken, erschreckend realistisch, kann für einen Dollar pro Teller gekauft werden, Früchte für achtzehn Dollar pro Dutzend und Fans für zwölf bis hundert Dollar pro Dutzend.

Tausend Dollar sind kein ungewöhnlicher Preis für ein Mittagessen inklusive Blumen und Gefälligkeiten für achtzehn bis vierundzwanzig Gäste. Letzten Winter fand tatsächlich ein Mittagessen statt, bei dem die Gastgeberin einen Preis für Miniaturkopien der in „Patience" verwendeten Musikinstrumente auslobte. Sie wurden ihr für dreihundert Dollar zur Verfügung gestellt. Die Namen dieser mittlerweile fast veralteten Instrumente waren Rappaka, Tibia, Erzlaute, Tambour, Kiffar, Quinteme, Rebell, Tuckin, Erzviola, Leier, Serpentin, Chluy, Viola da Gamba, Balalaika, Gong, Ravanastron, Monochord, Shopkar. Die „Erzlaute" ist die Mandoline. Sie repräsentierten alle Länder und waren zarte Exemplare der Spielzeugkunst.

Wir haben uns noch nicht mit dem weiten Bereich von Glas, Porzellan, Porzellan, *Cloisonné* , Dresden, Fayence-Krügen, Kisten, Tellern, Flaschen und Vasen befasst, die alle als Geschenkartikel verwendet werden. Tatsächlich wäre es unmöglich, die Hälfte der Fantasien zu beschreiben, die der modernen Extravaganz zugrunde liegen. Die *Bonbonniere* kann alles kosten, zwischen fünf und fünfhundert Dollar; Fünfzig Dollar für eine mit Süßigkeiten gefüllte Satinschachtel sind kein ungewöhnlicher Preis. Manchmal, wenn die Schachtel aus oxidiertem Silber besteht – eine malerische Kopie der Antiquität von Benvenuto Cellini – ist dieser Preis nicht allzu hoch; aber wenn es etwas ist, das in einem Monat verblasst, wirkt es lächerlich extravagant.

Wir haben sehr hübsche und kunstvolle günstige Gastgeschenke gesehen. Netztaschen aus heller Baumwolle oder Seidentaschentücher mit Bordüren; von den Künstlern der Familie gemalte Karten; Palmblattfächer, die mit echten Blumen bedeckt oder mit Imitationen bemalt sind; Sonnenblumen aus Pappe, dahinter Mappen; hübsche kleine Sonnenschirme aus Blumen; Rotkäppchen, das als Behältnis für verstreute Pennys fungiert; Japanische Teekannen, mit dem „Gemütlichen", zu Hause hergestellt; kleine Doyleys mit entzückenden Motiven von „Pretty Peggy" und unzähligen anderen anmutigen und bezaubernden Kleinigkeiten.

KAPITEL XXXIII.
NEUHEITEN FÜR DEN ESSTISCH.

Man könnte meinen, dass der moderne Luxus in den delikaten Raffinessen des Abendessens sein Ultimatum erreicht hat, aber jeder Esstisch offenbart die Tatsache, dass es sich hierbei um ein unerschöpfliches Thema handelt. Die Blumenwelt hält unzählige Überraschungen bereit, und die letzte davon ist eine Blumenkamee an einer Tür in Form eines vierblättrigen Kleeblatts. Den Gästen ist also Glück sicher. Da das Hufeisen so oft verwendet wurde, dass es inzwischen, abgesehen von Schmuckstücken, fast veraltet ist, ist das Kleeblatt Einzug gehalten. Ein sehr schönes Abendessen weit oben auf der Fifth Avenue hatte diesen Winter eine völlig neue Idee, insofern als die Blumen über den Kopf gehängt wurden. Die zarte Ranke, die in ihrer Zerbrechlichkeit grünem Spargel ähnelte, hing vom Kronleuchter in allen vier Ecken des Raumes, und an ihr hingen zarte Rosen, Maiglöckchen, Nelken und duftender Jasmin, die ihre Blüten herabströmten Gerüche und ließen sich gelegentlich in den Schoß einer Dame fallen. Das ist ein exquisites Stück Luxus.

Dann hat die Ankunft der duftenden, wunderschönen Osterlilien zwei Monate vor Ostern den zentralen Blumensträußen eine prächtige und stattliche Wirkung verliehen. Es wurde festgestellt, dass die Insel Bermuda ein großes Reservoir dieser Zwiebeln ist, die wie ihre geruchlosen Rivalen, die Zwiebeln, in Fässern in die Luft geschickt werden. Selbst ein Stück einer Zwiebel bringt drei bis fünf Lilien hervor, so dass diese schönen Blumen im Januar günstiger und reichlicher sind als normalerweise im April. Ein Esszimmer, quadratisch, mit reich bestickten, altgoldenen Wandteppichen geschmückt, mit einem runden Tisch für zwanzig Personen, mit Silber und Glas und einem großen Strauß Lilien und grünen Farnen in der Mitte und einer „verrückten Steppdecke". „von Blumen über dem Kopf, könnte durchaus das Gefühl von Traumland reproduzieren, dem moderner Luxus zu folgen versucht.

Wir leben wirklich in den Tagen von Aladdin. Sechs Wochen nachdem im Garten von Minister Whitney in Washington der Grundstein für seinen Ballsaal gelegt worden war, versammelte sich die Gesellschaft in einem prächtigen Apartment mit geriffelter Golddecke und purpurroten Brokatvorhängen, Bronzen, Statuen und Dresdner Kerzenleuchtern sowie einem großen Holzfeuer an einem Ende , in dem sechs Fuß lange Baumstämme brannten — alles sah aus, als wäre es Teil einer alten Baronialburg aus dem Mittelalter.

Der Florist versorgt Sie im Januar mit Rotklee, wenn Sie Ihre Bestellung im Oktober aufgeben. Große Blumensträuße in einem reinen Scharlachrot, das mit keiner anderen Farbe vermischt ist, sind sehr modisch, und die Wirkung in einem sanft beleuchteten Raum ist äußerst verblüffend und schön.

Die Beleuchtung von Räumen mittels Lampen und Kerzen ist für Gastgeberinnen ein großes Ärgernis. Es gibt kaum eine Dinnerparty, aber die Kerzen zünden ihre Fransenschirme an und es kommt zu einer Feuersbrunst. Dann ist bekannt, dass die neuen Lampen, die ein solch strahlendes Licht abgeben, das Metall um den Docht zum Schmelzen bringen, und die Folgen waren katastrophal. Der nächste Schritt wird wahrscheinlich darin bestehen, das Papier in Asbest oder eine andere feuerhemmende Substanz zu tauchen, damit am Esstisch keine Brandgefahr besteht. Die über den Kerzen angebrachten Schirme sollten diese Papierfransen nicht haben; es ist sehr gefährlich. Aber wenn ein Kerzenschirm Feuer fängt, haben Sie die Gelassenheit, ihn selbst verbrennen zu lassen, ohne ihn zu berühren, denn dann ist er völlig harmlos, wenn auch ziemlich abscheulich anzusehen. Bewegen Sie eine Platte darunter, um die herumfliegenden Fragmente aufzufangen, und es entsteht kein Schaden. aber ein gut gemeinter Versuch, es auszublasen oder zu entfernen, führt im Allgemeinen zu einem sehr viel größeren Flächenbrand.

China und Glas verbessern sich weiter; und es gibt juwelenbesetzte Kelche und Mittelstücke aus gelbem Glas, die mit Gold und etwas, das wie Juwelen aussieht, überzogen sind. Messer und Gabeln sind jetzt mit in Silber eingefassten Kristallgriffen erhältlich, die sehr dekorativ und sauber aussehen; diese stammen aus Böhmen. Die endlose Abfolge wunderschöner Teller hat einen immer japanischeren Ton.

Satsuma-Vasen und -Krüge werden oft voller wunderschöner Rosen an eine Dame geschickt und sind so eine bleibende Erinnerung an ein vergängliches Geschenk. Diese Satsuma-Krüge eignen sich hervorragend zum Pflanzen von Hyazinthen und passen gut in die Mitte des Esstisches, wenn die Blumen darin wachsen.

Verblühte Blumen können vollständig wiederhergestellt werden, indem man die Stiele abschneidet und sie in sehr heißes Wasser legt; Stellen Sie sie dann von der Gas- und Ofenhitze fern, und sie stehen mehrere Tage lang frisch auf dem Esstisch, nachdem sie in Ungnade als verblasste oder abgenutzte Blumensträuße verschwunden sind. Die so wiederhergestellten Blumen wurden in eine kalte Bibliothek gelegt, wo das Wasser, sobald es heiß war, steif gefroren ist, und dennoch haben sie diese beiden extremen Temperaturen ohne Verlust ihrer Schönheit überstanden – tatsächlich haben sie von Montagmorgen bis Samstagnacht vorzeigbar überdauert. Was Blumen nicht ertragen können, ist die Luft, in der wir alle leben – welchen Preis unsere Frische kostet, erfahren wir im Frühling – der überhitzte Ofen und die gashaltige Luft des modernen Esszimmers. Das Geheimnis der

Heißwasserbehandlung soll folgendes sein: Der Saft wird in die Blüte geleitet, anstatt in den Stängeln zu verweilen. Rosen reagieren wunderbar auf diese Behandlung.

Die Mode, beim Abendessen tief ausgeschnittene Kleider zu tragen, ist so ausgeprägt, dass die Moralisten beginnen, wöchentliche Aufsätze gegen diese Wiederbelebung herauszugeben, als ob es so etwas noch nie zuvor gegeben hätte. Unsere tugendhaften Großmütter würden erstaunt sein, wenn sie hörten, dass ihre Ballkleider (die nie hoch ausgeschnitten waren) so unmoralisch und unanständig waren. Fakt ist, dass ein ärmelloses Kleid im Pompadour-Stil weitaus mehr eine Offenbarung der Figur ist als ein richtig angefertigtes Abendkleid mit tiefem Ausschnitt. Es gibt keine Linie der Figur, die dem Künstler so am Herzen liegt wie die, die vom Nacken bis zur Schulter verläuft. Ein schöner Rücken ist die Freude des Bildhauers. Keine Dame, die sich mit der hohen Kunst der Kleidung auskennt, würde ihr Kleid jemals zu tief ausschneiden lassen: Es ist hässlich und außerdem unanständig. Diejenigen, die die Mode in Misskredit bringen, sind diejenigen, die sie falsch interpretieren. Die wirklich kunstvolle Modistin schneidet ein Kleid mit tiefem Ausschnitt so, dass die feinen Linien des Rückens sichtbar werden, aber in Frankreich wird es vorne nie zu tief ausgeschnitten. Die übermäßige Hitze eines amerikanischen Esszimmers macht dieses Kleid viel bequemer als die hohen Kleider, die vor einigen Jahren eingeführt wurden, weil eine Prinzessin einen Kropf hatte, den sie verbergen wollte:

Keine Wutausbrüche gegen die Mode haben jemals zu Reformen geführt. Wir müssen die Mode so nehmen, wie wir sie finden, und danach streben, die Kleidung unserem eigenen Stil anzupassen, uns nicht sklavisch an die vorherrschende Mode halten, sondern ihr respektvoll folgen und uns daran erinnern, dass alle Schriften und Erlasse gegen diesen Unterherrscher der Welt wie fallende Sonnenstrahlen sind auf einer Steinmauer. Die Sonnenstrahlen verschwinden, aber die Steinmauer bleibt.

Die moderne verheiratete Schönheit ist bei einem Abendessen normalerweise in Weiß gekleidet, mit viel Kristallbesatz, mit Federn im Haar und mit Diamanten an Hals und Armen und einem Paar langer, brauner schwedischer Handschuhe, die bis zu den Schultern hochgezogen sind; An ihrer Seite hängt ein Federfächer aus Straußenfedern an einem Band oder einer Kette aus Diamanten und Perlen. Die langen, braunen schwedischen Handschuhe sind eine Anomalie; Sie passen nicht zum Rest dieses exquisiten Kleides, aber die Mode schreibt vor, dass sie getragen werden sollen, und deshalb werden sie getragen.

Die feine, stattliche Mode, Federn im Haar zu tragen, ist zurückgekehrt und wird bei Frauen mittleren Alters immer beliebter. Es verleiht ihnen eine königliche Ausstrahlung. Junge Mädchen sehen mit der einfachsten

Kopfbedeckung besser aus; Sie tragen ihre Haare hoch oder tief, je nachdem, was sie wollen.

Monströse und unbequeme Blumensträuße sind wieder in Mode, und es ist eine sehr hässliche Mode. Eine Dame weiß nicht, was sie mit ihren zwei oder drei Blumensträußen bei einem Musical oder einem Abendessen anfangen soll, also werden sie auf einen Tisch gelegt. Das Einzige, was man tun kann, ist, nach dem Abendessen mit ihnen auf dem Schoß zu sitzen, während die *Primadonna* bei einem Musical ihre eigenen auf den Flügel legt.

Es wird immer mehr zur Mode, am Ende eines Abendessens im Salon Musik zu hören, anstatt sie während des Abendessens spielen zu lassen. Um die Gäste zu unterhalten, werden Redner gebeten, die, da sie mit Sumpfschildkröten und Leinwänden gefüttert wurden, eigentlich nicht in Gesprächslaune sein sollten. Das könnte übertrieben sein. Viele Leute unterhalten sich gerne nach dem Abendessen mit den Leuten, die so zufällig zusammengebracht werden; Denn in unseren Großstädten versammelt sich die Gesellschaft am Esstisch sehr oft aus neuen Bekannten, die die Gelegenheit nutzen möchten, einander besser kennen zu lernen.

Wir haben von der Kleidung der Damen gesprochen, die uns, wenn wir weitermachen würden, in alle Einzelheiten von Samt, Satin und Brokat führen würde und eine Abkehr von unserem Thema bedeuten würde; Werfen wir also einen Blick auf die Herren bei einem modernen, äußerst modernen Abendessen. Die Westen sind sehr tief ausgeschnitten und weisen eine mit Piqué bestickte Hemdfront auf, die von einer Niete, meist einem Katzenauge, gehalten wird; Drei Bolzen sind jedoch zulässig. Auch weißes, schlichtes, plissiertes Leinen mit leinenähnlichen Emaille-Nieten liegt voll im Trend. Ein paar junge Männer, manchmal auch Dudes genannt – niemand weiß warum – tragen rosafarbene Korallenstecker oder Perlen, meist schwarze Perlen. Ältere Herren begnügen sich mit schlichten, plissierten Hemden und weißen Krawatten und gönnen sich sogar das Tragen ihrer Uhren auf die alte Art, da die Mode die lange verbannte kurze Westenkette wieder eingeführt hat.

Es ist erfreulich, dass die altmodische Goldkette für den Hals wieder auftaucht. Es hatte immer eine hübsche Wirkung und wird heute häufig als Medaillon, Kreuz oder Medaillon-Porträt getragen, das Damen nach der Louis-Quinze-Mode tragen. Gold steht dunkleren Teints besser als Perlen, und viele Damen begrüßen diese Rückkehr zu Goldketten mit großer Freude.

Herren tragen jetzt zum Abendessen perlmuttfarbene, schwarz bestickte Handschuhe und ziehen sie erst aus, wenn sie sich an den Tisch setzen. Siegelringe für den dritten Finger ersetzen den eingelassenen Schmuck aus totem Gold, der seit einigen Jahren bei Herren in Mode ist.

Die gesamte Dekoration des Esstisches ist in diesem Winter hochwertig – hohe Kerzenständer, hohe Vasen, hohe Gläser für die Blumen und hohe Glaskompotts. Salzstreuer blicken auf; und ein beliebtes Gerät ist eine etwa fünf Zentimeter hohe silberne Vase mit einer Schale für Salz.

Silber und vergoldetes Silbergeschirr, das fünf Jahre lang verbannt wurde, beweist nun wieder seine überragende Eignung für den modernen Esstisch. Die Menschen wurden des Silbers überdrüssig und verbannten es in die Plattentruhe. Jetzt werden alle alten Stücke aufpoliert und tauchen wieder auf; und glücklich ist die Gastgeberin, die eine echte alte Queen Anne hat. Während der Silberdollar an Status verliert, kommt die silberne Suppenterrine oder, wie die Franzosen sagen, die *Soupiere* (und das ist ein gutes Wort) in Mode, und die Teekanne unserer Großmütter nimmt wieder ihren ehrenvollen Platz ein.

KAPITEL XXXIV.
SOMMERABENDESSEN.

Es gibt eine Jahreszeit, in der die Stadtbewohner gerne eine Einladung ins benachbarte Landhaus annehmen, wo der glückliche Vorstadtbürger gerne seine Freunde bewirtet. Es ist jedoch zu bezweifeln, ob Gastfreundschaft für diejenigen, die sie gewähren, ein ungetrübtes Vergnügen ist. Mit jedem Segen des Wohlstands geht ein Übel einher, und eine Dame, die ein Landhaus besitzt, muss sich immer der Tatsache stellen, dass ihre Diener am Samstagabend oft in Scharen aufbrechen und es ihr überlassen, sich nach besten Kräften um ihre Gäste zu kümmern Mai. Je näher man an der Stadt liegt, desto größer ist die Notwendigkeit, einen Dienstboten-Omnibus zu betreiben, der die abreisende Straftäterin zum Zug bringen und die Ankunft ihres Nachfolgers beschleunigen soll.

Keine Dame sollte versuchen, auf dem Land Gäste zu bewirten, die nicht über eine gute Köchin und einen sehr kompetenten Kellner oder eine sehr kompetente Kellnerin verfügt. Letzterer ist, wenn er gut ausgebildet ist, in jeder Hinsicht genauso gut wie ein Mann und in mancher Hinsicht begehrenswerter; Dienerinnen sind in der Regel ruhiger, ordentlicher als die männlichen Bediensteten und erfordern weniger Bedienung. Sowohl von Männern als auch von Frauen sollte verlangt werden, dass sie Schuhe tragen, die nicht knarren, und dass ihre Kleidung makellos gepflegt ist. Dienstmädchen sollten immer Mützen und weiße Schürzen tragen, Männer sollten Frackmäntel, weiße Krawatten und vollkommen frische Wäsche tragen.

Da sich die wohlhabenden Menschen, die einen Butler, einen Kellner, einen französischen Koch usw. haben, um das Abendessen kümmern können, ziehen wir es vor, die Anfragen unserer Korrespondenten, die einfach leben, zu zweit oder zu dritt zu beantworten Diener, die mit Gastfreundschaft und ohne große Kosten bewirten möchten.

Der Speisesaal vieler Landhäuser ist klein und nicht freundlich eingerichtet. Die kürzlich gebauten Häuser sind jedoch in dieser Hinsicht verbessert, und jetzt stellen wir uns ein großes Zimmer vor, das einen schönen Ausblick auf den Hudson bietet und mit duftenden Matten oder einem Hartholzboden ausgelegt ist, auf dem indische Teppiche liegen. Der Tisch sollte oval sein, da diese Form die Gäste näher zueinander bringt. Die Tischdecke zum Abendessen sollte aus weißem Damast sein und so frisch wie süßer Klee; farbige Tücher sind nur zum Frühstück und Tee zulässig. Die Stühle sollten bequem sein und eine hohe, schräge Rückenlehne haben. Im Sommer sind Korbstühle am bequemsten, obwohl die mit Leder bezogenen sehr schön sind. Manche Leute bevorzugen Sessel beim Abendessen, aber die

Armlehnen sind für viele unbequem und nehmen außerdem viel Platz ein. Die armlosen Esszimmerstühle sind die besten.

Da nun ein Abendessen auf dem Land in der Regel erst dann stattfindet, wenn die Herren aus der Stadt kommen, muss die Frage des Lichts berücksichtigt werden. Wenn unsere späten, strahlenden Sonnenuntergänge nicht genug liefern, wie sollen wir dann unsere Sommeressen anzünden? Nur wenige Landhäuser verfügen über Gas. Selbst wenn dies der Fall wäre, wäre es sehr heiß und würde Mücken anlocken.

Kerzen sind sehr hübsch, aber äußerst lästig. Der Wind bläst die Flamme hin und her; die Insekten flattern ins Licht; Eine unglückliche Motte setzt sich auf den Docht und brennt in einen unansehnlichen Kadaver und hinterlässt an einer Seite eine Rinne. Die kleinen Schirme aus rotem Papier fangen an zu brennen und es kommt zu einer allgemeinen Feuersbrunst. Doch Licht ist für die Verdauung unbedingt notwendig, und ohne Licht kann keine Party fröhlich sein. Versuchen Sie es daher mit Karzel- oder Moderatorlampen mit hübschen transparenten Schirmen oder einer Hängelampe mit mattiertem Glasschirm. Diese mit Petroleum gefüllten Lampen – und es muss ordentlich gemacht werden, damit es nicht stinkt – sind die besten Lampen für das Abendessen auf dem Land. Wenn möglich, nehmen Sie jedoch ein Abendessen auf dem Land bei Tageslicht ein. es ist viel fröhlicher.

Nun zur Verzierung des Abendessens. Es sollen Blumen sein – wenn möglich wilde, Gräser, Klee, Butterblumen und ein paar duftende Rosen oder Gartenblumen. Es gibt kein Ende der billigen dekorativen Porzellanartikel, die jetzt für Blumen verkauft werden. Ein Zeitgenosse erwähnt Orchideen, die in Körben auf den Schultern arkadischer Bauern platziert waren; Maiglöckchen mit Blättern, die so hell sind wie ihre Blüten, von Amoretten in Karren gerollt oder in Porzellanpantoffeln gesteckt; Krokusse, die in einem Porzellantopf wachsen, der wie eine Kopie von Victor Hugos „Notre Dame de Paris" aussieht; oder weiße Tulpen in einer Gruppe von drei vergoldeten *Sabots* , groß genug, um einen großen Blumenständer zu bilden, montiert auf vergoldeten, rustikalen Zweigen. Stabile Krüge, Glasschalen, Porzellanschalen und sogar alte Teekannen eignen sich als hübsche Blumenstraußhalter. Die griechische Vase, das klassisch geformte, altmodische Champagnerglas, ist jedoch konkurrenzlos für die hellen Gräser, Gänseblümchen und frischen Gartenblumen.

Hübsches, modernes englisches Porzellan, das billige „alte Blau", das weiß-goldene oder das französische Porzellan mit farbigem Rand sind allesamt gut genug für ein Abendessen auf dem Land; Denn wer zwei Häuser hat, nimmt sein zerbrechliches, teures Porzellan nicht gern mit aufs Land. Hübsch geformte Terrinen und Gemüseschalen tragen wesentlich zur Behaglichkeit und Zufriedenheit der Gäste bei und sind glücklicherweise günstig und leicht zu bekommen. Glas sollte immer dünn und fein sein und Tee- und Kaffeetassen sollten empfindlich auf der Lippe sein: Vermeiden Sie das dicke Geschirr eines Hotels.

Bei einem Abendessen auf dem Land sollte der Tisch nach Möglichkeit in der Nähe eines oder mehrerer Fenster aufgestellt werden; bei schönem Wetter im Saal oder auf der großen Veranda. Wenn die Veranda lange Fenster hat, kann der Diener problemlos ein- und ausgehen. Es sollte eine Anrichte und einen Beistelltisch, Ablagen mit Messern, Gabeln und Löffeln, Geschirr und Gläser, die nicht in Gebrauch sind, und einen Tisch geben, von dem aus der Diener beim Zubereiten der Suppe und beim Tranchieren des Bratens helfen kann, wie an einem heißen Tag nicht man möchte diese beiden Gerichte auf dem Tisch sehen. Einer Magd sollte von ihrer Herrin das Schnitzen beigebracht werden, um Zeit und Ärger zu sparen. Die Suppe für ein Abendessen auf dem Land sollte eine klare Bouillon mit Makkaroni und Käse, *Crème d'Asperge* oder Julienne sein, die alle Gemüsesorten der Saison enthält. Schwere Scheinschildkröten, Bohnensuppe oder Ochsenschwanz sind für ein Abendessen auf dem Land nicht geeignet. Wenn die Dame des Hauses kochbegabt ist, sollte sie ihre Suppen am Vortag zubereiten lassen, bei abgekühlter Brühe alles Fett entfernen und sie selbst würzen.

In einem Landhaus ist es besser, ein kaltes Gericht zur Hand zu haben, das als Reserve dient, falls der Koch gehen sollte. Melton-Kalbfleisch, das am Montag zubereitet werden kann und bis Samstag haltbar ist, eignet sich hervorragend als Reserve; und ein kalter Koch- oder Bratschinken sollte immer auf der Anrichte stehen. Ein hungriger Mann kann aus kaltem Schinken und einer Ofenkartoffel ein gemütliches Abendessen zubereiten.

Jeder Landbesitzer sollte versuchen, einen Gemüsegarten anzulegen, denn frisch geerntete Erbsen, Bohnen, junge Rüben und Salate sind denen, die selbst der beste Lebensmittelhändler liefert, weit überlegen. Und von all dem Luxus eines ländlichen Abendessens ist das frische Gemüse das Beste. Vor allem der müde Bürger, der sich von den Leckereien des Lebensmittelladens an der Ecke ernährt, erfreut sich an der grünen Erbse, dem knackigen Salat und den makellosen Erdbeeren. Ein alter Feinschmecker aus New York verlangt von seinen Landfreunden nur ein Stück gekochtes Pökelschweinefleisch mit Gemüse, einen Kartoffelsalat, etwas Käse, fünf große Erdbeeren und eine Tasse Kaffee. Die große Familie an Salaten trägt dazu bei, dass das Landessen köstlich wird. Dazu eine klare Rindfleischsuppe, eine Scheibe frisch gekochten Lachs, ein Stück Frühlingslamm mit Minzsauce, etwas grüne Erbsen und frische Kartoffeln, einen Salatsalat oder Tomatenscheiben oder Kartoffeln mit etwas Zwiebel, und schon haben Sie es ein Abendessen, das einem Brillat-Savarin würdig wäre; Oder variieren Sie es mit einem Paar gekochter Hühner und einem *Jardiniere* , der aus allen Erbsen, Bohnen, Kartoffeln, Blumenkohl und frischen Rüben vom Vortag besteht und einfach mit einem Bad aus Essig, Öl, Pfeffer und Salz verfeinert wird. Die Dame, die die Salatfrage gemeistert hat, lacht vielleicht über die Launen der Köche und trotzt der Stunde, zu der der Zug abfährt.

Was gibt es Schöneres als einen Eiersalat für eine hungrige Gesellschaft? Kochen Sie die Eier hart, schneiden Sie sie in Scheiben, bedecken Sie sie mit einem *Mayonnaise-* Dressing und legen Sie ein paar Salatblätter auf den Teller, und schon haben Sie eine herzhafte Mahlzeit.

Viele Familien essen im Sommer zum Mittagessen Aufschnitt und warmes Gemüse. Das ist nicht gesund. Lassen Sie das gesamte Abendessen kalt, wenn das Fleisch kalt ist; und ein Abendessen mit kaltem Roastbeef, Salat und kaltem Spargel, angemacht mit Pfeffer, Öl und Essig, ist keine schlechte Mahlzeit.

Für fast jeden ist es jedoch besser, auch bei heißem Wetter ein warmes Abendessen zu sich zu nehmen, da die Verdauung durch die wohltuende Kraft der Kalorien gefördert wird. Tatsächlich wird Dyspepsie, die bei Amerikanern fast überall vorkommt, auf die in diesem Land vorherrschende Gewohnheit zurückgeführt, Eiswasser zu trinken.

Karaffen mit Eiswasser, eine silberne Eisschale und eine Eiszange auf den Tisch gestellt werden. Bei den Desserts gibt es eine schier endlose Auswahl, und mit Sahne in ihrer Molkerei und einem patentierten Eiscreme-Gefrierschrank in ihrer *Küche* muss es der Haushälterin nicht an delikaten und köstlichen Gerichten aus Beeren und Früchten mangeln. Es sollten keine heißen Puddings oder schwere Kuchen serviert werden; aber der Obstkuchen ist eine ausgezeichnete Süßigkeit und sollte als *Ravir zubereitet werden* ; Der Teig sollte auf der Zunge zergehen und die Früchte mit viel Zucker gedünstet sein. Sahne sollte in großen Glaskrügen auf den Tisch gestellt werden, denn sie ist ein großer Luxus des Landes und der Sommersaison.

Die kalten Vanillepuddings, Charlotte-Russe, und die mit Gelatine steifen und fein gewürzten Cremes eignen sich sehr gut für ein Sommeressen. So ist es auch mit selbstgebackenem Kuchen, wenn er gut gemacht ist: Das ist in der Tat immer seine einzige „Entschuldigung für das Sein".

Kompott ist in England ein beliebtes Dessert, und die Stachelbeere, die hier nur wenig verwendet wird, ist dort sehr beliebt. Amerikaner essen Obst am liebsten frisch und haben daher nicht gelernt, es zu schmoren. Das Schmoren ist jedoch ein Zweig der Kochkunst, der die Aufmerksamkeit einer erstklassigen Haushälterin wert ist. Es macht sogar die eingemachten Abscheulichkeiten besser, und die mit Zucker gedünstete kalifornische Aprikose aus der Dose ist eine der köstlichsten Süßigkeiten und sehr bekömmlich; Mit Zucker gedünstete Pfirsiche aus der Dose verlieren den

Geschmack von Dose, was die Zähne nervös macht, und gedünstete Johannisbeeren sind köstlich.

Jede Haushälterin sollte lernen, Makkaroni gut zuzubereiten. Es lohnt sich, eine Stunde bei Martinelli zu verbringen, denn dieses italienische Grundnahrungsmittel ist preisgünstig und bei richtiger Zubereitung äußerst schmackhaft. Auch Reis sollte auf der Sommerspeisekarte nicht fehlen, als gelegentlicher Ersatz für Kartoffeln, die manche Menschen nicht essen können.

Bei sommerlichen Abendessen sollte beim Sitzen der Gäste nie etwas anderes auf dem Tisch stehen als die Blumen und das Dessert, die Eiskrüge oder *Karaffen* und Schüsseln mit Eis, das Glas, das Porzellan und das Silber; die letzten drei sollten alle einfach sein , und nicht reichlich.

Aus Angst vor Einbrechern verwenden viele Familien heute in ihren Landhäusern nur noch plattierte Löffel, Messer, Gabeln und Geschirr. Die moderne Platte ist so gut, dass es weniger Einwände dagegen gibt als früher; Aber die echte Haushälterin liebt die echten silbernen Löffel und Gabeln und verwendet sie am liebsten.

Die auffällige Zurschaustellung von Silber ist bei einem Abendessen auf dem Land jedoch geschmacklos. Glasgeschirr ist viel eleganter und angemessener und ziemlich teuer genug, um den Titel Luxus zu tragen.

Vermeiden Sie alle fettigen und schweren Gerichte. Gutes Roastbeef, Hammelfleisch, Lammfleisch, Kalbfleisch, Hühner und frischer Fisch sind immer in Ordnung, denn das System sehnt sich sowohl im Sommer als auch im Winter nach der Unterstützung dieser Feststoffe; Aber bieten Sie kein Schweinefleisch an, es sei denn in der zartesten Form und dann in kleinen Mengen. Gebratenes, gepökeltes Schweinefleisch ist, wenn es nicht zu fett ist, immer eine angenehme Ergänzung zum gegrillten Geflügel.

Gegrillter Fisch, gebratenes Hähnchen, gebratener Schinken, gebratene Steaks und Koteletts sind immer zufriedenstellend. Der Rost machte St. Lawrence fit für den Himmel, und seine Qualitäten werden seitdem immer weiter verfeinert und verfeinert. Nichts kann bei einem Sommeressen weniger gesund oder weniger geschmacklich sein als frittiertes Essen. Die Bratpfanne hätte schon vor langer Zeit ins Feuer geworfen und verbrennen sollen.

Der Haushälter, der in der Nähe des Meeres wohnt, hat eine große Auswahl an leckeren Krabben, Muscheln, Hummern und anderen Krustentieren. Der frische Fisch, die gebratenen Muscheln usw. ersetzen die teuflischen Nieren und gebratenen Knochen des Winters. Aber jede Hausfrau sollte die Märkte ihrer Nachbarschaft studieren. In vielen ländlichen Gebieten verschenken die Metzger Bries und andere Häppchen, die den Inbegriff von Luxus darstellen, oder werfen sie den Hunden zu. Der Kalbskopf wird vom Käufer auf dem Land abgelehnt, und ein Franzose, dem die *Physiologie, die er* hatte, in den Fingern steckte, erklärte, dass er in einem ländlichen Ort, keine fünf Meilen von New York entfernt, luxuriöse Abendessen mit dem gab, was der Metzger weggeworfen hatte.

KAPITEL XXXV.
MITTAGESSEN, INFORMELL UND GESELLSCHAFTLICH.

Das informelle Mittagessen wird in diesem Land vielleicht weniger verstanden als in jedem anderen, weil es selten notwendig ist. Auf dem Land nennt man es frühes Abendessen, Kinderessen oder Damenessen; in der Stadt, wenn die Herren alle in der Stadt sind, blüht dann das aufwendige Damenessen auf.

Aber in England, in einem Landhaus und in der Tat in London ist das Mittagessen eine anerkannte und sehr köstliche Mahlzeit, bei der sich die angesehensten Männer und Frauen bei einem Joint und einer Kirschtorte treffen und eine Stunde lang ohne Hemmungen reden und lachen des späten und formellen Abendessens.

Es nimmt einen herausragenden Platz in der Geschichte der Gastfreundschaft ein und Lord Houghton war unter anderem für seine unzeremoniellen Mittagessen berühmt. Da es sich um ein informelles Essen handelt, werden die Einladungen in der Regel erst kurz vor dem Tag, zu dem der Empfänger eingeladen wird, verschickt und sind in der Ich-Form verfasst. Lord Houghtons Worte lauteten oft einfach: „Kommen Sie morgen zum Mittagessen mit mir." In unseren prominenten Sommerferienorten laden Damen, die über ein eigenes Haus verfügen, ihre männlichen Freunde in der Regel freiwillig *zum* Mittagessen ein. Von ihnen wird erwartet, dass sie davon ohne Umschweife Gebrauch machen, und in Newport wird der Tisch immer mit „zusätzlichen Messern und Gabeln" gedeckt, oder zwei oder drei, je nach Bedarf. Damen sollten jedoch unbedingt zu dieser Mahlzeit eingeladen werden, wie auch zu anderen.

Es ist eine sehr bequeme Mahlzeit, da sie eine unregelmäßige Anzahl von Damen oder Herren zulässt; Es ist gesprächig und einfach und weder mühsam noch teuer.

Die Uhrzeit des Mittagessens wird angegeben, auf Pünktlichkeit wird jedoch nicht geachtet. Einem Gast, dem gesagt wird, er dürfe jeden Tag um halb eins vorbeikommen, wird es verziehen, wenn er erst um zwei Uhr kommt.

Damen können mit Hüten oder Hauben kommen; Herren in Rasentennisanzügen, wenn sie es wünschen. Es obliegt der Gastgeberin, nicht jedoch dem Gastgeber, anwesend zu sein. Dabei spielt es keine Rolle, wo die Gäste sitzen, und sie gehen einzeln hinein, nicht Arm in Arm.

Sowohl weiße als auch farbige Tischdecken sind gleichermaßen geeignet, und manche Leute verwenden auch blankes Mahagoni, aber das ist ungewöhnlich.

Die bequemsten und unkompliziertesten Mittagessen werden vom Buffet oder Beistelltisch serviert und die Gäste bedienen sich an kaltem Schinken, Zunge, Roastbeef usw. Obst, Wein und Brot sollten auf dem Tisch stehen.

Vor jedem Stuhl stehen zwei Teller, eine Serviette mit Brot, zwei Messer, zwei Gabeln und Löffel, ein kleiner Salzstreuer und drei Gläser – ein Becher für Wasser, ein Rotweinglas und ein Sherryglas.

Bouillon wird manchmal im Sommer angeboten, aber nicht oft. Wenn es gut serviert wird, sollte es in Tassen serviert werden. Gerichte mit angerichtetem Salat, kaltem Geflügel, Wild oder warmen Koteletts können der Gastgeberin vorgelegt oder vom Diener gereicht werden. Suppe und Fisch werden bei diesen Mittagessen nie angeboten. Manche Menschen bevorzugen ein warmes Mittagessen, und Koteletts, Vögel auf Toast oder ein Beefsteak mit Kartoffelpüree, Spargel oder grünen Erbsen sind geeignete Gerichte.

Auf dem Land ist es angemessen, ein komplettes Mittagessen anzubieten oder einen kalten Joint auf der Anrichte zu genießen; und nachdem der ernstere Teil des Mittagessens entfernt wurde, kann die Gastgeberin die Dienerschaft entlassen und mit Hilfe ihrer Gäste das Eis oder die Torte selbst servieren. Saubere Teller, Messer und Gabeln sollten bereitliegen.

In England wird ein „Hot Joint" immer vom Sideboard serviert. Tatsächlich ist ein englisches Mittagessen genau das, was früher ein einfaches amerikanisches Abendessen war – ein Hammel- oder Rindfleischbraten, ein paar Gemüsesorten, eine Torte, etwas Obst und ein Glas Sherry. Aber wir haben die Praxis erheblich geändert, und jetzt bietet unser luxuriöses Land nichts Schlichtes mehr.

In diesem Land bleibt im Allgemeinen ein Kellner während der gesamten Mahlzeit und bedient den Tisch wie beim Abendessen – nur mit weniger Zeremonie. Beim Mittagessen ist es völlig in Ordnung, dass jeder aufsteht und sich bedient, was er möchte.

Tee und Kaffee werden nach dem Mittagessen niemals im Salon oder Esszimmer serviert. Es wird nicht erwartet, dass die Leute nach dem Mittagessen lange bleiben, da die Dame des Hauses möglicherweise für den Nachmittag Verabredungen hat.

In vielen Häusern arrangiert der Butler das Mittagessen, einen Tisch mit Blumen oder Obst, Tellern mit dünnem Brot und Butter, Gelees, Cremes, Kuchen und Eingemachtem, einem Teller mit kalter Lachsmayonnaise und Karaffen mit Sherry und *Rotwein* . Er stellt einen kalten Schinken oder ein

Hühnchen auf die Anrichte und einen Krug Eiswasser auf einen Beistelltisch, verlässt dann das Esszimmer und achtet bis zum Abendessen nicht auf die niederen Bedürfnisse der Menschheit. An die Stelle dieses erhabenen Wesens tritt ein Untermann oder Lakai, der am Tisch aufwartet.

In bescheideneren Häusern, in denen es nur ein Dienstmädchen oder einen Mann gibt, sollten alle Vorkehrungen für das Mittagessen und die erwarteten Gäste unmittelbar nach dem Frühstück getroffen werden.

Wenn die Kinder mit der Familie zu Mittag essen, wird es natürlich zu einer wichtigen Mahlzeit und sollte ein warmes Gericht und ein einfaches Dessert umfassen.

Für Menschen, die auf dem Land leben und über ein gewisses Maß an Stil verfügen, ist es gut, sich mit der Zubereitung von Salaten und kalten Gerichten vertraut zu machen, denn diese eignen sich so hervorragend zum Mittagessen, dass sie einer Gastgeberin oft große Demütigung ersparen. Wenn man auf kleine Details achtet, kann eine sehr bescheidene Mahlzeit am elegantesten sein. Ein silberner Brotkorb für die dünnen Brotscheiben, eine hübsche Käseschale, eine Serviette um den Käse, Butterstücke in einer hübschen Schale, Blumen in Vasen, ordentlich servierte Früchte — diese Dinge kosten wenig, aber sie verleihen dem Ganzen eine besondere Würze zu den Freuden der Tafel.

Wenn ein warmes Mittagessen serviert wird, gehört es nicht zur Etikette, das Gemüse wie beim Abendessen auf den Tisch zu legen; Sie sollten vom Kellner ausgehändigt werden. Der Mittagstisch ist bereits voll mit Nachspeiseartikeln und für das Gemüse ist kein Platz mehr. Die warmen *oder* kalten *Vorspeisen* werden dem Herrn oder der Herrin vorgelegt, und jeder Gast wird gefragt, was er bevorzugt. Der gesamte Aspekt des Mittagessens wird somit vollkommen informell gestaltet.

Wenn eine Dame ein formelleres Mittagessen gibt und es *la Russe servieren lässt* , wird das erste *Hauptgericht* — sagen wir Koteletts und grüne Erbsen — vom Kellner gereicht, beginnend mit der Dame, die zur Rechten des Hausherrn sitzt . Es folgt Gemüse. Da die Teller erneuert wurden, können ein Salat und etwas kalter Schinken angeboten werden. Der Kellner füllt die Gläser mit Sherry oder bietet Rotwein an. Wenn zum Mittagessen Champagner serviert wird, geschieht dies unmittelbar nach dem Servieren des ersten Gangs, und Rotwein und Sherry werden dann nur dann gegeben, wenn man darum gebeten wird.

Nach dem Salat wird jeder Person ein frischer Teller mit einem Dessertlöffel und einer kleinen Gabel darauf gestellt. Das Eis, die Torte oder der Pudding wird dann vor der Gastgeberin platziert, die es anschneidet und eine Portion auf jeden Teller legt. Nachdem diese Köstlichkeiten besprochen wurden, werden jedem Gast ein Glasteller, *eine Serviette* und eine Fingerschale für Obst hingestellt. Der Diener nimmt seiner Herrin den Teller ab, nachdem sie ihn gefüllt hat, und reicht ihn der Dame, die ihm die erste Wahl stellt, und so weiter. Wenn beim Mittagessen nur Familienmitglieder anwesend sind, wird zuerst der Hausherrin geholfen.

Obsttörtchen, Pudding, süßes Omelett, Gelees, Pudding und Eis sind die richtigen Desserts zum Mittagessen. auch Mittagskuchen oder die einfacheren Kastenkuchensorten.

In allen Haushalten ist es sinnvoll, wenn möglich, dass die Kinder bei ihren Eltern frühstücken und zu Mittag essen. Mit der Vermittlung von Tischmanieren kann nicht zu früh begonnen werden. Aber Kinder sollten niemals Gäste belästigen. Gäste, die nicht alt genug sind, um sich bei Tisch gut zu benehmen, sollten nicht zu den Mahlzeiten eingeladen werden, bei denen sie anwesend sind. Es ist sehr anstrengend für Eltern, Gäste und Bedienstete.

Wenn das Mittagessen eine angenehme gesellige Mahlzeit sein soll, an der die Gäste teilhaben sollen, sollten die Kinder woanders essen. Keiner Mutter gelingt die Erziehung ihrer Kinder besser als der Mutter, die über ein Esszimmer im Kinderzimmer verfügt, in dem ihre Jungtiere unter eigener Aufsicht richtig gefüttert werden. Es ist auch nicht so viel Ärger, wie man meinen könnte.

Tischsets werden in stilvollen Häusern nicht mehr verwendet, weder beim Mittag- noch beim Abendessen. Der Kellner sollte ein grobes Handtuch in der Speisekammer des Butlers haben und jedes Gericht abwischen, bevor er es auf den Tisch stellt.

Beim Mittagessen werden niemals Menükarten verwendet. Salzfässer und kleine Wasserkaraffen *können* oben und unten auf dem Esstisch aufgestellt werden.

In unserem Land, wo die Bediensteten weglaufen und ihre Herrin verlassen, wenn sie Gäste erwartet, ist es gut, aus den zur Verfügung stehenden Materialien ein Gericht improvisieren zu können. Nichts ist besser als eine Kabeljau *-Mayonnaise* . Ein morgens gekochter Kabeljau ist nachmittags ein Freund. Wenn es kalt ist, Haut und Knochen entfernen. Für die Soße etwas dicke Sahne in einen Porzellantopf geben und mit Maismehl, das mit kaltem Wasser vermischt wurde, andicken. Wenn es zu kochen beginnt, das geschlagene Eigelb von zwei Eiern unterrühren. Beim Abkühlen gut schlagen, damit es keine Klumpen bildet, und wenn es fast kalt ist, den Saft von zwei Zitronen, etwas Estragon-Essig, eine Prise Salz und eine Suppe Cayennepfeffer *unterrühren* . Einige sehr reife Tomaten oder kalte Kartoffeln schälen und in Scheiben schneiden; Tauchen Sie sie in Essig, Cayennepfeffer,

Ingwerpulver und reichlich Salz. Diese um den Fisch legen und mit der Sahnesoße bedecken. Dies ergibt ein sehr elegantes kaltes Gericht zum Mittagessen. Die Tomaten oder Kartoffeln sollten aus dem Essig genommen und sorgfältig abgetropft werden, bevor sie um den Fisch gelegt werden.

Einige sorgfältig von den Enten, Gänsen oder Hühnern des gestrigen Abendessens getrennte Innereien sollten in guter Rinderbrühe gedünstet und dann zum Abkühlen aufbewahrt werden. Geben Sie sie in einen Topf mit getrockneten Erbsen und kochen Sie sie, bis sie zu Brei zerfallen. Servieren Sie diese Mischung heiß auf Toast, und wenn Sie sie richtig mit Salz und Pfeffer würzen, haben Sie ein gutes Mittagsgericht.

Gemüsesalate aus Roter Bete, Kartoffeln und Salat sind immer köstlich, und die sorgfältige Hausfrau, die früh morgens aufsteht und für eine Runde kaltes Corned Beef, viel Brot und einen Mittagskuchen sorgt, muss den kurzlebigen Koch nicht bereuen. oder Angst vor dem kommenden Stadtgast haben.

Jede Landhausfrau sollte lernen, Gerichte mit Kapern, einem Rand aus Brunnenkresse, glatter Petersilie oder in ausgefallene Formen geschnittenem Gemüse zu garnieren.

Kartoffeln, Eier und kaltes Hackfleisch gehören in ihrer schlichten Einfachheit nicht zu den Luxusgütern. Aber wenn das zerkleinerte Fleisch sorgfältig erwärmt und gut gewürzt wird und auf Toast gelegt wird, wenn die Kartoffeln gehackt und gebräunt und um das Fleisch gelegt werden, wenn die Eier gekocht, in Scheiben geschnitten und als Beilage herumgelegt werden, und ein paar Kapern usw Mit einem Rand Petersilie ergibt sich ein Delmonico-Ragout, das Brillat-Savarin genossen hätte.

KAPITEL XXXVI.
ABENDESSENPARTYS.

Nach einem langen Rückzug in die Schatten ist die Abendmahlsparty, das „Sitzabendessen", das unseren Vorfahren einst so am Herzen lag, wieder zu neuem Leben erwacht. Führungskräfte der Gesellschaft in Newport haben herausgefunden, dass nach dem herzhaften Mittagessen, das dort jeder um ein oder drei Uhr isst, das Zwölf- oder Vierzehn-Gänge-Menü um sieben Uhr zu viel ist; dass die Leute nur ungern von ihrem Ausflug aufs Meer nach Hause kommen, um sich anzuziehen; und im letzten Sommer wurden daher Einladungen zum Abendessen um neun oder halb neun herausgegeben. Die Abendessen in Privathäusern, die zuvor aufgrund der Bequemlichkeit und Beliebtheit der großen Restaurants aus der Mode gekommen waren, wurden wieder aufgenommen. Die sehr späten Abendessen in Großstädten haben zweifellos auch dazu geführt, dass das Abendessen nicht zu einer beliebten Unterhaltung wurde; Aber es gibt keinen Grund (außer der Missbilligung der Ärzte), warum Abendessen auf dem Land oder dort, wo die Leute früh essen, nicht in Mode sein sollten. In England, wo die Verdauung besser ist als hier und wo die Menschen schwerer essen, ist das „Abendessentablett" eine Institution, und Abendessen werden im Allgemeinen in jedem englischen Landhaus serviert; und wir können die Tatsache anerkennen, dass das Abendessen – das kleine Abendessen, das unseren Freunden des letzten Jahrhunderts so am Herzen lag – hier wieder in Mode zu kommen scheint. Nichts kann bedeutsamer sein, als dass *Harper's Bazar* viele Briefe erhält, in denen er um Anweisungen zum Eindecken des Tisches für das Abendessen und um den richtigen Service des Fleisches gebeten wird, das den Tisch fröhlich bedecken und diese immer angenehme Mahlzeit bereichern soll.

Im Allgemeinen gilt bei einem Abendessen derselbe Service wie bei einem Abendessen, mit der einzigen Ausnahme der Suppenteller. Austern in der halben Schale und in Tassen servierte Bouillon sind die ersten beiden Gänge. Wenn ein warmes Abendessen serviert wird, sind die üblichen Gerichte Bries mit grünen Erbsen, *Ctelettes la Financiere* und Wild der Saison, wie z. B. Schilfvögel im Herbst, Enten, Wildbret oder Waldschnepfe; Salate aller Art sind in Ordnung und werden oft zum Wild serviert. Dann folgen Eis und Obst. Käse wird selten angeboten, obwohl manche *Feinschmecker* darauf bestehen, dass zum Salat etwas nötig sei.

Nach jedem Gang werden alle benutzten Teller und Messer und Gabeln durch frische ersetzt und die Ordnung und Sauberkeit auf dem Tisch bis zum Ende des Abendessens gewahrt. Wir würden es für unnötig halten, dieses offensichtlichste Detail der Tischdekoration zu erwähnen, wenn nicht mehrere Korrespondenten darum gebeten hätten, darüber informiert zu werden.

Es gibt natürlich das informelle Abendessen, bei dem die Gerichte alle zusammen auf einem Tisch platziert werden, wie bei einem Abendessen auf einem großen Ball. Fleisch, angerichteter Lachs, Hühnchenkroketten , Salate, Gelees und Eis sind Teil der alarmierenden *Mischung* , die ein Gast zu sich nehmen soll, und zwar nur mit der Diskretion, die ihm Klugheit oder Neigung gebietet. Aber dies ist nicht das elegante „Sitzen"-Abendessen, das es wert ist, mit seinen Gängen, seiner Etikette und seinen brillanten Gesprächen wiederbelebt zu werden, an dem unsere Großmütter so viel Freude hatten.

Ein großes Mittelstück aus Blumen mit Früchten und Süßigkeiten in Glasbehältern *sowie* hohe Formen von *Nougat* und anderen Zuckergegenständen sind geeignete Standards für eine elegante Abendtafel. In hübschen Dekantern können drei Weinsorten auf den Tisch gestellt werden: Sherry, Madeira und Burgunder. Die Gäste finden Austern auf der Halbschale, mit kleinen Fischgabeln, bereit zum Verzehr. Die Serviette und das Brot werden seitlich oder vor jeden Teller gelegt. Diese Teller werden entfernt, andere einfache Teller werden an ihre Stelle gestellt und Tassen mit Bouillon werden mit goldenen Teelöffeln serviert. Dieser Gang ist bestanden, weitere Teller werden vor den Gast gestellt und einige Hähnchenkroketten *oder* Hummer- *Farci* werden gereicht. Zu den Austern sollte bereits Sherry oder Madeira gereicht worden sein. Zum dritten Gang wird eisgekühlter Champagner angeboten. Dann folgen Wild oder gebratene Austern, Salate und eine Scheibe *Foie Gras* , vielleicht mit Tomatensalat; und anschließend Eis, Gelees, Obst und Kaffee und für die Herren ein Glas Brandy oder Likör. Jeder Kurs wird abgenommen, bevor der nächste präsentiert wird. Geflügel und Salat werden zusammen serviert.

Es gibt auch ein viel einfacheres Abendessen, das oft von einer gastfreundlichen Gastgeberin nach der Oper oder dem Theater angeboten wird. Es besteht aus ein paar Austern, einem Paar kalter Brathähnchen, einem Teller Hummer oder einem einfachen Salat, vielleicht mit einem Glas Champagner und einer Eissorte, und es ist mit sehr wenig Ärger oder Kosten verbunden, und das kann man mit Sicherheit sagen so viel Freude bereiten wie das üppigere Fest. Diese informelle Erfrischung wird oft auf ein rotes Tischtuch gestellt, mit einer Schüssel mit Orangen und Äpfeln in der Mitte des Tisches, und ein Diener reicht aus. Es sollte jedoch beim Wechseln von Tellern, Messern, Gabeln usw. die gleiche Etikette gelten wie bei der aufwändigeren Mahlzeit.

Die gute Haushälterin, die ihrer hungrigen Familie jeden Abend ein Abendessen serviert, kann durch die Lektüre englischer Kochbücher zu diesem Thema viele appetitliche Tricks erlernen. Als Abendessen wird fast ein zerhacktes Gericht aus dem vom Abendessen übrig gebliebenen Fleisch serviert, garniert mit Petersilie, einem Kartoffelsalat, ein paar Scheiben kaltem Corned Beef oder Schinken, ein paar eingelegten Zungen, Brot, Butter und Käse, dazu Ale oder Apfelwein jedes englische Haus im Land.

Das Silber und das Glas, das Porzellan und die Früchte sollten genauso sorgfältig gepflegt werden wie bei einem Abendessen und alles sollte so ordentlich und elegant wie möglich sein, selbst bei einem informellen Abendessen.

Austern, das universelle Nahrungsmittel der Amerikaner, sind für ein Abendessen von unschätzbarem Wert. Gebratene Austern verbreiten einen unangenehmen Geruch im ganzen Haus und eignen sich daher nicht so gut für Privatwohnungen wie überbackene Austern, die nachmittags zubereitet werden können und beim Kochen keinen Geruch abgeben. Gegrillte Austern sind sehr empfindlich und ein beliebtes Gericht bei einem informellen Abendessen. Gegrillte Vögel und gebratene Knochen sind großartige Delikatessen, aber sie müssen von einem sehr guten Koch zubereitet werden. Hühnchen in verschiedenen Formen, gehackt, gebraten, kalt oder im Salat – ist nützlich; Kalbfleisch kann für all diese Zwecke verwendet werden, wenn kein Huhn zur Verfügung steht. Auch die schonend behandelten Hühnerleber ergeben ein sehr gutes Gericht und Pilze auf Toast passen perfekt zu ihrer Jahreszeit. Heißes Gemüse wird nie serviert, außer grüne Erbsen zu anderen Gerichten.

Rindfleisch, außer in Form eines Filets, kommt bei einem Abendessen im Sitzen nie vor, und selbst ein Filet ist etwas zu schwer. Hummer in jeder Form ist eine beliebte Delikatesse zum Abendessen, und das Moorhuhn; Bekassine, Waldschnepfe, Krickente; Canvasback und Squab on Toast sind immer in Ordnung.

In Zeiten italienischer Lagerhäuser und importierter Delikatessen bieten gepresstes und geliertes Fleisch, *Wurstwaren* , Würstchen und gewürzte Zungen eine Abwechslung für ein kaltes Abendessen. Ohne Salat ist kein Abendessen perfekt.

Die Römer machten viel aus dieser Mahlzeit, und zu ihren Delikatessen gehörten Esel, Hund und Schnecke, Seeigel, Austern, Spargel, Wildbret, Wildschwein, Brennnesseln, Fisch, Geflügel, Wild und Kuchen. Die Deutschen essen heute zum Abendessen Wildschwein, Kopfkäse, Gurken, getrocknetes Gänsefleisch, Würstchen, Käse und Salate und trinken dazu Bier. Die Franzosen begannen unter Ludwig XIV., das Abendessen zu ihrer fertigsten Mahlzeit zu machen. Sie verwendeten goldenes und silbernes Geschirr, Kristallbecher und Kelche, erlesene Trauben krönten die *Pergne* und erlesenste Früchte wurden in goldenen Schüsseln serviert. Zu den fein zubereiteten Fleischgerichten schickten die Köche pikante Soßen, die Weine wurden heiß und gewürzt getrunken. Letztere werden jetzt eisgekühlt eingenommen. Viele alte Haushälterinnen servieren jedoch zum Winterabendessen einen reichhaltigen, warmen Portwein. Es ist ein köstliches und nicht ungesundes Getränk und lässt sich leicht zubereiten.

Die Ärzte verurteilen, wie gesagt, ein spätes Abendessen, aber die Vor- und Nachteile dieses Themas lassen sich diskutieren. Das muss allerdings jeder für sich selbst entscheiden.

Nur wenige Menschen können die Aufregung eines Abends – einer Oper, eines Theaterstücks oder eines Konzerts oder sogar die angenehme Unterhaltung einer Abendparty – miterleben, ohne Hunger zu verspüren. Wenn dieser Appetit nicht gestillt wird, führt dies bei vielen zu Schlaflosigkeit. Beim Abendessen leicht zu essen und zu trinken ist ein natürlicher Instinkt der Menschen, wenn sie erwarten, sofort zu Bett zu gehen; aber Aufregung ist eine große Hilfe für die Verdauung, und ein schweres Abendessen bereitet manchmal keine Unannehmlichkeiten.

Keats scheint eine Vision einer modernen Abendtafel gehabt zu haben, als er schrieb:

„Sanft deckte er einen Tisch und ... warf darauf ein Tuch aus geflochtenem Purpur, Gold und Gagat; ... aus dem Schrank kam ein Haufen kandierter Äpfel, Quitten, Pflaumen und Kürbisse, mit Gelees, das beruhigender war als der cremige Quark, Und leuchtende Sirupe, gedämpft mit Zimt, Manna und Datteln: ...gewürzte Leckereien für jeden.“

Da das Abendessen eine reine Luxusmahlzeit ist, sollte es sehr lecker sein. Alles soll geschmackvoll und appetitlich sein; Die Weine sollten ausgezeichnet sein, der Rotwein nicht zu kühl, der Champagner *Frapp* , oder fast so, der Madeira und der Portwein sollten die Raumtemperatur haben und der Sherry kühl. Wenn Punsch serviert wird, sollte dieser am Ende des Abendessens serviert werden.

Viele nachsichtige Wirtsfrauen gestatten jungen Herren heute, am Abendbrottisch eine Zigarette zu rauchen, nachdem das Essen und Trinken zu Ende ist, anstatt den köstlichen Gesprächsfluss zu unterbrechen, der am Ende eines Abendessens am besten zu sein scheint. Dies sollte jedoch nur dann geschehen, wenn jede Dame am Tisch zustimmt, da der Geruch von Tabakrauch bei Frauen manchmal ein unangenehmes Gefühl hervorruft.

Zu den Abendessen auf Bällen und Partys gehören mittlerweile alle möglichen kalten und warmen Gerichte, sogar eine Hirschkeule und ein Rinderfilet mit Trüffeln; ein kalter Lachs mit grüner Soße; Austern in jeder Form, außer roh – sie werden nicht auf Bällen serviert; Salate aller Art; entbeinter und getrüffelter Truthahn und Hühnchen; *Spielpunkte* ; kalte

Rebhühner und Auerhühner; *pt de foie gras* ; unsere amerikanische Spezialität, die scharfe Ente aus Segeltuch; und die Baltimore-Schildkröten-, Sumpfschildkröten-, Austern- und Wildpasteten; Bonbons, Eis, Kekse, Cremes, Gelees und Früchte, mit Champagner und manchmal, in späteren Jahren, Rotwein- und Moselbecher und Champagnerbecher – Getränke, die bis vor kurzem in Amerika nur in Herrenclubs und an Bord bekannt waren Yachten, die aber sehr angenehme Mischungen sind und an Beliebtheit gewinnen. Jede Dame sollte wissen, wie man einen Becher mischt, da er sich sowohl für Abendessen als auch für Rasentennispartys eignet und in seiner Wirkung dem schwereren Artikel, der auf Partys üblich ist, dem Punsch, vorzuziehen ist.

KAPITEL XXXVII.
EINFACHE ABENDESSEN.

Mit kleinen Mitteln ein perfektes kleines Abendessen zu schaffen, gilt als große intellektuelle Leistung. Das Abendessen bedeutet so viel – ein französischer Koch, mehrere versierte Diener, ein sehr gut gefüllter Porzellanschrank, eine Geschirrtruhe und eine Wäschetruhe sowie Blumen, Weine, Bonbons und so weiter. Aber wir kennen viele einfache kleine Abendessen, die von jungen Paaren mit kleinen Mitteln gegeben wurden und die weitaus angenehmer waren als die goldenen und silbernen „Diamant"-Dinner.

Vorausgesetzt, man weiß zunächst, *wie man es macht* ; ein guter Koch (kein *Cordon Bleu*); ein ordentliches Dienstmädchen mit Mütze und Schürze – wenn die Dame schnitzen kann (was alle Damen können sollten); wenn der Herr eine gute Flasche Rotwein und eine weitere Flasche Champagner hat – oder keines von beiden, wenn er sie missbilligt; wenn das Haus ordentlich und ruhig eingerichtet ist und die alten Zeitschriften auf dem Tisch liegen; Wenn die Begrüßung herzlich ist, es keinen Lärm gibt, keine heiklen Vortäuschungen – diese kleinen Abendessen sind sehr angenehm, und jeder freut sich darauf, zu ihnen eingeladen zu werden.

Aber die Pracht der großen, luxuriösen Abendessen der Superreichen schreckt die Menschen von einfachen Unterhaltungen ab. Es ist eine dumme Angst. Die Dame, die ein einfaches, aber gutes Abendessen servieren möchte, muss zunächst prüfen, was der *Jahreszeit entspricht* . Sie muss das Abendessen der Jahreszeit anbieten und darf nicht nach den Erdbeeren im Februar suchen, die immer sauer sind, auch nicht nach Pfirsichen im Juni und auch nicht nach Erbsen zu Weihnachten. Zwangsfrüchte sind nie gut.

Für ein herbstliches kleines Abendessen gibt es hier eine sehr gute *Speisekarte* :

Sherry./Austern auf der halben Schale./Chablis, Soupe la Reine.Blauer Fisch, gegrillt./Haxe, Filet de Boeuf aux Champignons./Champagner

Oder,

Roastbeef oder Hammelfleisch./Claret. Gebratene Rebhühner./ Burgunder-oder Sherry-Tomatensalat. Käse./Liköre

Heutzutage gelten Rotwein und Champagner natürlich als ausreichend für ein kleines Abendessen, und die anderen Weine muss man nicht anbieten. Oder, wie Mrs. Henderson in ihrem bewundernswerten Kochbuch sagt: Ein sehr gutes Abendessen kann vielleicht nur mit Rotwein serviert werden. Ein Tafelwein, der dem Wasser hinzugefügt wird, ist fast der einzige Wein, der in Frankreich oder Italien zu einem täglichen Abendessen getrunken wird. Natürlich wird an den Tischen derjenigen, deren Prinzipien alkoholische Getränke verbieten und die trotzdem hervorragende Abendessen ohne sie servieren, überhaupt kein Wein erwartet.

Eine vollkommen frische weiße Damasttischdecke, Servietten aus ebenso zartem Stoff, makelloses Glas und Silber, hübsches Porzellan, vielleicht eine hohe Glasschale, gekrönt mit Früchten und Blumen – manchmal nur mit Früchten – bequeme Stühle, ein nicht zu warmer Raum, Das Dessert ist geschmackvoll, aber nicht überladen serviert – das ist alles, was man braucht. Es gibt nur wenige Grundvoraussetzungen für ein gutes Abendessen.

Die informellen Einladungen zum Abendessen sollten von der Dame selbst in der Ich-Form verfasst werden. Möglicherweise schickt sie ihre Freunde erst ein paar Tage, bevor sie kommen möchte. Sie sollte fünf Minuten vor der Ankunft ihrer Gäste fertig sein und im Salon gelassen und kühl sein, „Herrin ihrer selbst, auch wenn das Porzellan herunterfällt“. Sie sollte selbst dafür sorgen, dass der Esstisch richtig gedeckt, der Champagner und der Sherry gründlich gekühlt, die Plätze abgesteckt und vor allem die Gäste richtig sitzen.

„Ja, da ist das Problem.“ Die richtigen Leute zu einem Treffen einzuladen und sie so zu platzieren, dass sie ein angenehmes Gespräch führen können, das ist die schwierige und entscheidende Prüfung. Kleine Abendessen sind gesellig; kleine Abendessen sind informell; Kleine Abendessen machen Menschen zu Freunden. Und wir meinen nicht *wenig*, wenn es um die Anzahl oder die Menge guter Lebensmittel geht; wir meinen *einfache* Abendessen.

Das gute Management einer jungen Gastgeberin oder einer alten Gastgeberin kann jedoch einen Unfall nicht verhindern. Der Koch kann sich betrinken; Der Kellner kann fallen und ein Dutzend der besten Teller zerbrechen; Der Ehemann wird möglicherweise lange in der Stadt festgehalten und zieht sich genau in dem Raum um, in dem die Damen ihre Umhänge ausziehen sollen (amerikanische Häuser sind in dieser Hinsicht furchtbar unbequem). Alles, was die Gastgeberin tun kann, ist, eine unbesiegbare Ruhe zu bewahren und zu versuchen, sich nicht darum zu kümmern – zumindest nicht zu zeigen, dass sie sich um sie kümmert. Aber nach ein paar Versuchen wird es sehr einfach, ein einfaches Abendessen zu geben, und es ist das schönste Kompliment für einen Fremden. Ein Gentleman, der auf Reisen ist, um die Bräuche eines Landes kennen zu lernen, freut sich viel mehr, wenn er zu einer bescheidenen Mahlzeit eingeladen wird, bei der er seine Gastgeberin und ihre Familie trifft, als zu einem Staatsessen, bei dem er eine Eintrittskarte erhält und bei einem Bankett nur einen Platz einnimmt.

Dann können die Einschränkungen eines Abendessens berücksichtigt werden. Es ist nicht nett, Gäste länger als eine oder höchstens zwei Stunden bei Tisch zu halten. Französische Abendessen dauern selten länger als eine Stunde. Englische Abendessen sind zu lang und zu schwer, obwohl die Konversation meist brillant ist. Bei einem einfachen Abendessen kann man es auch kurz machen.

Es ist besser, den Kaffee im Salon zu servieren. Wenn jedoch der Gastgeber und die Gastgeberin sich in diesem Punkt einig sind und die Damen den Rauch ertragen können, wird er am Tisch serviert und die Herren zünden sich ihre Zigaretten an. In einigen Häusern ist das Rauchen im Speisesaal verboten.

Die Praxis, dass die Damen zuerst in den Ruhestand gehen, ist eine englische und wird von den Franzosen als barbarisch angesehen. Ob wir nun französisch werden oder nicht, es scheint, dass wir beginnen, die Trennung nach dem Abendessen abzuschaffen.

Bei informellen Abendessen ist es Brauch, dass die Dame beim Zubereiten der Suppe hilft und der Herr beim Tranchieren hilft. Daher werden die wichtigen Gerichte auf den Tisch gebracht. Aber den Dienstboten, die warten, sollte beigebracht werden, Beistelltische und Sideboards so gut zu platzieren, dass alles, was fertig ist, sofort entfernt werden kann. Ein Paravent ist eine sehr nützliche Ergänzung in einem Esszimmer.

Ineffiziente Bedienstete haben die unangenehme Angewohnheit, auf der Suche nach etwas, das eigentlich bereitliegen sollte, im Speisesaal ein- und auszulaufen; Deshalb sollte die Dame des Hauses vorher dafür sorgen, dass unter jede Serviette französische Brötchen gelegt werden und ein silberner Korb voll davon als Reserve bereitliegt. Auch große Scheiben frisches, weiches Brot sollten auf dem Beistelltisch liegen, da hartes Brot nicht jeder mag und man eine Auswahl haben sollte.

An den Puderzucker, die Butter, den Puderzucker, die Oliven und die Relishes sollte gedacht und dort platziert werden, wo alles leicht zu finden ist. Den Bediensteten sollte beigebracht werden, geräuschlos zu sein und Eile zu vermeiden. Wenn ein Diener etwas auf den Tisch legt oder etwas vom Tisch nimmt, sollte er zu diesem Zweck niemals auf eine Person greifen, die am Tisch sitzt. Wie eilig die Dienerin auch sein mag oder wie nah der Gegenstand auch immer griffbereit sein mag, ihr sollte beigebracht werden, ruhig zur linken Hand jedes Gastes zu gehen, um Dinge zu entfernen, während sie alles auf die gleiche Weise weiterreichen sollte, um dem Gast die Möglichkeit zu geben, ihn zu benutzen seine rechte Hand, mit der er sich selbst helfen kann. Die Bediensteten sollten über ein silbernes oder plattiertes Messertablett verfügen, auf dem sie den Soßenlöffel sowie das Tranchiermesser und die Tranchiergabel herausnehmen können, bevor sie die Platte entfernen. Das gesamte Silber sollte auf diese Weise entfernt werden; es macht einen Tisch viel ordentlicher. Den Bediensteten sollte beigebracht werden, vor jedem Gang einen Teller, einen Löffel und eine Gabel an jeden Platz zu stellen.

Nach dem Fleisch und vor dem Kuchen, dem Pudding oder dem Eis sollte der Tisch sorgfältig von allem außer Obst und Blumen befreit werden – alle Teller, Gläser, Karaffen, Salzstreuer, Messer und Gabeln sowie alles, was zum Abendessen gehört, sollten entfernt werden , und das Tischtuch wurde mit einer Bürste oder einem Krümelschaber auf einem silbernen Kellner gut gereinigt, und dann wurden auf jeden Teller die Teller, Gläser, Löffel und Gabeln für den Nachtisch gelegt. Wenn dies jeden Tag geschieht, ergänzt es ein gemeinsames Abendessen und schult die Kellnerin in ihre Arbeit.

Das Abendessen, das Geschirr und die Teller sollten alle heiß sein. Der gewöhnliche Tellerwärmer wird jetzt durch etwas weitaus Besseres ersetzt, in das ein heißer Ziegelstein eingeführt wird. Das köstlichste *Abendessen* wird verdorben, wenn heißes Hammelfleisch auf einen kalten Teller gelegt wird. Das Silbergeschirr sollte in der Küche mit heißem Wasser erhitzt werden, die heißen Speiseteller müssen aus dem Tellerwärmer kommen, und die Braten oder *Vorspeisen* dürfen auf dem Weg von der Küche ins Esszimmer nicht abkühlen. Ein Diener sollte eine Daumenserviette haben, mit der er das heiße Geschirr reichen kann, und ein sauberes Handtuch hinter dem Bildschirm, mit dem er die Platten abwischen kann, die dem Kellner serviert werden. Von diesen Kleinigkeiten hängt die Vorzüglichkeit des einfachen Abendessens ab.

KAPITEL XXXVIII.
Der Smalltalk der Gesellschaft.

Eine der klügsten Fragen, die in letzter Zeit gestellt werden, lautet: „Worüber soll ich auf einer Dinnerparty sprechen?" Wenn es nun eine Frau auf der Welt gibt, die nicht weiß, worüber sie reden soll, ist es dann nicht sehr schwierig, es ihr zu sagen? Man kann eine Frage fast genauso gut beantworten wie: „Was soll ich aus meinen Augen sehen?"

Doch unsere junge Dame ist nicht die erste Person, die in den letzten Jahren über den „Verfall der Konversation" nachgedacht hat, noch die einzige, die bei einem modernen Abendessen manchmal das Gefühl hatte, dass die Schwere der Stille über sie hereinbricht. Zweifellos wurde die gleiche große und unbeantwortbare Frage von vielen Reisenden gestellt, die zum ersten Mal neben einem Engländer aus gutem Hause saßen (vielleicht sogar mit einem Handle an seinem Namen), der alle Bemerkungen mit dem sprichwörtlichen Aber beantwortete unsympathisches „Oh!" Tatsächlich ist zu befürchten, dass es bei jungen Männern heutzutage Mode ist, lustlos zu wirken, zu verbergen, welche Ideen sie vielleicht haben, und zu versuchen, dumm zu wirken, wenn sie es nicht sind, und die ganze Last des Gesprächs auf sich selbst abzuwälzen das lebhafte, lebhafte, gut gelaunte Mädchen oder die gebildetere verheiratete Frau, die vielleicht die nächste Nachbarin ist. Frauen haben sprichwörtlich eine schnelle Auffassungsgabe, sie reden bereitwillig, sie lesen und denken mehr, als der durchschnittliche junge Modemann zu tun neigt; Das Ergebnis ist eine schnelle und fertige Zunge. Doch die Kunst, einen Strom angenehmen und unaufhörlichen Smalltalks aufrechtzuerhalten, der nicht zu schwerfällig, nicht anmaßend oder egoistisch, nicht skandalös und nicht alltäglich ist, ist eine Kunst, die selten ist und kaum zu hoch zu schätzen ist.

Es wurde mit Recht gesagt, dass es einen großen Unterschied zwischen einem brillanten Gesprächspartner und einem bereitwilligen Smalltalker gibt. Ersterer kann leicht gefürchtet werden und ein Schweigen um ihn herum hervorrufen. Wir alle erinnern uns an Macaulay und „seine brillanten Augenblicke der Stille". Wir alle wissen, dass es Redner gibt, die so hervorragend sind, dass man sie nicht beide am selben Tag zum Abendessen einladen darf, damit sie sich sonst gegenseitig zum Schweigen bringen, während wir andere kennen, die nur ein durchschnittliches Maß an Taktgefühl, Ausdrucksfähigkeit, Freundlichkeit, und ein angenehmes Geschenk auf Kostenvoranschlag, ein bisschen Schlagfertigkeit; Eine solche Person nennen wir einen bereitwilligen Smalltalker, eine „überaus angenehme Person", eine Person, die niemandem Angst macht und die sich großer Beliebtheit erfreut. Solch ein Mensch verfügt über jede Menge

Kleingeld, ist sehr nützlich und leichter zu handhaben als die sehr große Frechheit des Gesprächspartners, der ein Millionär ist, was sein Gedächtnis, seine Gelehrsamkeit und sein rhetorisches Talent betrifft, der sich aber nicht darauf einlassen kann und will Smalltalk. Wir respektieren den Einen; wir mögen den anderen. Der erste Punkt, den man bedenken sollte, wenn man keine Inspiration für Smalltalk hat, scheint folgender zu sein: Versuchen Sie zu überlegen, welches Thema die Person neben Ihnen am meisten interessieren würde. Es gibt Menschen, die keine andere Begabung haben, die wir nie als klug bezeichnen, die aber diesen Instinkt besitzen und die äußerst einfühlsam reden können, obwohl sie kaum etwas über den Angesprochenen wissen. Es gibt andere, denen diese Gabe fehlt und die nur „Wirklich" und „In der Tat" sagen können. Diese „Wirklich" und „In der Tat" und „Oh"-Leute sind die Verzweiflung des Abendessensspenders. Die fröhlichen, gesprächigen und unbeschwerten Menschen, die sich leicht in ein Gespräch einmischen können, sind die besten Tischbegleiter, auch wenn sie manchmal zu viel über das Wetter und solche Gemeinplätze reden.

Für eine schüchterne junge Person, die kein Vertrauen in ihre eigene Konversationsfähigkeit hat, ist es ein guter Plan, sich mit mehreren Themen von allgemeinem Interesse zu stärken, wie dem letzten neuen Roman, der letzten Oper, der besten und neuesten Bildergalerie , oder die Blume in Mode; und falls es in ihrer Organisation an Worten mangelt, eine Formel dafür zu erfinden, wie diese Themen eingeführt und behandelt werden sollten. Viele Ideen kommen ihr in den Sinn und sie kann sie stillschweigend arrangieren. Dann behält sie diese vielleicht als Reserve und setzt sie nur dann ein, wenn das Gespräch abbricht, oder sie sieht sich unerwartet gezwungen, den Ball allein aufrechtzuerhalten. Manche Menschen nutzen diese Macht eher ungerecht, indem sie das Gespräch bis zu dem Punkt führen, an dem sie einsteigen möchten; Aber das sind nicht die Menschen, die Hilfe brauchen – sie können für sich selbst sorgen. Nachdem viele schüchterne junge Menschen eine Weile oberflächlich gesprochen hatten, waren sie erstaunt über einen plötzlichen Ansturm brillanter Ideen und stellten fest, dass sie ohne Anstrengung natürlich und gut sprechen. Es ist wie der Stapellauf eines Schiffes; Bestimmte Blockaden der Schüchternheit und Gewohnheiten der mentalen Zurückhaltung werden beseitigt, und die tapfere Fregatte *Small-Talk* nimmt das Wasser wie ein Ding des Lebens.

Es erfordert viel Fingerspitzengefühl und Klugheit, bei einem gemischten Abendessen auf die gewöhnlichen Ereignisse des Tages einzugehen, denn erstens sollte nichts gesagt werden, was die Gefühle anderer verletzen könnte, da Politik, Religion und die Börse im Allgemeinen ausgeschlossen sind ; man sollte auch nicht über das reden, was jeder weiß, denn solch ein Smalltalk ist unverschämt und irritierend. Niemand möchte vielleicht das, was er bereits versteht, besser erfahren als wir. Auch über Angelegenheiten allzu privater Natur, wie die eigene Gesundheit, die eigenen Diener, die eigenen Enttäuschungen und schon gar nicht die guten Taten, darf man nicht reden.

Auch gewöhnliche Menschen stellen die Gesellschaft manchmal durch ihre eigene sinnlose und völlig nutzlose Kritik auf die Probe. Angenommen, wir beschäftigen uns mit Musik, dann ist es weitaus angenehmer, jemanden sagen zu hören: „Wie gefällt dir Nilsson?" als ihn sagen zu hören: „Ich mag Nilsson, und ich habe diese Gründe, sie zu mögen." Lass das später kommen. Wenn eine Person, die wirklich in der Lage ist, über Künstler, Literaten oder künstlerische Themen zu diskutieren, vernünftig und auf gesprächige, lockere Art über sie spricht, dann ist das die Vollkommenheit einer Konversation; Aber wenn jemand, der dazu völlig unfähig ist, das Gesetz zu solchen Themen festlegt, wird er oder sie langweilig. Aber wenn die junge Person, die nicht reden kann, diese Fragen fragend behandelt, ist die Wahrscheinlichkeit zehn zu eins, dass sie von ihrem nächsten Nachbarn einen sehr guten und lockeren Smalltalk bekommt, es sei denn, sie sitzt neben einem Idioten . Sie kann eine bescheidene persönliche Meinung äußern oder ihre eigenen Empfindungen in der Oper schildern, wenn sie dies ohne Egoismus tun kann, und sie sollte immer den Wunsch zeigen, eine Antwort zu erhalten. Wenn Musik und Literatur versagen, soll sie es mit den Fächern Tanzen, Polospielen und Rasentennis versuchen. Es wurde eine sehr gute Geschichte über ein aufgewecktes New Yorker Mädchen und einen sehr dummen Engländer bei einem Abendessen in Newport erzählt. Der Engländer hatte zu allem, was dieses aufgeweckte Mädchen ihn gefragt hatte, „Oh" und „Wirklich" und „Ganz richtig" gesagt, als sie schließlich, sehr müde und sehr wütend, sagte: „Bist du jemals auf die Jagd geworfen worden?" Feld, und hattest du eine Kopfverletzung?" Der Mann drehte sich um und blickte bewundernd. „Jetzt hast du mich", war die Antwort. Und den Rest des Abendessens redete er über seine Scherze. Vielleicht ist es nicht oft notwendig oder sinnvoll, ein so reichhaltiges *Repertoire* wie dieses freizuschalten ; Aber es war für diese junge Dame eine sehr willkommene Erleichterung, drei Stunden lang nicht so viel reden zu müssen.

Nach einer ersten Einführung ist es zweifellos schwierig, ein Gespräch zu beginnen. Das Wetter, die Zeitung, der letzte Unfall, der kleine Hund, der Nippes, die Liebe zu Pferden usw. sind gute und unerschöpfliche Ressourcen, außer dass nur sehr wenige Menschen die Bereitschaft haben, sich sofort an diese Fülle an Themen zu erinnern . Sich an eine Sache des Augenblicks zu erinnern, ist nur die Gabe schlagfertiger Menschen, und wie viele erinnern sich Stunden später an einen Umstand, der sich in jenem besonderen Moment der Verlegenheit bemerkbar gemacht hätte, als einer dastand und mit dem Hut drehte und ein anderer mit dem Taschentuch drehte . Die Franzosen nennen „ *l'esprit d'escalier* " – den „Witz der Treppe"

– die Gabe, sich beim Treppensteigen an die gute Sache zu erinnern, die man im Wohnzimmer vielleicht zu spät gesagt hat. Allerdings überwinden zwei neue Menschen im Allgemeinen diesen Moment der Verlegenheit und dann ein einfaches Serviceangebot, wie zum Beispiel: „Kann ich Ihnen einen Stuhl besorgen?" „Ist das Fenster zu kalt?" „Kann ich dir etwas Tee bringen?" kommt, und dann folgt der Smalltalk.

Das einzig Merkwürdige an diesem Thema ist, dass der durchschnittliche Redner so wenig Geschick an den Tag legt, Fakten und Ereignisse in seine Behandlung alltäglicher Themen einzubinden, und dass er so wenig Intelligenz in seine Diskussion einbringt. Es ist nicht jedermanns Sache, brillant und amüsant zu sein, aber mit ein wenig Nachdenken können vorübergehende Ereignisse immer zu angenehmen Gesprächen führen. In letzter Zeit wurden wir von einer Reihe strahlender Sonnenuntergänge heimgesucht, über die es verschiedene Theorien gab. Dies war ein bezauberndes Gesprächsthema, doch bei einem durchschnittlichen Abendessen hörten wir, dass nur wenige Personen dieses interessante Thema erwähnten. Vielleicht hat man Angst, bei einem modernen Abendessen ein Gespräch über die himmlische Landschaft zu beginnen. Die Dinge mögen zu weit entfernt erscheinen, aber es wäre keine schlechte Idee.

Klatsch kann den Smalltalk zwischen denen fördern, die sehr intim sind und in einem engen Kreis leben. Aber wie zutiefst uninteressant ist es für einen Außenstehenden! – wie nutzlos für den echten Mann oder die echte Frau dieser Welt! Es sei denn, es handelt sich um literarischen, musikalischen oder künstlerischen Klatsch. Ein Skandal ruiniert Gespräche und sollte niemals in die Definition von Smalltalk einbezogen werden. Höfliche, humorvolle, lebhafte, spekulative, trockene, sarkastische, epigrammatische, intellektuelle und praktische Menschen treffen sich alle an einem Esstisch, und das Ergebnis sollte viel angenehmer Smalltalk sein. Es ist leider wahr, dass es in dieser Hinsicht manchmal zu Misserfolgen kommt. Eines sollte eine Gastgeberin nicht vergessen: Es gibt keine Chance auf geistige Lebhaftigkeit, wenn es in ihrem Zimmer zu warm ist; Ihre Blumen und ihre Gäste werden zusammen verwelken. Es gibt auch diejenigen, die ihre guten Gerichte dem Reden vorziehen, und der alte Herr in *Punch*, der seinen lebhaften Nachbarn zurechtwies, weil er redete, während „solche *Entres* hereinkamen", hat seine Kollegen unter uns.

Einige schüchterne Redner beginnen ein Thema empirisch mit einer Frage wie dieser: „Kennen Sie die Bedeutung und Ableitung des Begriffs ‚Trödel'?" „Glauben Sie an Geister?" „Was halten Sie von einem Damenclub?" „Glauben Sie an den Zufall?" „Zeigt man mehr Talent beim Erlernen der Geige als beim Spielen einer erstklassigen Schachpartie?" usw.

Dabei handelt es sich um intellektuelle Rätsel, die sich endlos wiederholen können, wenn die befragte Person bereit ist, darauf zu antworten. Mit einem Schuss guter Laune und dem Gespür für den Sachverhalt, der aus der Kenntnis der Gesellschaft resultiert, bringen solche Fragen oft das zum Vorschein, was Margaret Fuller „gute Gespräche" nannte.

Aber wenn Ihr Nachbar „Oh", „Wirklich", „In der Tat", „Ich weiß nicht" sagt, dann ist es am besten, ganz praktisch zu sein und über die Stühle und Tische und die bestehende Ordnung der Dinge zu sprechen. die Länge der Schleppe oder die Kürze der Kleider der jungen Damen beim letzten Ball, die vorherrschende Idee, dass „Eiswasser ungesund ist" und andere solch äußerst einfache Ideen. Der Klang der eigenen Stimme ist in den eigenen Ohren im Allgemeinen sehr süß; Lassen Sie jede Dame versuchen, eine angenehme Stimme für die anderer Menschen sowie eine angenehme und genaue Aussprache zu entwickeln. Die kleinsten Dinge klingen gut, wenn man sie so ausspricht. Der beste Weg, sprechen zu lernen, ist natürlich, denken zu lernen: Aus vollen Brunnen holt man Eimer voll klarem Wasser, aber es kann auch Smalltalk ohne viel Nachdenken stattfinden. Es bleibt die Tatsache, dass brillante Denker und Gelehrte nicht immer gute Redner sind, und es schadet nicht, die Kunst des Konversierens zu kultivieren, es schadet auch nicht, ein wenig zu „pauken", wenn jemand befürchtet, dass die Sprache nicht seine Stärke ist. Meistens genügt eine Kleinigkeit, um den Smalltalk in Gang zu bringen, und wer diese angenehme Waffe der Gesellschaft gebrauchen kann, ist immer beliebt und sehr umworben.

KAPITEL XXXIX.
GARTENPARTYS.

Viele unserer Korrespondenten fragen uns: „Was sollen wir für eine Gartenparty bestellen?" Wir müssen antworten, dass das erste, was man bestellt, ein schöner Tag ist. In diesen glücklichen Tagen geben uns die morgendlichen Offenbarungen alter Wahrscheinlichkeiten eine fast genaue Vorstellung davon, was die Zukunft für Regen oder Sonnenschein bereithält.

Ein Regen oder Tornado, der von Alaska ausgeht, wo das Wetter heutzutage herrscht, wird mit ziemlicher Sicherheit am dritten Tag hier sein; So kann die Gastgeberin, die bereit ist, ein übereiltes Angebot abzugeben, vielleicht Regen vermeiden. Es ist jedoch Brauch, Einladungen zu diesen Gartenpartys zwei Wochen vor ihrem eigentlichen Termin zu verschicken. In Newport werden sie Wochen im Voraus vereinbart und bei schlechtem Wetter findet die Unterhaltung drinnen statt.

Wenn Einladungen an einen Vorstadtort verschickt werden, zu dem die Leute voraussichtlich mit der Bahn oder einem anderen öffentlichen Verkehrsmittel fahren, sollte auch eine Karte mit den Abfahrtszeiten der Züge, dem zu nehmenden Zug oder Boot und allen anderen Informationen verschickt werden kann den Komfort des Gastes erhöhen. Diese Einladungen sind graviert und auf Briefpapier gedruckt, das völlig schlicht sein sollte oder nur das Familienwappen in Wasserzeichen tragen sollte und etwa wie folgt lauten sollte:

_Herr. und Frau Edwin Smith bitten um die Freude der Gesellschaft von Herrn und Frau Conway Brown am Dienstag, dem 30. Juli, um vier Uhr.

Gartenparty. Yonkers, New York._

Dann könnte auf der beigefügten Karte gedruckt werden:

Die Waggons treffen auf den Zug um 3:30 Uhr vom Grand Central Depot.

Wenn die Einladung an einen Ort auf dem Land gerichtet ist, der nicht leicht zu erreichen ist, sollten noch genauere Anweisungen gegeben werden.

Die eigentliche Gartenparty findet immer komplett im Freien statt. In England werden die Erfrischungen unter einem *Zelt auf dem Gelände* serviert , und in diesem rauen Klima scheint es niemand für eine Belastung zu halten, wenn ein Regenschauer niedergeht und feine Seide und schöne Hauben ruiniert. Aber in unserem schönen, sonnigen Land haben wir große Angst vor Regen, und unser Malaria-Boden gilt nicht immer als sicher, so dass die aufmerksame Gastgeberin oft ihren Tisch drinnen hat, Plätze mit Stühlen gefüllt, türkische Teppiche im Gras ausgelegt, und es wurden alle

Vorbereitungen getroffen, damit die älteren, ängstlichen und rheumatischen Menschen die Gartenparty genießen können, ohne ihre Gesundheit zu gefährden.

Eine Gastgeberin sollte dafür sorgen, dass ihr Rasentennisplatz in Ordnung ist, das Krocket ausgelegt ist und die Bogenschießgeräte vorhanden sind, damit sich ihre Gäste mit diesen verschiedenen Spielen vergnügen können. Manchmal kommen zu diesen Vergnügungen noch Bälle und Rennen hinzu , und oft wird eine Plattform zum Tanzen angelegt, wenn der Rasen nicht ausreichend trocken ist. Eine Musikerkapelle ist für eine sehr elegante und erfolgreiche Gartenparty unerlässlich, und es sollte eine abwechslungsreiche Auswahl an Musik, ernst und fröhlich, dargeboten werden. Obwohl bei einer Dinnerparty Grund zur Befürchtung besteht, dass ein Orchester lästig sein könnte, sind bei einer Gartenparty die freie Luft und der Raum ausreichende Garantien gegen diese Gefahr.

Wenn die Gastgeberin möchte, dass ihre Unterhaltung im Freien serviert wird, müssen natürlich alle Speisen kalt sein. Salate, kaltes Geflügel, Schinken, Zunge und *Foie Gras* , kalte *Pasteten* und Lachs mit grüner Soße, Gelees, Charlottes, Eis, Kuchen, Punsch und Champagner sind die richtigen Angebote. Eine Tasse heißen Tee sollte im Haus immer für diejenigen bereitstehen, die danach verlangen.

Bei einer eigentlichen Gartenparty empfängt die Gastgeberin den Empfang auf dem Rasen, trägt ihren Hut oder ihre Haube und geht davon aus, dass die Party ausschließlich im Freien stattfindet. Die Kutschen fahren jedoch bis vor die Tür, und die Damen können nach oben gehen, ihre Umhänge ablegen und den Staub abbürsten, wenn sie möchten. Ein Diener sollte anwesend sein, um den Gästen den Teil des Geländes zu zeigen, in dem die Dame empfängt.

In Newport werden diese Partys im Allgemeinen nach dem Prinzip eines Nachmittagstees abgehalten, und nachdem die Hausherrin ihre Gäste empfangen hat, wandern sie durch das Gelände und kehren, wenn sie müde sind, zur Erfrischung ins Haus zurück. Zu diesen Nachmittagstees werden *Pt de Foie Gras , Sandwiches, kalte Vögel, Teller mit köstlicher gelierter Zunge, Hummersalat und manchmal auch warme Kuchen und heißes Grillhähnchen serviert.* Es werden auch Kaffee, Tee und Wein angeboten, allerdings handelt es sich hierbei um gemischte Unterhaltungsmöglichkeiten, die sich aus den etwas ungewöhnlichen Stunden ergeben, die in Newport während der Saison zu beobachten sind.

In diesem Land gibt es eine Art öffentliches Gartenfest, das bei halboffiziellen Anlässen vorherrscht, etwa bei der Grundsteinlegung für ein öffentliches Gebäude, dem Geburtstag einer prominenten Persönlichkeit, einem Sonntagsschulfest oder einer Unterhaltung einem öffentlichen

Beamten übergeben. Es handelt sich um Bankette, und für sie sind die Einladungen eher allgemein gehalten und sollten offiziell ausgesprochen werden. Für die private Gartenparty ist es angebracht, dass eine Dame um eine Einladung für eine Freundin bittet, da immer genügend Platz vorhanden ist; Aber es sollte auch beachtet werden, dass es nicht beleidigt sein sollte, wenn diese Anfrage nicht bejaht wird. Für eine Dame ist es manchmal sehr schwer zu verstehen, warum ihr Wunsch nach einer Einladung zu ihrer Freundin abgelehnt wird; Aber sie sollte die Weigerung niemals als Unhöflichkeit sich selbst gegenüber auffassen. Es kann Gründe geben, die nicht erklärt werden können.

Auf einer Gartenparty tragen Damen stets Hauben, und bisher hat sich die vernünftige Mode kurzer Kleider durchgesetzt; Es wird jedoch gemunkelt, dass ein kürzlich erlassenes Erlass der Prinzessin von Wales gegen kurze Kleider auf ihren Gartenpartys auf dieser Seite des Wassers Anhänger finden wird, insbesondere in Newport, wo Herodes in Bezug auf englische Mode weit überlegen ist.

Tatsächlich sieht ein langes Kleid im Gras und unter den Bäumen sehr hübsch aus. Eine Gartenparty im Buckingham Palace, die vor einigen Jahren dem Vizekönig von Ägypten gegeben wurde, bot ein sehr Watteau-ähnliches Bild. Die schönsten Kleider von Worth wurden frei zur Schau gestellt, und die schönen Gärten und alten Bäume im hinteren Teil des Palastes waren für diesen Anlass in prächtiger Kleidung gekleidet.

Tatsächlich ist England das Land für Gartenpartys mit seinem samtweichen Rasen, seinen blühenden Linden, seinen prächtigen alten Eichen und seiner vollendeten Landschaftsgärtnerei. Bisher gibt es in Amerika nur wenige Orte, die sich die Alleen mit ihren schmalen Kästen, die Arkaden mit blühenden Rosenreben, die gepflegten Gassen, die gepflegten und perfekten Kieswege oder, besser noch, das ruhige, altmodische bieten Gärten, durch die die Damen gehen können, Rivalen der Blumen.

Aber es gibt einige solcher Orte; Und ein grüner Rasen, ein paar Bäume, eine gute Aussicht, ein schöner Tag und etwas zu essen sind eigentlich die unbedingten Voraussetzungen für eine Gartenparty. In der Umgebung von New York wurden sehr bezaubernde Gartenpartys veranstaltet: auf dem Brooklyner Marinegelände und im Soldatenlager, im Hauptquartier der Offiziere der Marineinfanterie und auf der immer wieder bezaubernden Gouverneursinsel.

Oben am Hudson, draußen in Orange (mit seinen zahlreichen hübschen Siedlungen) und entlang der Küste von Long Island ist die Gartenparty fast unumgänglich. Vom Besitzer eines schönen Anwesens wird erwartet, dass er den Unglücklichen, die in der Stadt bleiben müssen, zumindest einen Hauch seiner Rosen und seines frisch gemähten Heus ermöglicht.

Rasentennis hat großen Anteil daran, dass die Gartenparty populär wird. und an abgelegenen Orten auf dem Land sollten die Damen lernen, diese Partys zu veranstalten, und ohne großen Aufwand das Beste aus unserem schönen Klima herausholen. Es besteht kein Zweifel, dass am Anfang eine kleine Unbeholfenheit überwunden werden muss, denn niemand weiß genau, was zu tun ist. Ohne den freundlichen Schutz eines Hauses wandern Gäste einsam umher; aber eine anmutige und bereitwillige Gastgeberin wird bald vorschlagen, eine Krocket- oder Rasentennisparty zu veranstalten, an einem Wettbewerb im Bogenschießen teilzunehmen, oder dass sogar eine Kartenparty angebracht ist oder dass eine Partie Dame gespielt werden kann unter den Bäumen.

Den Dienern sollte beigebracht werden, die Bräuche des Festes zu wahren, wenn das Essen unter den Bäumen serviert wird. Auf dem grünen Gras dürfen keine Stapel von Geschirr, Messern, Gabeln oder Löffeln sichtbar sein. Körbe sollten bereitstehen, um alles sofort nach Gebrauch mitnehmen zu können. Es sollte ausreichend Glas und Porzellan sowie ausreichend Servietten vorhanden sein, damit es zu keiner Verzögerung kommt. Die Limonaden- und Punschschüsseln sollten im Speisesaal nachgefüllt werden, sobald sie Anzeichen von Erschöpfung zeigen, und eine Gruppe ordentlicher Dienstmädchen kann vorteilhaft damit beschäftigt werden, den Tisch zu bewachen und darauf zu achten, dass die Tassen, Löffel, Teller und der Wein vorhanden sind -Gläser und Gabeln sind in ausreichender Menge vorhanden und sauber. Wenn Tee serviert wird, sind Dienstmädchen besser als Männer, da sie darauf achten, dass der Tee heiß ist und Löffel, Sahne und Zucker bereitstehen. Obst ist eine angenehme Ergänzung zur Gartenparty-Unterhaltung, und Kiefern, Melonen, Pfirsiche, Weintrauben und Erdbeeren werden alle zu ihrer Jahreszeit serviert. Es sollte darauf geachtet werden, die besten Früchte zu erhalten, die man bekommen kann.

Rotweinbecher, Champagnerbecher und Sodawasser, Brandy und Radler werden auf einem separaten Tisch für die Herren bereitgestellt; Apollinaris-Wasser und die verschiedenen kohlensäurehaltigen Wässer, die derzeit so beliebt sind, werden ebenfalls angeboten. Obwohl sich die Herren selbst bedienen, ist es notwendig, dass ein Diener anwesend ist, der die Weingläser, Becher und Kelche nach Gebrauch entfernt, die Dekanter und Krüge nach dem Leeren wieder auffüllt und frische Gläser bereitstellt. Viele gastfreundliche Gastgeber bieten ihren Gästen alten Madeira, Sherry und Portwein an.

Die Dekanter werden auf den normalen Mittagstisch gestellt, und die Diener tragen Weingläser auf silbernen Tabletts zu den Damen, die auf den Plätzen und unter den Bäumen sitzen. Für den Rotwein- und Champagnerbecher werden kleine, dünne Becher verwendet, die in Silber- oder Glaskrügen gehalten werden sollten.

Wenn Erdbeeren und Sahne serviert werden, sollte eine kleine Serviette zwischen Untertasse und Teller gelegt werden und zu jedem Teller ein Dessertlöffel und eine Gabel gereicht werden.

Die Diener, die Erfrischungen aus dem Zelt oder dem Tisch, an dem sie serviert werden, mit sich herumtragen, sollten ermahnt werden, in diesem Teil des Gottesdienstes sehr vorsichtig zu sein, da schon so manches schöne Kleid durch eine Schüssel mit Erdbeeren und Sahne oder ein Glas davon verdorben wurde Punsch oder Limonade werden aus mangelnder Fürsorge eines Dieners umgeworfen.

Eis wird jetzt auf Gartenpartys in kleinen Pappbechern serviert, die auf Eisplatten platziert sind – eine sehr elegante Mode, die viel von der *Unordnung erspart* , die bisher bei diesen Unterhaltungen üblich war. Mit den Campinghockern sollten zahlreiche kleine Tische mitgebracht und in geeigneten Abständen aufgestellt werden, wo die Gäste ihre Teller abstellen können.

im Freien sollte eine Dame ihr schönes Glas oder Porzellan nicht benutzen . Es ist sicher kaputt. Es ist besser, das gesamte benötigte Glas, Silber und Porzellan beim Caterer zu mieten, da das eine Menge Zählen und Ärger erspart.

Zweifellos ist die Gartenparty eine mühsame Angelegenheit, besonders wenn die Erfrischungen draußen stattfinden, aber sie ist sehr schön und sehr amüsant und alle Mühe wert. Genauso angenehm ist es aber auch, wenn der Tisch drinnen steht.

KAPITEL XL.
Silberhochzeiten und andere Hochzeitstage.

In Sachen Silberhochzeit wird derzeit eine sehr sinnvolle Reform versucht. Um eine Einladung zu einer Silberhochzeit zu erhalten, musste einst ein Portemonnaie von mindestens fünfzig Dollar verlangt werden, denn von jedem wurde erwartet, dass er ein Silberstück schickt. Einige sehr reiche Häuser in New York sind mit Silber mit der kunstvollen Aufschrift „Silberhochzeit" bestückt. Den Karten von heute ist beigefügt: „Keine Geschenke erhalten", was eine Erleichterung für die Mittellosen darstellt.

Diese Karten sind auf schlichtem weißem oder silbergrauem Papier, in silberne Buchstaben eingraviert, wobei der Name der Dame, wie sie vor der Heirat hieß, unter dem Namen ihres Mannes angehängt ist; Unterhalb der Namen wird außerdem das Datum der Heirat eingefügt.

Um perfekt zu sein, sollte die Unterhaltung für eine Silberhochzeit genau zu der Zeit stattfinden, zu der die Hochzeit stattgefunden hat. Da sich dies jedoch als unbequem erwiesen hat, wird die Hochzeitsstunde ignoriert und die Party findet im Allgemeinen am Abend und mit allen Merkmalen einer modernen Party statt. Das „Brautpaar" steht natürlich zusammen, um den Empfang zu empfangen, und es sollten so viele der ursprünglichen Trauzeugen und Brautjungfern wie möglich zusammengebracht werden, um Teil der Gruppe zu werden. Gegen das Versenden von Blumen ist nichts einzuwenden, und einzelne Freunde können auf Wunsch natürlich auch andere Geschenke schicken, es besteht jedoch keine *Verpflichtung* . Wir können hier sagen, dass der Brauch, Brautgeschenke zu machen, zu einem unerhörten Missbrauch einer guten Idee geworden ist. Von einem hübschen Brauch, der auf dem hervorragenden System unserer niederländischen Vorfahren beruhte, die sich zusammenschlossen, um dem jungen Paar durch Geschenke von Bett- und Tischwäsche sowie notwendigen Tischmöbeln und Silber zu helfen, ist er nun manchmal zu einer Form der Zurschaustellung verkommen. und ist eine große Steuer für die Freunde der Braut. Von Menschen, die in bestimmten Beziehungen zur Familie stehen, wird sogar erwartet, dass sie bestimmte Geschenke schicken. Es ist bekannt, dass die Braut einem aufdringlichen Freund erlaubte, ihr Silber, Perlen oder Diamanten vorzuschlagen. Und einem reichen alten Junggesellen-Onkel wird mit Sicherheit gesagt, was von ihm erwartet wird. Aber wenn ein Paar seine Silberhochzeit erreicht hat und in der Lage und willens ist, sie zu feiern, kann man annehmen, dass es nicht mehr nötig ist, an die Großzügigkeit seiner Freunde zu appellieren; Daher ist es ein guter Brauch, der Einladung zur Silberhochzeit den Satz „Keine Geschenke erhalten" hinzuzufügen.

Es wurde die Frage gestellt, ob die Zeremonie noch einmal durchgeführt werden sollte. Das sollten wir auf keinen Fall sagen, denn für gedankenlose Personen ist eine große Gefahr entstanden, wenn sie die Hochzeitszeremonie auf diese Weise manipulieren. Jeder, der Mrs. Oliphants wunderschöne Geschichte von „Madonna Mary" gelesen hat, wird sofort von dieser Gefahr überrascht sein. Es ist nicht sicher, selbst auf die spielerischste Art und Weise, diese Rechtsform nachzuahmen, von der die gesamte Gesellschaft, das Eigentum, die Legitimität und die Sicherheit des Zuhauses abhängt.

Was nun das Kleid der 25-jährigen Braut betrifft, sollten wir sagen: „Jede Farbe außer Schwarz." Es gibt einen alten Aberglauben, der es ablehnt, Schwarz mit Hochzeiten in Verbindung zu bringen. Ein mit Stahl und Spitze besetztes Silbergrau wurde in letzter Zeit mit großem Erfolg als zweites Brautkleid verwendet. Noch weniger sollte das Kleid weiß sein; Das ist als Hochzeitskleid einer jungfräulichen Braut so heilig geworden, dass es einer Witwe nicht einmal angemessen ist, es bei ihrer zweiten Ehe zu tragen. Die Schattierungen von Rosé, Purpur oder die wunderschönen modernen Kombinationen aus Samt und Brokat, die so vielen matronenhaften Frauen stehen, sind allesamt passende Silberhochzeitskleider.

Damen sollten morgens keinen Schmuck tragen, insbesondere nicht zu Hause; Wenn also die Hochzeit am Morgen gefeiert wird, sollte die Gastgeberin darauf achten, nicht zu prunkvoll zu sein.

Abendhochzeiten sind an diesen Jubiläen weitaus angenehmer und können mit aufwändigerer Kleidung gefeiert werden. Mittlerweile ist es so in Mode, Kleider mit tiefem Ausschnitt zu tragen (ärmellose Kleider wurden kürzlich von Brautjungfern bei einer Abendhochzeit getragen), dass die Braut nach 25 Jahren, wenn sie möchte, in einem tief ausgeschnittenen, kurzärmligen Abendkleid erscheinen kann Kleid und Diamanten am Abend. Der Bräutigam sollte ein komplettes Abendkleid, eine makellose weiße Krawatte und perlmuttfarbene Glacéhandschuhe tragen. Er spielt, wie schon bei der Hochzeit, allerdings eine Nebenrolle. Tatsächlich wurde scherzhaft gesagt, dass er sich manchmal als Opfer ausgibt. In wilden Gemeinschaften und bei den Vögeln ist es das Männchen, das die feine Kleidung trägt; In der christlichen Gesellschaft ist es der Mann, der sich schwarz kleidet und seiner Frau die feinen Federn anlegt. Ihr gebührt alle Ehre, er spielt vorerst nur eine untergeordnete Rolle. In wilden Gemeinschaften grub sie die Erde um, bediente ihren Herrn und stand hinter ihm, während er aß; Bei der modernen Silberhochzeit hilft er ihr bei gebratenen Austern und Champagner und steht, während sie sitzt.

Nun zur Frage, wer eingeladen werden soll. Ein Korrespondent fragt, ob eine Silberhochzeit in einem neuen Zuhause nicht eine gute Gelegenheit wäre, „zum ersten Mal Gastfreundschaft zu zeigen" und Nachbarn einzuladen, die man vorher nicht kannte oder die zumindest keine Bekannten auf Besuch waren. Wir sollten es für eine sehr erfreuliche Idee halten. Es ist ein Kompliment, seine Freunde und Nachbarn zu jeder Zeremonie oder jedem Jahrestag einzuladen, bei dem es um unsere eigenen tiefen Gefühle geht, wie etwa einer Taufe, der Hochzeit eines Kindes oder der Feier eines Geburtstages. Warum nicht noch mehr, wenn ein Ehepaar die Stürme von fünfundzwanzig Jahren überstanden hat? Menschen, die sich ihrer eigenen Seriosität vollkommen bewusst sind, sollten niemals Angst davor haben, sich zuerst zu verbeugen, zuerst zu sprechen oder zuerst anzurufen. Höflichkeit ist die weltoffenste aller guten Eigenschaften, und Höflichkeit ist eine der sieben Haupttugenden. Niemand, der eine solche Einladung ausspricht, muss verletzt werden, wenn sie kaltblütig aufgenommen wird. Nur so finden sie heraus, welche ihrer neuen Nachbarn am lohnenswertesten zu kultivieren sind. Diese Art von Höflichkeit ist weitestgehend von dem schrecklichen Wort „drängen" entfernt. So wie Kleidung geschaffen wurde, um den menschlichen Körper zu würdigen, so kleidet großzügige Höflichkeit den Geist. Niemand soll Angst davor haben, den Geist mit diesem Purpur und Gold zu umhüllen.

Und in allen neuen Vierteln sollten die Neuankömmlinge versuchen, die Gesellschaft zu pflegen. Es liegt etwas in seiner Zermürbung, das den Geist anregt. Die Gesellschaft hellt den Verstand auf und bringt den langweiligsten Geist dazu, seine Schätze an die Oberfläche zu bringen.

Die Hochzeitstage scheinen mit dem fünften zu beginnen – der Holzhochzeit. Hier scheinen einzigartige und passende Geschenke sehr günstig zu sein. Kübel und Schalen und Eimer aus Zedernholz, mit Blumen gefüllte Holzkörbe, Shaker-Schaukelstühle und Sitze für die Veranda, geschnitzte Tische, Schränke aus Eichenholz, Wandhalterungen, Gemälde auf Holz, in Holzschnitzereien aus Mooreiche gerahmte Aquarelle und vieles mehr sogar eine Ladung Anzündholz wurde akzeptabel angeboten. Die Braut kann sich an diesem frühen Jahrestag so fröhlich kleiden, wie sie möchte. Dann kommt die Zinnhochzeit, die jetzt wegen der hübschen Zinnkerzenhalter, die sie frisch von Londoner Einrichtern mitbringt, sehr willkommen ist.

Wir hören von prächtigen Silberhochzeiten in Kalifornien, dem Land aus Gold und Silber, wo die Zurschaustellung von Toiletten jeweils ein großes Vermögen darstellte. Aber schließlich kommt es auf *das Gefühl* an,

„Als ich inmitten der göttlichen Rituale deinen Treueschwur annahm und meinen schwor. Dir, süße Frau, bringe ich meinen zweiten Ring, ein Zeichen und ein Versprechen. Dieser Ring soll, bis der Tod uns scheidet, deine reiferen Tugenden in mein Herz binden – Diese Tugenden, die die Frau der Braut noch nie zuvor verliehen hat."

Die Goldene Hochzeit ist ein seltenes Fest – die große Hochzeitsglocke aus vollreifem Weizen; Maisgarben; Rosen von reiner Goldfarbe (Marschall Niel ist die Blume der goldenen Hochzeit *schlechthin*). Wir können uns die mit Herbstlaub und immergrünen Pflanzen wunderschön geschmückten Stuben gut vorstellen, die um das betagte Paar gruppierten Kinder, vielleicht sogar ein Urenkel als kindliche Brautjungfer, einen Brautstrauß in der betagten weißen Hand. Wir können uns nichts Poetischeres und Pathetischeres als dieses Fest vorstellen.

Ob der Mann der Frau zu diesem Anlass einen Ring schenkt oder nicht, bleibt dem individuellen Geschmack der Beteiligten überlassen. Zweifellos ist es ein angenehmer Anlass für das Geschenk,

„Wenn sie aufgrund ihrer inzwischen offengelegten Verdienste doppelt so viel erwies wie die Frau, die ich vermutete",

Es besteht kein Zweifel, dass sie einen weiteren Ring verdient. Wir haben irgendwo von einer Krone-Diamant-Hochzeit gelesen; es ist der fünfundsechzigste Jahrestag. Eiserne Hochzeiten sind unserer Meinung nach der fünfzehnte Jahrestag. Mit Silber-, Gold- und Diamanthochzeiten sind wir einigermaßen vertraut, aber soweit wir wissen, ist eine Krone-Diamant-Hochzeit, wie sie vor kurzem in Maebuell auf der Insel Alsen gefeiert wurde, eine Zeremonie, die in der Geschichte völlig beispiellos ist Ehechroniken. Nachdem sie ihr fünfundsechzigstes Jahr ehelicher Glückseligkeit vollendet hatten, wurden Claus Jacobsen und seine ehrwürdige Gattin vom Pfarrer ihrer Pfarrei feierlich gesegnet und durchliefen zum fünften Mal in ihrem langen Eheleben die Form der gegenseitigen Treuebeschwörung vor dem Altar, an dem sie sich zum ersten Mal vor der Schlacht von Waterloo vereint hatten. Das Gesamtalter dieses kronendiamantinischen Paares beträgt *einhundertachtundsiebzig Jahre* !

Wir bezweifeln, dass dieses ewige Paar einen Ring brauchte, um an seine eheliche Pflicht zu erinnern. Es ist seltsam, dass der Ursprung des Eherings im Dunkeln liegt. Der „Fyancel" oder Ehering ist zweifellos römischen Ursprungs und wurde ursprünglich bei der Verlobung als Pfand der Verlobung überreicht. Juvenal erzählt, dass zu Beginn des christlichen Zeitalters ein Mann der Frau, die er verlobte, einen Ring an den Finger steckte. In alten Zeiten war die Übergabe eines Siegelrings ein Zeichen des Vertrauens. Der Ring ist ein Symbol für Ewigkeit und Beständigkeit. Dass es auf der linken Hand der Frau platziert war, zeigt ihre Unterwerfung an, und auf dem Ringfinger, weil es eine Vene drückte, die direkt mit dem Herzen kommuniziert. Der Brauch, den Ehering unter Juden und Christen zu tragen, ist so weit verbreitet, dass keine verheiratete Frau jemals ohne ihren schlichten Goldreif gesehen wird, und sie betrachtet den Verlust desselben als ein unheilvolles Omen; und viele Frauen entfernen es nie. Dies ist jedoch töricht und sollte zunächst mehrmals abgenommen und wieder angelegt werden, damit ein späteres Entfernen oder Verlust nicht schmerzhaft auf die Gefühle einwirken muss.

Die von der Braut angeschnittene Brauttorte mit dem Ehering für einen glücklichen zukünftigen Ehepartner scheint immer noch stark zu sein. Die 25-jährige Braut sollte ein paar Stücke abschneiden und es dann anderen überlassen, sie weiterzugeben; Es ist ein Tag, an dem man auf sie warten sollte.

Manche Personen wiederholen anlässlich ihres fünfundzwanzigsten Hochzeitstages auch ihre Hochzeitsreise, und wir kennen in England eine sehr angenehme kleine Route, die „Reise zur Silberhochzeit" genannt wird, aber das ist natürlich eine so völlig persönliche Angelegenheit, dass Es kann nicht allgemein empfohlen werden.

Der anmutigste Brauch der Silberhochzeit besteht darin, dass Braut und Bräutigam die Grüße ihrer Freunde zunächst förmlich entgegennehmen, dann die Hochzeitsglocke oder den Blumenhimmel verlassen und in der Gesellschaft umhergehen, um wieder Gastgeber und Gastgeberin zu werden. Sie sollten ihren Kindern, Freunden und sich selbst Tränen und traurige Erinnerungen ersparen. Einige wohlhabende Bräute und Bräutigame machen daraus tatsächlich eine Silberhochzeit, indem sie denjenigen, die mit ihnen ins Leben kamen, aber weniger Glück hatten als sie selbst, umfangreiche Geschenke schicken.

KAPITEL XLI.
FRÜHLINGS- UND SOMMERUNTERHALTUNGEN.

Wenn die Jahreszeit voranschreitet und das Land plötzlich in den herrlichen Frühling bricht, gibt es Gartenpartys, Landessen, Reitausflüge und Spargelpartys, Jagden und Jachtfahrten, Rasentennis und Bogenschießen, Besuche auf dem Poloplatz , und die Freuden eines Besuchs bei den Freunden, die eine Stunde von der Stadt entfernt, in Orange und Morristown, an der Meeresküste von Long Island oder den Hudson hinauf, leben, beginnen sich vor den stadtgebundenen Würdenträgern abzuzeichnen Wirf einen „Rosenton über seine rostroten Sorgen."

Die erste Frage für den Neuling, der auf die Jagd gehen würde (denn sie „brechen das Eis" in mehr als einer Hinsicht), als erste Frühlingsunterhaltung im Freien, ist: Was braucht ein junges Mädchen von wem? würde „zu den Hunden reiten"? denn die „blasse Diana", keusch und schön, geht nicht mehr zu Fuß auf die Jagd, wie sie es in den Tagen Akteons tat.

Sie muss zwei Vollblutjäger haben. Sie muss einen Bräutigam haben, ein englisches Gewand haben, ein sorgfältig durchdachtes Outfit haben, und sie muss eine perfekte und furchtlose Reiterin sein und sich nicht gegen einen „Cropper" stören. Eine der jungen Reiterinnen bei der Meadow Brook Hunt wurde im vergangenen Frühjahr über den Kopf ihres Pferdes in einen Graben geworfen und stand auf und erklärte, sie sei nicht einmal verletzt. Ja, sie muss sogar lernen, vom Pferd zu fallen, ohne sich die Rippen oder die Nase zu brechen. Heutzutage ist es ein teures Vergnügen, Diana zu sein. Das Ergebnis einer langen Übung auf dem Pferd scheint jedoch zu sein, dass eine Frau fast zu einem Zentauren wird und furchtloser als ein Mann. Dann umfasst die Jagd als Ergänzung zu den jungen Damen bestimmte Männer in Rosa. Sie „formieren" sich am Straßenrand und der Jagdmeister sagt: „Meine Damen und Herren, wollen Sie jagen?" und er winkt dem Eintreiber – einem ebenfalls galanten Geschöpf in Rosa – zu, „die Hunde wegzuwerfen".

Dann beginnen die hübschesten vierzig Hunde, alle gefleckt, ihre verrückte Karriere. Es ist ein wunderschöner Anblick, wenn die rotrockigen Jäger hinterherjagen, und es sieht so aus, als ob der echte Fuchs nach einiger Zeit erreichbar wäre, statt der Farce eines Anissamenbeutels, der jetzt dazu dient, den Geist eines Duftes zu erzeugen. Der niedrige, weiche Hut ist bei unseren jungen Fahrern sehr beliebt, aber zum Schutzhelm gibt es zu sagen: Er fängt einen Sturz ab. So manche schöne Stirn wurde durch den widerstandsfähigen Schutzhelm vor einer schrecklichen Narbe bewahrt.

Dem waghalsigen Versuch eines halsbrecherischen „Sprungs" sollte die Gewohnheit vorausgehen, jeden Tag zu fahren und sich gründlich an den Sitz zu gewöhnen. Niemand sollte so tun, als würde er jagen, wenn er nicht über einen guten Sitz, ein gutes Pferd und genügend Nerven verfügt. Noch viel weniger sollte sich ein inkompetenter Reiter auf das Pferd eines Freundes wagen. In England heißt es: „Ein Mann wird es einem verzeihen, wenn man sich das Genick bricht, nicht aber das seines Lieblingsjägers."

Da der Tag des Autofahrens gekommen ist, schreiben viele Korrespondenten, um zu fragen, was der beste Ausstattungsstil für einen jungen Mann sei. Wir können nur sagen, dass ein Tilbury mit einem Pferd sehr auffällig ist, dass ein Hundekarren am „wissendsten" ist, dass ein hoher Streitwagen sehr stattlich ist, aber dass der zweisitzige Parkwagen am besten zum Mitnehmen geeignet ist raus eine Dame. Es sollte immer ein Diener dahinter sein. Die Kunst des Fahrens ist recht einfach, erfordert aber viel Übung. Der gute Kutscher sollte sein Pferd gut verstehen und sanft und langsam Kurven fahren; Er muss wissen, wie man ein Pferd an- und abspannt, und bereit sein, jede noch so kleine Unordnung zu beheben, wenn es zu einer Unterbrechung kommt.

Was nun das Fahren in einer Kutsche mit Damen betrifft, schreibt ein Korrespondent, um nach der Etikette zu fragen, die das Verhalten eines Herrn regeln sollte. Er nimmt seinen Platz mit dem Rücken zu den Pferden gegenüber den Damen ein und sollte auch nicht davon ausgehen, neben einer Dame zu sitzen, es sei denn, er wird dazu aufgefordert. Wenn die Kutsche anhält, sollte er herausspringen und ihr beim Aussteigen helfen, indem er mit ihr die eigenen Stufen hinaufgeht und die Glocke läutet. Beim Einsteigen in die Kutsche sollte er seinen linken Fuß auf die Stufe stellen und mit dem rechten Fuß in die Kutsche einsteigen. Dies setzt jedoch voraus, dass er den Pferden gegenübersitzt; Sitzt er mit dem Rücken zu den Pferden, kehrt er den Vorgang um. Ein Gentleman sollte es vermeiden, auf Damenkleider zu treten oder sie durch die Tür zu schließen. Damen, die Landhäuser haben, sollten sowohl Autofahren als auch Reiten lernen. In der Tat brauchen wir in der heutigen Zeit, in der junge Frauen alleine in ihren Pony-Phaetons und kleinen Karren durch den Park fahren, kaum zu raten, dass sie lernen sollten, gut Auto zu fahren.

Was das Bootfahren angeht, das überwiegend von Männern betrieben wird, hören wir nur von wenigen Damen, die in New York das Ruder ziehen; aber zweifellos wird es an Bächen und Seen im Landesinneren durchgeführt. Ein Herr sollte im Boot bleiben und helfen, es zu stabilisieren, es sei denn, die Ruderinnen sind sehr erfahren. Es sollten kurze Kleider und runde Hüte ohne darüber liegende Drapierungen getragen werden. Da der Ehrensitz in einem Boot der ist, auf dem sich das Ruder befindet, ist es für den Eigner

des Bootes eine Etikette, ihn seinem Freund anzubieten, wenn er Ruderer ist
.

Die Spargelparty ist eine Art langes Picknick, an dem sich eine Gruppe von Freunden beteiligt und zu einem geeigneten Gasthof fährt oder reitet, wo ein gutes Abendessen serviert werden kann, mit dem Vorteil, dass das Frühgemüse direkt aus der Erde geschnitten wird. Da Long Island für seinen Spargel berühmt ist, wählen diese Partys aus New York im Allgemeinen einen geeigneten Ort dort aus, der nahe genug an der Stadt liegt, um die Fahrt nicht zu ermüdend zu machen.

Die neue Leidenschaft für das Busfahren ist mittlerweile so sehr amerikanisch geworden, dass wir den Zeitvertreib hier nicht beschreiben müssen. Mindestens vier Reisebusse werden im Sommer von New York aus in eine benachbarte Stadt – New Rochelle, Yonkers usw. – starten, und es gibt keine bessere Art, einen Maifeiertag zu verbringen, als in einem solchen. Was die Unterhaltung *im Freien angeht*, werden Wildpasteten, Pasteten, kaltes Rindfleisch, gepresste Zunge, Topffleisch, Sandwiches, *Foie Gras* und Champagner in Körben herausgenommen und von den gehorsamen Kammerdienern bei den Rennen auf dem Dach der Kutsche serviert , für diejenigen, die mit vier Pferden und einer Londoner Kutsche losfahren, um den Lieblingslauf zu sehen.

Wir werden oft gefragt, welches Kostüm für eine Rasenparty geeignet wäre, und wir können nur antworten, dass die Kostüme für diese Partys einen nützlichen Charakter haben sollten. Wenn es sich um eine Rasenparty in einem sehr eleganten Haus, in Newport oder am Hudson River handelt, kann es jedoch von einer Zartheit und Eleganz sein, die nicht angemessen ist, wenn man aufs Land eingeladen wird, nur um „eine gute Zeit zu haben". Da eine Person dem Wetter, der Abnutzung durch Spiele und einem langen Tag in der Sonne ausgesetzt ist, sind dicke Stiefel unverzichtbar. Aber wenn man zu einer Hochzeit auf dem Land eingeladen wird, muss man sich sehr hübsch kleiden, auch wenn der „Rasen" eine entscheidende Rolle bei der Unterhaltung spielen soll. Bei der regulären Rasenparty sollten die Hausherrin und ihre Töchter in ihren Hauben auf dem Rasen empfangen.

Segeln ist eine beliebte „Sommerunterhaltung", und für diejenigen, die das Meer lieben, ist es in seiner Aufregung unvergleichlich. Yachting-Kleider sollten aus Serge oder Tweed gefertigt sein und Wärme und Haltbarkeit besitzen, und junge Frauen können sie mit dem je nach Geschmack zuschneiden Name und Abzeichen ihrer Lieblingsyacht.

Für eine Rasentennisparty tragen die Spieler eigens angefertigte Flanellhemden, und für eine Dame ist das Trikot unverzichtbar, da es den Armen so viel Freiheit gibt. Diese Partys beginnen im Mai in allen

Landhäusern und Landschaftsparks in unseren größeren Städten und bieten mit Sicherheit so viel gesunde Unterhaltung, wie es nur geht.

Bogenschießen hat sich in Amerika noch nicht etabliert, aber in bestimmten Kreisen gibt es Vereine, die diesem Sport eine Zukunft versprechen.

Nun wollen wir denjenigen, die in Landhäuser gehen, um „über den Sonntag" zu bleiben, wie es in New York Mode ist, einen Rat geben. Halten Sie sich stets für diejenigen zur Verfügung, in deren Haus Sie sich aufhalten. Wenn sie Ihnen einen Aktionsplan vorschlagen, schließen Sie sich diesem an. Wenn Ihr Besuch eine Woche dauert, versuchen Sie, sich so gut wie möglich zu amüsieren. Lassen Sie Ihre Gastgeberin nicht erkennen, dass Sie zur Unterhaltung auf sie angewiesen sind. Denken Sie daran: So willkommen Sie auch sein mögen, Sie sind nicht immer erwünscht. Eine gute Gastgeberin lernt auch, ihre Gäste in Ruhe zu lassen. Ein Gentleman-Besucher, der weder schießt, fischt, Boot fährt, liest, Briefe schreibt oder irgendetwas anderes tut, als herumzuhängen und sich „amüsieren" zu lassen, ist ein unerträgliches Ärgernis. Er sollte besser ins Billardzimmer gehen und alleine Karambol spielen oder sich in die Ställe zurückziehen und rauchen.

Eine Besucherin sollte ein ähnliches Fingerspitzengefühl an den Tag legen, wenn sie sich zum Lesen oder Schreiben von Briefen in ihr Zimmer zurückzieht und ihrer Gastgeberin die Möglichkeit gibt, ihre Vormittage oder Nachmittage ganz für sich zu haben, ganz wie es ihr gefällt. Manche Menschen sind „geborene Besucher". Sie verfügen über die Genialität des Taktgefühls beim Wahrnehmen, die Genialität der Finesse bei der Ausführung, die Gewandtheit und Offenheit ihres Auftretens, ein Wissen über die Welt, das durch nichts überrascht werden kann, eine Gelassenheit des Gemüts, die durch nichts gestört werden kann, und eine Güte im Gemüt, die es niemals geben kann erschöpft. Ein solcher Besucher ist überall sehr gefragt.

Ein gutmütiges Gastgeberpaar stellt einem Besucher alles zur Verfügung – seine Pferde, Kutschen, Bücher und Grundstücke. Und hier sollte auf äußerste Feinheit geachtet werden. Reiten Sie niemals zu schnell oder zu weit. Fordern Sie den Kutscher niemals über seine gewohnten Grenzen hinaus. Pflücken Sie niemals eine Blume in den Ziergärten, ohne um Erlaubnis zu fragen, denn in der heutigen Zeit der Zier- und Fantasiegärtnerei ist es notwendig, vorsichtig zu sein und sich daran zu erinnern, dass jede Blume einen Farbton in einem wohlüberlegten Bild darstellt. Machen Sie niemals Eselsohren, verunstalten Sie die Bücher nicht und lassen Sie sie nicht herumliegen; Wenn Sie sie aus ihren Regalen nehmen, stellen Sie sie zurück. Seien Sie rücksichtsvoll im Umgang mit den Dienern und geben Sie denjenigen, die Sie sofort bedienen, ein kleines Trinkgeld. Und wenn Familiengebete gelesen werden, versuchen Sie immer anwesend zu sein.

So viel zu der Möglichkeit einer „Sommerunterhaltung" auf einem Landhaus, die zu den angenehmsten überhaupt gehört, wenn die Apfelblüten gerade erst blühen und der Zauber des Frühlings über der ganzen Szene liegt.

Wir hören von einer „rustikalen Maskerade" als einer der Frühlingsunterhaltungen in einem Landhaus in Orange. Es scheint, dass dies im ganzen Land sehr geeignet sein könnte, wenn Wälder und Wasser für die Hirten und Hirten nah genug sind. Eine Kopie der Gartenpartys, die Boucher zu dem Maler machten, der er war, und bei denen wir fast hören, wie der Wind durch die Riedgras rauscht, das erfrischende Plätschern des Brunnens und sehen, wie die fröhlich gekleidete Marquise ihren violetten Pantoffel auf den Rasen legt, und die eleganten und stattlichen Herren, wie sie mit ihren feinen Seidenmänteln die benachbarte Laube erhellen, auf seinen Bildern – eine Kopie solcher Gartenpartys, wie sie Watteau berühmt gemacht haben (er hat sie alle auf die Fächer gestellt, und die jungen Leute müssen es nur tun). Kopieren Sie sie) – dies wäre in der Tat eine „rustikale Maskerade", die amüsieren und für einen wohltätigen Zweck „anlocken" könnte. Viele unserer Landstädte an den Ufern von Seen, viele Orte in der Nähe von New York mit ihren eigenen schönen Gärten würden ein irdisches Paradies für eine solche Gartenparty bieten.

Zum Frühstück in den Jerome Park fahren, die frühe Erdbeere und die köstliche Sahne holen – das ist eine Frühlingsunterhaltung, der sich viele unserer Geschäftsleute hingeben, wenn sie erfrischt und gestärkt zu ihrer Arbeit in New York zurückkehren. Die Vergnügungsmenschen dieser Zeit verfügen, wie schon immer, über ein reichliches Angebot an Vergnügungen – allerdings nicht immer die nützlichsten –, doch wir sind froh zu sehen, dass die Aufregungen im Freien beginnen, die Aufregungen zu distanzieren des Spieltisches. Wetten auf dem Rasen werden hier nicht in dem verheerenden Ausmaß betrieben wie in England, während Polo, Baseball , Bootfahren und „Hundereiten" in mancher Hinsicht lächerlich gemacht werden können dabei – sind alle gesund. Im Frühling gibt es zwar kleine Abendessen, Mittagessen und Hochzeiten, aber nur sehr wenige Abendunterhaltungen.

Nachdem ein junges Mädchen den ganzen Winter über die modische Welt durchstreift und alle Festtage und Bälle, Konzerte, Opern und Abendessen besucht hat, macht ihr Partys im Mai nichts aus. Wenn sie es täte, würde solch eine schwärmerische Begeisterung für Unterhaltung ihre Reize auf traurige Weise zerstören. Es reicht völlig aus, wenn sie ihren aufregenden Winter mit einem ausgefallenen Tanz oder privaten Theateraufführungen bei einer Wohltätigkeitsveranstaltung ausklingen lässt.

Ein High Tea wird in Gängen wie ein Abendessen serviert, allerdings mit weniger Formalität. Die Dame sitzt an einem Ende des Tisches mit dem silbernen Teetablett vor ihr, während der Herr kaltes Hühnchen oder vielleicht sogar ein warmes Gericht wie gebratene Rebhühner vor sich hat, das er tranchieren kann. Häufig werden überbackene Austern gereicht und immer Salate, damit diejenigen, die zu dieser Zeit zu speisen pflegen, eine solide Mahlzeit haben. Auf dem Tisch stehen warme Kuchen, Kekse und Süßigkeiten, so dass es sich wirklich um den altmodischen Tee unserer Großmütter handelt, verstärkt durch einige deftige Gerichte. Es soll den Dienstboten am Sonntagabend Ärger ersparen, aber es bereitet ihnen in Wirklichkeit mehr Ärger, da es jetzt serviert wird, da es dem Kellner zusätzliches Geschirr zum Abwaschen und genauso viel Service gibt. Es erspart jedoch den Koch.

KAPITEL XLII.
BLUMENGEGENSTÄNDE UND DEKORATIONEN.

eine gute Reise in tausend neue Farben verheißen soll Wege. Für diese Dampferdekorationen wurden Blumenschiffe, Anker, Sterne, Kreuze, Mottos, Monogramme und sogar die Nationalflagge verwendet.

Aber die Sprache der Blumen, die bei den Persern so gut verstanden wurde, dass eine einzelne Blume eine vollständige Liebeserklärung, einen Heiratsantrag und vermutlich auch einen Hinweis auf die Einigung ausdrückt, ist bei unseren praktischeren Visionären und Enthusiasten des 19. Jahrhunderts weit verbreitet Jahrhundert, eher ein Echo der Börse als eine poetische Einbildung. Wir befürchten, dass keine Primadonna ihre Blumen betrachtet, ohne darüber nachzudenken, wie viel sie gekostet haben, und dass die Schönheit ihren Blumenstrauß nach dem kommerziellen Wert eines Maiglöckchens im Vergleich zu dem einer Jacqueminot-Rose schätzt. und nicht nur als Blumen. Es ist schade, dass der überwältigende Luxus einer extravaganten Zeit sogar die Blumen des Feldes, diese großzügigen Geschenke des Sonnenscheins und des Regens, in seinen allmächtigen Griff einbezieht.

Aber so ist es. Es ist eine wohlbekannte Tatsache, dass die Dame, die drei Monate im Voraus ihre Bestellung für die Blumen aufgibt, die für die Hochzeit ihrer Tochter oder für eine andere große Zeremonie benötigt werden, durch Bereitstellung eines ausreichend großen Geldbetrags über jede Blume verfügen kann, die sie benötigt wünscht sich. Sogar Gänseblümchen und Butterblumen, Rotklee und Weißklee, das zarte Vergissmeinnicht des Gartens, Kapuzinerkressen und Ringelblumen, die scheue und zarte Anemone, Löwenzahn, Flieder und Maiglöckchen können zu einer unnatürlichen Blüte gezwungen werden im Januar. Es ist eine beliebte Laune, die Feldblumen des Juni im Januar auf den Mittagstisch zu legen.

Dieser besondere Tisch ist der größte aller Blumenkonsumenten, deshalb können wir damit beginnen, einige der neuen Fantasien zu beschreiben, die durch dieses außerordentlich luxuriöse Mahl entstanden sind. Das Mittagessen einer Dame muss nicht nur Körbe voller prächtiger Blumen auf dem Tisch zeigen; Es muss aber auch für jede Dame ein Korb oder ein Blumenstrauß vorhanden sein.

Eines der königlichsten Mittagessen, das achtundzwanzig Damen gegeben wurde, begründete die Verwendung kleiner vergoldeter Körbe mit auf beiden Seiten des Griffs zu öffnenden Deckeln – die Art von größeren Körben, die in Neuengland und ... verwendet werden Im alten England trug Dame Trot ihre vielfältigen Pakete vom Markt nach Hause. Diese hübschen und nützlichen Körbe hatten auf jeder Seite einen Blumenstrauß, der durch den offenen Deckel hervorschaute, und an dem vergoldeten Griff war ein Band gebunden, das in der Farbe den Blumen entsprach. Eines davon, mit zartrosa Rosenknospen von außerordentlicher Größe und Schönheit auf der einen Seite und einem Strauß Maiglöckchen auf der anderen, mit einer Schleife aus rosa Satinband am Griff, war ein so hübsches Bild wie immer, Kate Greenaway erfunden. Ein anderer, der den starken Kontrast von lila Stiefmütterchen und gelben Narzissen zeigte und mit einem schönen lila Satinband zusammengebunden war, war ein Traum von satten Farben.

Die steifen, formellen, flachen Sträuße aus gelben Narzissen und Veilchensträußen, die mit violetten Bändern zusammengebunden sind, sorgen in regelmäßiger Anordnung auf jedem Teller für einen sehr feinen Effekt. Die Wiederholung einer Lieblingsidee in Bezug auf Blumen ist nicht hässlich, obwohl sie zunächst weit von der ursprünglichen und köstlichen Verwirrung entfernt zu sein scheint, in der die Natur ihre Blumensträuße auf Hochland und Wiese wirft.

Bei der Anordnung von Rosen können die vielfältigsten und skurrilsten Fantasien zum Ausdruck kommen, obwohl der prächtigste Effekt vielleicht durch die Kombination einer einzigen Farbe oder Gruppe erzielt wird. Ein Korb mit dem rosafarbenen Gloire de Paris mit seinen üppigen grünen Blättern, abwechselnd mit tiefroten Jacqueminots, ist jedoch eine sehr prächtige Fantasie und wird einen Raum mit Duft erfüllen. Im Februar kosteten diese Rosen zwei Dollar pro Stück, und im Winter 1884 war es keine Seltenheit, vier oder sechs Körbe mit jeweils vierzig Rosen auf einem Tisch zu sehen.

Wir empfehlen allen Damen, die aufs Land reisen, einige der kleinen „Dame Trot"-Körbe zu kaufen, da sie im Sommer wunderschön mit Wildblumen gefüllt sind. Tatsächlich ist der vergoldete Korb, ausgestattet mit einer Blechpfanne zur Aufnahme von Erde oder Wasser, ein so billiger und hübscher Behälter für wachsende oder geschnittene Blumen, dass er auf jedem Esstisch fehlen sollte.

Vom Mittagstisch mit seinen Körben und Blumendekorationen kommen wir zum Esstisch. Hier ist der Platz so wertvoll, dass die Blumentasche erfunden wurde, ein genialer Plan, mit dem Rosen an der Seite der Trägerin aufgehängt werden können. Dies ist eine neuartige und sehr hübsche Art, Blumen zu tragen. Die Rosen oder andere Blumen werden mit Drähten in Form eines Netzes zusammengebunden und mit einem Band und einer Nadel versehen, damit die Dame ihre Blumentrophäe an ihrer Seite befestigen kann. Die Blumenkörbe und der Schmuck der *Pergne* für ein Abendessen bestehen höchstwahrscheinlich alle aus einer Blume. Wenn sie gemischt werden, gibt es zwei Arten: gelbe und rote Rosen oder weiße und rosafarbene Rosen, oder vielleicht auch die Hälfte von Flieder und die Hälfte von Rosen, oder violette Stiefmütterchen und leuchtend gelbe Blüten. Manche Tische sind nur mit scharlachroten Nelken gedeckt, und der Effekt ist sehr schön.

Zur Hochzeitsdekoration werden die Häuser heute mit Palmen in Töpfen und Orangenbäumen in voller Pracht gefüllt. Eine ganze Reihe von Räumen wird zu einer Laube aus großblättrigen Pflanzen umgestaltet. Die Spiegel sind mit Ranken, Kränzen und Kletterrosen bedeckt, die über ein Drahtgitter gespannt sind. Die Braut steht unter einem Blumenschirm, der in den Raum hineinragt. Die Monogramme von Braut und Bräutigam sind in floralen Schildern an der Wand angebracht, wie die *Kartusche* , auf der in der Einsamkeit der Pyramiden die Namen und Titel eines ägyptischen Königs prangen. Die von Bräuten und Brautjungfern getragenen Blumensträuße sind mittlerweile außergewöhnlich groß und messen an der Oberseite einen Fuß oder mehr.

Tulpen waren schon immer eine beliebte Dekoration für den Esstisch. Diese Blumen, so fein in der Zeichnung und so prachtvoll in der Farbe, erzeugen in großen Massen eine äußerst brillante Wirkung. Wenn Ostern näher rückt, sind Lilien besonders hervorzuheben, und die tiefe japanische Kelchlilie, gruppiert mit den stattlichen Callas, und die Gartenlilie mit ihren langen gelben Staubgefäßen und ihrem reichen Duft füllen würdig die *Pergnes* .

Hyazinthen sind wunderschöne Vorboten des Frühlings und haben eine wunderschöne Farbe; Es gibt jedoch starke Einwände gegen diese Blume als Dekoration, da ihr starker Duft für manche Menschen unangenehm ist.

Ein Fischkorb, gefüllt mit Büscheln von Lilien, Reseda und tiefrosa Moosrosen, die in den blassen Farbtönen der als Baroness de Rothschild bekannten Rose schattiert sind, mit einer leuchtenden Mitte aus warmen roten Jacqueminot-Sträußen und einem Rand aus violetten Stiefmütterchen und Marchal Niels. war einer von vielen wunderschönen Blumenornamenten auf einem prächtigen Esstisch.

Trotz des Versuchs, den extravaganten Einsatz von Blumen bei Beerdigungen zu verhindern, sehen wir bei diesen traurigen Anlässen immer noch einige neue und eher poetische Ideen, die durch florale Embleme zum Ausdruck kommen. Eines davon, das „Tor Ajar" genannt, war sehr schön: die „Tore" waren mit Lilien geschmückt und von Tauben gekrönt, die Zweige von Passionsblumen in ihren Schnäbeln hielten.

Gekreuzte Palmen, umschlungen von Rosen und Bändern, ein schräges Kreuz aus Rosen, das auf einem Bett aus Efeu liegt, ein Korb aus Efeu und Herbstblättern, in dem sich ein Bündel Getreide und eine Sichel aus Veilchen befinden, ein Efeukissen mit einem Kreuz aus Blumen auf der einen Seite ein

Strauß Stiefmütterchen, die an einer Ecke von einem Bandknoten gehalten werden, ein Kreuz allein aus Efeu, ein „Erntefeld" aus Weizenähren sind nur einige der vielen neuen Bestattungsmotive, die die Monotonie von begraben die schrecklichen weißen Kreuze, Kronen und Anker, Herzen und Kränze der Vergangenheit.

Es ist nicht länger notwendig, die Farbe bei diesen Hommagen an die Toten auszuschließen. Tatsächlich bestanden einige der schönsten Motive, die bei jüngsten Beerdigungen zu sehen waren, aus farbigen Blumen.

Für eine Taufe sind eine Blumenwiege oder eine Hollywoodschaukel, eine Schale oder ein silberner Becher voller kleinster Blumen beliebte Designs. Ein großer Blumentisch mit den Initialen des Babys in der Mitte wurde kürzlich an eine glückliche junge Mutter zu einem glückverheißenden Anlass geschickt; und viel schöner war eine Blumenkrippe, über der der „Stern des Ostens" hing, alles aus dieser hübschen weißen Blume, dem Stern von Bethlehem.

Es wurden seltsame Blumenkontraste geschaffen: Lila Flieder und blaue Vergissmeinnicht waren eine Lieblingskombination – „stilvoll, nicht schön", lautete die geflüsterte Kritik.

Die gelbe Ringelblume, eine Art kleine Sonnenblume, ist die beliebteste „Laune" für *Blumensträuße* . Dies kommt einer echten Sonnenblume so nahe, wie es die Ästheten bisher gewagt haben. Bei uns gibt es vielleicht kein prächtigeres Gelb als diese Ringelblume, und sie setzt ein schwarzes oder salbeigrünes Kleid wunderbar in Szene.

Eine extravagante Dame trug auf einem Ball um ihren weißen Rock einen Saum aus echten Veilchen. Obwohl sie weniger wirksam waren als die künstlichen, hatten sie ein hübsches Aussehen, bis sie herabhingen und verblassten. Dieser Schmuck kostete einhundertfünfzig Dollar.

Es wurde versucht, einen Regenbogen in Blumen herzustellen, aber mit schlechtem Erfolg. Es wird wie ein Band aussehen – zweifellos ein sehr schönes Band; aber der *Arc-en-Ciel* entzieht sich der Reproduktion, selbst in den transzendenten prismatischen Farben der Blumen.

Bänder wurden mit Blumen verwendet und tragen viel zu deren Wirkung bei; Denn seit den arkadischen Tagen von Rosalind und Celia werden in Prosa, Poesie, Malerei und Liebesromanen eine Blume, ein Band und ein hübsches Mädchen miteinander in Verbindung gebracht.

Die mit blühenden Pflanzen, Anhängern und Farnen gefüllten Hängekörbe wurden häufig bei Hochzeiten verwendet, um den Räumen ein laubenartiges Aussehen zu verleihen. und Altäre und Stufen von Kirchen wurden reich mit blühenden Pflanzen, Palmen und anderem üppigem Blattwerk geschmückt.

Die für Blumen gezahlten Preise waren enorm. Eintausend Dollar für die Blumendekoration für ein einzelnes Abendessen waren keine ungewöhnliche Summe. Aber die Ausgabe solch großer Summen für Blumen war nicht unrentabel. Die Blumen werden von Tag zu Tag schöner, und wie ein unternehmungslustiger Florist, der seinen Kunden einen „Rosentee" geschenkt hatte, bemerkte: „Jeder große Auftrag inspiriert uns, eine schönere Blume zu produzieren."

KAPITEL XLIII.
DIE GABEL UND DER LÖFFEL.

Ein Korrespondent schreibt: „Wie soll ich meine Gabel zum Mund führen?"
Die Gabel sollte mit der rechten Hand seitlich zum Mund angehoben
werden; Der Ellbogen sollte niemals gebeugt sein, so dass die Hand im
rechten Winkel gedreht wird oder die Gabel direkt gegenüber dem Mund
liegt. Die Mutter kann nicht zu früh anfangen, gute Manieren am Tisch zu
vermitteln, und zu den ersten Dingen, die kleine Kinder lernen sollten, gehört
der richtige Umgang mit der Gabel.

Auch hier sollte die Gabel nicht überlastet werden. Fleisch und Gemüse zu
nehmen und auf die arme Gabel zu packen, als wäre es ein Lasttier, ist eine
verbreitete amerikanische Vulgarität, die aus unserer hastigen Art, auf
Bahnhöfen und in Hotels zu essen, entstanden ist. Aber es ist eine ungesunde
und unhöfliche Angewohnheit. Nur wenig auf die Gabel zu nehmen, also
einen mäßigen Bissen, zeugt von guten Manieren und Vornehmheit. Das
Messer darf zu keinem Zeitpunkt in den Mund gesteckt werden – das ist ein
Überbleibsel der Barbarei.

Ein anderer Korrespondent fragt: „Sollte man Käse mit der Gabel essen?"
Wir sagen entschieden „Ja", obwohl gute Autoritäten erklären, dass es mit
einem Messer auf ein Stück Brot gelegt und so in den Mund geführt werden
darf. Natürlich beziehen wir uns auf die Weichkäse wie Gorgonzola, Brie,
Frischkäse, Neufchâtel, Limburger und dergleichen, die kaum handlicher
sind als Butter. Von den Hartkäsesorten kann man mit Daumen und
Zeigefinger jeden Monat einen Bissen übertragen; Im Allgemeinen ist es
jedoch besser, die Gabel zu verwenden.

Nun zum Löffel: Er eignet sich für Suppen, für Erdbeeren und Sahne, für
alles Kompott und Eingemachtes sowie für Melonen, die aufgrund ihrer
Saftigkeit nicht bequem mit der Gabel gegessen werden können. Pfirsiche
und Sahne, all die „nassen Gerichte", wie Mrs. Glasse sie nannte, müssen mit
einem Löffel gegessen werden. Römerpunsch wird immer mit einem Löffel
gegessen.

Auf eleganten Tischen wird jeder Teller oder „Deckel" von zwei großen
silbernen Messern, einem kleinen silbernen Messer und einer silbernen Gabel
für den Fisch, einer kleinen Gabel für die Austern auf der Halbschale, einem
großen Esslöffel für die Suppe und drei großen begleitet Gabeln. Die
Serviette ist in der Mitte gefaltet, darin liegt ein Stück Brot. Im weiteren
Verlauf des Abendessens werden die benutzten Messer, Gabeln und Löffel
mit dem Teller weggenommen. Das erspart Verwirrung und der Diener muss
nicht ständig frische Messer und Gabeln mitbringen. Fisch sollte mit

silbernem Messer und Gabel gegessen werden; Denn wenn es voller Knochen ist, wie zum Beispiel der Maifisch, ist es sehr schwierig, es ohne die Hilfe eines Messers zu handhaben.

Für Kalbsbries, Schnitzel, Roastbeef usw. ist auch das Messer notwendig; aber für die *Kroketten* , *Frikadellen* , *Bouches la Reine* , *Timbales* und Gerichte dieser Klasse wird nur die Gabel benötigt. Ein Großteil der zubereiteten Gerichte, in denen sich die Franzosen auszeichnen, werden mit der Gabel gegessen.

Nachdem das Abendessen gegessen und der Nachtisch erreicht ist, müssen wir dafür sorgen, dass alles abgeräumt wird, bis auf die Tischdecke, die jetzt nie entfernt wird. Vor jeden Gast wird ein Dessertteller gestellt, dazu ein goldener oder silberner Löffel, ein silberner Dessertlöffel und eine silberne Dessertgabel und oft eine seltsame kleine Kombination aus Gabel und Löffel, die „Eislöffel" genannt wird.

In England werden Erdbeeren immer mit den grünen Stielen serviert, jede einzelne mit den Fingern aufgenommen, in Zucker getaucht und so gegessen. Viele Ausländer gießen Wein über ihre Erdbeeren und essen sie dann mit einer Gabel, aber das scheint dem natürlichen Geschmack des Königs der Beeren abträglich zu sein.

Birnen und Äpfel sollten mit einem silbernen Messer geschält, geviertelt und dann mit den Fingern aufgenommen werden. Orangen sollten je nach Geschmack des Essers geschält und geschnitten oder getrennt werden. Die Weintrauben sollten hinter der halb geschlossenen Hand gegessen werden, wobei die Kerne und die Schale unbemerkt in die Finger und von dort auf den Teller fallen. Verschlucken Sie niemals die Kerne kleiner Früchte; es ist äußerst gefährlich. Die Ananas ist fast die einzige Frucht, die sowohl Messer als auch Gabel erfordert.

Die Gabel ist in letzter Zeit so oft in Gebrauch gekommen, dass ein Witzbold bemerkte, dass er alles außer dem Nachmittagstee mitnahm. Er stellte fest, dass die dicke Schokolade, die oft bei Nachmittagsunterhaltungen serviert wird, bequem mit einer Gabel gegessen werden kann, insbesondere die Schlagsahne darauf.

Zum Verzehr von Salat werden sowohl Messer als auch Gabel verwendet, wenn der Salat vor dem Servieren nicht zerschnitten wird. Ein großes Salatblatt ist ohne Messer nicht einfach zu handhaben und natürlich muss die Gabel benutzt werden, um es zum Mund zu führen. Da zum Salat Brot, Butter und Käse serviert werden, sind Salatmesser und Gabel unbedingt erforderlich. An jedem Teller stehen jetzt Salzfässer, und es ist nicht unangebracht, Salz mit dem Messer zu entnehmen.

Dessertlöffel und kleine Gabeln gehören nicht zum Original-„Deckel"; das heißt, sie werden nicht zu Beginn des Abendessens angelegt, sondern je nach Bedarf den Gästen vorgelegt; So zum Beispiel, wenn vor dem Spiel der römische Punsch kommt und danach der Plumpudding oder das Gebäck vor dem Eis serviert wird.

Die Messer und Gabeln liegen griffbereit auf beiden Seiten des Tellers.

Für den Kaffee nach dem Abendessen wird ein sehr kleiner Löffel serviert, da ein großer in den verwendeten kleinen Tassen fehl am Platz wäre. Tatsächlich ist die Vielfalt der Gabeln und Löffel, die heute auf einem gut gedeckten Tisch zum Einsatz kommen, erstaunlich.

Einer unserer geschätzten Korrespondenten fragt: „Wie viel Suppe sollte jeder Mensch bekommen?" Eine halbe Schöpfkelle reicht völlig aus, es sei denn, es handelt sich um ein Landessen, bei dem eine volle Schöpfkelle ohne Anstoß gegeben werden kann; aber füllen Sie nicht den Suppenteller.

Beim Schnitzen eines Geflügelstücks sollte der Gastgeber auf den Zustand von Messer und Gabel achten. Natürlich kümmert sich ein guter Schnitzer vor dem Abendessen um beides. Das Messer sollte aus bestem Besteck sein, gut geschärft und die Gabel lang, stark und mit einem Messerschutz versehen sein.

Achten Sie bei der Verwendung des Löffels darauf, ihn nicht zu weit in den Mund zu stecken. Bei Kindern ist es Mode, ihre Löffel auf eine etwas brutale Weise zu polieren, aber der Gast einer Dinnerparty sollte daran denken, dies insbesondere beim Dessertlöffel (bei dem es sich um ein ziemlich großes Gerät für den Mund handelt) nicht zu tun Lassen Sie zu, dass selbst die verstopfenden Einflüsse des Puddings ihn dazu verleiten, seinem Löffel zu viel Spielraum zu lassen; Wie jede Tischetikette birgt auch der Löffel seine Schwierigkeiten und Gefahren. Besonders der Suppenlöffel hat Skylla und Charybdis, und wenn ein unachtsamer Esser beim Essen seiner Suppe ein zischendes Geräusch von sich gibt, schaut sich der wohlerzogene Gast bestürzt um.

Es gibt immer Menschen, die mit ihrer Art zu essen glücklich sind, wie mit allem anderen auch. Es gibt keinen so unfehlbaren Beweis für gute Erziehung und frühen Brauch wie das Verhalten eines Mannes oder einer Frau beim Abendessen. Da jedoch nicht jeder den Vorteil einer frühen Erziehung hatte, ist es gut, diese winzigen Punkte der Tischetikette zu studieren, damit man lernen kann, wie man isst, ohne die Sensibilität der Wohlerzogenen zu verletzen. Studieren Sie besonders die Gabel und den Löffel. Zweifellos gibt es auf dem Kontinent große Meinungsverschiedenheiten in Bezug auf die Gabelung. Es ist eine gängige deutsche Mode, auch bei Fürsten, das Messer in den Monat zu stecken. Italiener sind bei der Verwendung nicht immer wählerisch und kultivierte Russen, Schweden, Polen und Dänen essen oft wahllos mit Messern oder Gabeln.

Aber Österreich, das der französischen Mode folgt, die angelsächsische Rasse in England, Amerika und den Kolonien, alle Franzosen und jene eleganten Russen, die französische Manieren nachahmen, halten die Gabel für das richtige Kommunikationsmittel zwischen Teller und Mund.

KAPITEL XLIV.
Servietten und Tischtücher.

Die Eleganz eines Tisches hängt wesentlich von seiner Tischdecke ab. Die einfachste aller Mahlzeiten wird zu einem Bankett, wenn das Leinen frisch, fein und glatt ist, und die üppigste Mahlzeit kann durch eine schmutzige und zerknitterte Tischdecke ruiniert werden. Die Hausfrau, die ihr Haus elegant führen möchte, muss sich dazu entschließen, fünf oder sechs Sätze Servietten zu verwenden und jeweils mehrere Dutzend für eventuelle Anforderungen bereitzuhalten.

Eine Serviette sollte kein zweites Mal auf den Tisch gelegt werden, bevor sie nicht erneut gewaschen wurde. Deshalb sollten Serviettenringe aufgegeben und auf den Teetisch im Kinderzimmer verbannt werden.

Frühstücksservietten sind kleiner als Abendessenservietten und sehr hübsch, wenn sie in der Mitte den Anfangsbuchstaben der Familie tragen. Hübsch sind auch solche aus feinem Doppeldamast mit schlichtem Muster, etwa einem Schneeglöckchen oder einer mathematischen Figur, passend zur Tischdecke. Letzten Endes lohnt es sich für eine junge Haushälterin, aus wirtschaftlicher Sicht gut in die besten Windeln zu investieren — Doppeldamast, gutes irisches Leinen. Kaufen Sie niemals schlechte oder billige Servietten; sie werden durch das Waschen fast sofort abgenutzt.

Für das Kinderzimmer und den Kindertisch eignen sich vielleicht grobe, schwere Servietten. Wenn Kinder mit ihren Eltern speisen, sollten sie ein spezielles Set Servietten zur Verfügung haben, und einige sehr sorgfältige Mütter fertigen diese mit Bändern an, die sie um den jugendlichen Hals binden. In einer großen Familie mit Kindern ist es besser, schwere und grobe Tischwäsche für den täglichen Gebrauch zu haben. Es lohnt sich nicht, farbige Tücher zu kaufen, denn sie müssen so oft gewaschen werden, als ob sie weiß wären, und keine Farbe hält der harten Beanspruchung der Wäsche besser stand als reines Weiß.

Farbige Tischdecken sind daher der Luxus eines gut ausgestatteten Landhauses und tragen dazu bei, dass der Frühstücks- und Mittagstisch ein wenig anders aussieht als das Abendessen. Benutzen Sie niemals einen einfarbigen Damast für den Esstisch.

Diese Frühstückstücher in Rosa, Gelb, Hellblau und Weiß oder Grau sind mit den passenden Servietten sehr hübsch. aber nach mehrmaligem Waschen werden sie sehr stumpf und sind für das Auge nicht so angenehm wie Weiß, das mit jedem Bleichen im Sommer weißer wird. Damen, die in der Stadt leben, sollten versuchen, mindestens einmal im Jahr ihre gesamten Windeln aufs Land zu schicken und sie zum Ausbleichen im Gras liegen zu lassen. Es scheint danach sauberer zu bleiben.

Zum Abendessen sollten auf jedem Teller große und schöne Servietten liegen, sorgfältig gebügelt und einfach gefaltet, mit einem Stück Brot darin. Diese sollten entfernt werden, wenn der Fruchtgang gebracht wird, und zu jeder Fingerschale sollte eine farbige Serviette gehören, mit der man die Finger trocknen kann.

Hübsche kleine, fantasievolle Doyleys werden jetzt auch unter die Fingerschale gelegt, nur um sie anzuschauen. Diese mit urigen Mustern bestickten kleinen 8 cm großen Dinger sind sehr dekorativ; Aber der echte und brauchbare Doyley sollte nicht vergessen werden und kann entweder neben oder über die Fingerschale gelegt werden.

Viele Damen sind so verschwenderisch, dass sie für den Teil des Desserts, der vor dem Obst geht, eine zweite kleine Serviette auflegen lassen, aber das bereitet sowohl dem Gast als auch dem Kellner so viel Mühe, dass es normalerweise nicht gemacht wird.

Die in Berlin hergestellten Servietten mit gezogenem Faden und geknoteten Fransen- und Spitzeneffekten sind sehr schön. Sie werden auch an den Schulen von South Kensington und in Paris sowie von der Decorative Art Society in New York hergestellt und sind wunderschön mit Monogramm und Wappen aus rotem, weißem und blauem Faden gearbeitet. Aber keine Serviette ist jemals durch und durch eleganter als der sehr dicke, feine und robuste Uni-Damast, der mit jeder Reinigung reiner und glatter wird.

Da jedoch einer unserer großartigen Dinner-Geber in New York 24 Dutzend der hübschen Servietten mit gezogenem Faden bei einem Berliner Lokal bestellt hat, müssen wir zu dem Schluss kommen, dass sie in Mode kommen werden.

Wenn das Frühstück zu einer formellen Mahlzeit gemacht wird, das heißt, wenn die Gesellschaft zu einer bestimmten Zeit eingeladen wird , müssen *Servietten* oder große Servietten auf jeden Teller gelegt werden, wie bei einem Abendessen. Bei einem „Stehfrühstück" werden sie jedoch nie verwendet, ebenso wenig Doyleys oder Fingerbowls.

Wenn ein Unfall passiert, beispielsweise wenn ein Glas Wein verschüttet wird oder ein Teller umgeworfen wird, sollten die *Rückstände* sorgfältig weggeräumt werden, und der Kellner sollte eine saubere Serviette über das entweihte Tischtuch ausbreiten. Beim Mittagessen werden ausnahmslos große, weiße Servietten verwendet, während die kleineren zum Frühstück und Tee aufbewahrt werden. Manche Damen mögen die kleinen Fransenservietten zum Tee, aber damit sie gut aussehen, müssen sie sehr sorgfältig gewaschen und gebügelt werden.

Befestigen Sie Ihre Serviette niemals um Ihren Hals; Legen Sie es bequem in der Hand über Ihre Knie und heben Sie nur eine Ecke an, um den Mund abzuwischen. Männern, die einen Schnurrbart tragen, ist es erlaubt, den Mund mit der Serviette zu „sägen", als wäre es ein Zügel, aber für Damen würde das zu männlich wirken.

Heute werden Servietten in Hotels im halbnassen Zustand in alle möglichen Formen gefaltet: Eine Gans, ein Schwan, ein Schiff, ein hoher Stiefel sind beliebte und fantasievolle Motive; Dies ist jedoch eine schmutzige Mode, die die Handhabung nicht immer frischer Hände erfordert, und da die Serviette beim Falten feucht sein muss, ist sie beim Ausschütteln nicht immer trocken. Nichts ist so ungesund wie eine feuchte Serviette; Es bereitet einer zarten und nervösen Dame, einem Mann mit einer Erkältung, einem Menschen mit Neuralgie oder Rheuma Qualen und ist für jeden beleidigend. Lassen Sie eine Serviette niemals auf den Tisch legen, bevor sie gut gelüftet ist. In großen Häusern gibt es oft eine Verschwörung zwischen dem Kellner und der Wäscherin, die sich beide der Arbeit entziehen wollen, was zur Folge hat, dass die Servietten, die nicht rechtzeitig vorbereitet wurden, feucht auf den Tisch gelegt werden.

Eine Haushälterin sollte über eine große Truhe verfügen, in der Windeln aufbewahrt werden können, die nicht täglich verwendet werden. Diese reservierte Wäsche sollte mindestens einmal im Jahr gewaschen und gelüftet werden, damit sie nicht schimmelt und vergilbt.

Unsere niederländischen Vorfahren liebten es sehr, eine Truhe dieser Art zu bereichern, und viele Hausfrauen in New York und Albany verwenden heute Leinen, das vor dreihundert Jahren aus Holland mitgebracht wurde.

Die in Irland hergestellten Windeln haben heutzutage jedoch die in anderen Ländern hergestellten ersetzt. Es ist gut, günstig und manchmal sehr schön, und wenn es unverfälscht mit Baumwolle gekauft werden kann, hält es viele Jahre.

In Servietten sollte nur sehr wenig Stärke gegeben werden. Niemand möchte eine empfindliche Lippe an einem Brett abwischen, und eine steife Serviette ist diesem Gebrauchsgegenstand sehr ähnlich.

Auf Dinnerpartys in England wurde zu Zeiten Wilhelms des Vierten zu jedem Teller eine Serviette gereicht. Als der Gast seinen Teller und die neue Serviette nahm, ließ er die, die er benutzt hatte, auf den Boden fallen, und als er vom Tisch wegging, ließ er einen schneebedeckten Stapel Windeln zurück.

Die Verwendung von Leinen für den Tisch ist eine der ältesten Moden. Die frühen italienischen Tische wurden mit so schönen Spitzenservietten serviert, dass wir sie heute nicht mehr erreichen können. Die Servietten von Königin

Elisabeth waren mit in Flandern hergestellter Spitze eingefasst und stellten einen wichtigen Ausgabenposten in ihrem Tagebuch dar.

Chinesische und japanische Magnaten verwenden gefranste, bestickte und farbige Servietten aus Seide. Diese Artikel können gewaschen werden und werden durch uns unbekannte Reinigungsmittel wieder in ihre ursprüngliche Reinheit zurückversetzt. Die Chinesen verwenden auch kleine Papierservietten, die sich sehr gut für Lunchkörbe und Picknicks eignen.

Eine unserer Korrespondenten fragt uns, ob sie ihre Serviette falten soll, bevor sie den Tisch verlässt. Bei einem modischen Essen, nein. Bei einem geselligen Tee oder Frühstück, ja, wenn ihre Gastgeberin dies tut. Es gibt kein absolutes Gesetz zu diesem Thema.

Bei einem schicken Abendessen faltet niemand seine Serviette. Er lässt es auf den Boden fallen oder legt es aufgeklappt neben seinen Teller. Wenn ihm die Obstserviette gebracht wird, nimmt er sie von der Glasplatte, auf der sie liegt, und legt sie entweder an seine rechte Hand oder über sein Knie sowie den „erleuchteten Lappen", wie ein Witzbold den kleinen bestickten Doyley nannte Nicht zum Gebrauch bestimmt, wird, nachdem es untersucht und bewundert wurde, neben der Fingerschale auf den Tisch gelegt. Diese hübschen kleinen Kleinigkeiten können mehrfach dazu dienen, die Fingerschale zu schmücken.

Wenn Servietten in einer Truhe oder Schublade abgelegt werden, sollten dazwischen angenehme, saubere Kräuter wie Lavendel oder Süßgras oder das altmodische Kleeblatt oder Beutel mit orientalischer Iriswurzel gelegt werden, damit sie zur Geltung kommen Tisch duftet nach diesen köstlichen Düften.

Nichts vernichtet den Appetit eines nervösen Dyspeptikers sicherer als eine Serviette, die nach fettiger Seife riecht. Mittlerweile ist eine Waschseife im Einsatz, die einen sehr unangenehmen Geruch in der Wäsche hinterlässt, und Servietten riechen oft so stark danach, dass sie einem den Appetit auf Essen nehmen.

Vielleicht ist der Einfluss Delmonicos auf die Öffentlichkeit in nichts deutlicher zum Ausdruck gekommen als in der Wirkung, die seine stets makellose Kleidung hervorrief. Als er begann, war es in amerikanischen Gasthäusern nicht üblich, saubere Tischdecken und saubere Servietten anzubieten. Kein anständiger Gast wird sich mehr als einer sauberen Serviette unterwerfen. Jede Dame, die eine elegante Haushaltsführung anstrebt, sollte daher bedenken, dass sie niemals zulassen darf, dass die gleiche Serviette zweimal auf den Tisch gelegt wird. Nach dem Gebrauch muss es in die Wäscherei geschickt werden, bevor es wieder auf den Tisch gelegt wird.

KAPITEL XLV.
DIENER, IHRE KLEIDUNG UND PFLICHTEN.

Als wir lesen, dass ein Hotelier in West Point kürzlich alle seine Kellner entlassen hat, die sich nicht den Schnurrbart abrasieren wollten, müssen wir anfangen zu glauben, dass der bis dahin rücksichtslose Amerikaner über das Aussehen seines Haus- und Kutschenpersonals nachdenkt. In den frühen Tagen der Republik, bevor Thomas Jefferson die Zügel seines Pferdes an den Zaunlatten befestigte und zur Einweihung ins Kapitol schlenderte, hatten die Aristokraten der verschiedenen Städte eine Livree für ihre Diener. Aber nach solch einem Schuss kaltem Wasser gerieten angesichts der etablierten Sitten des Oberrichters des Landes viele der alten Formen und Bräuche der Kolonialzeit in Vergessenheit, darunter auch das Tragen einer Livree durch Diener. Dies hatte zur Folge, dass der Grad der Schäbigkeit immer weiter abnahm, da der Kutscher der Pferde einen Mantel und einen Hut im gleichen Stil wie sein Herr trug, nur weniger sauber und neu. Wie viele unserer theoretisch so guten amerikanischen Ideen war das Ergebnis dieses Versuchs von „Freiheit, Gleichheit und Brüderlichkeit" weder der Ordentlichkeit noch der Eleganz förderlich.

Aber das Vorurteil gegen Livreen war in der öffentlichen Meinung so stark verankert, dass erst vor sieben Jahren ein Herr aus dem vornehmsten Kreis des aristokratischen Philadelphia erklärte, er habe aus Angst, die öffentliche Meinung zu schockieren, darauf verzichtet, einen livrierten Diener hinter seiner Kutsche zu haben. In New York hat die Anwesenheit eines großen ausländischen sozialen Elements vor langer Zeit zu einer Abneigung gegen die Meinung in dieser Angelegenheit geführt, und jetzt stecken die meisten Leute, die einen ordentlichen, schlichten und angemessenen Kleidungsstil für ihre Kutscher und Lakaien wünschen, in eine Lackierung, für die der Kapitän bezahlt. Diejenigen, die in solchen Angelegenheiten besonders vorsichtig sind, gestatten einem Kellner oder Diener nicht, einen Schnurrbart zu tragen, und verlangen, dass alle Diener glatt rasiert sind, mit Ausnahme des Kutschers, der einen Schnurrbart tragen darf. Jeder muss sich die Haare kurz schneiden lassen und der Kellner muss beim Warten am Tisch oder beim Austeilen von Erfrischungen weiße Handschuhe tragen; Sogar ein Glas Wasser auf einem silbernen Tablett muss mit behandschuhter Hand gebracht werden.

Vielen Damen fällt es schwer, ihren Dienern die Notwendigkeit persönlicher Sauberkeit einzuprägen. Die gewöhnliche Kleidung eines Butlers ist ein schwarzer Frack mit weißer Krawatte und weißen Baumwollhandschuhen. Ein Kellner, der in einem großen Lokal an der Tür steht und einer von vielen Bediensteten ist, trägt normalerweise eine ruhige Livree – einen Gehrock mit

Messingknöpfen und eine gestreifte Weste. Einige Familien tragen für ihren Diener die scharlachrote Weste, die tatsächlich mit sehr gutem Erfolg für den Negerdiener verwendet werden kann.

Sauberkeit ist unabdingbar; Ein schlampiger und unaufmerksamer Diener verrät einen schlampigen Haushalt. Dennoch tun Bedienstete ihren Arbeitgebern oft großes Unrecht. Sie reagieren langsam auf das Klingeln, sie geben unhöfliche Antworten, sie verleugnen eine Person und lassen eine andere zu, sie geben keine Notizen ab, sie sind unverschämt, sie vernachlässigen die Befehle der Herrin, wenn diese nicht da ist. Wir können von unserem häuslichen Dienst keine Perfektion erwarten, aber durch gewissenhaftes und geduldiges Lehren ist es möglich, eine respektable und hilfsbereite Dienstklasse zu schaffen. Bedienstete neigen sehr dazu, ihren Ton von ihren Arbeitgebern zu übernehmen – höflich zu sein, wenn sie höflich sind, und unverschämt, wenn sie unverschämt sind. Der Chef des Hauses ist sehr geneigt, von seinen Lakaien nachgeahmt zu werden. Ein Urgesetz, das wir erwähnen müssen: Eine Gastgeberin sollte ihre Diener niemals in Gegenwart ihrer Gäste zurechtweisen. Es ist sowohl gegenüber dem Gast als auch gegenüber dem Diener grausam und zeigt die Gastgeberin stets in einem unfreundlichen Licht. Was auch immer schief gehen mag, die Dame des Hauses sollte ruhig bleiben; Wenn sie Angst hat, wer kann dann glücklich sein?

Wir haben hier, nominell, nicht den hilfreichen Schatz, der in England als Stubenmädchen bekannt ist. Wir nennen sie eine Kellnerin und erwarten von ihr, dass sie die gesamte Arbeit auf einer Etage erledigt. Eine solche Person kann von einer guten Haushälterin zu einem äußerst bewundernswerten Diener erzogen werden. Ihr musste gesagt werden, sie solle früh aufstehen, sich um das Fegen der Türstufen kümmern, die Jalousien öffnen, das Feuer anzünden und den Frühstückstisch decken. Sie muss in einem gepflegten Kattunkleid, weißer Schürze und Mütze erscheinen und die Familie beim Frühstück bedienen. Nach dem Frühstück erwarten die Herren von ihr, dass sie ihre Hüte bürstet, Mäntel und Überschuhe mitbringt und die Regenschirme besorgt. Sie muss auch auf die Türklingel antworten und sollte daher flink und schlagfertig sein. Wenn das Frühstück vorbei ist, muss sie das Geschirr abräumen und abwaschen, das Silber reinigen und sich auf die nächste Mahlzeit vorbereiten. In gut organisierten Haushalten gibt es einen Tag zum Fegen, einen Tag zum Reinigen von Silber, einen Tag zum Polieren von Spiegeln und einen anderen zum Hellmachen und Saubermachen der Kamine; Aber jede dieser Aufgaben erfordert jeden Tag ein gewisses Maß an Aufmerksamkeit. Der Salon muss entstaubt werden, und natürlich muss für das Feuer gesorgt werden, sodass das Stubenmädchen oder die Kellnerin in einer großen Familie viel zu tun hat. Die besten Mädchen für diese schwierige Situation sind Engländerinnen, aber es ist sehr schwierig, sie zu finden. Die

Deutschen neigen nicht dazu, lange bei einer Familie zu bleiben. Die besten verfügbaren Stubenmädchen sind irische Frauen, die einige Zeit in diesem Land gelebt haben.

Eine Dienerin sündigt oft aus Unwissenheit, daher ist die Zeit, die sie damit verbringt, sie zu unterrichten, keine Zeitverschwendung. Sie sollte mit solchen Utensilien ausgestattet werden, die die Arbeit erleichtern, und eine sehr gute Haushälterin erklärt, dass die Tugend einer Kellnerin von einer unendlichen Einsatzbereitschaft abhängt. Und es besteht kein Zweifel, dass ein großer Vorrat an Handtüchern ein ständiger Hinweis auf Sauberkeit ist und eine große moralische Unterstützung für eine Kellnerin darstellt.

Heutzutage, wenn die Salons mit Nippes gefüllt sind, hat ein Stubenmädchen keine Zeit, Wäsche zu waschen, außer für den Teil, der sie persönlich betrifft. Am besten ist es, eine Wäscherin zu beauftragen, die die gesamte Wäsche im Haus erledigt. Selbst in einem sehr sparsamen Haushalt hat sich herausgestellt, dass dies die beste Lösung ist, da es sonst immer zu einer unerklärlichen Verzögerung kommt, wenn es klingelt. Das Erscheinen einer zerzausten Magd an der Tür, deren Arme mit Seifenlauge bedeckt sind, ist nicht dekorativ. Wenn sich ein Koch findet, der auch das Waschen und Bügeln übernimmt, ist das eine bessere und zufriedenstellendere Lösung. Aber in unserem wachsenden Wohlstand hat dieser Funktionär eine neue und außerordentliche Bedeutung erlangt und wird nur noch kochen.

Eine junge Haushälterin, die ihr Leben in einer großen Stadt beginnt, sieht sich häufig mit der Notwendigkeit konfrontiert, vier Bedienstete zu haben – eine Köchin, eine Wäscherin, einen Kellner oder ein Stubenmädchen (manchmal beides) und ein Zimmermädchen. Keiner dieser hervorragenden Hilfskräfte ist bereit, die Arbeit des anderen zu übernehmen: Sie streiten sich meist. Daher ist die erste Erfahrung im Haushalt nicht angenehm. Aber es ist möglich, zwei Bedienstete zu finden, die, wenn sie richtig ausgebildet sind, alle Dienste einer kleinen Familie leisten können, und zwar gut.

Die Herrin muss die Arbeit jedes Einzelnen sorgfältig definieren oder sie mit der Maßgabe einstellen, dass keiner von ihnen jemals sagen darf: „Das ist nicht meine Arbeit." Manchmal ist es völlig unmöglich, die genauen Pflichten jedes Dieners zu definieren. Unsere Haushaltsführung in diesem Land ist so chaotisch, und unsere häufigen Haus- und Vermögenswechsel führen dazu, dass es so sehr den Charakter einer provisorischen Regierung annimmt, dass jede Frau ein Louis-Napoleon sein und zu einem Staatsstreich bereit sein *muss* jeder Zeit.

Das Einzige, was jede Dame von ihren Dienern unbedingt verlangen muss, ist Respekt. Die geplagte und besorgte Amerikanerin, die sich mit den schlechtesten Dienstboten der Welt auseinandersetzen muss – den schlecht ausgebildeten, unfähigen und bösartigen Bauern Europas, die hierher kommen, um „so gut wie alle anderen" zu sein, und die sehen, dass es leicht ist Ob es ihnen möglich ist, in Amerika ihren Lebensunterhalt zu verdienen, ob sie respektvoll sind oder nicht – diese Frau hat eine sehr schwierige Aufgabe zu erfüllen.

Aber sie muss sich zumindest äußerlichen Respekt verschaffen, indem sie darauf besteht und ihren Dienern zeigt, dass sie darin ein noch größeres Desiderat ansieht als die effiziente Erfüllung ihrer Pflichten. Die Herrin darf nicht die Beherrschung verlieren. Sie muss immer ruhig, unerschütterlich und würdevoll sein. Wenn sie einen Befehl gibt, muss sie um jeden Preis darauf bestehen, dass dieser befolgt wird. Hartnäckigkeit und Unflexibilität sind in diesem Punkt durchaus angebracht.

Wenn es Kinder gibt, ist die Krankenschwester natürlich ein äußerst wichtiger Teil des Haushalts und macht oft mehr Ärger als alle anderen Bediensteten, denn sie ist normalerweise eine ältere Person, die keine Geduld mit Kontrolle hat und „in ihren Gewohnheiten festgefahren" ist ." Die Herrin muss sie sofort zum Gehorsam zwingen. Krankenschwestern sind nur Menschen und können dazu gebracht werden, sich an die Regeln zu halten, nach denen die Menschheit regiert.

Damen haben für ihre Krankenschwestern den französischen Kleidungsstil übernommen – dunkle Stoffroben, weiße Schürzen und Mützen. Französische Krankenschwestern liegen in der Tat voll im Trend, denn es wird als äußerst wichtig erachtet, dass Kinder Französisch sprechen lernen, sobald sie sich artikulieren können. Aber es ist so schwierig, eine französische Krankenschwester zu finden, die die Wahrheit sagt, da viele Mütter auf die gebildete Gallierin verzichtet und die Angelsachse eingestellt haben, die oft nicht ehrlicher ist.

Zweifellos gab es einen besseren Dienst, wenn es weniger Bedienstete gab und wenn die Herrin sich gut um die Sitten ihres Haushalts kümmerte und bestimmte häusliche Pflichten selbst erledigte. In jenen frühen Tagen war sie es, die das beste Gebäck und die besten Süßigkeiten herstellte. Sie war es, die am Stepprahmen arbeitete und die besten Bettvorhänge knüpfte. Sie war es, die das Tischtuch mit einer Sauberkeit und Genauigkeit stopfte, die selbst die Unvollkommenheit zu einer Schönheit machte. Sie war es, die den Johannisbeerwein und den Brombeerlikör herstellte. Sie kannte alle Geheimnisse der klaren Stärke und brachte den Unwissenden durch ihre gebildete Intelligenz bei, wie sie ihre Arbeit erledigen sollten. Allerdings hatte sie amerikanische Ureinwohner zu unterrichten und keine Iren, Deutschen oder Schweden. Heutzutage werden nur noch wenige gebürtige Amerikaner Dienstboten, und die Schwierigkeiten der Herrin werden dadurch noch größer.

Eine Dienerin kann nicht sorgfältig genug über ihre Pflichten gegenüber Besuchern unterrichtet werden. Nachdem sie sich zunächst vergewissert hat, ob ihre Geliebte zu Hause ist oder nicht, sollte sie, um einer Dame die Mühe zu ersparen, aus ihrem Wagen auszusteigen, ohne Zeitverlust auf das Klingeln an der Tür antworten. Sie sollte alle Besucher mit Respekt und Höflichkeit behandeln, gleichzeitig aber in der Lage sein, zwischen Freund und Feind zu unterscheiden und nicht unvorsichtig die unzähligen Betrüger, Betrüger und Bettler zulassen, die sich in anständiger Kleidung Zutritt zu einem verschaffen Haus zum Zweck des Diebstahls, oder vielleicht, um einen Zement für zerbrochenes Geschirr oder das Letzte an Haarfärbemitteln zu verkaufen.

Gewissenhafte Diener, die ihre Pflichten verstehen und versuchen, sie zu erfüllen, sollten nach einer gewissen Disziplin die Möglichkeit haben, ihren eigenen Arbeitsmethoden zu folgen. Einmischung und Fehlersuche schaden dem Temperament eines Untergebenen; während Misstrauen für jeden schlecht ist und sich besonders negativ auf die Ausbildung eines guten Dieners auswirkt.

Wenn Sie Ihren Dienern versichern, dass Sie glauben, dass sie ehrlich sind, müssen Sie ihnen die Gewohnheit der Ehrlichkeit aneignen. Ihre Rechte, ihre Freizeitstunden, ihre Religion, ihre Gefühle zu respektieren, ihnen gute Nacht und guten Morgen zu wünschen (nach der hübschen deutschen Art), ihnen beim Schreiben ihrer Briefe und bei der richtigen Anlage ihrer Briefe behilflich zu sein ihnen das Lesen und Schreiben beizubringen und ihnen das Nähen ihrer Kleidung beizubringen, damit sie sich selbst nützlich sein können, wenn sie die Knechtschaft verlassen – all das ist die angenehme Pflicht einer guten Herrin, und ein solcher Kurs macht gute Dienerinnen aus.

Alle unwissenden Naturen suchen einen Führer; Alle Diener mögen es, von einer starken, ehrlichen, gerechten und umsichtigen Herrin kommandiert zu werden. Sie suchen ihr Lob; Sie fürchten ihren Tadel, nicht wie Sklaven die Peitsche des Tyrannen fürchten, sondern wie Soldaten ihren Vorgesetzten respektieren. Schlechte Laune, Ungerechtigkeit und Tyrannei machen Augendienst möglich, aber keinen Herzensdienst.

Unentschlossene Menschen, die ihren eigenen Verstand nicht kennen und sich nicht an ihre eigenen Befehle erinnern können, sind sehr schlechte Herren und Mätressen. Es ist besser, dass sie das Geschäft mit der Haushaltsführung aufgeben und sich dem Leben in Hotels oder Pensionen zuwenden, mit denen uns unsere englischen Cousins verspotten, ohne zu wissen, dass das Nomadenleben, das sie verurteilen, das Ergebnis ihres eigenen Versagens ist um aus den Abfällen des Gefängnisses, des Armenhauses und der irischen Baracken, die sie uns unter dem Deckmantel von Hausangestellten schicken, gute Bürger zu machen.

Die Vertrautheit mit Dienern weckt immer ihre Verachtung; Eine Geliebte kann freundlich sein, ohne vertraut zu sein. Sie muss bedenken, dass die Dienerin über die große Kluft eines anderen Lebens- und Gewohnheitszustands hinweg zu ihr aufschaut – über die große Kluft der Unwissenheit hinweg – und dass sie in der Naturordnung nicht nur die Autoritätsperson respektieren sollte, sondern auch das Wesen als sich selbst überlegen. Dieser heilsame Einfluss geht zunichte, wenn die Herrin sich der Vertrautheit und Intimität hingibt. Bestimmte schwache Herrinnen verändern ihre Haltung gegenüber ihren Dienern, indem sie zuerst eine Vertrautheit im Benehmen annehmen, die abscheulich ist und die der Diener nicht mit Freundlichkeit verwechselt, und dann eine tyrannische Strenge annehmen, die ebenso unvernünftig ist wie die Vertrautheit, und wie diese nur ist ein Krampf eines schlecht regulierten Geistes.

Bedienstete sollten im Haus dünne Schuhe tragen und angewiesen werden, leichtfüßig zu gehen, keine Türen zuzuschlagen, kein Porzellan fallen zu lassen oder mit Gabeln und Löffeln zu rasseln. Ein ruhiger Diener ist der sicherste aller häuslichen Segen. Ordentlichkeit, gute Manieren und Treue haben oft einem dummen und wenig effizienten Diener ein dauerhaftes Zuhause bei einer Familie gesichert. Wenn zu diesen Eigenschaften noch ein klarer Kopf, ein aktiver Körper und ein respektvolles Auftreten hinzukommen, haben wir das seltene Objekt – einen perfekten Diener.

KAPITEL XLVI.
DAS HAUS MIT EINEM DIENER.

Viele große Familien in diesem Land beschäftigen nur einen Diener. Als das Leben noch einfacher war, war es zwar etwas einfacher als heute, einen Haushalt mit Hilfe einer Haushälterin zu führen, doch schon damals war es notwendig, dass die Damen des Hauses einen Teil davon übernahmen die leichtere Hausarbeit.

Wenn es mehrere Töchter in der Familie gibt, ist es ein sehr guter Plan, jede abwechselnd ihr Talent als Haushälterin und Organisatorin unter Beweis zu stellen. Wenn die Herrin jedoch die Zügel selbst in der Hand behält, kann sie eine dieser jungen Damen damit beauftragen, die Stuben zu fegen und abzustauben, eine andere, sich um das Frühstücksgeschirr zu kümmern, und eine andere, um sicherzustellen, dass das Dienstmädchen keine notwendige Reinigung vernachlässigt hat der Schlafzimmer.

Eine Mutter mit kleinen Kindern muss über ein genau definiertes und verstandenes System für die tägliche Arbeit verfügen, damit eine einzige Dienerin alles erledigen kann.

Das Dienstmädchen muss am Montagmorgen sehr früh aufstehen und vor dem Frühstück einen Teil der Wäsche waschen. Viele alte amerikanische Bedienstete (sofern es solche gab) legten die Kleidung am Sonntagabend in Wasser, um sie einzuweichen und manchmal zu kochen, da dieser Abend in Neuengland nicht die religiöse Bedeutung hatte, die der Samstagabend hatte.

Heutzutage erwarten irische Mädchen jedoch, jeden zweiten Sonntagnachmittag und -abend einen Feiertag zu haben, und es wäre wahrscheinlich vergeblich, diesen Service von ihnen zu erwarten. Aber zumindest sollten sie um fünf Uhr aufstehen und zwei Stunden gute Arbeit leisten, bevor es Zeit ist, das Frühstück vorzubereiten und den Tisch zu decken.

Eine ordentliche Phyllis wird einen sauberen Kittel, eine Mütze und eine Schürze im Küchenschrank hängen lassen und sie anziehen, bevor sie das Frühstück hineinträgt, das sie gekocht hat und servieren muss. Manche Mädchen zeigen großes Fingerspitzengefühl, wenn es darum geht, im richtigen Moment ordentlich auszusehen, aber vielen von ihnen muss die Herrin beibringen, eine saubere Mütze und Schürze bereitzuhalten. Normalerweise stellt die Herrin diese Kleidungsstücke ihrer Magd zur Verfügung, und sie sollten Eigentum der Herrin sein und bei jedem Wechsel der Bediensteten in der Familie bleiben. Man kann sie an fast jeder Wohltätigkeitsstätte für weniger Geld kaufen, als sie zu Hause herstellen könnten, und ein Dutzend davon in einem Haus verbessert das Erscheinungsbild der Diener erheblich.

Nachdem die Köchin das Frühstück zubereitet und am Tisch bedient hat, stellt sie ihrer Herrin einen sauberen Holzbottich mit einem kleinen Wischmopp aus Baumwollgarn und zwei sauberen Handtüchern vor und zieht sich dann mit dem schweren Geschirr sowie Messern und Gabeln in die Küche zurück . Die Dame wäscht das Glas, das Silber und das Porzellan, lässt die Sachen auf einem Kellner abtropfen und wischt sie an ihren zierlichen Leinenhandtüchern ab. Es ist keine unangenehme Operation, und alle Herren sagen, dass sie gerne aus Utensilien essen und trinken, die von einer Dame gewaschen wurden.

Nachdem sie das Glas und das Porzellan weggeräumt hat, schüttelt die Dame das Tischtuch, faltet es zusammen und stellt es weg. Dann nimmt sie einen leichten Besen, fegt das Esszimmer, staubt es sorgfältig ab und öffnet ein Fenster, um die Wohnung zu lüften. Als das erledigt ist, bringt sie den Salon in Ordnung. Das Dienstmädchen sollte in der Zwischenzeit einen Besuch in den Schlafzimmern abstatten und die schwere Arbeit erledigen, Matratzen umzudrehen und Betten zu machen. Sobald dies erledigt ist, muss sie in die Küche zurückkehren und nach sorgfältiger Reinigung der Töpfe und Kessel, die für das Morgenessen verwendet wurden, ihre ganze Aufmerksamkeit ihren anstrengenden Pflichten als Wäscherin widmen. Ein einfaches Abendessen für den Waschtag – ein Beefsteak und einige Salzkartoffeln, ein Salat und eine am Samstag zuvor zubereitete Torte oder ein Pudding – ist alles, was von einer Dienstmagd am Montag verlangt werden sollte.

Der Nachmittag muss damit verbracht werden, die Wäsche fertig zu waschen, die Kleidung aufzuhängen und den Tee zuzubereiten – eine einfache und ungezwungene Mahlzeit, die aus etwas leicht Zuzubereitendem bestehen sollte; Denn nach all dem, was sie tagsüber getan hat, muss dieses hart arbeitende Mädchen ihre Küche „aufräumen", bevor sie ihre wohlverdiente Ruhe genießen kann. Für eine Dienstmagd ist es so ärgerlich, wenn sie die Tür für Besucher öffnen muss, dass Damen zu diesem Zweck oft ein kleines Mädchen oder einen kleinen Jungen haben. Auf dem Land lässt es sich leichter bewältigen.

Dienstag ist überall auf der Welt Bügeltag, und das Dienstmädchen muss in dieser Notsituation von seiner Herrin unterstützt werden. Die meisten Damen verstehen den Prozess des Klarstärkens und die beste Methode zum Bügeln feiner Kleidung. Wenn nicht, sollten sie es tun. Tatsächlich sollte eine gute Haushälterin alles wissen; und wenn eine Dame ihre Aufmerksamkeit auf diese Art von Haushaltspflichten lenkt, ist sie bei der Erfüllung dieser Pflichten ausnahmslos erfolgreicher als eine Person mit geringerer Bildung und Intelligenz.

Am Mittwoch muss das Dienstmädchen einen Teil des Brotes, Kuchens und der Torten backen, die während der Woche benötigt werden. Dabei hilft die Hausherrin, bereitet den hellen Teig zu, entsteint die Rosinen, wäscht die Johannisbeeren und schlägt die Eier. Sehr oft bereitet eine kochbegeisterte Dame alle ihre köstlichen Gerichte, ihre Desserts sowie ihre Kuchen und Torten zu. Sie sollte sich mit allen möglichen mechanischen Geräten bedienen. Sie sollte die besten Eierschläger, Zuckersiebe, Schüsseln in ausreichender Menge sowie Handtücher und Schürzen *nach Belieben haben*. Sie hat, wenn sie eine systematische Haushälterin ist, einen Vorratsschrank, der ihr Stolz ist, mit seinen hübschen, beschrifteten Gewürzkisten und seinen Töpfen mit Gurken und Eingemachtem, die sie selbst gemacht hat und die deshalb sein müssen Hübsch.

Das Kochen von Fleisch hat einen so großen Einfluss auf die Gesundheit der Menschen, dass sich jede Frau gründlich damit befassen sollte. Es sollten keine Braten gebacken werden. Die Formel klingt wie ein Widerspruch; Aber in Häusern, in denen die Notwendigkeit der Arbeitsersparnis eine wichtige Rolle spielt, ist es Brauch, das zu bratende Fleisch in den Ofen zu legen und zu backen. Dies ist sehr unzulässig, da es den gesamten Saft austrocknet, der die lebensspendende und lebenserhaltende Eigenschaft des Fleisches darstellt.

Jeder junge Haushälter soll einen holländischen Ofen kaufen und das Fleisch entweder vor den Kohlen eines guten Holzfeuers oder vor dem Rost eines Herdes braten, in dem Kohlen das Holz ersetzen. Durch diese Methode bewahrt sie die wertvollsten Eigenschaften eines Stücks Roastbeef. Sonst wird ihr Braten ein Chip sein, ein geschmackloser und trockener Bissen, ungenießbar und unverdaulich.

Auch das Kochen von Gemüse soll erlernt werden; Kartoffeln sollten nicht zu stark oder zu wenig gekocht werden, da sie äußerst ungesund sind, wenn sie nicht richtig gekocht werden. Brot muss gut geknetet und zart gebacken sein; Eine Frau, die den Nutzen des Feuers versteht – und das sollte jeder Hausbesitzer wissen – hat das Geheimnis von Prometheus gestohlen.

Am Donnerstag muss das Dienstmädchen das Haus gründlich fegen, wenn schwere Teppiche vorhanden sind, da dies eine Arbeit für starke Arme und starke Hände ist. Die Herrin kann mit dem Staubbesen und dem Tuch folgen, und wiederum kann das Dienstmädchen mit der Trittleiter in ihre Fußstapfen treten und Spiegel und Fenster abwischen.

Viele Damen haben einen anderen Kalender und möchten ihre Arbeit lieber an verschiedenen Tagen erledigen; Aber was auch immer das System für die Verwaltung eines Hauses sein mag, es sollte strikt durchgeführt werden, und jede Hilfe, die sich aus Pünktlichkeit und Ordnung ergeben kann, sollte einem Dienstmädchen bei der Erfüllung seiner mühsamen und vielfältigen Pflichten zuteil werden.

In den meisten Familien findet am Freitag eine Art allgemeiner Hausputz statt: Böden werden geschrubbt und Messing gereinigt, das Silber wird besser gereinigt, die Schränke werden untersucht, die Messer werden gründlicher gereinigt und die Dame bringt ihren Wäscheschrank in Ordnung. süßen Lavendel zwischen die Laken werfen. Am Samstag wird noch mehr Brot und Kuchen gebacken, das Sonntagsessen vorbereitet, damit die Magd ihren Sonntagnachmittag frei haben kann, und die arbeitsreiche Woche endet mit einer sauberen Küche, einem gut gefegten und geschmückten Haus und mit allem, was bis auf das Kochen erledigt ist Sonntagsfleisch und Gemüse.

Die Geschäfte eines Hauses die ganze Woche über erledigen, mit drei Mahlzeiten am Tag und gut erledigter Arbeit; von einem Dienstmädchen, ist für die Herrin eine sehr lobenswerte Sache. Die „Ordnung, die das erste Gesetz des Himmels ist" muss ihr in dieser schwierigen Angelegenheit die wichtigste Hilfe sein; Sie muss bereit sein, einen Großteil der leichten Arbeit selbst zu erledigen, und sie muss ein junges, starkes und williges Dienstmädchen haben.

KAPITEL XLVII.
DAS HAUS MIT ZWEI DIENEN.

Das große Problem des jungen oder mittleren Haushälters in großen Städten besteht darin, ein ordentliches, glückliches und komfortables Zuhause zu schaffen und das Haus so zu ordnen, dass zwei Diener alle seine Arbeiten erledigen können.

Diese beiden Diener nennen wir den Koch und den Kellner, und sie müssen alles tun, was zu tun ist, einschließlich der Wäsche.

Als das Leben einfacher war, geschah dies ohne Murren; aber jetzt ist es besonders in New York schwierig, gute und ausgebildete Bedienstete zu finden, die solche Stellen besetzen könnten. Denn die Arbeit einer Familie zu verrichten – die Stiefel zu schwärzen, den Bürgersteig zu fegen und zu waschen, an der Tür zu stehen und den Tisch zu decken, beim Waschen und Bügeln zu helfen und die Feuer zu machen sowie zu fegen und zu stauben und sich darum zu kümmern des Silbers – scheint die Hände von Briareus zu erfordern.

Es ist besser, ein Mädchen „für die allgemeine Hausarbeit" einzustellen und sie für ihre Arbeit als Kellnerin auszubilden, als jemanden zu nehmen, der nichts anderes hat, als am Tisch zu warten. Wenn Sie ein Mädchen engagieren, achten Sie darauf, ihr zu sagen, was sie zu tun hat, da viele vornehme Leute etwas dagegen haben, Stiefel zu schwärzen; und da es getan werden muss, ist es besser, es sofort zu definieren.

Ein Mädchen, das diese Position besetzt, sollte erstens über die Vorteile eines Systems verfügen, und die Familie muss regelmäßige Arbeitszeiten einhalten. Sie muss um sechs oder bei Bedarf früher aufstehen, die Haustür und die Jalousien im Wohnzimmer sowie die Esszimmerfenster öffnen und dann damit beginnen, die Vordertreppe und den Bürgersteig zu reinigen, den Klingelknopf zu polieren und alles in Ordnung zu bringen über die Matten. Als nächstes muss sie die Feuer machen, wenn im Haus Feuer gemacht wird, und die Asche herabtragen, wobei sie sie sorgfältig an einem Ort deponiert, an dem sie kein Feuer verbreiten kann. Dann muss sie die Stiefel und Schuhe von den Türen der Schlafzimmer einsammeln und sie in die Wäscherei bringen, wo sie sie bürsten sollte, wobei dort ein Schrank für ihre Bürsten und Schwärze vorhanden ist. Nachdem sie die Stiefel neben die jeweiligen Türen gestellt hat, zu denen sie gehören, sollte sie sich ordentlich und sauber machen, Mütze und Schürze anziehen und sich dann darauf vorbereiten, den Tisch für das Frühstück zu decken. Dies tut sie erst, wenn sie den Boden gewischt, das Feuer hell brennen und das Esszimmer in jeder Hinsicht ansehnlich gemacht hat.

Das Decken des Tisches muss sorgfältig und ordentlich erfolgen; Ein sauberes Tuch sollte aufgelegt werden, wobei die Falte gleichmäßig über die Mitte des Tisches verlaufen sollte, das Silber, das Glas und das Porzellan sollten ordentlich und ordentlich platziert werden, die Urnenlampe sollte angezündet und das Wasser zum Kochen gebracht werden, die Servietten sollten frisch und gut sein - zusammengeklappt und die Stühle auf beiden Seiten der Reihe nach aufgestellt. Es lohnt sich für eine Herrin, diese Arbeit zwei oder drei Vormittage lang zu leiten, um dafür zu sorgen, dass ihre Zofe ihre Wünsche versteht.

Wenn alles in Ordnung ist, kann das Dienstmädchen klingeln, an die Türen klopfen oder die Familie wecken, wie sie es wünschen. Nach dem Frühstück räumt sie das Geschirr ab und wäscht das Silber- und Porzellangeschirr in der Speisekammer. Nachdem sie alles weggeräumt und ein Fenster im Esszimmer geöffnet hat, geht sie in die Schlafzimmer.

Jeder sollte, bevor er sein Schlafzimmer verlässt, ein Fenster öffnen und die Kleidung zurückschlagen, um den Raum und das Bett gründlich zu lüften. Wenn dies versäumt wurde, ist es die Aufgabe des Dieners, dies zu tun und die Betten zu machen, die Becken zu waschen und alles sehr sauber zu hinterlassen. Außerdem muss sie die Kommoden, Tische und Stühle abstauben, die Kleider aufhängen, die Schuhe wegräumen und alles in Ordnung bringen.

Dann geht sie auf den Boden des Wohnzimmers, macht alles sauber und geht von dort in die Küche, wo sie, wenn sie Zeit hat, ein wenig wäscht; aber wenn es ein Mittagessen oder ein frühes Abendessen gibt, kann sie nicht viel tun, bis dies vorbereitet ist, insbesondere wenn es ihre Pflicht ist, auf eine Glocke zu antworten. In der Wohnung eines Arztes oder in einem Haus, in dem viele Anrufe eingehen, ist jemand, der sich ausschließlich an der Tür kümmert, fast unerlässlich.

Nach dem frühen Abendessen oder Mittagessen muss das Dienstmädchen ein paar Stunden lang waschen und bügeln, bevor es sich für das späte Abendessen oder den Tee, die wichtigste Mahlzeit des Tages, fertig macht. Wenn sie systematisch vorgeht und die Familie pünktlich ist, kann ein Mädchen montags, dienstags und mittwochs viel waschen und bügeln, selbst wenn es ans Klingeln muss; aber wenn sie nicht systematisch vorgeht und die Mahlzeiten nicht zu den regelmäßigen Zeiten stattfinden, kann sie nicht viel tun.

Am Donnerstag, den wir bereits als Kehrtag festgelegt haben, muss sie das ganze Haus und alle Teppiche fegen, die Teppiche im Hinterhof ausschütteln, die schweren Vorhänge ausschütteln und herunterfegen und die Spiegelrahmen mit einer langen Feder abstauben. Staubtuch. Die Herrin kann ihr helfen, indem sie darauf besteht, dass ihre Familie ihre Zimmer frühzeitig verlässt, und indem sie sich selbst weigert, am Kehrtag Besucher zu empfangen.

Am Freitag muss zusätzlich zur üblichen täglichen Arbeit das Silber poliert, das Messing gerieben und die Schränke (die in der Eile der wöchentlichen Arbeit möglicherweise vernachlässigt wurden) sorgfältig gereinigt und gelüftet werden Servietten und Handtücher sollten gewaschen werden.

Am Samstag sollten diese gebügelt und alles, soweit möglich, für den Sonntag vorbereitet werden.

Der Koch sollte in der Zwischenzeit noch früher aufstehen als der Kellner; sollte rechtzeitig herabsteigen, um den Milchmann, den Eismann und den Brotmann zu empfangen; sollte die Kellertür aufschließen, den Flur fegen und die Fässer aufnehmen, die mit der Asche und anderem Müll zurückgelassen wurden.

Ein Koch sollte angewiesen werden, das Bratenfett niemals wegzugeben, da es, wenn es in kaltem Wasser geklärt wird, hervorragend zum Braten von Austern usw. geeignet ist und Butter spart. Die Köchin sollte die Küche und die Wäsche lüften, ein Feuer im Herd machen und sorgfältig fegen, bevor sie mit dem Kochen beginnt.

Eine sorgfältige Haushälterin sorgt dafür, dass ihre Köchin die Toilette in ihrem Zimmer und *nicht* in der Küche macht. Besonders sollte sie dazu gebracht werden, ihre Haare oben zu ordnen, da manche Köche die äußerst unangenehme Angewohnheit haben, sich in der Küche die Haare zu kämmen. Es lohnt sich für eine Haushälterin, mehrmals zu unerwarteten Zeiten in die Küche zu gehen.

Die Art und Weise, wie Köche ihre Mahlzeiten zubereiten, ist so unterschiedlich, dass keine allgemeinen Anweisungen gegeben werden können. aber die Besten sollten dazu gebracht werden, bestimmte Regeln zu befolgen, und die Schlimmsten sollten beobachtet und bewacht werden. Auf große Sauberkeit der Töpfe und Kessel, insbesondere des Teekessels, sollte geachtet werden, und die Schränke, Eimer, Fässer usw. sollten sorgfältig überwacht werden. Viele Fälle von Typhus können auf den Abfalleimer, die Schränke oder die Spüle des Kochs zurückgeführt werden, und keine Dame sollte es sorglos machen, all diese Orte zu untersuchen.

Ein richtig ausgebildeter Koch kann aus Resten des Abendessens vom Vortag, aufgesammeltem Kabeljau, Toast, in Scheiben geschnittenen und gebratenen Kartoffeln oder püriert, gekocht, gedünstet oder gebacken, ein gutes Frühstück zubereiten. Die Zubereitung von gutem, klarem Kaffee versteht der grüne irische Koch oft nicht. Die Herrin muss ihr diese nützliche Kunst beibringen und auch, wie man guten Tee zubereitet, obwohl letzterer normalerweise auf dem Tisch zubereitet wird.

Mit dem Hochschicken des Frühstücks besteht die erste Möglichkeit einer Kollision zwischen Koch und Kellner; und unangenehme, schlecht gelaunte Diener machen viel aus dieser Gelegenheit. Der Koch in den Stadthäusern stellt das Abendessen auf den Kellner und schickt es zum Kellner, der es abnimmt. Alle schweren Fleischgerichte und die fettigen Teller werden zum Abwaschen zum Koch geschickt, und hierin liegen viele Beschwerden, die die Herrin vorhersehen und verhindern kann, indem sie den Gebrauch des Kellners verbietet, wenn er zu Streit führt, und indem er sie anrichtet Die Mägde tragen alle Teller und Schüsseln auf und ab. Diese Behandlung wird sie bald von ihren Launen befreien.

In einfachen Haushalten hat der Koch viel weniger zu tun als der Kellner; Sie sollte daher den größten Teil des Waschens und Bügelns übernehmen. Viele sehr gute Köche übernehmen das gesamte Waschen und Bügeln, mit Ausnahme der Tischwäsche und der Handtücher, die der Kellner benutzt. und wenn diese Vereinbarung zunächst getroffen wird, entsteht kein Ärger. Das große Problem in den meisten Haushalten ergibt sich aus der Tatsache, dass die Arbeit nicht genau aufgeteilt ist und dass eine Dienerin erklärt, dass die andere ihr etwas aufdrängt.

Wenn eine Geliebte fair, ehrenhaft, streng und aufmerksam ist, kann sie mit zwei energischen Dienern einen großen Haushalt führen (wenn keine kleinen Kinder vorhanden sind). Natürlich kann sie keinen eleganten Haushalt führen; Es ist ein sehr mühsames Unterfangen, ein Stadthaus mit der Hilfe von nur zwei Personen zu leiten. Viele junge Haushälterinnen werden entmutigt, und auch viele alte Haushälterinnen geben das Waschen und Bügeln in eine öffentliche Wäscherei. Aber da geringe Einkommen die Regel sind und die meisten Menschen sparen müssen, wurde es getan, und es kann getan werden. Die Herrin wird es zu ihrem Vorteil finden, über eine große Fülle an Handtüchern und Staubtüchern zu verfügen und außerdem die Küche mit allen Utensilien auszustatten, die zum Zubereiten eines guten Abendessens oder zur Erledigung der gewöhnlichen täglichen Arbeit erforderlich sind – beispielsweise mit einem Eis -Hammer, ein Dosenöffner, jede Menge Korkenzieher, ein Messerschärfer und mehrere große, starke Messer, ein Fleischhacker und Brotkörbe, Steintöpfe und Gläser. Der moderne Kühlschrank hat die Küchenarbeit erheblich vereinfacht, und niemand, der lange genug gelebt hat, um sich daran zu erinnern, wann er nicht benutzt wurde, kann nicht umhin, seine luftigen und kühlen Schränke und seine ordentliche Anordnung zu schätzen.

Die „Privilegien" dieser hart arbeitenden Diener sollten respektiert werden. „Einen Abend pro Woche und jeden zweiten Sonntagnachmittag" ist eine Formel, die man nicht vergessen sollte. Überlegen Sie, was es für sie bedeutet! Vielleicht ein Besuch bei einer kranken Schwester oder Mutter, eine dringend benötigte Erholung, ein einfaches Vergnügen, das für sie jedoch das ist, was für ihre Arbeitgeber ein erfrischendes Buch, ein Besuch in der Oper oder eine Fahrt durch den Park ist. Nur eine sehr grausame Geliebte wird an diesen allzu seltenen Feiertagen jemals ihr Versprechen gegenüber einer treuen Dienerin nicht einhalten.

Das frühe Sonntagsessen ist eine Unannehmlichkeit, liegt aber an den Mädchen, die darauf zählen, dass ihr „Sonntagsausflug" immer pünktlich erfolgt.

Für viele gläubige Katholiken ist der Kirchenbesuch etwas unbequem, aber sie sollten sich davon nicht abhalten lassen. Für sie bedeutet es mehr als für Protestanten, und ein gläubiger Katholik muss respektiert und geglaubt werden. Zweifellos gibt es sehr schlecht gelaunte und unangenehme Mädchen, die vorgeben, religiös zu sein, aber die Herrin sollte mit der Verurteilung zurückhaltend sein , damit sie nicht einem Unrecht tut, der aufrichtig fromm ist.

Im Krankheitsfall sind irische Mädchen im Allgemeinen freundlich und entgegenkommend, selbstlos und neigen dazu, in schwierigen Zeiten einen besseren Geist zu zeigen als die Schweden, die Deutschen oder die Schotten, obwohl letztere über mehr Intelligenz verfügen und dies auch tun werden leichter an Ordnungs- und Systemgewohnheiten gewöhnt. Das warme Herz und das verwirrte Gehirn, der Mangel an Wahrheit eines durchschnittlichen irischen Dienstmädchens werden verwirren und ärgern, während es die Sympathien einer großzügigen Frau berührt.

Die Frauen, die die besten Hausangestellten abgeben würden, sind Mädchen aus Neuengland, die in armen, aber komfortablen Häusern aufgewachsen sind. Aber sie werden keine Diener sein. Sie haben sich die törichte Vorstellung zu eigen gemacht, dass die Position eines Mädchens, das Hausarbeit verrichtet, an Vornehmheit schlechter ist als die einer Frau, die in einer Fabrik, einer Druckerei oder einer Hutmacherei arbeitet. Es ist ein großer Fehler, der das Land mit unfähigen Frauen für den Arbeiter füllt; Denn eine Frau, die weder Brot backen noch ein anständiges Abendessen kochen kann, ist ein Betrug, wenn sie einen armen Mann heiratet, der dies von ihr erwartet.

Das wäre eine gute und großartige Frau, die einen Kreuzzug gegen diese falsche Lehre predigen würde – die zu den jungen Frauen in ihrer Nachbarschaft sagen würde: „Ich werde jedem von euch, der in den häuslichen Dienst geht, einen Heiratsanteil geben, damit er gut wird." Köche und Kellner und bringen mir nach fünf Jahren Ihre Leistungszeugnisse."

Und wenn diejenigen, die angestellt sind, diesen klaren Verstand und diese sparsamen Hände hätten, wie viel mehr wären sie dann bereit, jeden Monat Dollar und Cent auszugeben?

KAPITEL XLVIII.
DAS HAUS MIT VIELEN DIENEN.

Eine Dame, die ohne vorherige Ausbildung die Leitung eines eleganten Hauses übernimmt, sollte besser mindestens für ein Jahr eine englische Haushälterin einstellen, die ihr das System beibringt, das notwendig ist, damit so viele Bedienstete richtig zusammenarbeiten können; denn wenn sie nicht weiß, wie sie damit umgehen soll, wird jede Dienerin ein Problem statt eine Hilfe sein, und die ärgerliche Klage „Das ist nicht *meine* Arbeit" wird kein Ende haben.

Der englischen Haushälterin wird von ihrer Herrin die volle Macht übertragen, Bedienstete einzustellen und zu entlassen, ihre Mahlzeiten, ihre Stunden und ihre Pflichten so zu arrangieren, dass die häuslichen Räder reibungslos laufen und die Perfektion des Dienstes erreicht wird, die jeder braucht Ich habe in einem englischen Haus übernachtet und kann es zu schätzen wissen. Sie ist eine Persönlichkeit von großer Bedeutung im Haus. Sie kleidet sich im Allgemeinen in *antikem Moiré-Stil* und hat vornehme Manieren. Sie allein, außer der Magd, nähert sich der Herrin und nimmt die allgemeinen Befehle entgegen, die diese Dame geben möchte. Die Haushälterin hat ihr eigenes Zimmer, in dem sie ihre Mahlzeiten allein einnimmt oder diejenigen einlädt, die sie zum Essen mitnehmen möchte. So sehen wir in englischen Romanen, dass die Kinder manchmal „im Zimmer der Haushälterin" Tee trinken. Im Allgemeinen ist es ein bequemer und gemütlicher Ort.

Aber hierzulande gibt es nur sehr wenige solcher Haushälterinnen. Das Beste, was man tun kann, besteht darin, die Dienste einer effizienten Person in Anspruch zu nehmen, die sich damit zufrieden gibt, selbst Dienerin zu sein, die sich um die Hausarbeit kümmert und den Butler, die Lakaien und die Dienstmädchen in ihren jeweiligen Pflichten ausbildet.

Zwölf Bedienstete sind in großen Häusern dieses Landes nicht selten beschäftigt, in New York und Newport oft sogar noch mehr. Zusammen mit dem Personal an Assistenten, die für sie kochen und waschen müssen, bilden sie eine große Truppe, die von einer Dame kontrolliert werden muss.

Die Haushälterin sollte die Köchin und das Küchenmädchen einstellen und für sie verantwortlich sein; sie bestellt das Abendessen (wenn die Dame möchte); sie verteilt die Vorräte; die Hauswäsche steht unter ihrer Obhut, und sie muss sich darum kümmern, sie auszubessern und wieder aufzufüllen; Sie muss über das Porzellan und das Silber wachen und jeden Tag alle Schlafzimmer aufsuchen, um zu sehen, dass die Zimmermädchen ihre Pflicht getan haben und dass Schreibpapier, Tinte und Federn auf den Tischen geladener Gäste ausgelegt sind und dass Kerzen, Streichhölzer, Seife und Handtücher sind an ihrem jeweiligen Platz.

Eine Haushälterin sollte in der Lage sein, feine Desserts zuzubereiten und sich mit Hilfe eines Dienstmädchens um alle Näharbeiten der Familie zu kümmern – das heißt, das Ausbessern und Säumen der Handtücher usw. Sie sollte standhaft sein und … methodisch, mit einer natürlichen Befehlsgewohnheit und unparteiisch im Umgang, aber streng und anspruchsvoll; Sie sollte jeden Diener zwingen, seine Pflicht zu erfüllen, da sie die Herrin repräsentiert, und sollte mit ihrer Autorität ausgestattet werden.

Sie muss das Dessert entgegennehmen, wenn es aus dem Speisesaal kommt, auf die halbleeren Weinflaschen aufpassen, die sich die Diener fast immer für den Eigenbedarf aneignen, und in jeder Hinsicht ein Wachhund sein ihr Herr, denn in großen Familien neigen Bedienstete dazu, alles zu stehlen, was ihnen in den Weg kommt.

Leider ist eine schlechte Haushälterin schlimmer als keine und kann nach Herzenslust stehlen. So jemand, der von einer sorglosen, vergnügungssüchtigen Dame in New York angeheuert wurde, hat in einem Jahr genug gestohlen, um mehrere Jahre lang davon zu leben.

Die Haushälterin und der Butler sind selten Freunde, und daher halten es viele Menschen für klug, ein Ehepaar einzustellen, das in der Lage ist, die Aufgaben dieser beiden Positionen zu erfüllen. Wenn die beiden ehrlich sind, ist das eine hervorragende Vereinbarung.

Der Butler ist für das ihm zur Verfügung gestellte Eigentum und für die ordnungsgemäße Erfüllung der Pflichten der ihm unterstellten Lakaien verantwortlich. Er muss der Richter darüber sein, was Menschen tun können und sollten. Ihm wird die Sorge um den Wein übertragen, obwohl jeder Herr die Schlüssel behalten sollte und dem Butler nur so viel geben sollte, wie er jeden Tag verwenden möchte. Der Teller wird dem Butler gegeben und er wird für fehlende Artikel verantwortlich gemacht. Er kümmert sich auch um die Speisekammer, hat aber eine Magd oder einen Diener, der das Geschirr spült und das Silber reinigt. Alle Vorbereitungen für das Abendessen obliegen ihm, und wenn es serviert wird, steht er hinter dem Stuhl seiner Herrin. Er kümmert sich um den Lakaien, der auf die Klingel antwortet, und achtet darauf, dass er ordnungsgemäß gekleidet und auf seinem Posten ist.

In Häusern, in denen es zwei oder drei Lakaien gibt, serviert der Butler Frühstück, Mittagessen, Tee und Abendessen, unterstützt von seinen Gefolgsleuten, wie er möchte. Er sollte bei Bedarf auch auf seinen Herrn warten und dafür sorgen, dass die Bibliothek und das Raucherzimmer gelüftet und in Ordnung sind, die Zeitung hereingebracht, die Zeitschriften geschnitten und das Papiermesser an seiner Stelle eingesetzt wird. Viele

Herren in diesem Land schicken ihre Butler auf den Markt und überlassen die Tischdekoration ganz ihnen.

Wenn es in einem großen Haus nur einen Diener gibt, hat der Butler viel zu tun, besonders wenn die Familie gastfreundlich ist. Wenn der Diener mit der Kutsche unterwegs ist, klingelt der Butler an der Haustür, in sehr eleganten Häusern sind jedoch in der Regel zwei Lakaien anwesend, da dies nicht unbedingt die Pflicht eines Butlers ist.

Eine Dienstmagd ist für Damen, die viel zu Besuch sind, unentbehrlich, aber diese Klasse von Dienern ist am schwierigsten zu führen. Den Dienstmädchen muss bei der Einstellung gesagt werden, dass sie in Amerika nicht die Stellung haben können, die sie in England haben: Sie müssen ihre Betten selbst machen, ihre Kleidung selbst waschen und mit den anderen Dienstboten essen. Sie müssen erstklassige Friseure und gute Kofferverpacker sein, sich mit dem Anfertigen von Kleidern und dem Feinstärken auskennen und liebenswürdig, willig und angenehm sein. Eine Frau, die diese Qualifikationen vereint, erhält ein sehr hohes Gehalt und erwartet als Vergünstigung die abgelegten Kleider ihrer Geliebten.

Französische Dienstmädchen sind sehr gefragt, da sie in allen Dingen, die Kleidung und Toilette betreffen, einen natürlichen Geschmack haben, aber auch dazu neigen, unaufrichtig und hinterlistig zu sein. Wenn eine Dame ein Bauernmädchen aus einem ländlichen Bezirk bekommen kann, wird sie nach der Ausbildung eine äußerst nützliche und wertvolle Magd finden.

Viele Damen bilden ein kluges Mädchen, das als Dienstmädchen gearbeitet hat, für die Position einer Haushälterin aus, und eine solche Person, der man vertrauen kann, wenn sie eine Assistentin anstellt, ist von unschätzbarem Wert. Sie kümmert sich oft um das Anfertigen von Kleidern und Nähen für den Haushalt, und ihr Gehalt von 30 Dollar im Monat ist gut verdient.

Da es zu den Pflichten eines Dienstmädchens gehört, junge Damen auf der Straße und auf Partys zu begleiten, sollte sie eine Person von unbestrittener Seriosität sein. Das Dienstmädchen sollte für ihre Damen heißes Wasser und eine frühe Tasse Tee herbeibringen, ihr Bad vorbereiten, bei der Toilette helfen, ihre Kleidung wegräumen, bereit sein, bei jedem Kleiderwechsel behilflich zu sein, ihre verschiedenen Kleider zum Reiten herauslegen Beim Essen, Spazierengehen und für den Nachmittagstee kleiden Sie ihre Haare für das Abendessen und seien Sie bereit, Handschuhe, Schuhe und andere Habseligkeiten für sie zu besorgen.

Eine Magd kann und ist im Allgemeinen die unangenehmste aller Kreaturen; Aber manche Damen haben das Fingerspitzengefühl, aus den vielversprechendsten Materialien gute Dienerinnen zu machen.

Wenn das Dienstmädchen seine Herrin nicht zu einer Party begleitet und in der Umkleidekabine auf sie wartet, sollte es auf ihre Ankunft zu Hause warten, ihr beim Ausziehen, Kämmen und Bürsten der Haare helfen und das Bad vorbereiten. Außerdem sollte sie eine Tasse heißen Tee oder Schokolade für sich bereithalten. Sie muss ihre Kleidung in Ordnung halten, neue Rüschen in ihre Kleider nähen und alle von ihr verlangten Hutmacherarbeiten und Kleideranfertigungen erledigen.

Sehr oft muss sich das Dienstmädchen um den Nippes und den hübschen Schmuck des Kaminsimses kümmern, für frische Blumen im Wohnzimmer oder Schlafzimmer sorgen und vor allem den Hund waschen. Da fast alle Frauen Hunde lieben, ist dies für ein französisches Dienstmädchen keine unangenehme Pflicht, und sie badet Fifine ohne zu murren. Aber wenn von ihr erwartet wird, dass sie mit den Kindern Französisch spricht, rebelliert sie manchmal, besonders wenn sie und die Krankenschwester keine guten Freunde sind.

Wenn eine Dame ein Dienstmädchen anheuert, sollte sie die zusätzlichen Aufgaben angeben, die sie erfüllen muss, und ihr somit die Möglichkeit geben, die Situation abzulehnen. Wenn sie es akzeptiert, muss sie für jede Versäumnis oder Unterlassung ihrer Arbeit strikt zur Rechenschaft gezogen werden. Abends, nach acht Uhr und jeden Sonntagnachmittag ist ein Dienstmädchen bei einer nachsichtigen Herrin frei.

In Familien mit vielen Kindern werden häufig zwei Pflegekräfte benötigt: eine Oberschwester und eine Assistentin.

Die Kindergärtnerin ist hierzulande heute viel häufiger beschäftigt als früher. Diese Position wird oft von wohlerzogenen und gebildeten jungen Frauen besetzt, die Töchter armer Männer sind und ihren Lebensunterhalt selbst verdienen müssen. Diese jungen Frauen sind für ihre Geliebten von unschätzbarem Wert, wenn sie gut und liebenswürdig sind. Sie übernehmen die Aufgaben einer Krankenschwester, waschen und kleiden die Kinder, essen mit ihnen und unterrichten sie, während das Kindermädchen die grobe, grobe Arbeit im Kindergarten erledigt. Wenn eine gute Kindergärtnerin gefunden wird, ist sie für ihren Arbeitgeber Gold wert. Sie sollte nicht mit den Dienern streiten; Es sollte einen separaten Tisch für sie und ihre Schützlinge geben. Diese Mahlzeit wird von der Küchenmagd zubereitet, die eine sehr wichtige Funktionärin ist, fast eine Unterköchin, da die Chefköchin in einem solchen Lokal, wie wir es beschreiben, in die Zusammenstellung der großen Gerichte und Abendessen vertieft ist.

Die Küchenmagd sollte eine gute, einfache Köchin sein und geschickt darin sein, die Gerichte kindgerecht zuzubereiten. Von ihr wird ein Großteil der elementaren Kochkunst für den Speisesaal verlangt, etwa die Zubereitung von Soßen und Suppen sowie die gebratenen und gekochten Bratenstücke, und sie kocht auch das Abendessen für die Dienerschaft, das eine völlig andere Mahlzeit sein sollte im Speisesaal serviert. In einer Familie, die auf diese Weise lebt, werden normalerweise neun Mahlzeiten am Tag zubereitet: Frühstück für Diener, Kinder und den Herrn und die Frau, drei; Kinderessen, Dienstbotenessen und Mittagessen, noch drei; und das große Abendessen um sieben, der Kindertee und das Abendessen der Diener, die restlichen drei.

Wenn zwei Lakaien anwesend sind, kümmert sich der Oberdiener um die Tür, wartet auf seine Herrin, wenn sie hinausfährt, trägt Notizen, hilft dem Butler, deckt den Tisch und räumt ihn ab und wäscht Glas, Porzellan und Silber. Der Unterdiener steht um sechs Uhr auf, macht Feuer, putzt Stiefel, putzt und reinigt die Lampen, öffnet die Fensterläden und die Haustür, fegt die Stufen hinunter und erledigt tatsächlich den gröberen Teil der Arbeit, bevor die anderen Diener beginnen ihre täglichen Pflichten. Jeder sollte keinen Schnurrbart tragen, glatt rasiert und in ordentlicher Livree gekleidet sein. Seine Leinen- und weiße Krawatte sollte makellos sein, wenn er die Familie am Tisch oder in irgendeiner anderen Funktion bedient.

Die Mahlzeiten der Bediensteten sollten pünktlich und reichlich, jedoch nicht luxuriös sein. Es ist ein schlechter Plan, die Bediensteten mit dem Luxus der Herrentafel zu verwöhnen, aber ein guter Koch wird in der Lage sein, schmackhafte und schmackhafte Gerichte für die Küche zuzubereiten.

KAPITEL XLIX.
Manieren. – Eine Studie für Unbeholfene und Schüchterne.

Es ist ein Trost für diejenigen von uns, denen bei der Aussicht, in eine ungewohnte Sphäre vorzudringen, schon einmal kalter Schweiß auf die Stirn stieg, sich daran zu erinnern, dass die besten Männer und Frauen, die die Welt je gekannt hat, zu ihrer Zeit darunter gelitten haben Schüchternheit. In der Tat müssen wir uns auf die Vergangenheit beziehen, wenn die schreckliche Krankheit uns befällt, wenn die Zunge im Mund trocken wird, die Hände zittern und die Knie zusammenstoßen.

Wer hat nicht Mitleid mit dem zitternden Jungen, wenn er am Abend seiner ersten Party dieser schrecklichen Krankheit erliegt? Die Farbe ist fleckig auf seinem Gesicht und seine Hände sind kalt und feucht. Er setzt sich auf die Treppe und wünscht sich, er wäre tot. Ein seltsames Gefühl läuft ihm über den Rücken. „Komm, Peter, Kopf hoch", sagt seine Mutter und traut sich nicht, ihm zu sagen, wie sehr sie mit ihm sympathisiert. Er hat Angst, Angst zu haben, er schämt sich, sich zu schämen. Nichts kann diesem Moment der Qual gleichkommen. Der ganze Raum wirkt schwarz vor ihm, als ein munteres kleines Mädchen, das die Bedeutung des Wortes „Peinlichkeit" nicht kennt, auf ihn zukommt, um ihn zu begrüßen. Er kriecht in den freundlichen Unterschlupf einer Gruppe Jungen und sieht, wie der „Feigling des Spielplatzes, der Dummkopf der Schule" mit einer wunderbaren Selbstbeherrschung mit dem hübschesten Mädchen auf Deutsch loszieht. Wenn er älter wird und zu dem jungen Mann wird, dessen Pflicht es ist, zu Abendessen und Nachmittagspartys zu gehen, wird ihn diese schreckliche Schwäche erneut überkommen. Er hat auf dem College gut abgeschnitten und kann beim Abendessen im Club eine sehr gute Rede halten, aber an der Tür eines Salons kommt er sich wie ein schwatzhafter Idiot vor. Er nimmt Mut auf, wenn er ihn nicht hat, und stürmt in einen Raum (der voller Menschen ist), als würde er eine verlassene Hoffnung angreifen. Es gibt Sicherheit in der Anzahl und er zieht sich in eine Ecke zurück.

Wenn er zu einer Teeparty geht, starrt ihn eine Reihe weiblicher Augen an, die seine Jugend und Rohheit kritisch wahrnehmen. Da er weiß, dass er überaus anmutig und gelassen sein sollte, stolpert er über einen Fußschemel und hört ein unterdrücktes Kichern. Er erreicht seine Gastgeberin und wünscht, sie wäre das „Kanonenmaul", damit seine Leiden ein Ende hätten; aber das ist sie nicht. Seine Qual soll den ganzen Abend anhalten. Teepartys sind ewig: Sie enden nie; Sie sind wie die altmodischen Vorstellungen eines zukünftigen Qualzustands – sie werden heißer und erstickender. Als der Abend der Ewigkeit entgegenschreitet, stößt er das Sahnekännchen um. Er nimmt all seine Willenskraft zusammen, sonst würde er weglaufen. NEIN; ein Rückzug ist unmöglich. Man muss im Dienst sterben. Er denkt an alle Formeln des Mutes: „Nur die Tapferen verdienen die Messe", „Entweder fürchtet er sich zu sehr vor seinem Schicksal, oder sein Verdienst ist gering", „Es gibt keinen Feigling wie Selbstbewusstsein" usw. Aber diese Maxima nützen nichts. Seine Füße sind Füße aus Lehm, auf denen man nicht gut stehen, sondern nur gut stolpern kann. Seine Hände sind kalt, zitternd und nutzlos. Er hat ein sehr unangenehmes Gefühl im Nacken und ein kreiselndes Gefühl im Gehirn. Ein seltsames Grollen erklingt in seinen Ohren. Er hat gehört, dass „das Gewissen uns alle zu Feiglingen macht". Welche Todsünde hat er begangen? Sein moralischer Sinn antwortet: „Keine. Du bist nur dieses arme Geschöpf, ein schüchterner Jugendlicher." Und er fordert mutig alle seine Nerven, Muskeln und sein Gehirn auf, ihm durch diese Tortur zu helfen. Er sieht, wie sich die mitleidigen Augen der Frau, mit der er spricht, von seinem Gesicht abwenden (in dem er weiß, dass sich all seine jämmerliche Schüchternheit in leserlichen Buchstaben niedergeschrieben hat). „Und diese Demütigung auch?" „„ fragt er sich, als sie ihm den üblichen Zufluchtsort des Unbeholfenen bringt – ein Portfolio mit Fotos zum Anschauen. Frauen werden in dem Alter, in dem Männer leiden, selten von Schüchternheit oder Unbeholfenheit geplagt. Es ist, als ob die Natur das schwächere Schiff auf diese Weise entschädigt hätte. Grausam und am verwerflichsten sind jedoch die Frauen, die über einen schüchternen Mann lachen!

Die Leiden eines schüchternen Mannes würden einen Band füllen. Es ist ein nervöser Anfall, an dem kein Teil seiner Organisation schuld ist; er kann es nicht wegdenken, er kann es nur zerschlagen, indem er es erträgt: „Ertragen bedeutet, unser Schicksal zu besiegen." Manche Männer finden das Stück nicht der Mühe wert und geben die Gesellschaft und die Welt auf; andere machen weiter, leiden und kommen als coole Veteranen heraus, die keine Angst vor einer Teeparty haben, wie überwältigend sie auch sein mag.

Es ist die Aufgabe der Eltern, ihren Kindern alle Fähigkeiten des Körpers beizubringen, damit sie wie die alten Griechen wissen, dass jeder Muskel dem Gehirn gehorcht. Ein schüchterner, ungeschickter Junge sollte im Tanzen, Fechten und Boxen ausgebildet werden; er sollte in Musik, Reden und öffentlichem Reden unterrichtet werden; Er sollte in die Gesellschaft geschickt werden, was auch immer es ihn zunächst kosten mag, genauso sicher, wie er zum Zahnarzt geschickt werden sollte. Seine gegenwärtigen Leiden könnten ihn vor lebenslangem Ärger bewahren.

Die allerbesten Männer – die gelehrtesten, die anmutigsten, die beredtesten, die erfolgreichsten – haben irgendwann einmal die schreckliche Qual der Schüchternheit erlebt. Tatsächlich ist es die höhere Ordnung des menschlichen Wesens, die es am sichersten angreift; Es ist der Vorläufer vieler Vorzüge, und wie die Wache des Ritters ist der Ritter, wenn er geduldig und tapfer ertragen wird, doppelt so groß wie der Held. Es ist diese Erinnerung, die allein den Leidenden beruhigen kann und die er immer bei sich tragen sollte. Er sollte bedenken, dass die Verbindung, die er sich selbst nennt, von allen Dingen am gemischtesten ist.

„Das Netz unseres Lebens besteht aus einem gemischten Garn, aus Gut und Böse zugleich." Zwei gegensätzliche Rassen – möglicherweise sein Großvater Brown und seine Großmutter Williams – kämpfen in ihm um die Vorherrschaft; und ihre äußerst gegensätzlichen Naturen zerreißen seine Arme und Beine. Er muss diesen Antagonismus harmonisieren, bevor er er selbst wird, und es steigert seine Verwirrung noch, wenn er sieht, wie dieser arme kleine Prätendent, Tom Titmouse, redet, lacht und fröhlich ist. Es gibt jedoch keine Ahnendiversitäten, die um den Besitz von Tom Meise kämpfen. Die Großväter und Großmütter von Tom Titmouse waren keine charakterstarken Menschen; Sie waren auf beiden Seiten eine anständige Rasse, ohne große intellektuelle Belastungen, ziemlich gute Leute, die sich gut trauten. Aber weiß unser schüchterner Mann das? Nein. Er erinnert sich lediglich an eine Passage in der „Odyssee", die Tom Titmouse nicht deuten konnte, die der schüchterne Mann aber zur Freude des Lehrers las:

„O Götter! Wie geliebt ist er und wie wird er von allen Menschen geehrt, in welches Land oder welche Stadt auch immer er kommt! Er bringt viel Beute aus Troja mit, aber wir, nachdem wir die gleiche Reise geschafft haben, kehren mit leeren Händen nach Hause zurück!" Und dieser Bote aus Troja ist Tom Titmouse!

Nicht alle armen Gelehrten und minderwertigen Männer hätten gute Manieren, noch versagen alle guten Gelehrten und überlegenen Männer im Salon. Keine Regel ist ohne Ausnahme. Für diejenigen, die unbeholfen und schüchtern sind, ist es jedoch ein Trost, sich daran zu erinnern, dass viele der großen, guten und überlegenen Männer, die in der Geschichte leben, unter den Nadelstichen der Schüchternheit gelitten haben, selbst wenn sie leiden. Der erste Zufluchtsort des unerfahrenen, schüchternen Menschen ist oft die Haltung extremer Hochmut. Dies ist vielleicht ein natürlicher Zaun – oder eine Verteidigung; Es ist in der Tat eine sehr praktische Rüstung, und viele Frauen haben ihr Leben lang ihren Kampf hinter ihr gekämpft. Zweifellos ist es die Rüstung der vielen sogenannten kalten Menschen, männlich und weiblich, die entweder die Qualen der Schüchternheit ertragen müssen oder eine Kälte an den Tag legen müssen, die sie nicht spüren. Manche Menschen sind von Natur aus in einer Eissäule eingeschlossen, die sie nicht brechen können, aber in ihrem Inneren befindet sich eine Quelle, die in Worten der Freundlichkeit aus ihren Lippen strömen würde, wenn nur die Zunge sie sprechen könnte. Diese Beschränkungen der Natur sind sehr seltsam; wir können sie nicht erklären. Erst wenn wir uns noch einmal auf Großvater

Brown und Großmutter Williams beziehen, verstehen wir sie überhaupt. Eine Person wird mit sehr großen Füßen und sehr kleinen Händen ausgestattet sein, mit einem Kopf, der unverhältnismäßig groß für den Körper ist, oder einer, der bemerkenswert klein ist. Rassenunterschiede müssen für diese Exzentrizitäten der Natur verantwortlich sein; Anders können wir sie und die geistigen Gegensätze nicht erklären. Aber die Unbeholfenen und Schüchternen flüchten nicht immer in eine kalte Art und Weise; Manchmal studieren sie die Kampfkunst wie die Übung mit dem Kleinschwert und nutzen sie – mit der gleichen Leidenschaft. Übertriebenes Benehmen ist für diese Unglücklichen ein ebenso häufiger Zufluchtsort wie das andere Extrem der Gelassenheit. Sie machen sich lächerlich durch die Tiefe ihrer Verbeugungen und die lebhafte Bildhaftigkeit ihrer Sprache. Sie sprengen sozusagen die Grenzen des Kelches und die Blüte öffnet sich zu weit. Die Symmetrie geht verloren, die anmutige Kontur wird zerstört. Manch ein schüchterner Mann ist, wenn er an Tom Meise denkt, in seinem Entschluss, lebhaft und locker zu sein, zum Akrobaten geworden. Er sollte sich an das *Juste Milieu erinnern* , das Shakespeare empfiehlt, wenn er sagt:

„Sie sind genauso krank, die von zu viel satt werden. Wie diejenigen, die von nichts verhungern."

Die glücklichen Menschen, die ohne Bewusstsein ihres Körpers geboren werden, die im Laufe des Lebens immer anmutiger, lockerer, herzlicher und angenehmer werden; Die wenigen Glücklichen, die nie schüchtern waren, nie nervös, nie feuchte Hände hatten, brauchen diese Seiten nicht zu lesen – sie sind nicht für solch gesegnete Augen geschrieben. Für die wohlmeinenden, aber schüchternen und unbeholfenen Menschen sind die Manieren der künstlichen Gesellschaft am nützlichsten.

Zum Nutzen solcher Personen müssen wir „eine zeremonielle Feinheit in eine wesentliche Pflicht verwandeln", sonst werden wir einen gebildeten Gelehrten verwirrt vor einer Gruppe kichernder Mädchen sehen und einen Mann, der voller Weisheit, Tapferkeit und Gelehrsamkeit ist und den Esel spielt eine Abendparty. Wenn es ihm an den minderwertigen Künsten höflichen Benehmens mangelt, wer wird sich dann die Mühe machen, einen Sir Walter Raleigh hinter seiner Krawatte zu entdecken?

Ein Mann, der eingeschränkt, unruhig und unanständig ist, kann einem Dutzend Menschen das Glück verderben. Daher ist er gezwungen, eine künstliche Art zu schaffen, wenn ihm keine natürliche zukommt, und dabei stets daran zu denken, dass „Manieren Schatten von Tugenden sind".

Die Sitten der künstlichen Gesellschaft zeichnen sich dadurch aus, dass sie der größtmöglichen Zahl das größtmögliche Wohl bescheren. Wir mögen das Wort „künstlich" nicht und loben auch nichts, was das Gegenteil des Wortes „aufrichtig" sein soll, aber es ist ein Rezept, eine ärztliche Verschreibung, die wir als Heilmittel für eine Krankheit empfehlen. „Gute Manieren sind für bestimmte Gesellschaften das, was gute Moral für die Gesellschaft im Allgemeinen ist – ihr Fundament und ihre Sicherheit. Wahre Höflichkeit schafft vollkommene Leichtigkeit und Freiheit; sie und ihr Wesen besteht darin, andere so zu behandeln, wie man sich von anderen behandeln lassen möchte." Da Sie also wissen, wie peinlich Peinlichkeiten für alle anderen sind, sollten Sie sich darum bemühen, sich nicht zu schämen.

KAPITEL L.
WIE MAN EINEN GAST BEHANDELT.

Kein vernünftiger Mensch würde einen Menschen in sein Landhaus einladen, um ihn unglücklich zu machen. Zumindest sollte man das auf den ersten Blick sagen. Aber es ist eine offensichtliche Tatsache, dass sehr viele Gäste in die Landhäuser ihrer Freunde eingeladen werden und es ihnen dort sehr schlecht geht. Sie müssen zu ungewöhnlichen Zeiten aufstehen, essen, wenn sie keinen Hunger haben, fahren oder spazieren gehen oder Tennis spielen, wenn sie alles andere lieber tun würden, und sie sind gezwungen, die Stunden, die ihnen kostbar sind, für andere Pflichten oder Vergnügungen zu opfern; so dass viele Menschen nach einer Besuchserfahrung sagen: „Für mich bitte nicht mehr mit der Sklaverei des Besuchs!"

Jetzt haben die Engländer in ihren riesigen Landhäusern den Brauch, ihre Freunde zu besuchen und zu empfangen, auf ein System reduziert. Man sagt, sie seien in jeder Hinsicht die besten Gastgeber der Welt, die Meister des Alleinlassen-Systems. Ein Mann, der ein prächtiges Anwesen in der Nähe von London besitzt, lädt einen Gast für drei Tage oder länger ein und schlägt ihm sorgfältig vor, wann er kommen und wann er gehen soll – ein sehr wichtiger Punkt in der Gastfreundschaft. Er wird eingeladen, am Montag mit dem Drei-Uhr-Zug zu kommen und am Donnerstag mit dem Vier-Uhr-Zug abzureisen. Das bedeutet, dass er am Montag vor dem Abendessen ankommt und am Donnerstag nach dem Mittagessen abreist. Wenn ein Gast zu diesen Zeiten keinen Zugang haben kann, muss er dies schriftlich mitteilen. Sobald er angekommen ist, trifft er seinen Gastgeber bzw. seine Gastgeberin selten vor dem Abendessen. Er wird in sein Zimmer geführt, ihm wird eine Tasse Tee mit einer leichten Erfrischung serviert, und der wohlerzogene Diener teilt ihm mit, zu welcher Stunde vor dem Abendessen er im Salon empfangen wird. Es ist möglich, dass ein Familienmitglied uninteressiert ist und vor dem Abendessen eine Autofahrt vorschlägt, aber das geschieht nicht oft; Der Gast bleibt bis zum Abendessen sich selbst überlassen. Als sie die Königin besuchten, wurden General und Mrs. Grant in ihre Zimmer auf Schloss Windsor geführt und dort eingesperrt, bis der Verwalter kam, um ihnen mitzuteilen, dass das Abendessen in einer halben Stunde serviert werden würde; Sie wurden dann in den großen Salon geführt, wo die Königin sofort eintrat. In weniger stattlichen Residenzen wird weitgehend die gleiche Zeremonie durchgeführt. Die Gastgeberin teilt ihren Gästen nach dem Abendessen und vor der Trennung für die Nacht mit, dass ihnen am nächsten Morgen Pferde zur Verfügung stehen, und fragt auch, ob sie Rasentennis spielen möchten, ob sie den Park erkunden möchten und zu welchem Zeitpunkt Stunde, in der sie frühstücken, oder ob sie in ihrem

Zimmer frühstücken. „Das Mittagessen ist um eins; und sie wird sich freuen, sie bei dieser informellen Mahlzeit zu sehen.“

Somit hat der Gast das beneidenswerte Privileg, den Tag nach Belieben zu verbringen. Er braucht nicht zu reden, es sei denn, er will; er nimmt vielleicht ein Buch und wandert unter den Bäumen davon; Er kann ein Pferd nehmen und die Grafschaft erkunden, oder er kann in einer Victoria, einem Phaeton oder einer anderen Kutsche fahren. Für eine Dame, die ihre Briefe schreiben, ihren Roman lesen oder ihre frühen Kopfschmerzen in den Griff bekommen muss, ist diese Freiheit kostbar.

Man muss auch sagen, dass sich in einem englischen Haus niemand vernachlässigt fühlen darf. Wenn eine Gastdame sagt: „Ich bin eine Fremde; ich möchte Ihr schönes Haus und Ihren schönen Park sehen“, wird jemand gefunden, der sie begleitet. Selten die Gastgeberin, denn sie hat viel anderes zu tun; Aber oft wird eine alleinstehende Schwester, eine Cousine oder eine sehr intelligente Gouvernante gerufen. In unserem Land können wir unseren Gästen nicht alle diese Vorteile bieten; Wir können ihnen jedoch ihre Freiheit bieten und ihnen mit unserer begrenzten Gastfreundschaft die Wahl der Frühstückszeiten und ihre Freiheit von unserer Gesellschaft ermöglichen.

Aber der Fragesteller könnte fragen: Warum Gäste einladen, es sei denn, wir möchten sie sehen? Wir möchten sie sehen – einen Teil des Tages, nicht den ganzen Tag. Niemand kann den ganzen Tag sitzen und reden. Die Gastgeberin soll das Privileg haben, sich nach dem Mittagessen mit ihrem Roman für ein Nickerchen zurückzuziehen, und das gilt auch für den Gast: Wohlerzogene Menschen verstehen das alles und verzichten gern für eine Weile auf die Freude am geselligen Beisammensein Stunde der Einsamkeit. Es gibt nichts, was einem auf lange Sicht so viel Freude bereitet wie diese ruhigen Stunden.

Wenn eine Dame eine andere einlädt, sie in Newport oder Saratoga zu besuchen, sollte sie ihr Interesse an der Bequemlichkeit ihres Gastes zum Ausdruck bringen, indem sie ihm Pferde und Kutschen zur Verfügung stellt, damit er seine eigenen Besuche abstatten, eigene Ausfahrten unternehmen oder seine Einkäufe erledigen kann. Natürlich besteht das Vergnügen zweier Freunde im Allgemeinen darin, zusammen zu sein und die gleichen Dinge zu tun; aber manchmal ist es genau umgekehrt.

Die Geschmäcker und Gewohnheiten zweier Personen, die im selben Haus wohnen, können sehr unterschiedlich sein, und jeder sollte die Besonderheiten des anderen respektieren. Für eine wohlhabende Gastgeberin aus Newport kostet es wenig Zeit und kein Geld, herauszufinden, was ihr Gast mit ihrem Tag anfangen möchte, und mit ein wenig Fingerspitzengefühl kann sie ihm leicht erlauben, auf seine eigene Weise glücklich zu sein.

Herren verstehen das viel besser als Damen, und ein Gentleman-Gast darf in Newport alles tun, was er will. Niemand fragt ihn nach seinen Plänen für den Tag, außer ob er zu Hause essen möchte. Seine Gastgeberin bittet ihn vielleicht, mit ihr zu fahren oder mitzufahren oder vielleicht ins Casino zu gehen; Aber wenn sie eine wohlerzogene Frau von Welt ist, wird sie nicht böse sein, wenn er sich weigert. Ein weiblicher Gast hat diese Freiheit jedoch nicht; Sie neigt dazu, eine Sklavin zu sein, weil die amerikanische Gastgeberin noch nicht gelernt hat, dass die wahrste Gastfreundschaft darin besteht, ihren Gast in Ruhe zu lassen und ihm zu erlauben, sich auf seine eigene Weise zu amüsieren. Ein durch und durch wohlerzogener Gast macht in einem Haus keinen Ärger; Sie hat den Instinkt einer Dame und achtet darauf, dass kein Plan ihrer Gastgeberin durch ihre Anwesenheit durcheinander gebracht wird. Sie erwähnt alles, einzelne Einladungen, möchte wissen, wann ihre Gastgeberin ihre Anwesenheit wünscht, ob die Kutsche sie hin und her bringen kann oder ob sie vielleicht eine Kutsche mieten darf.

Hier und in England gibt es Hostessen, die Gäste nicht zu sich nach Hause einladen, um sie glücklich zu machen, sondern um ihre eigene Bedeutung zu steigern. Solche Hostessen neigen nicht dazu, die individuellen Rechte anderer zu berücksichtigen, und sie nutzen einen Gast lediglich, um den Glanz ihrer Partys zu steigern und das Haus modischer und attraktiver zu machen. Einige schlecht erzogene Frauen beleidigen und misshandeln sogar die Menschen, die ihre angebotene Gastfreundschaft angenommen haben, um ihre Macht zu demonstrieren. Diese Klasse von Gastgeberinnen kommt glücklicherweise nicht häufig vor, ist aber nicht unbekannt.

Eine Gastgeberin sollte bedenken, dass sie, wenn sie Leute zu einem Besuch einlädt, zwei sehr wichtige Pflichten zu erfüllen hat: erstens, ihre Gäste nicht zu vernachlässigen; die andere, sie nicht durch zu viel Aufmerksamkeit zu ermüden. Erwecken Sie bei einem Gast niemals den Eindruck, dass er „bewirtet" wird, dass Sie an ihn denken; Verfolgen Sie den Alltag Ihres Haushalts und Ihre Pflichten nach Ihren Wünschen und achten Sie darauf, dass Ihr Gast nie in eine unangenehme Lage gerät oder vernachlässigt wird. Wenn Sie einen lästigen Gast haben, der darauf besteht, Ihnen zu folgen und schwer auf Ihren Händen zu lasten, bleiben Sie standhaft, gehen Sie in Ihr eigenes Zimmer und schließen Sie die Tür ab. Wenn Sie einen mürrischen Gast haben, der gelangweilt aussieht, öffnen Sie die Bibliothekstür, bestellen Sie die Kutsche und machen Sie sich auf eigene Faust auf den Weg. Aber wenn Sie einen sehr angenehmen Gast haben, der den Wunsch zeigt, Ihnen zu gefallen und zufrieden zu sein, geben Sie diesem vorbildlichen Gast das Privileg, seine Arbeitszeiten und seinen Ruhestand selbst zu bestimmen.

Der Charme eines amerikanischen Landhauses besteht im Allgemeinen darin, dass es ein Zuhause ist und den häuslichen Pflichten heilig ist. Ein Mustergast verletzt niemals auch nur einen Augenblick die Rechte des Hausherrn. Sie verdirbt ihm nie das Abendessen oder die Fahrt, indem sie zu spät kommt; sie schickt ihn nie zurück, um ihren Sonnenschirm zu holen; Sie misshandelt weder seine Freunde noch den Familienhund. sie achtet darauf, unangenehme Themen zu vermeiden; sie setzt sich an seinen Whist-Tisch, wenn sie spielen kann; Aber sie sollte niemals gezwungen sein, eine Stunde früher als gewöhnlich aufzustehen, weil er einen frühen Zug in die Stadt nehmen möchte. Diese oberflächlichen Frühstücke am frühen Morgen sind kein Anlass für Gespräche und ruinieren vielen Menschen, die schlecht schlafen, den Tag.

In einer ländlichen Nachbarschaft muss eine Gastgeberin ihre Gäste manchmal bitten, in die Kirche zu gehen, um einem dummen Prediger zuzuhören, und zu ihren Nachbarn auf dem Land zu gehen, um sich mit der Sklaverei vertraut zu machen, die bei Partys auf dem Land herrscht. Dem Gast sollte es stets gestattet sein, diese Gastfreundschaften abzulehnen; und wenn er ein müder Städter ist, wird er den Garten, den Wald, die Abgeschiedenheit des Landes jeder Kirche oder Teegesellschaft auf der Welt vorziehen. Er kann sich nicht auf die Interessen seines Gastgebers oder seines Nachbarn einlassen. Überlassen Sie ihn seiner Einsamkeit, wenn darin sein Glück liegt.

In Newport haben Gast und Gastgeberin oft unterschiedliche Freunde und unterschiedliche Einladungen. Wenn dies verstanden wird, entsteht kein Ärger, wenn das Gastgeberpaar zum Abendessen ausgeht und den Gast zu Hause lässt. Es kommt oft vor, dass dies geschieht, und keine Dame aus gutem Hause nimmt Anstoß daran. Natürlich wird für sie ein schönes Abendessen zubereitet und sie wird oft gebeten, eine Freundin einzuladen, damit sie es teilen kann.

Andererseits erhält der Gast häufig Einladungen, in denen die Gastgeberin nicht enthalten ist. Darüber sollte rechtzeitig gesprochen werden, damit die Pläne der Gastgeberin nicht durcheinander geraten, die Kutsche rechtzeitig bestellt und der Gast zur richtigen Stunde abgeholt werden kann. Wohlerzogene Menschen akzeptieren diese Eventualitäten immer als Selbstverständlichkeit und lassen sich von ihnen nie aus der Fassung bringen.

Es gibt kein Amt auf der Welt, das mit so großer Hingabe, Anstand und Selbstachtung besetzt sein sollte wie das der Gastgeberin. Wenn eine Dame ihrem Gast jemals das Gefühl gibt, dass sie Unannehmlichkeiten verursacht, verstößt sie gegen die erste Regel der Gastfreundschaft. Wenn sie in irgendeiner Weise ihren Verpflichtungen als Gastgeberin gegenüber einem Gast, den sie eingeladen hat, nicht nachkommt, erweist sie sich als unhöflich und unwissend über die ersten Grundsätze der Höflichkeit. Es wäre besser, wenn sie zwölf Personen zum Abendessen einlädt und sie dann bittet, auf dem Bürgersteig zu speisen, als eine schriftliche und angenommene

Einladung zu ignorieren oder zurückzuziehen, es sei denn, Krankheit oder Tod bieten eine Entschuldigung; und doch ist es bekannt, dass Hostessen dies aus reiner Laune taten. Aber sie waren zwangsläufig schlecht erzogene Menschen.

KAPITEL LI.
DAMEN UND HERREN.

Die Zahl der von Korrespondenten gestellten Fragen zum Thema der richtigen Verwendung der bekannten Wörter „ *Dame* " und „ *Frau* " sowie zu den Titeln verheirateter Frauen lässt vermuten, dass die „Frau"-Frage in universellem Interesse mit der des Nihilismus konkurriert. Irische Rebellion und die zukünftige Präsidentschaft. Für eine Frau ist es jedoch nicht von entscheidender Bedeutung, wie sie genannt wird, denn jeder andere Name würde genauso süß riechen, aber es ist von Bedeutung *für* diejenigen, die *von* ihr sprechen, denn durch ihre Rede „solltest du sie erkennen?" „Ob modisch oder unmodern, ob alt oder jung, ob welterzogen oder schlecht erzogen, ob stilvoll oder hoffnungslos *Rokoko* !"

Nichts zum Beispiel kann geschmackloser sein, als zu sagen: „Sie ist eine schöne Dame" oder „eine kluge Dame". Man sollte immer „schöne *Frau* ", „kluge *Frau* " sagen. Möchtegern-Vornehme machen diesen Fehler ständig, und im Rosa-Matilda-Romanstil kniet der Herr immer vor der Dame, und die schönen Damen sind über das ganze Buch verteilt, während das schöne alte sächsische Wort „Frau" weggelassen wird , oder nicht ordnungsgemäß verwendet.

Nun wäre es leicht, dies zu korrigieren, wenn wir unseren Korrespondenten nur sagen könnten, dass sie immer das Wort „Frau" verwenden sollen. Aber leider müssen wir hier sagen, dass das ebenso „schlechte Form" wäre. Kein Herr würde sagen: „Ich reise mit Frauen." Er würde sagen: „Ich reise mit Damen." Er würde nicht sagen: „Wenn ich meine Frauen ins Theater mitnehmen möchte." Er würde sagen: „Wenn ich meine Damen mitnehmen will." Er würde von seinen Töchtern als „junge Damen" usw. usw. sprechen. Aber wenn er einen Roman über dieselben jungen Damen schreiben würde, würde er das Wort „Dame" als schwach und beim Sprechen von Gefühlen, Aussehen und Qualitäten vermeiden usw. würde er das Wort „Frau" verwenden.

Daher können wir als allgemeine allgemeine Unterscheidung sagen, dass „Frau" verwendet werden sollte, wenn es um die Realität des Lebens und des Charakters geht. „Lady" sollte verwendet werden, um die äußeren Merkmale, die Bedingungen einer kultivierten Gesellschaft und die respektvolle, distanzierte und ritterliche Etikette auszudrücken, die die Gesellschaft von Frauen als Mitgliedern verlangt.

Dann könnte sich unser Fragesteller fragen: Warum ist der Begriff „Sie ist eine schöne *Frau* " so hoffnungslos aus der Mode gekommen? Warum verrät es, dass der Sprecher nicht in einer modischen Umgebung gelebt hat? Warum müssen wir „nette Frau", „kluge Frau", „schöne Frau" usw. sagen?

Die einzige Antwort darauf ist, dass die letztgenannte Ausdrucksweise eine Laune der Mode ist, in die Klartextredner durch die Affektiertheiten schäbig-vornehmer und halbgebildeter Personen getrieben wurden, die uns durch falsche Anwendung zwei gute Worte ruiniert haben. Das eine ist „genteel", was sanft bedeutet, und das andere ist „lady", was alles bedeutet, was vornehm, kultiviert, elegant und aristokratisch ist. Was den Begriff „Frau" betrifft, so wurde diese Nomenklatur stark durch den universellen *Sansculottismus* der Französischen Revolution beeinflusst, als die Königin *Citoyenne genannt wurde*. Vieles hat wiederum eine andere Ursache und ist auf unseren eigenen absurden Mangel an Selbstachtung zurückzuführen, der in dieser Verwirrung der Etikette in einer Republik entstanden ist, wie zum Beispiel: „Ich bin eine Dame – genauso eine Dame wie jeder andere – und." „Ich möchte eine Dame genannt werden", bemerkte eine Krankenschwester, die wegen eines Termins bei der Frau eines unserer Präsidenten vorbeikam. „Ich habe gerade eine farbige *Dame* als Köchin engagiert", bemerkte ein *Neureicher*. Kein Wunder, dass der Liebhaber guten, unbefleckten Englisches begann, das Wort „Lady" mit Anmaßung, Unwissenheit und schlechter Grammatik in Verbindung zu bringen, als das Wort auf diese Weise falsch angewendet wurde.

Dennoch würde keine „echte Dame" zu ihrer Krankenschwester sagen: „Eine Frau kommt, um bei mir zu bleiben." Für Bedienstete ist der Begriff „Dame", wenn er auf einen kommenden Gast angewendet wird, unverzichtbar. Als Gentleman sagte sie zu ihrer Dienerin: „Ein Gentleman kommt, um eine Woche hier zu bleiben." aber zu ihrem Mann oder Sohn würde sie sagen: „Er ist ein kluger Mann" statt: „Er ist ein kluger Gentleman."

Man könnte fast sagen, dass in der modernen Gesellschaft keine Frau mit Männern über „Gentlemen" und kein Mann mit Frauen über „Damen" spricht. Eine Frau in guter Gesellschaft spricht von den jagenden Männern, den tanzenden Männern, den sprechenden Männern. Sie sagt nicht „Gentleman", es sei denn in einem Zusammenhang wie diesem: „Kein Gentleman würde so etwas tun", wenn es zu einem Verstoß gegen die Etikette gekommen wäre. Und doch würde kein Mann in den Salon einer Dame kommen und sagen: „Wo sind die Mädchen?" oder „Wo sind die Frauen?" Er würde sagen; „Wo sind die jungen Damen?"

Es erfordert daher ein feines Ohr und ein feines Gespür für moderne Mode und ewigen Anstand, um in der heiklen und fast unbeständigen Situation dieser beiden Beinamen stets das richtige Wort zu wählen. „Ladylike" darf nie aus der Mode kommen. Es ist zugleich ein Kompliment der Extraklasse und ein Hinweis auf subtile Perfektion. Das Wort „Frau" erreicht das nicht, denn in seiner breiten und starken Etymologie kann es leider eine Wäscherin, eine kämpfende Frau, eine grobe Frau bedeuten! eine betrunkene Frau. Wenn wir von „einer betrunkenen Dame" hören, sehen wir einen Untergang, einen Blick auf bessere Tage; Chloral, Opium und sogar Eau de Cologne könnten sie dazu gebracht haben. Das Wort rettet ihren miserablen Ruf immer noch ein wenig. Aber die Worte „eine betrunkene Frau" deuten lediglich auf Whisky, Erniedrigung, Elend, Dreck und das Mietshaus hin.

Es ist daher offensichtlich, dass wir auf das Wort „Dame" nicht verzichten können. Es ist das Ergebnis jahrelanger ritterlicher Hingabe und des Fortschritts in der Geschichte der Frau, der sie seit jeher aus ihrem niedrigen Stand erhebt. Ihren Aufstieg verdankt sie zunächst der christlichen Religion; Der Institution des Rittertums und dem Wachstum der Zivilisation seither verdankt die Frau ihre kontinuierliche Erhebung. Sie kann nie wieder in die Erniedrigung jener Tage zurückfallen, als es ihr in Griechenland und Rom nicht erlaubt war, mit ihrem Mann und ihren Söhnen zu essen. Sie bediente sie als Dienerin. Jetzt dienen sie ihr in jedem Land, wenn sie *Herren sind*. Aber aufgrund einer merkwürdigen Wendung in der Sichtweise ist sie jetzt zweifellos die Tyrannin, und in der modernen Gesellschaft ist sie oft herrisch schlecht erzogen und verlangt, dass ihre männlichen Sklaven in einem Zustand der Knechtschaft sind, dem die Ägypter gegenüberstehen Knechtschaft wäre leichte Frivolität gewesen.

Den amerikanischen Frauen wird nachgesagt, dass sie sich schlecht benehmen, insbesondere an Orten öffentlicher Vergnügungen, auf Bahnreisen, in Omnibussen und in Geschäften. Männer beschweren sich sehr darüber, dass das schöne Geschlecht bei diesen Gelegenheiten sehr brutal vorgeht. „Ich wünschte, *Frauen* würden sich wie *Damen benehmen* ", sagte ein Mann bei einer *Matine* . „Ja", sagte sein Freund, „ich wünschte, sie würden sich wie *Männer benehmen* ." In diesem Moment wurde ihm ein scharfer weiblicher Ellbogen in die Brust gestoßen. „Ich wünschte, *die Herren* würden sich nicht so drängen", war die Bemerkung, die das „Unter die fünfte Rippe graben" einer Person begleitete, die niemand eine Dame nennen konnte.

Im Gespräch mit einem Diener wird eine Dame oder ein Herr immer geduldig, höflich und freundlich sein und sich nicht auf seine Macht verlassen. Aber es sollte immer eine bestimmte Zeremonie eingehalten werden und der Person gegenüber, von der gesprochen wird, ein Zeichen des Respekts. Daher wird eine Geliebte nicht sagen: „Sind die *Mädchen* hereingekommen?" „Ist *Lucy* zu Hause?" Sie wird sagen: „Sind die jungen Damen hereingekommen?" „Ist Miss Lucy zu Hause?" Diese Art würdevoller Etikette hat die glücklichsten und wohltuendsten Auswirkungen auf die Beziehungen zwischen Herrin und Dienerin.

In der modernen Literatur haben die Begriffe Mann und Frau die Wörter Gentleman und Lady fast ausgelöscht, und wir können uns kaum einen absurderen Satz als den folgenden vorstellen: „Ich fragte Mary, was sie von Charles halte, und sie sagte, er sei ein wunderschöner Gentleman und Charles sagte, dass Mary eine schöne Frau sei; daher war es ganz natürlich, dass ich versuchen sollte, sie zusammenzubringen" usw. usw.

Dennoch gefällt uns in der Poesie das Wort Dame. „Wenn meine Frau mich aufrichtig liebt" ist viel besser als „Wenn meine Frau mich aufrichtig liebt" wäre; Da haben wir also wieder den Widerspruch, denn die angelsächsische Regel, das Wort „Frau" zu verwenden, wenn es um etwas Echtes oder Aufrichtiges in der Emotion geht, wird hier in der Bresche respektiert. Dies ist jedoch einer der vielen Schattenkonflikte, die dieses Thema erschweren.

Der Begriff „Lady" ist wie das Wort „Gentry" in England – er ist dehnbar. Alle Personen, die in die Kategorie „Adel" fallen, dürfen den Salon der Königin besuchen, es ist jedoch klar, dass Geburt, Reichtum, Gesellschaft und Stellung die Daseinsberechtigung für die Nutzung eines solchen Privilegs darstellen, *und* zwar mit Bedacht In der bewachten englischen Gesellschaft hätten die Frau oder die Töchter eines Offiziers der Marine oder eines Linienregiments, dessen Mittel dürftig und dessen Stellung unklar ist, kein Recht, sich vor Gericht zu melden. Die gleiche Bemerkung gilt für die Ehefrauen und Töchter von Geistlichen, Rechtsanwälten, Ärzten, Schriftstellern und Künstlern, obwohl der Ehemann, wenn er angesehen war, auf Wunsch an einem Fest teilnehmen könnte. Dennoch sind diese Frauen sehr hartnäckig, wenn es um den Titel einer Dame geht, und keine Kaufmannsfrau würde ihn ihnen verweigern, und selbst wenn sie noch so reich wäre, würde sie nicht danach streben, eine Dame genannt zu werden.

„Ich bin selbst keine Lady, aber ich kann es mir leisten, sie als Gouvernanten zu haben", bemerkte eine Mrs. Kicklebury am Rhein. Sie schämte sich überhaupt nicht für die Tatsache, dass sie selbst keine Dame war, und dennoch würde ihr gleichgestellter und gleichgestellter Mann in Amerika, wenn sie einen Gin-Laden betrieb, auf dem Titel einer Dame bestehen.

Eine Dame ist eine Person von Vornehmheit, Bildung, Mode, Abstammung, Prestige, von irgendeiner höheren Stufe, wenn wir den Begriff richtig verwenden. Vielleicht ist sie durch den Verlust ihres Vermögens fehl am Platz oder hat ihren Titel befleckt, aber irgendetwas sagt uns, dass sie immer noch eine Dame ist. Wir haben die Angewohnheit zu sagen, wenn eine Person, die vielleicht mit den Gunsten des Glücks beschenkt ist, an uns vorbeigeht: „Sie ist keine Dame", und jeder wird wissen, was wir meinen. Der Ausdruck „vulgäre Dame" ist daher absurd; Es gibt keine solche Sache; auch Rede von einer weißen Amsel; Der Begriff ist widersprüchlich. Wenn sie vulgär ist, ist sie keine Dame; Aber es gibt so etwas wie eine vulgäre Frau, und es ist eine sehr reale Sache.

In England gibt es viele Begriffe, um das Wort „Frau" auszudrücken, die wir nicht haben. Ein Reisender in den ländlichen Gebieten spricht von einer „freundlichen alten Frau, die mich aufgenommen hat", oder einer „elenden alten Frau", oder einem „frechen Mädchen", oder einer „ordentlichen Magd" usw. Wir sollten das Wort „Frau" verwenden. „ oder „alte Frau" oder „Mädchen" für all das.

Nun zum Begriff „alte Frau" oder „alte Dame". Letzteres hat einen schönen Klang. Wir sehen die weichen weißen Locken, die so wie Seide aussehen, den zarten weißen Schal aus Kamelhaar, die weiche Spitze und das passende schwarze Satinkleid, die hübsche altmodische Art, und wir sehen, dass dies eine echte Dame *ist*. Sie hat vielleicht ihre Tricks der altmodischen Sprache; Sie beleidigen uns nicht. Natürlich kennt sie keinen Slang; Sie spricht nicht von „furchtbar lustig" oder „schrecklich weit weg"; Sie spricht nicht davon, dass die Jungen ein „Raufbold" seien und dass es den Mädchen „scheußlich gut" gehe; Sie sagt nicht, dass sie sich „heute ziemlich schäbig" fühlt usw. Nein, „unsere alte Dame" ist eine „Dame", und es wäre geschmacklos, sie eine „alte Frau" zu nennen, was irgendwie klingt respektlos.

Deshalb müssen wir unsere Korrespondenten zwar anflehen, das Wort „Frau" zu verwenden, wann immer sie können, ihnen aber sagen, dass sie das Wort „Dame" nicht ganz weglassen sollen. Die echte Dame oder der echte Herr erkennt man vor allem an der Stimme, der Wortwahl und dem passenden Begriff. Nichts kann besser sein, als auf die Seite der Einfachheit zu gehen, die immer besser ist als Überschwang, Überanstrengung oder selbstgefälliges Reden. Man mag „die Schibboleths einer guten Gruppe nicht kennen", spricht aber dennoch ausgezeichnetes Englisch.

Thackeray sagte über Georg den Vierten, dass es nur einen Grund gebe, warum er nicht als „erster Gentleman Europas" hätte bezeichnet werden dürfen, und zwar, weil er kein Gentleman sei. Aber über den jungen Herzog von Albany, der gerade verstorben war, konnte niemand zögern, als Gentleman zu sprechen. Obwohl wir sehen, dass die Geburt nicht immer einen Gentleman ausmacht, kommen wir dennoch auf die Idee, dass es hilfreich sein könnte, einen zu machen, da wir diese Idee nicht ohne weiteres mit Jeames in Verbindung bringen können, der ein „Gentleman-Gentleman" war. Er war vielleicht „gut", aber nicht „edel".

Bei den Titeln für verheiratete Frauen gibt es nur das eine Wort „Mrs." und nicht einmal das hübsche französische „Madame". Aber keine Frau sollte sich „Frau" schreiben. auf ihren Schecks oder am Fuß ihrer Notizen; Nirgendwo anders als in einem Hotelregister oder auf einer Karte sollte sie sich diesen Titel geben, so einfach er auch sein mag. Sie ist es immer, wenn sie in der ersten Person „Mary Smith" schreibt, auch an eine Person, die sie nicht kennt. Das scheint einige Leute zu beunruhigen, die fragen: „Woher soll so jemand wissen, dass ich verheiratet bin?" Warum sollten sie? Wenn Sie einen entfernten Diener oder eine andere Person über diese Tatsache informieren möchten, fügen Sie in einer Klammer unter „Mary Smith" den wichtigen Zusatz „Mrs. John Smith" hinzu.

Wenn Frauen wählen dürfen, kann es möglicherweise zu weiteren Komplikationen kommen. Die Wahrheit ist, dass Frauen keine richtigen Namen haben. Sie werden einfach mit dem Namen des Vaters oder Ehemanns angesprochen, und wenn sie mehrmals heiraten, kann es durchaus passieren, dass sie anfangen, an ihrer eigenen Identität zu zweifeln. Glücklich diejenigen, die ihre Briefe nur mit einem neuen Namen unterschreiben müssen!

KAPITEL LII.
DIE MANIEREN DER VERGANGENHEIT.

In diesen Tagen, inmitten dessen, was nachdrücklich als „vorherrschende Mittelmäßigkeit der Manieren" bezeichnet wird, scheint uns ein Studium der Manieren der Vergangenheit die Tatsache zu enthüllen, dass ein Mann, der von Schüchternheit geplagt war, in jenen Tagen des Zeremoniells diese brauchte weniger gelitten haben, als er es jetzt in diesen Tagen der Unverschämtheit und des Messings tun würde.

Von einem Mann wurde damals nicht erwartet, dass er einen Raum betrat und sich sofort in ein lebhaftes Gespräch stürzte. Der stattliche Einfluss des *Menuetts de la cour* übte auf ihn aus; Er betrat absichtlich einen Raum, machte eine tiefe Verbeugung, setzte sich und wartete darauf, angesprochen zu werden.

Tatsächlich könnten wir noch weiter zurückgehen und uns am Hof Ludwigs XIV. vorstellen, als die Welt weitgehend in zwei Klassen gespalten war – die Adlige und die *Bourgeoisie* . Diese Welt, die Moliere in seinen *dramatis personae* in den Höfling, den provinziellen Adligen und den einfachen Herrn einteilte; und zweitens in die Männer des Gesetzes und der Medizin, den Kaufmann und den Ladenbesitzer. Diese Unterteilungen sollen für einen Moment betrachtet werden. Nun wussten alle diese Männer von dem Tag an, als sie zehn Jahre alt waren, genau, wie sie sich in dem Lebensbereich, zu dem sie berufen waren, verhalten sollten. Der Marquis wurde in allen Künsten des anmutigen Benehmens unterrichtet, der *Bel Air* wurde ihm noch gründlicher beigebracht, so wie wir unseren Jungen das Tanzen beibringen. Der *Großseigneur* jener Tage, der Mann, der die Falten seiner eigenen Krawatte nicht mit eigenen Händen ordnete und der von seinen Kammerdienern eine ebenso peinliche Gehorsamkeit verlangte, als wäre er der König selbst, dieser Marquis, aus dem der große Moliere macht Was für ein Spaß, der Höfling, den selbst die *große Monarchie* gern verspottet sah – dieser Mann hatte dennoch gute Manieren. Wir sehen ihn mit wunderbarer Treue in den wunderbaren Komödien des französischen Shakespeare widergespiegelt; er ist mehr als die Mode einer Epoche – er ist einer der ewigen Typen der menschlichen Natur. Wir erfahren, was aus einem Mann wird, dessen Aufgabe „Benehmen" ist. Auch wenn er in „Le Bourgeois Gentilhomme" verabscheuungswürdig ist – er schmeichelt, leiht sich Geld, betrügt den armen Bürger und benutzt seinen Rang als Maske und Entschuldigung für seine Laster –, lesen wir dennoch, dass es einer wie er war, der sich arm machte Molieres kalte Hände in seinen und steckten sie in seinen Muff, als er am letzten schrecklichen Tag im Leben des Schauspielers (mit einer Großzügigkeit, die seinem Andenken unsterbliche Ehre erweist) versuchte, zu spielen, „damit fünfzig arme

Arbeiter ihren täglichen Lohn erhielten". ." Es war einer wie dieser, der freundlich zu dem armen Moliere war. In diesen *Gens de Cour* steckte eine Kopie feinen Gefühls, auch wenn sie es nicht besaßen. Sie waren höflich und elegant, sorgten dafür, dass sich die Menschen um sie herum für einen Moment besser fühlten, führten anmutige Taten höflich aus und vergoldeten Laster mit dem Glanz der Perfektion Sitten und Bräuche. Der *Bourgeois* war laut Moliere ein ebenso schlechter Mann wie der Höfling, hatte aber außerdem brutale Manieren; und was die Beamten und Kaufleute betrifft, so waren sie hart und mürrisch und sehr sparsam mit der Höflichkeit. Kein Wunder, dass eines der Opfer, als die Französische Revolution kam, aus Bedauern über den noch nicht vergessenen Marquis die Rückkehr der Aristokratie wünschte; denn, sagte er, „ich würde lieber von einem Samtschuh zertrampelt werden als von einem Holzschuh."

Es ist die beste Definition von Manieren – „eher ein Samtschuh als ein Holzschuh." Von den Menschen, denen wir zufällig begegnen, verlangen wir nur sehr wenig, dass die Begrüßung freundlich ist; Und wenn wir uns daran erinnern, wie viele Verbrechen und Unglücke aus plötzlicher Wut entstanden sind, manchmal sogar durch bloße Verstöße gegen die guten Sitten, stimmen wir fast mit Burke darin überein, dass „Manieren wichtiger sind als Gesetze. Von ihnen hängen die Gesetze in hohem Maße ab." ."

Manche nennen Höflichkeit „Güte bei Kleinigkeiten, die Bevorzugung anderer gegenüber uns selbst bei kleinen, täglichen, stündlichen Vorkommnissen im geschäftlichen Leben, einen besseren Platz, einen bequemeren Sitzplatz, Vorrang bei der Hilfe bei Tisch" usw.

Nun, in all diesen kleinen Moralvorstellungen war der Marquis ein gütiger Mann; Er war umgänglich und sprach sowohl gut als auch fair, „und benutzte seltsame Süße und Schmeicheleien in seinen Worten, wenn er etwas beeinflussen oder überzeugen wollte, das ihm am Herzen lag" – das heißt, gegenüber seinesgleichen. Es ist gut, diesen Mann zu studieren und sich daran zu erinnern, dass er nicht immer gemein war. Der Prinz von Cond hatte diese Manieren und auch ein großzügiges, großes Herz. Sanftmut gehört wirklich zur Tugend, und ein Speichellecker kann sie kaum gut nachahmen. Der perfekte Gentleman ist derjenige, der unter dem seidenen Wams perfekter Manieren ein starkes Herz hat.

Wir wollen nicht, dass alle anständigen Gewänder des Lebens abgerissen werden; wir wollen nicht, dass uns gesagt wird, dass wir voller Mängel sind; Wir möchten nicht, dass die Menschen uns einen latenten Antagonismus zeigen. und wenn wir in uns die Elemente Rauheit, Strenge des Urteils und ein kritisches Auge haben, das eher Mängel als Tugenden sieht, müssen wir lernen, wie wir dieses angeborene, unangenehme Temperament abschwächen können – genauso wie wir zwangsläufig versuchen, es zu brechen die eisige Formalität einer zurückhaltenden Art zu pflegen und eine Herzlichkeit zu pflegen, die wir nicht spüren. Ein solcher Befehl über die Unzulänglichkeiten unserer eigenen Natur ist keine Unaufrichtigkeit, da wir oft feststellen, dass das Bemühen, uns gegenüber jemandem, den wir nicht mögen, angenehm zu machen, dazu führt, dass wir die Person, die uns beleidigt, mögen. Wir stellen fest, dass wir wirklich der Täter waren, indem wir mit einem von uns selbst gradierten moralischen Maßband umhergingen und die Gegenpartei mit einer gelassenen Einbildung abmaßen, die sich Prinzip oder Ehre oder einen hochtrabenden Namen nannte, während sie es wirklich war nichts als Vorurteile.

Wir sollten versuchen, Unterhaltung bei uns zu haben und in unserer Gesellschaft den Eindruck zu erwecken, dass wir uns unterhalten. Ein freundliches Verhalten versöhnt und gefällt oft mehr als Witz oder Brillanz; Und hier kehren wir zu den geschliffenen Manieren der Vergangenheit zurück, die ein perfekter Vorhang waren und daher von den Unbeholfenen und Schüchternen studiert und vielleicht bis zu einem gewissen Grad nachgeahmt werden sollten, die sich nicht auf sich selbst verlassen können, wenn es um angenehme Inspirationen geht. Emerson sagt, dass „Mode eine vernünftige, unterhaltsame Gesellschaft ist; sie hasst Ecken und scharfe Charakterzüge, hasst streitsüchtige, egoistische, einsame und düstere Menschen, hasst alles, was einer völligen Verschmelzung der Parteien im Wege stehen kann, während sie alle Besonderheiten schätzt, wie z." höchster Grad an Erfrischung, der in guter Kameradschaft bestehen kann."

Es tut den Unbeholfenen und Schüchternen gut, über diese Worte nachzudenken. Es hilft ihnen vielleicht nicht sofort, anmutig und selbstbeherrscht zu werden, aber es wird sicherlich eine sehr gute Wirkung haben, indem es sie dazu bringt, es zu versuchen.

Wir stellen fest, dass der erfolgreiche Mann von Welt die Härte des besten Schwertes studiert hat. Er kann sich leicht beugen, er ist flexibel, er ist nachgiebig und dennoch hat er den Mut und die Kraft seiner Waffe nicht verloren. Anwaltsmänner haben sich zum Beispiel die Mühe gemacht, ein System der Höflichkeit aufzubauen, in dem sogar eine beleidigende Selbsteinschätzung das Gewand der Demut erhält. Die Harmonie bleibt gewahrt, ein Prozess geht mit dem Anschein von Ehrerbietung und Respekt voreinander weiter, höchst, höchst, lobenswert, und sorgt für Recht und Ordnung, wo es sonst zu Streit, Hass und Krieg kommen würde. Auch wenn dies eine nachahmende Demut sein mag, auch wenn die Komplimente als unaufrichtig beurteilt werden, sind sie dennoch der Schatten höchster Tugenden. Der Mann, der seine Rede hütet, beherrscht seinen Geist; Er behält seine Beherrschung, den Ofen allen Kummers, und die hohen Kammern seines Gehirns sind kühl und voller frischer Luft.

Ein Mann, der von Natur aus clownesk ist und das besitzt, was er eine „edle Aufrichtigkeit" nennt, ist sehr geneigt, dem gebildeten Mann Unrecht zu tun; Er sollte sich jedoch daran erinnern, dass „das Verhalten eines vulgären Mannes Freiheit ohne Leichtigkeit hat und dass das Verhalten eines Gentleman Leichtigkeit ohne Freiheit hat." Ein Mann mit einer zuvorkommenden, angenehmen Ansprache kann genauso aufrichtig sein, als ob er die edle Kunst besäße, jedem auf die Füße zu treten. Der Mensch, der sich auf das System einlässt, wird ebenso oft von der Liebe zur Zurschaustellung wie von der Liebe zur Wahrheit getrieben; er ist großzügig, kämpferisch und unhöflich; er ist der „Bravo der Gesellschaft".

Für manche Menschen ist ein gutes Benehmen ein Geschenk der Natur. Wir sehen, wie ein junger Mensch einen Raum betritt, sich charmant macht, die Übergangsphase vom Jungen zum Mann durchläuft, immer anmutig, und auf dem Stand des Mannes danach strebt, immer noch diese unbewusste und schmeichelhafte Anmut zu besitzen, diesen „erlesensten Geschmack an Höflichkeit", der ... ist ein Geschenk der Götter. Er ist genau dafür geschaffen, diesem glücklichen Geschöpf zu gefallen, und all das hat die Natur für ihn getan. Wir neigen dazu, Mutter Natur zu beschimpfen, wenn wir an die Freude dieses Jungen im Vergleich zu seinem Stiefsohn denken, dem sie das brennende Erröten, den unbeholfenen Schritt, das schwere Selbstbewusstsein, den unhöflichen Gang, die zögernde Sprache gegeben hat. und das schüchterne Verhalten.

Aber weder die Eltern noch das Kind würden etwas unterlassen, um den Jungen zu heilen, wenn er einen verdrehten Knöchel hätte, also sollte nichts unterlassen werden, was die Verdrehung der Schüchternheit heilen kann, und deshalb sollte man von einem schüchternen jungen Menschen nicht erwarten, dass er sich einer solchen Prüfung stellen muss .

Und jenen, die sich um die Erziehung schüchterner junger Menschen kümmern, empfehlen wir diese hervorragenden Worte von Whately: „Es gibt viele ansonsten vernünftige Menschen, die versuchen, einen jungen Menschen von diesem sehr häufigen Leiden – der Schüchternheit – zu heilen, indem sie ihn ermahnen, nicht schüchtern zu sein. Ihm zu sagen, wie unangenehm es aussieht und dass es ihn daran hindert, sich selbst Gerechtigkeit widerfahren zu lassen, was offensichtlich bedeutet, Öl ins Feuer zu gießen, um es zu löschen; denn der eigentliche Grund für die Schüchternheit ist eine übermäßige Angst davor, woran die Leute denken Sie, eine krankhafte Aufmerksamkeit für Ihr eigenes Aussehen. Der Weg, der daher eingeschlagen werden sollte, ist genau das Gegenteil. Der Leidende sollte ermahnt werden, so wenig wie möglich über sich selbst und die Meinung, die über ihn gebildet wird, nachzudenken, um sicherzustellen, dass am meisten Die Mitglieder des Unternehmens machen sich keine Gedanken über ihn und härten ihn gegen jede unverschämte Kritik ab, die er angeblich vorbringt, indem sie darauf achten, nur das Richtige zu tun, und anderen das Sagen und Denken überlassen, was sie wollen.

Diese ganze Philosophie ist ausgezeichnet und gleicht dem vernünftigen Erzbischof. Aber das Vorhandensein sorgfältig gepflegter, künstlicher Manieren oder ein Hut, den man in der Hand hält, wird dem schüchternen Menschen besser helfen, wenn er zum ersten Mal unter Beschuss gerät und seine Sinne im Begriff sind, ihn zu verlassen, als alle moralischen Maximen es sein können erwartet.

Carlyle spricht von den guten Manieren seines Bauernvaters (die er offenbar nicht geerbt hat) und sagt: „Ich glaube, dass sie darauf zurückzuführen sind, dass er schon früh für Maxwell gearbeitet hat, von Keir, einem schottischen Gentleman." von großer Würde und Wert, der allen, die ihm unterstanden, einen guten Eindruck von der herrschenden Klasse vermittelte." Der alte Carlyle schämte sich nicht, mit abgenommenem Hut da zu stehen, als sein Vermieter vorbeikam; Er hatte auch nicht den Mut, denen den Hof zu machen, deren Los im Leben darin bestand, seine Vorgesetzten zu sein.

Diese Manieren der Vergangenheit wurden studiert; Sie hatten zweifellos vieles an sich, was wir heute als steif, förmlich und affektiert bezeichnen sollten, aber für die Unbeholfenen und Schüchternen waren sie eine große Hilfe.

In der Vergangenheit hatten unsere Vorfahren die Hilfe von Kostümen, was bei uns nicht der Fall ist. Nichts ist wehrloser als ein Wesen im Frack, in dem es keine Taschen gibt, in die es seine Hände stecken kann. Wenn ein Mann ein Kostüm trägt, vergisst er die Leiden des Mantels und der Hose. Er hat das Gefühl, in einer Festung zu sein. Ein Militärmann sagte einmal, dass er in seiner Uniform immer besser kämpfte – dass ein modisch geschnittener Mantel und ein Alltagshut ihm jeden Heldenmut raubten.

Besonders schüchterne Frauen empfinden die Wirkung schöner Kleidung als Verstärkung. „Es gibt einen *Appui* in einem guten Kleid", sagte Madame de Stal. Deshalb sollten sich die Unbeholfenen und Schüchternen bei dem Versuch, die Manieren der künstlichen Gesellschaft zu erobern, so gut wie möglich kleiden. Vielleicht verdanken die Franzosen einen Großteil ihrer lockeren Höflichkeit und ihres Erfolgs in der Gesellschaftspolitik ihrem Kleidungsgeschmack; und darin haben Frauen viel mehr Glück als Männer, denn sie können immer fragen: „Ist es angemessen?" und kann das Taschentuch, den Fächer, den Muff oder den Mantel als Zufluchtsort für zitternde Hände hinzufügen. Ein Mann hat nur seine Taschen; er möchte nicht immer mit den Händen darin erscheinen.

Geschmack soll das unmittelbare, unmittelbare Erkennen der Eignung von Dingen sein. Für die meisten von uns, die den Mangel daran in uns selbst bedauern, scheint es der Instinkt der wenigen Glücklichen zu sein. Manche Frauen sehen aus, als wären sie einfach aus ihrem inneren Bewusstsein in eine wunderschöne Toilette erblüht; andere sind Geschöpfe des Zufalls und sehen aus, als wären ihre Kleider von einem Tornado auf sie geschleudert worden.

Manche Frauen, die ansonsten gut und aufrichtig sind, haben eine Art moralischen Mangel an Geschmack und tragen zu helle Farben, zu viele Glasperlen, zu viel Haar und eine Kombination aus nicht übereinstimmenden Materialien, die das Herz einer guten Anzieherin vor Kummer schmerzen lässt . Dieser Mangel an Geschmack zieht sich wie ein intellektueller Bar-Finster durch die Figur und zwingt uns zu der Annahme, dass ihre Schlussfolgerungen alles andere als legitim sind. Menschen, die unschuldig Dinge sagen, die einen schockieren, die die Zuhörer am Esstisch in Atem halten, haben entweder keinen Geschmack, oder ihr Verstand ist durch Schüchternheit verwirrt.

Ein Mensch tut somit seinen eigenen moralischen Qualitäten große Ungerechtigkeit, wenn er zulässt, dass die Krankheit, von der wir sprechen, ein falsches Bild von sich gibt. Schüchternheit pervertiert die Rede noch mehr als Laster. Aber wenn ein Mann oder eine Frau auf ein gut sitzendes, schickes Kleid herabblicken kann (selbst wenn es das karge und verlassene Kleid ist, das Männer 1882 auf Partys trugen), ist es immer noch ein *Appui* . Wir wissen, wie beleidigt es uns ist, eine Person in einem unangemessenen Kleid zu sehen. Einem Oberrichter in der Kriegsbemalung und den Federn eines Indianerhäuptlings würde man kaum zuhören, selbst wenn seine Äußerungen die eines Marshalls oder eines Eichelhähers wären.

Es braucht einen großartigen Menschen, einen mutigen Menschen, um die Schande einer unpassenden Kleidung zu ertragen; Und zweifellos ist für einen schüchternen, leidenschaftlichen, stolzen und armen Menschen die Notwendigkeit, schlechte oder unpassende Kleidung zu tragen, eine lebenslange Verletzung gewesen. Er verachtete sich selbst für seine Schwäche, aber die Schwäche blieb. Als die Französische Revolution mit ihrem *Sans-Culotteismus kam* und die republikanische Einfachheit in Thomas Jefferson ihren perfekten Ausdruck fand, blieben die Vorurteile von gepudertem Haar und steifem Brokat bestehen. Sie verschwanden nach und nach, und der Mann des 19. Jahrhunderts verlor die Vorteile, die das Tragen von Kleidung mit sich brachte, und begann von neuem den Kampf um das Leben, ohne all seine Insignien. Mit diesen fließenden Mithelfern gingen die Manieren einher, und die abrupte Rede, die knappe Verbeugung und die etwas übertriebene Einfachheit der Gegenwart kamen hinzu.

Aber es ist eine nicht unwürdige Untersuchung – diese Sitten der Vergangenheit. Wir kehren, zumindest auf der weiblichen Seite, zu einem

großartigen und prächtigen „Prinzessin"- oder königlichen Kleidungsstil
zurück. Es wird zur Mode, in diesem schönen Kostüm eine Höflichkeit zu
zeigen, einen Fächer zu zeigen und sich würdevoll zu benehmen. Können
nicht auch die Eleganz, die Ruhe und der Respekt der Vergangenheit
zurückkehren?

KAPITEL LIII.
Die Manieren des Optimisten.

Es ist sehr leicht, über den Optimisten zu lachen und ihm vorzuwerfen, dass er „die Wahrheit poetisiert". Zweifellos wird ein Optimist Exzellenz, Schönheit und Wahrheit sehen, wo Pessimisten nur Erniedrigung, Laster und Hässlichkeit sehen. Der eine hört die Nachtigall, der andere nur den Raben. Für den einen ist der Sonnenuntergang ein magisches Bild; Zum anderen ist es nur ein Vorbote für schlechtes Wetter morgen. Manche Menschen scheinen die Natur durch ein Glas Rotwein oder in einem Claude-Lorraine-Spiegel zu betrachten; Für sie hat die Landschaft immer die Blüte des Sommers oder die Anmut einer Frühlingsflut. Für andere ist es immer bewölkt, trostlos und langweilig. Die einsame Schlucht, der steinige Weg, die verdorrte Heide – das ist alles, was sie in einem Buch finden können, das für jeden ein Kapitel haben sollte. Und Letztere neigen dazu, die ersteren als Träumer, Visionäre und Narren zu bezeichnen. Sie werden in der Gesellschaft oft als Schmeichler bezeichnet, Menschen, deren „Gänse allesamt Schwäne sind".

Aber sind das denn die Narren, die nur die angenehme Seite sehen? Sind sie die einzigen Visionäre, die eher das Beste als das Schlimmste sehen? Es ist seltsam, dass die Kritiker in den „Angenehm Gesprochenen" nur Schwäche sehen und in denen, die krächzen, nur Wahrheit und Sicherheit.

Der Mensch, der ein helles Licht in einem Auge sieht, das sonst als langweilig angesehen wird, der dem letzten Skandal misstraut, gilt als töricht, allzu leicht zufriedenzustellen und dem es an jenem weisen Skeptizismus mangelt, der die Dienerin des gesunden Menschenverstandes sein sollte; Und wenn eine solche Person beim Erzählen einer Geschichte die Wahrheit poetisiert, wenn es ein Prinzip oder eine Tendenz ist, das Beste von jedem zu glauben, jeden von seiner besten Seite zu nehmen, ist sie dann weniger schlau? Hat sie notwendigerweise weniger Einsicht? Da ein Schild immer zwei Seiten hat, warum sollte man sich nicht die goldene Seite ansehen?

Ein Übermaß an Hoffnung hat Menschen wie Colonel Sellers in dem Stück hervorgebracht, der sich selbst vortäuschte, es gäbe „Millionen darin", der in der Armut landete und seine Freunde zugrunde richtete; aber dieser Überschuss kommt kaum vor. Viel häufiger lähmt Entmutigung als Hoffnung. Diejenigen, die Sonnenschein für sich haben und übrig haben, neigen dazu, glückliche und nützliche Menschen zu sein; Sie sind in ihrer Gesamtheit die erfolgreichen Menschen.

Doch obwohl die Gutmütigkeit temperamentvoll ist und manche Männer und Frauen aufgrund ihrer Vorstellungskraft und Barmherzigkeit gezwungen sind, die Wahrheit zu poetisieren, bleibt die Frage offen, wer der Wahrheit am nächsten kommt: ein Pessimist oder ein Optimist ? Die Wahrheit ist eine Tugend, die greifbarer und weniger schattenhaft ist, als wir denken; Es ist nicht einfach, die ungeschminkte, unverfälschte Wahrheit auszusprechen (so sagen es uns die Anwälte). Die Fähigkeit zur Beobachtung ist unterschiedlich, und die Fähigkeit zur Sprache ist variabel. Manche Menschen haben kein intellektuelles Verständnis für die Wahrheit, obwohl sie moralisch daran glauben. Menschen, die die Wahrheit abstrakt verehren, konnten nie etwas anderes als Unwahrheiten erzählen. Für solche Menschen hängt die Fähigkeit, eine positive oder nachteilige Aussage zu machen, von der Stimmung des Augenblicks ab, nicht von Tatsachen. Daher scheint die Gewohnheit, die Wahrheit zu verdichten, die sicherste zu sein. Die Gesellschaft wird manchmal zu einer Brutstätte böser Leidenschaften – einer hat Erfolg auf Kosten eines anderen. Wie groß ist das Leid, das von sozialer Vernachlässigung und sozialen Angriffen ausgeht! Vieles davon ließe sich dadurch glätten, dass man die Wahrheit noch so wenig poetisiert. Anstatt eine bösartige Botschaft zu überbringen, nehmen wir an, dass wir eine liebenswürdige Botschaft überbringen. Anstatt zu glauben, dass eine Beleidigung beabsichtigt war, nehmen Sie an, dass es sich um ein Kompliment handelt.

„Sollte er Vorwürfe machen, werde ich zugeben, dass er obsiegt und süßer singt als die Nachtigall!

Menschen, die trotz der Stirnrunzeln und Lächeln, der Höhen und Tiefen einer gesellschaftlichen Karriere so ruhig, gelassen und liebenswürdig sind, werden oft als weltgewandt bezeichnet.

Nun, nehmen wir an, dass sie es sind. Ein Autor hat weise gesagt: „Dass die Welt voller Weltlichkeit sein sollte, scheint genauso richtig zu sein, wie dass ein Bach voller Wasser oder ein lebender Körper voller Blut sein sollte." Wir sind hierher berufen, diese Welt zu erobern und daraus ein erfülltes, erfülltes und angenehmes Leben zu führen. Warum sollten uns sonst Gaben wie Schönheit, Talent, Gesundheit, Witz und Freude geschenkt werden? Weltlich zu sein oder Weltmenschen zu sein, soll den gerechten Zorn der Guten auf sich ziehen. Aber ist es nicht unrechtmäßig, den Begriff des stillschweigenden Vorwurfs zu verwenden? Denn auch wenn uns die Welt zu viel bedeutet und ein Weltmensch vielleicht ein Wesen ist, das nicht bis zum Rand mit den tieferen Eigenschaften oder den höchsten Zielen erfüllt ist, ist er dennoch ein Mensch, der für den Tag, die Stunde, die Sphäre, die es muss, notwendig ist mit Menschen versorgt werden, die seinen Bedürfnissen entsprechen. Also mit einer Frau in der Gesellschaft. Sie muss im besten Sinne des Wortes ein Weltmensch sein. Sie muss ihren Teil des großen Mantels des Feldes des Goldtuchs bewahren. Sie muss die gesellschaftliche Arena mit ihrem Einfluss füllen; denn in der Gesellschaft ist sie ein äußerst wichtiger Faktor.

Dann, da ein „komplexes Überwuchern von Wünschen und Früchten" unsere Welt wie einen Banyanbaum bedeckt hat, müssen wir etwas anderes haben, um unser schillerndes Wachstum an Kunst, Raffinesse, Erfindungen, Luxus und heiklen Sensibilitäten am Leben zu erhalten. Wir müssen Reichtum haben.

„Reichtum ist die goldene Essenz der Außenwelt"

und daher zu respektieren.

Natürlich sieht der Pessimist in diesem Eingeständnis Geldstolz, pompöse und unverschämte Arroganz, ein Zucken der schwangeren Kniegelenke, falsche Maßstäbe und tausend Fehler. Und doch empfindet der Optimist die „Sehr Reichen", mit wenigen Ausnahmen, als liebenswürdig, großzügig und freundlich, oft bedauert er, dass ärmere Freunde sich von ihrem Reichtum abhalten lassen, und wünscht sich oft, dass ihr Reichtum sie nicht von dem Kleinen abhalten muss Abendessen, die heimelige Gastfreundschaft, die kleinen Geschenke, die aufrichtigen Höflichkeiten derer, deren Mittel mittelmäßig sind. Die fröhlichen Menschen, die sich nicht über die überragende Pracht eines Freundes erschrecken lassen, sind sehr geneigt, diesen Freund ebenso sehr auf Mitgefühl und Freundlichkeit bedacht zu finden wie sind die Armen, besonders wenn sein Reichtum ihn fast zwangsläufig dazu veranlasst hat, vom Oberflächlichen und Äußerlichen im Leben zu leben.

Wir alle wissen, dass es ein weltliches Leben mit ziellosen und engen Radien gibt, das so falsch wie möglich ist. *Nur für diese Welt* zu leben , mit ihren wechselnden Moden, ihren unvollkommenen Urteilen, ihrer Toleranz gegenüber Snobs und Sündern, ihrer Vergebung der Unwissenheit unter einem hochtönenden Namen, ihrer Übertreibung des Vergänglichen und Künstlichen, wäre in der Tat ein armes Leben . Aber wenn wir uns zu einem höheren Verständnis davon erheben können, was für eine edle Sache diese Welt wirklich ist, können wir durchaus danach streben, Weltlinge zu sein.

Julius Cäsar war ein Weltmensch; so war Shakespeare. Erasmus war ein Weltmensch. Wir könnten die Liste auf unbestimmte Zeit erweitern. Diese Männer brachten die höchsten Talente für den Gebrauch weltlicher Dinge mit. Sie zeigten, wie große Eroberungen, Poesie und Gedanken für die Welt genutzt werden könnten. Sie waren voll von dieser Welt.

Alles durch eine poetische Vision zu sehen (die einzig echte Idealisierung) ist und war die Gabe der Wohltäter unserer Rasse. Branger war von der Welt, weltlich; aber können wir ihn aufgeben? So waren es auch die großen Künstler, die die Welt mit Licht überfluteten – Tizian, Tintoretto, Correggio, Raffael, Rubens, Watteau. Diese Männer verdichteten die Wahrheit. Das

Leben war ein brillantes Drama, ein herrliches Bild, ein immer frischer und schöner Garten;

Der Optimist trägt eine Lampe durch dunkle, soziale Hindernisse. „Ich würde gerne viele Wunden verbinden, wenn ich sicher sein könnte, dass ich weder durch Dummheit noch durch Bosheit eine machen muss!" ist ihr Motto, die wahre Optimistin.

Es ist eine schöne Allegorie auf die implizierte Macht der Gesellschaft, die der Dichter Marvell verwendete, als er sagte, er würde „keinen Wein mit jemandem trinken, dem er sein Leben nicht anvertrauen könnte".

Tizian malte seine Frauen mit all ihren besten Seiten. Es gab einen sorgfältigen Schatten oder Vorhang, der die Mängel verbarg, die keiner von uns hat; Aber Fehler im Auge des Optimisten machen die Schönheit im Gegensatz dazu attraktiver; In einem Porträt sollten sie vielleicht besser versteckt werden.

Die Wahrheit in der Wissenschaft der Nächstenliebe und Vergebung zu poetisieren, kann niemals eine große Sünde sein. Wenn es einer ist, wird der Aufnahmeengel wahrscheinlich eine Träne vergießen. Diese Tendenz zum Optimismus ähnelt unserer Meinung nach eher dem Zauberstab, den der große Idealist über einem aufgewühlten Meer schwang, oder wie jene plötzlichen Sonnenuntergänge nach einem Sturm, die nicht nur die Welle kontrollieren, sondern die bleierne Masse mit purpurrotem und unerwartetem Gold überziehen , dessen Helligkeit ein sturmgetriebenes Segel erreichen kann, ihm das Licht der Hoffnung verleiht, das Schiff an ein klar definiertes und gastfreundliches Ufer bringt und mit einer neuen Anziehungskraft den kürzlich abgelenkten Kompass reguliert. Deshalb zögern wir nicht zu sagen, dass die Philosophie, das Glaubensbekenntnis und die Manieren des Optimisten gut für die Gesellschaft sind. Allerdings kann seine Exzellenz durchaus kritisiert werden; Manchmal nimmt es sogar seinen Platz inmitten jener Exzesse ein, die als „Deformationen übertriebener Tugenden" katalogisiert werden. Einige von uns sind vielleicht in einer einzigen Richtung zu gut.

Aber die abgerundete und harmonische griechische Ruhe ist schwer zu finden. „Für Ruhe und Gelassenheit des Geistes", sagt ein moderner Autor, „müssen wir zum griechischen Tempel und zur griechischen Statue, zum griechischen Epos und Drama, zur griechischen Rede und moralischen Abhandlung zurückkehren; und die moderne Bildung wird nie wirklich wirksam sein, bis sie es bringt." mehr Geister in glücklichen Kontakt mit dem Ideal einer ausgewogenen, harmonischen Entwicklung aller Kräfte von Geist, Körper, Gewissen und Herz zu bringen.

Und wer war ein größerer Optimist als Ihr Athener? Er hatte eine leidenschaftliche Liebe zur Natur, eine hingebungsvolle und unendliche Verehrung für die Schönheit, und er verbreitete den herrlichen Glanz seines Genies, indem er das Leben attraktiver und das Grab weniger düster machte. Vielleicht können wir mit einem helleren Glauben und einer sichereren Offenbarung etwas von diesem „heidnischen" Griechen übernehmen.

KAPITEL LIV.
Die Manieren des Sympathischen.

Mitgefühl ist die zarteste Ranke des Geistes und das faszinierendste Geschenk, das die Natur uns machen kann. Die wertvollsten Assoziationen des menschlichen Herzens kreisen um das Wort, und wir erinnern uns gerne an diejenigen, die in Trauer mit uns trauerten und sich mit uns freuten, als wir froh waren. Aber für die Unbeholfenen und Schüchternen sind die Sympathischen die allerschlechteste Gesellschaft. Sie möchten nicht mit Menschen sympathisiert werden – sie möchten mit Menschen zusammen sein, die kalt und gleichgültig sind; Sie mögen schüchterne Menschen wie sie selbst. Wenn man zwei schüchterne Menschen in einem Raum zusammenbringt, beginnen sie mit ungewohnter Unbefangenheit zu reden. Eine schüchterne Frau zieht immer einen schüchternen Mann an. Aber Frauen, die mit dieser schnellen, fröhlichen Beeinflussbarkeit ausgestattet sind, die sie *in Kontakt* mit ihrer Umgebung bringt, die ein fantasievolles und erregbares Gemüt haben, eine schnelle Empfänglichkeit für die Einflüsse um sie herum, sind in der allgemeinen Gesellschaft sehr charmant, aber für die Gesellschaft sind sie schrecklich unbeholfen und schüchtern. Sie haben zu viel Mitgefühl, sie sind sich der brennenden Schande, die der Leidende verbergen möchte, zu bewusst.

In dem Moment, in dem ein schüchterner Mensch einen vollkommen unsympathischen Menschen vor sich sieht, jemanden, der weder nachdenkt noch sich um ihn kümmert, beginnt seine Schüchternheit zu verschwinden; In dem Moment, in dem er einen Leidensgenossen erkennt, beginnt er, eine Verstärkung der Energie zu spüren. Besonders wenn er ein Liebhaber ist, flößt ihm die fast sichere Verlegenheit der Dame Hoffnung und neuen Mut ein. Es ist bekannt, dass eine Frau, die einen schüchternen Liebhaber hat, auch wenn sie von Schüchternheit geplagt ist, mehr als einmal einen Weg findet, dem armen Kerl aus seinem Dilemma zu helfen. Hawthorne, der uns die vollständigste und tragischste Geschichte der Schüchternheit hinterlassen hat, die zu „dem langen Rosenkranz, an dem die Röte eines Lebens hängt", gehört, fand eine Frau (offenbar die vollkommenste Figur, die jemals geheiratet und glücklich gemacht hat). ein großes Genie), der zu seinem Glück von Natur aus schüchtern war, allerdings ohne die krankhafte Schüchternheit, die ihn durchs Leben begleitete. Diejenigen, die Mrs. Hawthorne kannten, stellten später fest, dass sie eine große Faszination für ihr Auftreten besaß, selbst in der allgemeinen Gesellschaft, in der Hawthorne ziemlich undurchdringlich war. Die Geschichte, wie er zum Concord River lief und ein Boot nahm, um seinen Besuchern zu entkommen, ist uns allen seit langem bekannt. Zweifellos überwand Mrs. Hawthorne mit dem Taktgefühl und der Großzügigkeit einer Frau ihre eigene Schüchternheit, um die Gäste zu empfangen, vor denen Hawthorne davonlief, und blieb ihr ganzes Leben lang sein besserer Engel. Durch dieses Fehlen ausdrücklicher Sympathie wurden die Engländer Hawthorne gegenüber sehr sympathisch. In seinem „Notizbuch" beschreibt er eine Rede, die er bei einem Abendessen in England hielt: „Als ich aufgerufen wurde", sagt er, „klopfte ich mir auf den Kopf, und es gab einen hohlen Ton von sich."

Er hatte jedoch neben einem schüchternen englischen Anwalt gesessen, einem Mann, der ihn durch seine ruhige, unaufdringliche Einfachheit überzeugte und der, mit einigen wohlgewählten Worten, das Reden beim Abendessen und seine Schrecken eher herunterspielte. Als Hawthorne schließlich aufstand und seine Rede hielt, „hallte seine Stimme inzwischen in weiter Ferne und in der Ferne wider", und als, wie wir von anderen erfahren, ein Applausstoß die wenigen gut gewählten Worte, die daraus entstanden waren, begrüßte Voller Überlegung, diesem klaren Strahl von „unbeflecktem Englisch", applaudierte der unauffällige Herr an seiner Seite und sagte zu ihm: „Es war großartig gemacht." Das Kompliment gefiel dem schüchternen Mann. Es ist das einzige Kompliment an sich selbst, das Hawthorne jemals gemacht hat.

Wäre Hawthorne nun von einem mitfühlenden, überschwänglichen Amerikaner gratuliert worden, der ihm auf die Schulter geklopft und gesagt hätte: „Oh, keine Angst – du wirst gut reden!" er hätte nichts gesagt. Der schüchterne Kobold in seinen eigenen Augen hätte in den Augen seines Nachbarn die schreckliche Wahrheit gelesen, die sein mitfühlender Nachbar zweifellos verraten hätte – eine Angst, dass es ihm nicht gut gehen würde. Der phlegmatische und steinerne Engländer hatte weder ein Gefühl noch kümmerte er sich darum, ob Hawthorne gut oder schlecht sprach; und obwohl er erfreut darüber war, dass er gut sprach, brachte er der Angelegenheit kein besonderes Mitgefühl entgegen, weder dafür noch dagegen, und ersparte so Hawthornes Schüchternheit den letzten bitteren Tropfen im Kelch, der eine Anerkennung seiner eigenen moralischen Angst gewesen wäre. Hawthorne berichtet bitter über seine eigenen Leiden. In einem seiner Bücher sagt er: „Zu dieser Zeit habe ich mir diese verfluchte Angewohnheit der Einsamkeit angeeignet." Es wurde gesagt, dass die Familie Hawthorne in der früheren Generation von Schüchternheit geplagt wurde, die fast wie eine Krankheit wirkte – sicherlich eine merkwürdige Laune der Natur in einer Familie, die von robusten Seekapitänen abstammte. Es beweist nur, wie weit entfernt die Einflüsse sind, die unsere Natur und unser Handeln kontrollieren.

Wenn Hawthorne nicht ein schüchterner Mann gewesen wäre, der manchmal von einer Art Abscheu vor seiner Art geplagt wäre und der es immer ablehnte, sich gehen zu lassen, der elend und krankhaft war, wären wir die Erben des großen Vermögens gewesen, das er uns hinterlassen hat. ist nicht unsere Entscheidung. Ob wir „Der sanfte Junge", den unsterblichen „Scharlachroten Buchstaben", „Das Haus mit sieben Giebeln", den „Marmorfaun" und all die anderen wunderbaren Dinge hätten besitzen sollen, die aus dieser abgeschiedenen und begabten Natur hervorgegangen sind, hatte er Wir können nicht sagen, dass er als fröhlicher, beliebter und sympathischer Junge mit Tanzschulmanieren geboren wurde und nicht als unbeholfener und schüchterner Jugendlicher (obwohl er überaus gutaussehend war). Das ist das große Geheimnis hinter dem Schleier. Die Antwort ist noch nicht gefallen, das Orakel hat nicht gesprochen, und wir dürfen nicht in den Halbschatten des Genies vordringen.

Es war immer ein Trost für die Unbeholfenen und Schüchternen, dass Washington keine Rede nach dem Abendessen halten konnte; und die bekannte Anekdote – „Setzen Sie sich, Mr. Washington, Ihre Bescheidenheit ist noch größer als Ihre Tapferkeit" – muss so manchen stummen Helden getröstet haben. Washington Irving versuchte, Dickens willkommen zu heißen, scheiterte jedoch, während Dickens ebenso redselig wie begabt war. Wahrscheinlich hat die bloße Umgebung sympathischer Bewunderer sowohl Washington als auch Irving verunsichert, obwohl es einige Männer gibt, die in keiner Gesellschaft „auf den Beinen sprechen" können, wie es so schön heißt.

Andere schüchterne Männer – Männer, die Angst vor der Gesellschaft haben und sich im alltäglichen Umfeld schämen – sind eloquent, wenn sie auf die Beine kommen. So mancher schüchterne Junge am College hat seine Freunde mit seinem Können in einer After-Dinner-Rede in Erstaunen versetzt. Manch ein geschwätziger, leichtfertiger Junge, der zum Redner dieses Anlasses ernannt wurde, scheitert völlig, enttäuscht die Erwartungen der Öffentlichkeit und sitzt mit dem unbequemen Mantel des Versagens auf seinen Schultern da. Daher sind die Wege der Schüchternheit unergründlich. Viele Frauen, die nie wussten, was es bedeutet, schüchtern oder schüchtern zu sein, haben ihre Stimme verloren, als sie aufgefordert wurden, Verse vorzulesen, selbst in einem engen Freundeskreis, und sind völlig zusammengebrochen, sich selbst und ihr gegenüber Das große Erstaunen meiner Freunde.

Die Stimme ist ein verräterischer Diener; es verlässt uns, zittert, macht daraus ein Scheitern, ist oft „nicht da oder wird nicht berücksichtigt", wenn wir seine Hilfe brauchen. Wir erfahren nicht nur im Schrei des Hysterischen von seiner Gesetzlosigkeit, sondern auch in seiner völligen Zurückgezogenheit. Eine Braut hat oft, selbst wenn sie sonst keine Verlegenheit empfand, festgestellt, dass sie keine Stimme hatte, mit der sie ihre Antworten äußern konnte. Es war einfach nicht da!

Eine Dame, die bei Hofe vorgestellt wurde und sich – wie sie sich selbst beschrieb – wunderbar wohl fühlte, begann zu reden und stellte fest, dass sie, ohne laut sprechen zu wollen, wie ein Trompeter schrie. Die etwas ungewöhnliche Belastung, die sie sich während der Strapazen der Vorstellung am englischen Hof auferlegt hatte, rächte sich durch eine überschäumende Stimme, die sie nicht beherrschen konnte.

Viele schüchterne Menschen haben diese seltsame und unbewusste Erhöhung der Stimme bei sich erkannt. Es kommt nicht so häufig vor wie ein Stimmverlust, ist aber ebenso unkontrollierbar.

Die Bronchien spielen uns einen weiteren Streich, wenn wir Angst haben: Die Stimme ist die Stimme eines anderen, sie hat keine Ähnlichkeit mit unserer eigenen. Bauchredner könnten durchaus die Phänomene der Schüchternheit untersuchen, denn die Stimme wird zum Bass, der im Diskant war, und der Sopran zum Alt.

„Es gefällt mir nicht, dass Wilthorpe zu mir kommt", sagte eine sehr schüchterne Frau – „ich weiß, dass meine Stimme so quietschen wird." Bei ihr hatte Wilthorpe, der sie aus irgendeinem Grund in eine quälende Schüchternheit trieb, die Wirkung, dass sie in einer hohen, unnatürlichen Anspannung redete und übermäßig ermüdete.

Die Anwesenheit der eigenen Familie, die von Natur aus schmerzlich mitfühlend ist, hatte auf die Schüchternen und Schüchternen immer eine äußerst böse Wirkung.

„Ich kann mich nie vor meinem Vater für eine Sache einsetzen?" „Ich auch nicht vor meinem Sohn", sagten zwei angesehene Anwälte. „Wenn Mama im Raum ist, werde ich meine Rolle nie durchstehen", sagte ein junger Laienschauspieler.

Aber hier müssen wir innehalten, um eine weitere Ausnahme in den Gesetzen der Schüchternheit zu bemerken.

In der falschen Perspektive der Bühne verschwindet die Schüchternheit oft. Der schüchterne Mann verliert oft seine Schüchternheit, wenn er die Worte spricht und den Charakter eines anderen annimmt. Er hat Angst vor sich selbst, nicht vor Tony Lumpkin oder Charles Surface, vor Hamlet oder Claude Melnotte. Hinter ihren Masken kann er gut sprechen; aber wenn er an seinem eigenen Esstisch versucht, etwas zu sagen, und Mama ihn mit mitfühlenden Augen beobachtet und seine Brüder und Schwestern alle zuhören, dann scheitert er.

„Lord Percy sieht mich fallen."

Dennoch müssen wir mit unserem eigenen Volk stehen oder fallen, leben oder sterben; In unserem eigenen Kreis müssen wir unsere Schüchternheit überwinden.

Nun sind diese Überlegungen nicht als Argument gegen die richtig ausgedrückte Sympathie gedacht. Ein vernünftiges und wohlüberlegt ausgedrücktes Mitgefühl für unsere Mitmenschen ist die höchste Eigenschaft unserer Natur. „Es enträtselt Geheimnisse sicherer als die höchste kritische Fähigkeit. Die Analyse der Motive, die Männer und Frauen beeinflussen, ist wie das Messer des Anatomen: Es wirkt auf die Toten. Vereint Sympathie mit Beobachtung, und die Toten erwachen zum Leben." Deshalb sollten wir uns bemühen, den Schüchternen in ihren Momenten des Zitterns ruhig und unsympathisch zu sein; nicht grausam, aber gleichgültig, unaufmerksam.

Nun kommen geniale Frauen, die durch Mitgefühl ein reflektiertes Verständnis für bestimmte Aspekte des Lebens erlangen, oft zu dem bewundernswerten Ergebnis, die Leiden der Schüchternen zu begreifen, ohne sie scheinbar zu beobachten. Wenn eine solche Frau mit einem schüchternen Mann spricht, scheint sie ihn nicht zu sehen; Sie plappert über sich selbst oder erzählt eine lustige Anekdote darüber, wie sie in den Schnee gestürzt wurde, wie sie beim Abendessen ihr Glas Rotwein verschüttete oder wie sie einfach zu spät zur Vorlesung kam; und während sie so in ihre kleine improvisierte Autobiografie vertieft ist, fasst sich der schüchterne Mann zusammen und hat keine Angst mehr vor ihr. Das ist das Geheimnis des Taktgefühls.

Madame Rcamier, die berühmte Schönheit, war immer etwas schüchtern. Sie war kein Witzbold, aber sie besaß die Gabe, das Beste aus anderen herauszuholen. Ihre Biographen haben ihr vorgeworfen, sie sei nicht beeinflussbarer und nicht mitfühlender gewesen. Vielleicht war sie (trotz ihres Mutes, als sie als Neo-Griechin verkleidet in den Kirchen spendete) immer von Schüchternheit gebremst. Sie zog sicherlich die Besten und Begabtesten ihrer Zeit an und besaß eine edle Furchtlosigkeit in der Freundschaft sowie eine Beständigkeit, die sie bewies, indem sie Madame de Stal ins Exil folgte und sich Ballenche und Chateaubriand hingab. Sie hatte das Genie der Freundschaft, eine angeborene Aufrichtigkeit, eine gewisse Naturrealität – jene schönen Eigenschaften, die die Schüchternheit so oft begleiten, dass wir beim Lesen von Biografien und Geschichte fast zu denken beginnen, dass Schüchternheit nur ein Schleier für alle Tugenden sei .

Vielleicht verdankte Madame Rcamier dieser Schüchternheit oder diesem verborgenen Mitgefühl jene Macht über alle Männer, die ihre wunderbare Schönheit überdauerte. Die blinde und arme alte Frau der *Abbaye* hatte ihren Charme nicht verloren; Die bedeutendsten Männer und Frauen ihrer Zeit folgten ihr dorthin und genossen ihre ruhige (nicht sehr beredte)

Unterhaltung. Sie hatte ein gesundes Herz; Es bewahrte sie in jungen Jahren vor Torheit, vor einer allzu leichtfertigen Sensibilität, zu der ein beeinflussbares, mitfühlendes Temperament sie verraten hätte. Ihre feste, sanfte Art ließ sich nicht von Aufregung irritieren; Sie hatte eine Standhaftigkeit in ihren sozialen Beziehungen, die ihrem Namen einen ewigen Ruf hinterlassen hat.

Und was sind eigentlich diese sozialen Beziehungen, die so viel Mut erfordern und die den meisten von uns so viel Leid bereiten können, wenn wir unsere Unbeholfenheit und unsere Schüchternheit für sie überwinden? Lasst uns einen Moment innehalten und versuchen, gerecht zu sein. Betrachten wir diese soziale Ethik, die so viel vielleicht Künstliches, Ärgerliches und Widersprüchliches erfordert. Die Gesellschaft, solange sie eine Versammlung der Guten, der Witzigen, der Klugen, der Intelligenten und der Begabten ist, ist für uns alle das Notwendigste. Wir neigen dazu, es und seine Aufregungen fast zu sehr zu mögen oder es mit seinen Exzessen und Fehlern zu bitter zu hassen. Wir sind selten gerecht gegenüber der Gesellschaft.

Das umfassende, harmonische und maßvolle Verständnis und die Nutzung der Gesellschaft ist jedoch der eigentliche Zweck und das Ziel der Bildung. Wir sind dazu geboren, miteinander zu leben und nicht für uns selbst; Wenn wir fröhlich sind, wurde uns unsere Fröhlichkeit gegeben, um das Leben unserer Mitmenschen zu bereichern. Wenn wir Genie haben, ist das ein heiliges Vertrauen; Wenn wir Schönheit, Witz und Fröhlichkeit besitzen, wurde uns das zur Freude anderer gegeben, nicht für uns selbst; Wenn wir unbeholfen und schüchtern sind, müssen wir die Kruste durchbrechen und zeigen, dass in uns Schönheit, Fröhlichkeit und Witz schlummern. „Es ist nur der Narr, der das Übermaß liebt." Der beste Mensch sollte die Gesellschaft einigermaßen mögen.

KAPITEL LV.
BESTIMMTE FRAGEN ANTWORTEN.

Ein Korrespondent fragt uns, wann ein Herr seinen Hut tragen und wann ihn abnehmen soll. Ein Herr trägt seinen Hut auf der Straße, auf einem Dampfschiffdeck, und streckt ihn einer Bekannten entgegen; auch in einem Promenadenkonzertsaal und einer Bildergalerie. Er trägt es nie in einem Theater oder Opernhaus und selten in den Salons eines Hotels. Die Etikette, auf den Treppen und in den Fluren eines Hotels den Hut zu heben, wenn Herren an Damen vorbeikommen, wird sehr gelobt. In Europa hebt jeder Mann seinen Hut, wenn er an einer Bahre vorbeikommt oder wenn ein Leichenwagen mit einer Leiche an ihm vorbeifährt. In diesem Land heben die Männer einfach ihren Hut, wenn ein Leichenzug *in* eine Kirche oder am Grab geht. Wenn ein Herr, insbesondere ein älterer Mann, seinen Hut abnimmt und unbedeckt an einem zugigen Ort wie dem *Foyer* eines Opernhauses steht, während er mit Damen spricht, ist es angebracht, dass einer von ihnen sagt: „Bitte nehmen Sie Ihren Hut wieder auf." „– eine zarte Aufmerksamkeit, die von einem respektvollen Mann, der sonst vielleicht seinen Kopf nicht bedecken würde, sehr geschätzt wird.

Auch hier stellen uns unsere jungen Freundinnen viele Fragen zum Thema *Anstand*, was zeigt, wie sehr sie darauf bedacht sind, das Richtige zu tun, aber auch, wie weit sie davon entfernt sind, das zu begreifen, was in den Bräuchen der Alten Welt immer als Anstand galt. In unserem neuen Land sind die Beziehungen zwischen Männern und Frauen zwangsläufig einfach. Die gesamte Angelegenheit der Etikette beschränkt sich natürlich auf das Anstandsgefühl jedes Einzelnen, und der Standard muss je nach den Umständen geändert werden. So schreibt beispielsweise eine Dame, ob sie einem Herrn dafür danken soll, dass er sie für einen Ausflug bezahlt hat. Nun geht es hier um eine lange Antwort. In Europa konnte keine junge Dame die Einladung annehmen, als Gast eines jungen Herrn auf einen „Ausflug" zu gehen, und sich von ihm bezahlen lassen, ohne großen Ansehensverlust zu erleiden. Sie würde weder in England noch in Frankreich wieder in die Gesellschaft aufgenommen werden. Sie sollte vom Herrn über ihren Vater oder ihre Mutter eingeladen werden, und einer oder beide sollten sie begleiten. Auch dann ist es nicht üblich, dass Herren Damen zu einem Ausflug einladen. Er könnte die Mutter der Dame einladen, eine Theaterparty zu betreuen, für die er bezahlt hatte.

Eine andere junge Dame fragt, ob sie anständig die Karten kaufen und einen jungen Herrn ins Theater mitnehmen könnte. Natürlich könnte sie das, wenn ihre Mutter oder Begleitperson sie begleiten würde; aber auch dann sollte die Mutter oder Begleitperson die Einladungsschreiben verfassen.

Aber in unserem freien Land ist es, wie wir hören, insbesondere im Westen, erlaubt, dass eine junge Dame und ein junger Herr gemeinsam einen „Ausflug" unternehmen, wobei der Herr alle Kosten trägt. Wenn das erlaubt ist, dann natürlich – um die Frage unserer Korrespondentin zu beantworten, sollte sie ihm danken. Aber wenn wir die spätere Frage der jungen Dame beantworten würden: „Würde das als Etikette gelten?" wir sollten entschieden Nein sagen.

Eine weitere Frage, die uns ständig gestellt wird, ist diese: Wie kann man einem Gentleman ein angemessenes Maß an freundlicher Intimität ermöglichen, ohne dass er sich zu sehr für einen Favoriten hält? Hier können wir weder Etikette noch Sitte in die Entscheidungsfindung einbeziehen. Ein ganz allgemeines Gesetz wäre, nicht zu viele Aufmerksamkeiten anzunehmen und eine gewisse Zurückhaltung zu zeigen, wenn man mit ihm tanzt oder mit ihm fährt. Für einen Gentleman ist es immer angemessen, eine junge Dame mit seinem Diener hinterher in seinem Hundekarren zum Fahren mitzunehmen, wenn ihre Eltern damit einverstanden sind; aber wenn es sehr oft gemacht wird, sieht es natürlich auffällig aus und die Dame läuft Gefahr, als verlobt zu gelten. Und sie weiß natürlich, ob ihr Aussehen und ihre Worte Anlass zu der Annahme geben, dass er ein Favorit ist. Das muss sie alles selbst entscheiden.

Eine andere schreibt uns und fragt uns, ob sie bei seinem Besuch einen Herrenhut und einen Herrenmantel mitnehmen soll. Niemals. Lassen Sie ihn sich darum kümmern. Christentum und Rittertum, moderne und alte Bräuche machen einen Mann zum Diener der Frauen. Die alte Anredeform, die Sir Walter Raleigh und andere Höflinge verwendeten, war immer „Ihre Dienerin, Madam" und es ist die hübscheste und bewundernswerteste Art für einen Mann, eine Frau in jeder Sprache anzusprechen.

Eine andere fragt, ob sie einen Herrn vorstellen soll, der ihre Mutter anruft. Wir sollten sagen, dass sich dies von selbst beantworten würde, wenn die Frage nicht erneut auftauchen würde. Natürlich sollte sie es tun; und ihre Mutter sollte immer bei ihr sitzen, wenn sie einen Anruf von einem Herrn erhält.

Aber wenn in unseren weniger modischen Kreisen die Einschränkungen der Etikette gelockert werden, sollte sich eine junge Dame immer an diese allgemeinen Grundsätze erinnern, dass Männer sie weitaus mehr mögen und respektieren werden, wenn sie sehr genau darauf achtet, dass sie für sie bezahlen, wenn sie zwei davon ablehnt Einladungen von drei, wenn sie würdevoll und zurückhaltend ist und nicht, wenn sie das Gegenteil ist.

In Newport ist es mittlerweile Mode, dass junge Damen junge Männer in ihren Pony-Phaetons mit einem Pferdeknecht hinterher oder sogar ohne

Pferdeknecht hinausfahren; aber ein Gentleman fährt nie ohne Diener mit einer Dame in seinem eigenen Wagen fort.

Herren und Damen gehen tagsüber unbeaufsichtigt zusammen, aber wenn sie zu Pferd reiten, ist die Dame immer von einem Bräutigam begleitet. In ländlichen Vierteln, in denen es keine Pferdepfleger gibt und wo eine junge Dame und ein junger Herr unbeaufsichtigt eine Autofahrt unternehmen, haben sie die Etikette der alten Welt über Bord geworfen und müssen sich eine neue Etikette einfallen lassen. Anstand, gegenseitiger Respekt und amerikanische Ritterlichkeit haben für Frauen bewirkt, was die ganze Überwachung spanischer Duennas und französischer Etikette für das junge Mädchen Europas bewirkt hat. Wenn eine Frau Arbeiterin, Künstlerin, Studentin oder Autorin ist, kann sie unbeschadet durch das Quartier Latin von Paris gehen.

Aber sie hat eine Beweisrüstung am Werk. Das ist keine Etikette, wenn sie in die Welt der Mode kommt. Sie muss die Etikette beachten, wie sie es auch bei den Gesetzen Preußens oder Englands tun würde, wenn sie sich an fremden Küsten aufhält.

Vielleicht können wir das veranschaulichen. Da ist ein hübsches junges Mädchen, das nach mehreren Schuljahren in Paris mit dem Dampfer Germania ankommen soll, ein anderes, das mit der Bahn aus Kansas kommt, ein anderes aus einem ruhigen, abgelegenen Teil von Georgia, und sie alle im New York Hotel *zurückzulassen* ein Winter. Stellen wir uns vor, wie sie alle auf einem New Yorker Ball drei Herren vorgestellt werden, die sie am nächsten Tag besuchen werden. Wenn das in Paris ausgebildete Mädchen neben ihrer Mutter sitzt und hört, wie die anderen mit den jungen Männern reden, wird sie schockiert sein. Die Mädchen, die weit entfernt von den Zentren der Etikette aufgewachsen sind, scheinen ihr keinerlei Bescheidenheit und Anstand zu verleihen. Sie nehmen Einladungen der jungen Männer an, alleine ins Theater zu gehen, eine Autofahrt zu unternehmen und vielleicht, wie gesagt, „einen Ausflug zu machen".

Für die Französin scheint dies eine Verletzung der Anstandsregeln zu sein; Aber später nimmt sie eine Einladung an, mit vielleicht zehn oder zwölf anderen und einer sehr jungen Begleitperson in einer Kutsche zu fahren. Die Gruppe kehrt erst um zwölf Uhr abends zurück, und als sie durch die Korridore zu einem späten Abendessen gehen, trifft das junge Mädchen aus dem Westen sie und sieht, dass die jungen Männer bereits schlechter vom Wein sind: Sie neigt dazu zu sagen: „Was für ein …" lautstarke Menge!" und zu denken, dass die Etikette schließlich ihre eigenen Sünden zulässt, mit denen sie Recht hat.

Generell könnte man auch sagen, dass eine strenge Etikette eine junge Dame daran hindern würde, Geschenke von einem jungen Mann anzunehmen, mit

Ausnahme von *Bonbonnieren* und Blumensträußen. Es gilt nicht als angemessen, dass er ihr Kleidung jeglicher Art anbietet – etwa Kleider, Hauben, Schals oder Schuhe –, selbst wenn er mit ihr verlobt ist. Sie kann nach eigenem Ermessen einen Schal aus Kamelhaar von einem Mann annehmen, der alt genug ist, um ihr Vater zu sein, aber sie sollte niemals Schmuck von jemand anderem als einem Verwandten oder ihrem Verlobten *kurz* vor der Heirat erhalten. Der Grund dafür liegt auf der Hand. Es wurde missbraucht – das Privileg, das sich alle Männer wünschen, nämlich das Privileg, Frauen mit Pracht zu schmücken.

Eine junge Dame sollte jungen Männern keine Briefe schreiben, ihnen keine Geschenke schicken oder in irgendeiner Weise die Initiative ergreifen. Eine freundschaftliche Korrespondenz ist sehr angebracht, wenn die Mutter zustimmt, aber auch dies birgt Gefahren. Eine junge Dame soll sich immer daran erinnern, dass sie für den jungen Mann ein Engel ist, den man verehren muss, bis sie die Distanz zwischen ihnen verringert und den Respekt erlischt.

Junge Frauen schreiben uns oft, ob es angebracht sei, Kondolenz- oder Glückwunschbriefe an Damen zu schreiben, die älter sind als sie selbst. Wir sollten sagen: Ja. Der Respekt junger Mädchen wird von älteren Damen immer dankbar empfunden. Die Umgangsformen der Gegenwart sind aufgrund mangelnden Respekts zutiefst zu beanstanden. Der eher verbitterte Mr. Carlyle schrieb satirisch über die Manieren junger Damen. Er ließ sich sogar über ihr Lachen ärgern: „Nur wenige sind in der Lage zu lachen , was man Lachen nennen kann, sondern nur aus der Kehle nach außen zu schnüffeln und zu kichern oder bestenfalls ein paar heisere, pfeifende Geräusche von sich zu geben, als würden sie durch Wolle lachen. Von nichts dergleichen." kommt gut." Eine junge Dame darf nicht zu laut sprechen oder zu ausgelassen sein; Sie muss sogar ihren Witz abschwächen, damit sie nicht missverstanden wird. Aber sie muss nicht langweilig, mürrisch, schlecht gelaunt oder nachlässig sein, vor allem nicht gegenüber den alten Freunden ihrer Mutter. Sie darf keinen Slang sprechen oder in irgendeiner Weise männlich sein; Wenn ja, verliert sie den Kampf. Manchmal wird eine junge Dame gebeten, Gastgeberin zu sein, wenn ihre Mutter tot ist. Hier wird ihre Freiheit größer, aber sie sollte immer eine Tante oder einen älteren Freund an ihrer Seite haben, der die Aufsicht übernimmt.

Eine junge Dame kann jede körperliche Arbeit verrichten, ohne ihre Kaste zu verlieren. Sie mag eine gute Köchin, eine gute Wäscherin, eine Holzschnitzerin, eine Malerin, eine Bildhauerin, eine Stickerin, eine Schriftstellerin, eine Ärztin sein, und wenn ihre Manieren gut sind, hat sie Anspruch auf die beste Gesellschaft überhaupt. Aber wenn sie an dem Ort, an dem sie sich befindet, gegen die Gesetze der guten Erziehung verstößt, kann sie nicht damit rechnen, ihren Platz in der Gesellschaft einzunehmen. Sollte man sie in Newport sehen, wie sie zwei Herren in ihrem Pony-Phaeton lenkt, oder sollten sie und eine andere junge Frau einen Herrn zwischen sich nehmen und die Bellevue Avenue entlangfahren, wäre sie tabu. Es wäre keine böse Tat, aber es würde nicht gut aussehen; es wäre nicht *vereinbar*. Wenn sie sich „auffällig" kleidet, seltsame Hüte trägt und einen verdächtigen Teint hat, muss sie die Konsequenzen tragen. Sie muss aufpassen (wenn sie unbekannt ist), nicht zu versuchen, die Torheiten bekannter Modefrauen zu kopieren. Was Mrs. Well Known Uptown vergeben wird, wird Miss Kansas niemals vergeben. Die Gesellschaft ist in dieser Hinsicht sehr ungerecht – die Welt ist immer ungerecht –, aber das ist ein Teil der Wahrheit der Etikette, an den man sich erinnern sollte; Es basiert auf den zufälligen Bedingungen der Gesellschaft, hat jedoch als Hintergrund die ewigen Prinzipien der Freundlichkeit, Höflichkeit und des höchsten Wohls der Gesellschaft.

Eine junge Dame, die in der Gesellschaft sehr prominent ist, sollte sich nicht zu gewöhnlich machen; Sie sollte nicht in zu vielen Scharaden, privaten Theateraufführungen, Tableaus usw. auftreten. Sie sollte an das „Veilchen neben dem moosigen Stein" denken. Sie muss sich auch an einer Badestelle daran erinnern, dass jede ihrer Handlungen von einer Gruppe von Zuschauern kritisiert wird, die nicht alle freundlich sind, und sie muss daran denken, bevor sie sich erlaubt, zu sehr eine Schönheit zu sein neidische Zungen zum Schweigen bringen.

KAPITEL LVI.
Englische Tischmanieren und soziale Gepflogenheiten.

In keiner Hinsicht kann die amerikanische und die englische Etikette stärker kontrastiert werden als beim alltäglichen Abendessen, das in Amerika eine Dame in einem schlichten Seidenkleid mit hohem Ausschnitt und langen Ärmeln vorfindet, bei dem die englische Dame jedoch immer zugegen ist erscheint in einer halbgroßen Toilette, mit offener Pompadour-Korsage und Ellbogenärmeln, wenn nicht in tief ausgeschnittener, vollständiger Kleidung; während ihre Töchter durchweg ärmellos sind und im Allgemeinen weiße Kleider tragen, die im tiefsten Winter oft tief ausgeschnitten sind. Beim Abendessen sind alle Männer in Abendkleidung, auch wenn außer der Familie niemand anwesend ist.

Das Abendessen ist nicht so gut wie das gewöhnliche amerikanische Abendessen, außer beim Fisch, der im Allgemeinen sehr gut ist. Das Gemüse ist spärlich und dürftig, und die „Süßigkeiten", wie sie den Nachtisch nennen, sind sehr schlecht. Zu einem gewöhnlichen Abendessen wird einem nur ein Stachelbeertörtchen angeboten, obwohl später oft feine Erdbeeren und eine Pinie mitgebracht werden. Das Abendessen wird immer mit großem Beifall serviert, und danach vereinen sich alle Damen, um die Gäste mit ihrem Talent zu unterhalten. In England gibt es keine falsche Schande, wenn man singt und Klavier spielt. Selbst schlechte Leistungsträger geben ihr Bestes und tragen wesentlich zur Freude des Unternehmens bei. Am Tisch reden die Leute nicht viel und gestikulieren auch nicht wie die Amerikaner. Sie fressen sehr leise und sprechen leise. Vor den Bediensteten werden keine Fragen der Familiengeschichte oder Religion oder politische Differenzen besprochen. Mit vollem Mund zu reden gilt als unverzeihliche Vulgarität. Alle kleinen Vorlieben für ein bestimmtes Gericht bleiben im Hintergrund. Keine Gastgeberin entschuldigt sich jemals oder scheint etwas Unangenehmes zu hören oder zu sehen. Wenn das *Omelette-Souffle* ein Misserfolg ist, bemerkt sie es nicht; Der Diener bietet es an und zieht es zurück, und niemand wird dadurch gestört. Sobald einem geholfen wird, muss er mit dem Essen beginnen und darf nicht auf jemand anderen warten. Wenn das Essen zu heiß oder zu kalt ist oder dem Besucher nicht schmeckt, tut er so, als würde er es essen, indem er mit Messer und Gabel spielt.

Kein Gast reicht jemals einen Teller oder hilft bei irgendetwas; der Diener macht das alles. Die Suppe wird geräuschlos von der Seite des Löffels entnommen. Suppe und Fisch werden kein zweites Mal gegessen. Wenn eine Fuge vorhanden ist und der Meister schnitzt, ist es jedoch angebracht, einen zweiten Schnitt zu verlangen. Das Brot wird von den Dienern weitergegeben und muss anschließend gebrochen und nicht geschnitten werden. Als *Gauche* gilt die Unentschlossenheit, ob man klare Suppe oder dicke Suppe zu sich nimmt; schnell entscheiden. Wenn Sie Wein ablehnen, sagen Sie einfach „Danke"; Der Diener weiß dann, dass du nichts nimmst.

Die Bediensteten ziehen sich zurück, nachdem sie den Nachtisch gereicht haben, und es ist erlaubt, sich ein paar Minuten lang zu unterhalten. Dann gibt die Hausherrin das Zeichen zum Aufstehen. Toasts und das Mitnehmen von Wein sind völlig aus der Mode gekommen; Auch bleiben die Herren nicht lange im Speisesaal.

Auf dem englischen Esstisch gibt es von der einfachsten bis zur höchsten Tafel Etikette, Manieren, guten Service und alles, was Engländer genießen. Der Witz, der Höfling, die Schönheit und der Dichter streben danach, beim Abendessen gut auszusehen. Die Freuden der Tafel, sagt Savarin, bringen weder Verzauberung, Ekstase noch Entzückungen mit sich, aber sie gewinnen an Dauer, was sie an Intensität verlieren; Sie neigen uns wohlwollend zu allen anderen Freuden – helfen uns zumindest, uns über den Verlust dieser Freuden zu trösten.

In sehr wenigen Häusern, selbst in dem eines Herzogs, sieht man einen so eleganten Tisch und eine solche Fülle von Blumen wie an jedem Millionärstisch in New York; Aber selbst in einer sehr einfachen Wohnung sieht man prächtiges altes Familiensilber und die schönste Tischwäsche. Der Tisch ist mit Wachskerzen nahezu gleichmäßig beleuchtet. Unmittelbar nach dem Abendessen wird im Salon heißer Kaffee serviert. Pflaumenpudding, ein süßes Omelett oder eine sehr reichhaltige Pflaumentorte wird oft mitten im Abendessen, vor dem Spiel, serviert. Der Salat kommt immer zum Schluss, zusammen mit dem Käse. Das steht völlig im Gegensatz zu unserer amerikanischen Etikette.

In englischen Landhäusern wird vier- bis fünfmal täglich Tee serviert. Es wird immer vor dem Aufstehen an Ihr Bett gebracht; es wird zum Frühstück und zum Mittagessen eingegossen; es ist eine Lebensnotwendigkeit um fünf Uhr; Es wird kurz vor dem Schlafengehen getrunken. Wahrscheinlich hat das kalte, feuchte Klima viel damit zu tun; und der Tee ist nie sehr stark, aber er ist ausgezeichnet, da er immer frisch gezapft, nicht eingeweicht und äußerst erfrischend ist.

Die Diener gehen paarweise um den Tisch und bieten die Gewürze, die Soßen, das Gemüse und die Weine an. Der gesunde Menschenverstand der englischen Nation kommt bei ihren Abendessen zum Vorschein. Außerhalb der Saison wird nichts angeboten. Eine allzu große Zurschaustellung von Reichtum gilt als gewissermaßen *bürgerlich und vulgär*. Ein erlesenes, aber nicht übertriebenes Abendessen erwartet Sie in den besten Häusern. Aber zu den einfachsten Abendessen, wie wir es tun, *in Zivil zu sitzen* , wäre niemals erlaubt. Selbst von tief trauernden Damen wird erwartet, dass sie beim Abendessen eine kleine Veränderung vornehmen.

Eisgetränke werden in England nie angeboten und in Wahrheit auch nicht benötigt.

In England spricht niemand von „Sherrywein", „Portwein"; „Champagnerwein", er sagt immer „Sherry", „Portwein", „Claret" usw. Aber in Frankreich sagt man immer „Vin de Champagne", „Vin de Bordeaux" usw. Das zeigt, was richtig ist in einem Land ist vulgär in einem anderen.

Es gilt immer noch als angemessen, dass der Hausherr schnitzen kann, und beim Frühstück und Mittagessen schneiden die anwesenden Herren immer das kalte Rindfleisch, das Geflügel, das gepresste Kalbfleisch und die Zunge. Bei einem Abendessen im Landhausstil hilft die Dame oft selbst bei der Suppe. Selbst bei sehr ruhigen Abendessen wird von der Gastgeberin ein *Menü* ausgeschrieben und auf jeden Teller gelegt. Die Zeremonie, bei der die „First Lady" zuerst aufgenommen wird und zuerst hinausgeht, wird auch bei einem Familienessen immer beachtet. Niemand entschuldigt sich für einen Unfall, wie zum Beispiel das Umkippen eines Rotweinglases, das Fallenlassen eines Löffels oder sogar das Zerbrechen eines Glases. Es wird schweigend übergangen.

Keine englische Dame tadelt jemals ihre Diener bei Tisch, nicht einmal vor ihrem Mann und ihren Kindern. Ihre Pflicht bei Tisch ist es, gelassen und gelassen zu wirken. Sie sorgt dafür, dass sich ihre Gäste wohl fühlen, indem sie selbst einen entspannten Eindruck macht. In dieser Hinsicht sind englische Hostessen den amerikanischen weit voraus.

In Bezug auf Feiertage und ihre Vergnügungen verhalten sich die Engländer ganz anders als die Amerikaner. Wenn es eine Ferienwoche gibt, wie an Pfingsten, verlassen alle arbeitenden Klassen die Stadt und verbringen den Tag in den Parks, im Wald oder auf dem Land. Damit meinen wir Verkäuferinnen, Bankangestellte, Anwaltsgehilfen, junge Künstler und Ärzte, die ihr Brot im Schweiße ihres Angesichts backen. Was die privilegierten Klassen betrifft, so gehen sie von London zu ihren Anwesen, ziehen Zivilkleidung an und angeln oder bunt, oder die Damen gehen in den Wald, um Wildblumen zu pflücken. Die wahre Liebe zur Natur, die einen so ehrenhaften Teil des englischen Charakters ausmacht, bricht im Großen und Kleinen aus. In Amerika ist ein Feiertag ein Tag, an dem sich die Menschen in Bestform kleiden und entweder durch die Straßen einer großen Stadt spazieren, eine Autofahrt unternehmen, Museen oder Theater besuchen oder etwas unternehmen, das nach Zivilisation schmeckt. Wie wenige ziehen ihre Zivilkleidung und feste Schuhe an und gehen in den Wald! Wie viel besser wäre es für sie, wenn sie es täten!

Zu Pfingsten gehen die Ladenmädchen von London – eine hart gearbeitete Klasse – mit ihrem Lunchkorb nach Epping Forest, nach Hampton Court oder nach Windsor, und überall sieht man das Schild „Heißes Wasser für Tee", was bedeutet dass sie in das bescheidene Gasthaus gehen und einen Penny für die Nutzung der Teekanne, der Tasse und des heißen Wassers bezahlen und ihren eigenen Tee und Zucker mitbringen. Die Wirtschaft, die Teil der Religion jedes Engländers ist, könnte durchaus in Amerika kopiert werden. Sogar eine Herzogin versucht, Geld zu sparen, und sagt klugerweise, dass es besser sei, es für wohltätige Zwecke zu verschenken, als es zu verschwenden.

Ein unangenehmes Merkmal des englischen Lebens ist jedoch die offene Hand, bei der jeder bereit ist, für die kleinste Dienstleistung ein Honorar von einem Penny bis zu einem Schilling zu nehmen. Die Etikette des Gebens muss erlernt werden. Für den normalen Gebrauch ist ein Schilling jedoch genauso gut wie eine Guinea; Niemand außer einem Amerikaner gibt mehr.

Die Kutschenetikette unterscheidet sich von unserer, da der Herr der Familie neben seiner Frau fährt und seinen Töchtern erlaubt, rückwärts zu fahren. Außerdem raucht er im Park in Gesellschaft von Damen, was unhöflich wirkt. Allerdings sitzt beim Fahren kein Herr neben einer Dame, es sei denn, er ist ihr Ehemann, Vater, Sohn oder Bruder. Nicht einmal einem Verlobten ist dieser Platz gestattet.

Man muss zugeben, dass die Gruppen im Hyde Park und in der Rotten Row und rund um die Serpentine einen feierlichen Blick haben, die Leute in den Kutschen unterhalten sich selten, sondern sitzen feierlich da, um angeschaut zu werden, und die Leute auf den Stühlen starren die anderen ernst an . Niemand außer den Leuten zu Pferd scheint sich wohl zu fühlen; Sie plaudern beim Reiten, und obwohl sie alle tadellos geschmückt sind, mit gepflegten Pferden und Dienern im Rücken, wirken sie fröhlich und fröhlich. In Amerika ist es der Reiter, der immer gedankenverloren und feierlich wirkt, als ob das Pferd völlig ausreichen würde, um damit klarzukommen. Die Lakaien sind im Allgemeinen gepudert und sehr ordentlich in Livree gekleidet und sitzen in den prächtigen Kutschen, aber die Kutscher sind nicht mehr so hoch aufgerichtet wie früher. Gelegentlich sieht man einen sehr stattlichen, dicken alten Kutscher mit Perücke und Kniebundhosen, aber Jeames Yellowplush gehört selbst in London der Vergangenheit an.

Eine Dame geht nicht alleine durch den Park. Sie geht vielleicht alleine zur Kirche oder zum Einkaufen, aber selbst das ist nicht üblich. Sie sollte besser einen Kutschenwagen nehmen, da es sich jetzt für Damen gehörte, alleine in voller Kleidung in einem dieser einzigartig offenen und exponiert aussehenden Kutschen zum Abendessen zu gehen. Es ist kein ungewöhnlicher Anblick, eine Dame mit Diamant-Tiara in einem Londoner

Hansom im gleißenden Licht der Sommersonne zu sehen. Was wir also als eine sehr öffentliche Sache meiden sollten, tut die zurückhaltende Engländerin im überfüllten London und hält es für angemessen, während sie lächelt, wenn sie eine amerikanische Dame allein in einer Victoria im Hyde Park sieht, und sie für eine sehr unanständige Person halten würde wenn sie einen Herrn bat, mit ihr in einer offenen Kutsche auszufahren – wie wir es in unserem Park jeden Tag unseres Lebens tun. Tatsächlich ist Etikette eine merkwürdige und willkürliche Sache und in jedem Land unterschiedlich.

In Frankreich, wo man die Engländer für schrecklich *gauche hält* , ist diese Etikette umgekehrt und ähnelt sehr viel mehr der unserer in Amerika. Ein Franzose nimmt immer seinen Hut ab, wenn er einen Eisenbahnwaggon betritt oder verlässt, wenn sich darin Damen befinden. Ein Engländer nimmt seinen Hut nie ab, es sei denn, die Prinzessin von Wales kommt vorbei oder er trifft einen Bekannten. Er sitzt damit im Unterhaus, im Lesesaal eines Hotels, in seinem Club, wo es sein Privileg ist, zu schmollen; aber in seinem eigenen Haus ist er der charmanteste Gastgeber. Die unhöflichsten und fast unfreundlichsten Menschen der Welt, wenn man sie ohne Brief oder Vorstellung an einem öffentlichen Ort trifft, werden die Engländer in ihren eigenen Häusern zu den sanftmütigsten, liebenswürdigsten und höflichsten aller Menschen. Wenn sich die Damen im Salon einer Freundin treffen, gibt es nichts von der snobistischen Unhöflichkeit, die in Amerika üblich ist, wo eine Dame eine andere behandelt, als hätte sie Angst vor Ansteckung und würde nicht mit ihr sprechen. Die Hofdame Königin Victorias, die Herzogin, hat keine Angst vor ihrem Adel; Das Dach ihrer Freundin ist eine Einführung; Sie spricht.

Es besteht ein großes Gespür für den Wert einer Note. Wenn eine Dame eine hübsche Notiz schreibt, in der sie sich für die ihr entgegengebrachten Höflichkeiten bedankt, kommt die ganze Familie zu ihr und dankt ihr für ihre Höflichkeit. Es ist zu befürchten, dass wir in dieser letzten Form der guten Erziehung hinter unseren englischen Vettern zurückbleiben. Die Engländer rufen unmittelbar nach einer Party, einer Einladung oder einem Empfehlungsschreiben an. Ein eleganter und einfacher Briefstil ist in England von großem Nutzen; und tatsächlich wird von einer Dame sogar erwartet, dass sie einem Künstler schreibt und ihn um Erlaubnis bittet, ihn besuchen und seine Bilder sehen zu dürfen – etwas, woran man in Amerika selten denkt.

KAPITEL LVII.
AMERIKANISCHE UND ENGLISCHE
ETIKETTE IM KONTRAST.

Kaum landet der amerikanische Reisende in England, werden ihm sofort die auffallenden Unterschiede in der Etikette der beiden Länder, die Sprache für gemeinsame Dinge, das unterschiedliche System des Umgangs zwischen Arbeitnehmer und Arbeitgeber und der ausgeprägte Respekt des Wachmanns bewusst auf der Bahn, der Kellner im Hotel und der Portier, der einen Koffer schultert, und die stattliche „Managerin" des Hotels, die einen Reisenden mit „meine Dame" begrüßt und ihre Hand für einen Schilling ausstreckt. Dieser *Respekt* trifft ihn eindringlich. Die Amerikanerin in einer ähnlichen Situation würde keine Höflichkeit zeigen, aber sie würde den Schilling verachten. Keine amerikanische Frau nimmt gerne ein „Honorar", schon gar nicht eine amerikanische Vermieterin. In England gibt es diese Sensibilität nicht. Jeder kann gefüttert werden, der auch nur den höchsten Dienst leistet. Die stattlichen Herren, die Windsor Castle zeigen, erwarten einen Schilling. Nun zur Sprache für gewöhnliche Dinge. Kein Amerikaner muss nach einer Apotheke fragen; er würde nicht verstanden werden. Er muss sich beim „Apotheker" erkundigen, wenn er eine Dosis Medizin möchte. Zu Shakespeares Zeiten gab es Apotheker, wie wir aus „Romeo und Julia" erfahren, aber seitdem sind sie „ausgestorben". Der Chemiker ist geboren und er besitzt sehr gute Chemikalien. Sobald ein Amerikaner die Gewohnheit aufgeben kann, „Gepäck" zu sagen, und anmerkt, dass er möchte, dass sein „Gepäck vom Vierzug heraufgeschickt wird", ist es für ihn besser. Und es ist umso besser für ihn, wenn er die Landessprache schnell lernt. Die Sprache ist in England in allen Klassen eine viel ausgefeiltere und vollendetere Wissenschaft als bei uns. Jeder, vom Beamten bis zum Kabinettsminister, spricht seine Sätze mit etwas, das uns zunächst wie eine gestelzte Anstrengung vorkommt. Es gibt nichts von dem leichten gedehnten Ton und dem Vergessen von Konsonanten, die unser tägliches Gespräch kennzeichnen. Es ist sehr schön an der Sprache der Frauen in England, diese klare Aussprache und der richtige Gebrauch von Wörtern. Sogar das Dienstmädchen, das Ihr Feuer anzündet, bittet Sie höflich um Erlaubnis, dies zu tun und jedem Buchstaben seinen Platz zu geben. Der englische Slang ist die Affektiertheit einiger weniger. Die „allgemeine Öffentlichkeit", wie wir sagen sollten, spricht unsere gemeinsame Sprache am korrektesten. Zuerst klingt es affektiert und angestrengt, aber bald erkennt es das amerikanische Ohr und findet, dass die reine Quelle des Englischen unbefleckt ist.

Die amerikanische Dame wird mit Sicherheit von den Manieren der sehr angesehenen Person, die eine Unterkunft vermietet, entzückt sein, und sie wird ebenso sicher schockiert sein über die Erpressungen selbst der ehrlichsten und gesinntesten von ihnen. Eis, Licht, ein zusätzliches Ei zum Frühstück, all diese üblichen Luxusgüter, die in Amerika verschenkt werden und als lebensnotwendig gelten, werden in England berechnet, und wenn morgens ein Bad erforderlich ist, in der Wanne, die immer steht In der Nähe des Waschtisches ist für den alltäglichen Zusatz zur Toilette ein Extra-Sixpence erforderlich. Wenn Damen ihren eigenen Wein vom Dampfer zu einer Herberge tragen und ihn dort trinken oder ihren Freundinnen anbieten, wird ihnen „Korkengeld" berechnet. Als sie nach der Bedeutung dieses inzwischen fast veralteten Relikts der Barbarei fragen, erfahren sie, dass der Wirt des Gasthofs eine Steuer von zwanzig Pfund pro Jahr für das Privileg zahlt, Wein oder Spirituosen auf dem Gelände zu konsumieren, und sieben Schilling – also fast zwei Dollar unseres Geldes – wurde einer behinderten Dame in Rechnung gestellt, die in einer Pension in der Half-moon Street eine Flasche Portwein und zwei kleine Flaschen Champagner selbst geöffnet hatte. Da es auf der Anrichte zurückgelassen und vom Kellner fast vollständig ausgetrunken wurde, widersprach die Dame, hatte aber keine Wiedergutmachung. Eine Freundin sagte ihr später, dass sie ihre Flaschen in ihrem Schlafzimmer hätte entkorken sollen und nannte es Medizin.

Diese Missbräuche, die hauptsächlich an Amerikanern praktiziert werden, führen zu einem weitaus klügeren und großzügigeren Plan des Hotellebens, bei dem ein Mann, wie bei uns, vielleicht weiß, wie viel er pro Tag zahlt, und das unangenehme Gefühl verlieren kann, ständig ausgebeutet zu werden . Zweifellos an Engländer, die wissen, wie man mit der Wirtin umgeht, die es gewohnt sind, ihre Vorräte sehr sorgfältig zu verteilen, die wissen, wie man einen Sixpence spart, und die lieber auf ein Stück Zucker im Tee verzichten, als dafür zu bezahlen , das Wohnen in der Herberge hat seine Annehmlichkeiten. Es ist sicherlich ruhiger und in mancher Hinsicht komfortabler als ein Hotel, aber für jeden, der an das gute Frühstück, das herzhafte Mittagessen und die hervorragenden Abendessen eines amerikanischen Hotels der besseren Klasse gewöhnt ist, ist es widersinnig, dafür bezahlen zu müssen für einen Schluck Eiswasser und dass ihm gesagt wird, dass die Wirtin ihm nicht am selben Tag Suppe und Fisch geben kann, es sei denn, ihr Lohn wird erhöht. Tatsächlich ist es schwierig, positive Begriffe zu formulieren; die „Extras" werden reinkommen. Dies hat dazu geführt, dass in London nach amerikanischem Vorbild gigantische Hotels gebaut wurden, die auf allen Seiten rasch entstehen. Das Grand Hotel, das Bristol, das First Avenue Hotel, das Midland, das Northwestern, das Langham und das Royal sind allesamt bessere Orte für einen Amerikaner als die Pension, und sie sind kaum oder gar nicht teurer. In einer Pension braucht eine Dame einen Salon, aber in einem Hotel kann sie im Lesesaal sitzen oder ihre Briefe an einem der halben Dutzend kleiner Tische schreiben, die sie in jedem der vielen Wartezimmer findet .

London ist eine sehr praktische Stadt zum Schreiben und Versenden von Briefen. Ausländer verschicken ihre Empfehlungsschreiben und Karten und erwarten in ein paar Tagen eine Antwort, und siehe da! der Besucher wird als draußen gemeldet. Auch hier ist London gegenüber New York im Vorteil. Die sofortige Aufmerksamkeit, die einem Empfehlungsschreiben geschenkt wird, könnte unsere verspätete Gastfreundschaft beschämen. Noch nie in der Geschichte Englands hat ein Londoner mit Selbstachtung ein Empfehlungsschreiben vernachlässigt. Wenn er wohlhabend ist, fragt er die Person, die den Brief zum Abendessen bringt; Wenn er arm ist, tut er, was er kann. Er schämt sich nicht, nur die Gastfreundschaft einer Tasse Tee anzubieten, wenn er nicht mehr tun kann. Aber er ruft an und schickt Ihnen Eintrittskarten für den „Zoo", oder er tut etwas, um dem Freund, der den Brief gegeben hat, seine Wertschätzung zu zeigen. Nun sind wir in Amerika bei all dem sehr zögerlich und nehmen zu unserer Schande oft keine Notiz von Empfehlungsschreiben.

In Sachen Kleidung findet die amerikanische Dame eine völlige *Umkehrung* ihrer eigenen Vorstellungen. Wer würde nicht beim Aussteigen im Fifth Avenue Hotel in der heißen Sonne eines Juniabends auf Damen blicken, die in Rot, Blau und Gold gekleidet, mit kurzen Ärmeln oder ohne Ärmel und mit sehr tiefer Korsage am öffentlichen Eingang hereinströmen? kein Umhang, keine Kopfbedeckung? Und doch ist dies im Grand Hotel in London allabendlicher Brauch. Diese Damen sind für Theater oder Oper gekleidet und gehen zunächst in ein Hotel zum Abendessen. In keinem Theater ist eine Haube erlaubt, daher ist in jedem Theater in London die volle Kleidung (die wir bei Wallack's als sehr unangemessen erachten würden) erforderlich. Natürlich können ältere und ruhige Damen in hohen Kleidern gehen, aber sie dürfen keine Hauben tragen. Die Gesetze der Meder und Perser wurden nicht strenger durchgesetzt als dieses Gesetz von den Aufsehern des Theaters, bei denen es sich um adrett gekleidete Damen mit angemessenen Mützen handelt. Auch hier gibt es einen Unterschied in der Sitte, da wir in Amerika keine weiblichen Gerichtsdiener haben und in dieser Hinsicht die englische Mode die hübschere ist. Es wäre gut, wenn wir die Gewohnheit einführen könnten, ohne Haube ins Theater zu gehen, denn unsere hohen Hüte werden von denen, die hinter uns sitzen, überall angeprangert.

Das Erscheinen englischer Frauen für Fremde in London hat den Charakter von Lautheit, außer wenn sie sich auf dem Dach einer Kutsche befinden. Dort sind sie am bescheidensten und einfachsten gekleidet. Während unsere amerikanischen Frauen Trainerkleider aus leuchtend orangefarbener Seide und weißem Satin mit rosafarbenem Spitzenbesatz usw. tragen, trägt die Engländerin ein einfarbiges Kleid mit einer schwarzen Mantille oder einem schwarzen Umhang und einen dunklen Sonnenschirm. Bei der großen

Londoner Parade der Four-in-Hands erscheint auf einer Kutsche kein leuchtenderes Kleid als ein rehbrauner Schal.

Hier ist die Londonerin vernünftiger als ihre amerikanische Cousine. Die Amerikaner, die jetzt London besuchen, neigen dazu, so schlicht und unauffällig gekleidet zu sein, dass man sie als schäbig bezeichnet. Vielleicht beunruhigt über die Bemerkungen, die einst über ihre auffällige Kleidung gemacht wurden, ist die Amerikanerin zurückgegangen und findet, dass sie weniger schwul ist, als sie es im Theater und in der Oper für in Mode hält. Aber eines ist ihr sicher: Sie sollte eher schlicht gekleidet als overdressed sein.

Bei Dinnerpartys wird man um acht oder halb acht gefragt; Niemand wird vorgestellt, aber alle reden. Die Unterhaltung ist eher leise, aber sehr fröhlich und herzlich – alle Engländer sind beim Abendessen unnachgiebig. Es gehört zur Etikette, am nächsten Tag nach einem Ball eine Karte zu hinterlassen und am Empfangstag einer Dame anzurufen. Für die *Feste* im Freien in Hurlington und Sandhurst und an den Renntagen sind sehr glänzende Toiletten mit kurzen Kleidern, bunten Hauben usw. angebracht, und da niemand ohne besondere Einladung zu den ersten beiden gehen kann, sind die Leute Anwesende sind eher „Schwellungen" und durchaus sehenswert. Die Busse, die zu diesen Feierlichkeiten herauskommen, haben gut gekleidete Frauen an Bord, aber während der Fahrt durch London verbergen sie ihre fröhlichen Kleider normalerweise unter einem Überwurf in einer düsteren Farbe. Niemand macht in London auch nur den geringsten Annäherungsversuch an eine Bekanntschaft oder eine Intimität. Alles beginnt sehr förmlich mit der Übergabe der Briefe, und danach muss die Einladung sofort angenommen oder abgelehnt werden, und niemand kann, ohne seinen Gastgeber zu beleidigen, von einem Mittag- oder Abendessen zurücktreten, ohne eine vernünftige Entschuldigung vorzubringen. Ein seit langem in London ansässiger amerikanischer Gentleman beklagt sich diesbezüglich über seine Landsleute.

Er sagt, sie nehmen seine Einladungen zum Abendessen an, er versammelt eine äußerst angesehene Gesellschaft, um sie zu treffen, und im letzten Moment schicken sie ihm die Nachricht: „Tut mir leid, aber ich bin müde aus Richmond gekommen. Ich denke, wir werden nicht kommen. Danke." Du."

Wo ist nun seine Dinnerparty? Drei oder vier verärgerte Londoner, die vielleicht zu einem Dutzend verschiedener Abendessen gegangen wären, sitzen mürrisch herum und warten auf diese Amerikaner, die eine Einladung zum Abendessen so leichtfertig annehmen.

Das Londoner Mittagessen, das im Vergleich zu unserem eine sehr einfache Mahlzeit ist – in der Tat nur ein Familienessen – ist eine beliebte Gastfreundschaft, die vielbeschäftigte Männer den Amerikanern entgegenbringen. So empfängt Sir John Millais, dessen Stunden jeder zwanzig Pfund wert ist, seine Freunde zu einem einfachen Mittagessen in seinem prächtigen Haus, an einem Tisch, an dem seine hübsche Frau und seine rosigen Töchter mithelfen. So auch bei Alma Tadema und den Literaten, deren Zeit Geld ist. Viele der edlen Leute, deren Zeit nicht so viel wert ist, laden auch zum Mittagessen ein, und das Essen ist immer informell.

Englische Damen sind in der Regel sehr gebildet und kommen manchmal mit ihren Malschürzen über ihren Roben in den Salon. Sie sehen nie so gut aus wie zu Pferd, wo sie ein perfektes Outfit haben und Pferde und Pferdepfleger, an die unsere amerikanischen Damen noch nicht herankommen können. Die Szene an einem hellen Nachmittag in der Derby-Woche an der Ecke Rotten Row ist in keinem Land der Welt zu finden.

Viele amerikanische Damen, die die Sitten des Landes nicht kannten, sind mit ihren Gentlemen-Freunden im Langham Hotel in eine Kutsche gestiegen, zum Derby gefahren und sehr schockiert nach Hause gekommen, weil sie unsanft angesprochen wurden.

Jetzt sollten Damen niemals zum Derby gehen. Es handelt sich nicht um ein „Lady"-Rennen. Es sind fünfhunderttausend Menschen auf einer Bummeltour, und keine Dame ist dort sicher. Ascot hingegen ist *ein* Damenrennen. Aber dann sollte sie eine Kiste haben oder auf dem Dach einer Kutsche sitzen. So ist die Etikette.

Für alle Amerikaner wäre es besser, vor dem Eintritt in die Londoner Gesellschaft die Etikette dieser Dinge von einem Einwohner zu lernen.

Beim Herumfahren kann die aristokratischste Dame das plebejischste Transportmittel benutzen. Der „Vierrad" ist die beliebteste Kutsche. Ein Diener ruft sie von der Türschwelle aus mit einer Pfeife. Sie sind sehr günstig – ein Sixpence für zwei Meilen, einschließlich eines Anrufs, der nicht länger als fünfzehn Minuten dauern darf (der Anruf). Die Kutsche mit einem Pferd ist ebenso günstig, allerdings nicht so leicht ein- und auszusteigen. Beide Fahrzeuge, mit Koffern darauf und einer Dame darin, fahren Seite an Seite mit den stattlichen Kutschen durch den Park. In dieser Hinsicht ist London demokratischer als New York.

KAPITEL LVIII.
Wie man Engländer behandelt.

Die höchste Dame im Reich, Königin Victoria, wird von den Damen und Herren ihres Haushalts sowie von allen Mitgliedern der Aristokratie und des Adels immer mit „Ma'am" angesprochen, nicht mit „Madam" oder „Eure Majestät". sondern einfach: „Ja, gnädige Frau", „Nein, gnädige Frau." Alle Klassen, die nicht zur Kategorie des Adels gehören, wie die unteren Berufsschichten, die Mittelschicht, die untere Mittelschicht, die Unterschicht (Bedienstete), würden sie mit „Eure Majestät" und nicht mit „Ma'am" anreden. " Der Prinz von Wales wird von der Aristokratie und dem Adel mit „Sir" angesprochen und von keiner dieser Klassen mit „Eure Königliche Hoheit", aber von allen anderen Menschen wird er mit „Eure Königliche Hoheit" angesprochen.

Die anderen Söhne von Königin Victoria werden von der Oberschicht mit „Sir" angesprochen, von der Mittel- und Unterschicht sowie von allen Personen, die nicht zur Kategorie des Adels gehören, jedoch mit „Eure Königliche Hoheit". und mit Adel meinen die Engländer nicht nur den Landadel, sondern alle Personen, die der Armee und der Marine, dem Klerus, der Anwaltschaft, den Ärzten und anderen Berufen sowie der Kunstaristokratie angehören (Sir Frederick Leighton, der Präsident der Royal Academy). , können jederzeit eine Privataudienz beim Souverän beanspruchen), die wohlhabende Aristokratie, Handelsfürsten und die führenden Kaufleute und Bankiers der Stadt. Die Prinzessin von Wales und alle Prinzessinnen des königlichen Blutes werden von der Aristokratie und dem Adel mit „Ma'am" angesprochen, von allen anderen Klassen jedoch mit „Eure Königliche Hoheit".

Ein ausländischer Prinz wird von der Aristokratie und dem Adel mit „Prinz" und „Sir" und von allen anderen Klassen mit „Eure Durchlaucht" angesprochen; und eine ausländische Prinzessin würde von der Aristokratie mit „Prinzessin" oder von den unteren Rängen mit „Eure Durchlaucht" angesprochen, aber niemals mit „Ma'am".

Ein englischer Herzog wird von der Aristokratie und dem Adel mit „Herzog" angesprochen und von den Mitgliedern einer dieser Klassen niemals mit „Euer Gnaden". aber alle anderen Klassen sprechen ihn mit „Euer Gnaden" an. Ein Marquis wird von der Oberschicht manchmal im Gespräch als „Markis" angesprochen, im Allgemeinen jedoch als „Lord A-" und eine Marquise als „Lady B-"; alle anderen Klassen würden sie mit „Marquis" oder „Marchioness" ansprechen. Die gleiche Bemerkung gilt auch für Grafen, Gräfinnen, Barone und Baroninnen – alle sind „Lord B-" oder „Lady B-".

Aber Amerikaner, die, wenn sie vor Gericht vorgestellt werden, immer das Recht haben, als Aristokratie und Adel betrachtet zu werden und als solche immer empfangen werden, müssen beachten, dass Engländer Titel nicht oft verwenden, selbst wenn sie mit einem Herzog sprechen. Es ist nur ein unwissender Mensch, der sein Gespräch mit diesen Titeln garniert. Lassen Sie das Gespräch mit Lord B weiterlaufen, ohne öfter als unbedingt nötig „Mein Herr" oder „Lord B …" zu sagen. Ein sehr unwissender Amerikaner in London wurde ausgelacht, weil er zu einem Adligen sagte: „Das ist nicht so, Herr." Er hätte sagen sollen: „Das ist nicht so, glaube ich", oder: „Das ist nicht so, Lord B-" oder „mein Lord".

Die Töchter von Herzögen, Marquisen und Grafen werden mit „Lady Mary", „Lady Gwendoline" usw. angesprochen. Dies darf nie vergessen werden, und die jüngeren Söhne von Herzögen und Marquisen werden „Lord John B-", „Lord Randolph" genannt „Churchill" usw. Die Frau des jüngeren Sohnes sollte von denen, die sie einigermaßen kennen, immer sowohl mit dem Vornamen als auch mit dem Nachnamen ihres Mannes angesprochen werden, und nur mit dem Vornamen ihres Mannes von ihren intimen Freunden. Daher sprechen diejenigen, die Lady Randolph Churchill gut kennen, sie als „Lady Randolph" an. Die jüngeren Söhne von Grafen, Viscounts und Baronen tragen den Höflichkeitstitel „Ehrenwert", ebenso wie die weiblichen Mitglieder der Familie; Dies wird jedoch unter keinen Umständen umgangssprachlich verwendet, jedoch immer, wenn ein Brief an sie gerichtet wird.

Baronette werden von Personen der Oberschicht mit ihrem vollständigen Titel und Nachnamen wie „Sir Stafford Northcote" usw. angesprochen, und von allen Unterschichten mit ihren Titeln und Vornamen. Die Ehefrauen der Baronets werden mit „Lady B" oder „Lady C" angesprochen. Sie sollten nicht mit „Lady Thomas B..." angesprochen werden, da dies bedeuten würde, dass sie den Rang der Ehefrau eines jüngeren Sohnes eines Herzogs oder Marquis erhalten würden und nicht nur den Rang der Ehefrau eines Baronets.

Bei der umgangssprachlichen Ansprache von hochrangigen Ausländern besteht die übliche Regel darin, sie mit ihrem individuellen Titel anzusprechen, ohne den Nachnamen zu ihrem Titel hinzuzufügen. Handelt es sich bei einem Prinzen um einen jüngeren Sohn, wird er mit „Prinz Heinrich" angesprochen, wie im Fall von Prinz Heinrich von Battenberg. Die Söhne der regierenden Monarchen werden mit „Eure Kaiserliche Hoheit" angesprochen. Ein ausländischer Adliger wird mit „Monsieur le Duc", „Monsieur le Comte", „Monsieur le Baron" usw. angesprochen; Wenn jedoch kein Präfix „de" vorhanden ist, wird die Person mit „Baron Rothschild", „Graf Hohenthal" usw. angesprochen.

Während es auf dem Kontinent angemessen ist, eine unverheiratete Frau ohne den Nachnamen mit „Mademoiselle" anzureden, würde dies in England als sehr vulgär gelten. Auf „Miss" muss der Nachname folgen. Die Ehefrauen von Erzbischöfen, Bischöfen und Dekanen sind einfach Frau A-, Frau B- usw., während der Erzbischof und der Bischof immer mit „Euer Gnaden" und „Mein Herr" angesprochen werden und ihre Frauen keinen Vorrang haben keinen Titel aus dem kirchlichen Rang ihrer Ehemänner. Das Gleiche gilt für Militärpersönlichkeiten.

Adlige sprechen ihre Ehemänner stets mit ihrem Titel an; So nennt die Herzogin von Sutherland ihren Ehemann „Sutherland" usw. Die Frauen der Baronets nennen ihre Ehemänner „Sir John" oder „Sir George" usw.

Die Rangfolge wird in England strikt eingehalten, und englische Matronen erklären, dass dies die größte Bequemlichkeit sei, da sie ihnen die ganze Mühe ersparen, zu entscheiden, wer zuerst eintreten soll usw. Aus diesem Grund wurde unter anderem das „Book of Die „Peerage" wird oft als „Bibel der Engländer" bezeichnet.

Aber die Frage, wie mit Engländern umzugehen ist, hat, wenn wir sie aus amerikanischer Sicht betrachten, noch eine andere Phase als die des bloßen Titels.

Wenn wir England besuchen, nehmen wir den höchsten Rang ein und können es uns durchaus leisten, die Königin mit „Ma'am" anzureden. Tatsächlich wird von uns erwartet, dass wir das tun. Ein wohlerzogener, gut ausgebildeter und gut eingeführter Amerikaner nimmt die höchste Position auf der sozialen Skala ein. Er geht vielleicht nicht mit einer Herzogin zum Abendessen, aber im Allgemeinen ist er sehr gut aufgestellt. Was eine wohlerzogene, gutaussehende Frau betrifft, so nehmen die Privilegien ihrer Stellung in England kein Ende, wenn sie zwei oder drei Regeln beachtet. Sie sollte nicht zu überschwänglich sein, nicht zu großzügig mit Titeln sein und auch nicht die nötige Höflichkeit missen, die dem Gast gegenüber der Gastgeberin stets gebührt. Sie sollte sich von ihrem Minister oder einem angesehenen Freund vor Gericht vorstellen lassen, wenn sie in die elegante Gesellschaft eintreten möchte. Dann hat sie das Privileg, jeden weiteren Salon zu besuchen, und hat Anspruch auf Einladungen zu Gerichtssitzungen und königlichen Konzerten usw.

Amerikanische Frauen haben in den letzten Jahren aufgrund ihrer Schönheit, ihres Witzes und ihrer Originalität in der gesamten ausländischen Gesellschaft wunderbare Erfolge erzielt. Aus der etwas gefährlichen Bewunderung des Prinzen von Wales und anderer königlicher Hoheiten für amerikanische Schönheiten ist jedoch bei einigen Frauen eine ziemlich anmaßende Kühnheit entstanden, die sie ziemlich schnell in Schwierigkeiten gebracht hat, und deshalb kann es ratsam sein, dies sogar zu tun Eine geistreiche und sehr hübsche Frau sollte sich in England in Schach halten.

Engländer sind sehr freundlich, wenn es um Krankheit, Trauer oder alles Unvermeidliche geht, aber jeder Schritt in Richtung einer zu plötzlichen Intimität lässt sie schnell abschrecken. Sie verabscheuen so etwas wie „drängen" mehr als alle anderen Menschen auf der Welt. In keinem Land sind Intellekt, Lesen, Bildung und Wissen so „erfolgreich" wie in England. Vor allem eine Dame, die gut reden kann, ist überall eingeladen. Wenn sie irgendetwas tun kann, um die Gesellschaft zu unterhalten – etwa gut zu singen, mit der Hand Wahrsagerei zu machen, zu rezitieren oder in Scharaden oder privaten Theateraufführungen mitzuwirken – ist ihr die höchste gesellschaftliche Anerkennung fast sicher. Von ihr wird erwartet, dass sie sich gut kleidet, und die Amerikaner tun dies mit Sicherheit. Von übermäßigem Ankleiden ist abzuraten. In England ist es viel besser, zu schlicht als zu fein zu sein, wie es tatsächlich überall der Fall ist; Eine überkleidete Frau ist in jedem Land unbestreitbar vulgär.

Wenn wir lernen könnten, die Engländer bei der *Vorstellung so zu behandeln, wie sie uns behandeln* , wäre das ein großer Fortschritt. Die Engländer betrachten ein Empfehlungsschreiben als eine heilige Institution und eine Verpflichtung, die nicht außer Acht gelassen werden darf. Wenn eine Dame einen Brief an Sir John Bowring entgegennimmt, und er hat eine Krankheit in seiner Familie und kann sie nicht zum Abendessen einladen, kommt er, um sie zu besuchen, er schickt ihr Karten für jede Art von Blumenschau, die Museen, den Botanischen Garten, und all die schönen Dinge; er schickt ihr seine Kutsche – er hat sie offenbar im Kopf. Sir Frederick Leighton, der umworbenste und geschäftigste Mann Londons, ist wirklich so freundlich, so aufmerksam und so eifrig in seiner Antwort auf Empfehlungsschreiben, dass man aus Angst, sein fleißiges und wertvolles Leben zu beeinträchtigen, davor zurückschreckt, einen Brief vorzulegen.

Natürlich gibt es unangenehme Engländer, und es gibt ein Tier, das als englischer Snob bekannt ist und für den es keinen unangenehmeren Tasmanischen Teufel gibt. Überall sind Reisende auf diese Art gestoßen, und man könnte meinen, dass sie früher häufiger vorkam als heute. Es gibt auch englische Familien, die einen kontinentalen, man könnte sagen kosmopolitischen Ruf der Unfreundlichkeit haben, so wie wir einige in der Geschichte wohlbekannte amerikanische Familien haben, die einen fast patrizischen und erblichen Anspruch auf die schlechtesten Manieren im Universum haben. Wohlgeborene Bären sind auf der ganzen Welt bekannt, aber sie sind in der Minderheit. Es ist fast ein sicheres Zeichen für niedriges und unedles Blut, schlecht erzogen zu sein. Und wenn der amerikanische Besucher seinen englischen Gastgeber halb so gut behandelt wie der

Gastgeber ihn, kann er sicher sein, dass die *Entente cordiale* bald perfekt sein wird.

Man muss den durchschnittlichen Engländer weder mit allzu überschwänglicher Herzlichkeit behandeln noch mit der halb verächtlichen Angst, brüskiert zu werden, die von allen Dingen am unangenehmsten ist. Früher machte eine Art „Chip auf der Schulter"-Spread-Eagleismus eine Klasse von Amerikanern unbeliebt; Jetzt sind die Amerikaner in England beliebt und werden äußerst herzlich behandelt.

KAPITEL LIX.
EIN AUSLÄNDISCHES TABLE D'HOTE UND CASINO-LEBEN IM AUSLAND.

Das Leben an einer französischen Wasserstelle unterscheidet sich so wesentlich von dem an unserem eigenen Saratoga, Sharon, Richfield, Newport und Long Branch, dass wir uns ein paar Beobachtungen erlauben sollten, um uns zu zeigen, welch immense Verbesserung wir in unser Studium einbringen könnten der Unterhaltung, indem sie den fremden Moden des einfachen Essens und Trinkens folgten.

Die kontinentalen Menschen essen nie diese schwere frühe Mahlzeit, die wir Frühstück nennen. Sie nehmen um acht Uhr eine Tasse Kaffee und ein Brötchen in ihr Zimmer ein, was sie *„Café Complet" nennen*, oder bevorzugen vielleicht Tee und Haferflocken, das Ganze ganz einfach. Anschließend gehen die behandelten Personen in Aix-les-Rains oder Vichy ins Bad und ruhen sich anschließend aus. Das alles nimmt eine Stunde in Anspruch. Anschließend stehen sie auf und kleiden sich für das *djeuner la fourchette um elf Uhr*, ein formelles Essen, das in Gängen mit Rotwein anstelle von Kaffee oder Tee serviert wird. Das ist alles, was man in der Essensschlange bis zum Abendessen tun muss. Stellen Sie sich vor, was für einen schönen, klaren Tag das beschert. Wie viel ununterbrochene Zeit! Wie viel besser wäre es für die Haushälterin in einer kleinen Pension! Und in einem Hotel, in dem das lange, reichhaltige Frühstück von sieben bis elf dafür sorgt, dass der Speisesaal fettig und schlecht belüftet bleibt, bis die Tische für ein Abendessen um ein oder zwei Uhr abgeräumt werden müssen, ist dies ein Kontrast zwischen Ordnung und Unordnung Ordentlichkeit mit der Rückseite.

Das ausländische Frühstück um elf Uhr ist eine köstliche Mahlzeit, wie aus den folgenden Speisenkarten hervorgeht: *Oeufs au beurre noir* ; *sautierter Printanier* (eine Art Eintopf aus Fleisch und frischem Gemüse); *viande froide Elan* ; *Salat der Saison* ; *Kompott aus Obst und Ptisserie* ; *Frischkäse*, *Obst*, *Café*.

Ein weiteres Frühstück ist: *Oeufs au Plat* ; *Poulet la Godard* ; *C'telettes de Mouton Grillees* ; *reviere pommes de terre* ; *Aprikosenkuchen* ; und so weiter, mit allen Variationen von geschmorter Taube, Forelle aus dem See, köstlichen Spinatzubereitungen und immer einer Vielfalt an Käsesorten, die so frisch und so gesund sind und gerade aus den Alpentälern mitgebracht wurden. Zu dieser Mahlzeit werden die aromatischen Alpenerdbeeren hinzugefügt. Dann ist alles Essen für den Tag bis zum Abendessen um sechs oder sieben Uhr erledigt. Dies beschert dem Besucher einen langen und begehrenswerten Tag für Ausflüge, die in der Umgebung von Aix besonders reizvoll sind, insbesondere die Fahrt nach Chambery, einer der malerischsten und interessantesten Städte, durch den herrlichen Bruch in den Alpen, an dessen Südportal La liegt Grande Chartreuse. All diese wirklich gesunde Zeit- und Esskultur ist einer der Gründe, warum ein Mensch von einem fremden Badeort moralisch, geistig und körperlich viel besser heimkommt als von der ungesunden Fresssucht in unseren amerikanischen Sommerferienorten.

Um zwölf oder eins beginnt die Musik im Casino, normalerweise einem hübschen Gebäude in einem Garten. In diesem schattigen Park sitzen die Mütter mit ihren Kindern und lauschen den Klängen der besten Bands Europas. Paris schickt seine Künstler aus dem Chtelet, und der Morgen ist vorbei und der Nachmittag reicht, bevor die äußeren Vergnügungen des Casinos erschöpft sind. Hier stolpern natürlich alle Töchter der Erde mit ihren begleitenden Kavalieren auf dem leichten, phantastischen Fuß und in den schönsten Kostümen des Tages auf und ab. Es gibt bestimmte Aspekte einer fremden Badestelle, mit denen wir hier nichts zu tun haben, etwa das Glücksspiel und die übermäßige Kleidung einer bestimmten Klasse, aber äußerlich ist alles höchst respektabel. Um vier Uhr oder früher fährt jeder im *voiture de place* oder im *voiture de remise* , wobei es sich bei letzterem um einen hübschen Mietwagen der gehobenen Klasse handelt. Aber das *voiture de place* mit einem Savoyer-Fahrer ist gut genug. Er kennt die Straße; sein robustes Pferd ist an die Hügel gewöhnt; er nimmt einen für drei Franken pro Stunde – etwa die Hälfte dessen, was in Saratoga, Sharon oder Richfield verlangt wird; er erwartet ein paar Cent als Pourboire, das ist alles. Das Fahrzeug ist eine einfache Victoria-Variante, sehr einfach und sicher, und die Fahrt führt im Allgemeinen durch Landschaften der schönsten Art.

Damen an einer ausländischen Badestelle haben im Allgemeinen viel zu bieten, was sie in den Geschäften amüsiert. In Aix findet man Antiquitäten aller Art, insbesondere altes Porzellan (besonders altes Sachsen) sowie alte geschnitzte Möbel aus den bekannten Schlössern Savoyens. Die Preise sind im Vergleich zu dem, was solche Kuriositäten in New York bringen würden, so niedrig, dass der Käufer versucht ist, das zu kaufen, was er nicht möchte, und dabei vergisst, wie viel es kosten wird, es nach Hause zu bringen. Alte Spitzen, Stickereien und anderes Zeug werden an die Tür gebracht. In diesen fremden Badeorten gibt es nichts zu Rokoko für den umherwandernden Verkäufer.

Das Abendessen ist sehr gut. Von italienischen oder französischen Köchen zubereitet, könnte es sich um etwas in dieser Art handeln: *Potage de Riz* ; *Lavarets St. Houlade* ; Filets de Boeuf Beaumaire_ (eine köstliche Sauce mit Basilikum und einem leichten Anisgeschmack); *Bouchers la Reine* ; *Chapon Roti au Cresson* ; *asperge au Zweige* ; *Glace au Chocolat* ; *Café* ; oder: *potage au Crcy* ; *Steinbutt aux cpres* ; *langue de boeuf* ; *petits pois, lies au beurre* ; *Bombe Vanille* ; mit Obst, Käse und Kuchen und immer dem Wein des Landes, für den kein Aufpreis erhoben wird. Diese köstlichen Mahlzeiten kosten – das Frühstück vier Franken (Wein inbegriffen), das Abendessen zehn Franken. In unserem Land wäre es schwierig, solche Gerichte irgendwo zu finden, und für diesen Preis wäre es schlicht unmöglich.

Im Anschluss an das Abendessen erklingt Musik auf dem Casino-Gelände. Die hübschen Frauen, inzwischen in den kurzen, fröhlichen Tüchern und den eleganten Hüten, mit denen sie später beim Casino-Ball auftreten werden, stolpern auf dem gasbeleuchteten Gelände auf und ab. Die Szene wird oft durch Feuerwerkskörper beleuchtet. Um achteinhalb ist die ganze bunt zusammengewürfelte Truppe im Kasino angekommen, und dort sind die amüsantesten Tänze – Valse, Galopp und Polka – in Mode. Der Pole ist für seine heftigen Tänze bekannt; „Er schlägt und flattert wie ein Hahn, er springt in der Luft, er schwingt seine Fersen zu den Sternen." Im Tanz der Schweden und Dänen liegt Herzlichkeit, in ihren Fersen steckt Mut, aber kein Volk macht so viel Spaß wie die Polen. Am besten tanzen die Russen und die Amerikaner. Sie sind die eleganten Tänzer der Welt. Französische Frauen tanzen wunderschön:

„Ein feines, süßes Erdbeben, sanft bewegt vom sanften Wind ihrer sich zerstreuenden Seide."

Keine Dame erscheint barhäuptig im Casino; es ist immer mit Hut oder Haube, und sie lebt in ihrer Haube mehr oder weniger sogar an den Bällen.

Wenn in dem kleinen Theater ein Konzert oder ein Theaterstück stattfindet, nehmen dieselben Leute in Logen oder Sitzen Platz, bis jedes Gesicht vertraut wird, so wie man seine Schiffskameraden kennt. Manchmal entstehen so angenehme Bekanntschaften. Ein sehr lockeres und unkompliziertes System der Etikette erlaubt das Tanzen zwischen Gruppen, die noch nicht vorgestellt wurden, und das gleiche Privileg gilt auch für die Aufforderung an eine Gruppe von Damen, ein Eis zu sich zu nehmen. Mit dem Verlassen des Casinos endet jedoch jede Bekanntschaft, es sei denn, die Dame verbeugt sich vor ihrem Kavalier.

Manchmal veranstaltet der Verwalter des Casinos unter der Schirmherrschaft einer Dame einen Kostümball, und dann tritt die bunt zusammengewürfelte Truppe als historische Charaktere auf. Es ist ein einzigartiges und schwules Spektakel. Hier im Land der alten Meister werden einige sehr schöne Darstellungen der besten Bilder hastig improvisiert, und fast ohne erkennbare Anstrengung wird der ganze Ball mit Elan und Einfallsreichtum auf die Beine gestellt. Auch dies unter Menschen, die sich vorgestern noch nie begegnet sind. Den Teilnehmern dieser Feste steht eine große Auswahl an Kostümen zur Verfügung.

Der Parkettboden eines ausländischen Casinos eignet sich hervorragend zum Tanzen. Sie verstehen es dort besser, diese Böden zu verlegen als wir, und das Klima verändert sie nicht wie bei uns. Sie sind die angenehmsten und am einfachsten zu tanzenden Böden.

Für ein amerikanisches Auge ist der Anblick vieler Priester und Männer in kirchlichen Gewändern in diesen Casinos nicht die am wenigsten auffällige Episode. Die Vielzahl der Priestergewänder überall fällt dem Besucher einer französischen Badestelle aufs Schärfste auf. Die Schulmeister sind junge Priester und gehen mit ihren Jungen umher, und die alten Priester sind überall. Gelegentlich zieht eine feierliche Prozession durch die Schwulenszene. Drei oder vier Ministranten mit Räuchergefäßen, eine Gruppe von Trauergästen, eine große und stattliche Nonne in grauem Gewand und Schleier, die prächtig geht und ihre Lippen zum Gebet bewegt; dann eine Gruppe von Menschen; dann spricht ein Priester mit einem Buch in der Hand laut die Gebete für die Toten; dann die schwarze Kiste, der Sarg, der von Männern auf einer Bahre getragen wird und die bunte Menge aufdeckt, während die Majestät vorbeizieht; und die Jungen folgen und singen:

„Die Herrlichkeiten unserer Geburt und unseres Staates sind Schatten, keine substanziellen Dinge; es gibt keine Rüstung gegen das Schicksal; der Tod legt seine eisige Hand auf Könige."

Ja, und über den schwulen Besucher im Casino. Diese einfachen und unaufdringlichen Beerdigungen sind sehr beeindruckend. Bei diesen und vielen anderen Gelegenheiten gehen die Priester stets barhäuptig durch die Straßen. Tatsächlich scheint das Oberhaupt des Priesters keine Lust auf einen Hut zu haben.

Die Lebensumstände der Bauern sind sehenswert, und die unveränderlichen Rangunterschiede haben sich tief in das amerikanische Bewusstsein eingeprägt. Eine alte Bäuerin bringt seit vierzig Jahren Käse und Milch nach Aix, und jetzt, in ihren Sechzigern, bringt sie sie immer noch mit und läuft acht Meilen am Tag. Es besteht keine Hoffnung, dass ihre Tochter jemals an den Fröhlichkeiten des Casinos teilnehmen wird, wie sie es in Amerika sicherlich gerne tun würde. Die Tochter wird eine Bäuerin sein, wie ihre Mutter es war, und dadurch viel glücklicher und respektabler und sicherlich malerischer. Wie viele der Bauernkleider haben die Modiste auf die Idee gebracht! Und man sieht auf den Feldern von Savoyen den hohen Hut mit konischer Krone, entweder mit breiter oder flacher Krempe, der jetzt so in Mode gekommen ist; auch der flache Pilzhut aus Stroh mit dem natürlichen Bündel aus Mais und rotem Mohn, der von Fanchon bis zur Herzogin übergegangen ist. Sie kommen beide vom Feld.

Natürlich sind Pferderennen, die nach dem Plan von Longchamps organisiert wurden, untrennbar mit den Vergnügungen einer französischen Badestelle verbunden; und im Verhältnis zur Anzahl der zu unterhaltenden Gäste; Die

Pferde kommen aus den verschiedenen Ställen. Das Taubenschießen findet ständig statt.

Man sagt, dass die Franzosen die Langeweile mehr hassen als jedes andere Volk auf der Welt. Sie wissen nicht, was es bedeutet. Sie amüsieren sich ständig und sind nie ratlos. Die wohlerzogenen Französinnen haben genauso viel Energie und Fleiß wie jede Frau aus Neuengland, aber sie nehmen ihre Unterhaltung entschlossener an und verlieren nie die Musik, die Fröhlichkeit und die „Ablenkung“. Vielleicht amüsiert das, was sie amüsiert, den nüchterneren Sachsen vielleicht nicht, aber die zarte Ausschmückung ihres Lebens und alles, was für sie so billig ist, macht sie sicherlich zu einem sehr entzückenden Ensemble. Ihre Manieren sind äußerst faszinierend, niemals egoistisch, niemals schwerfällig, niemals selbstbewusst, aber immer äußerst angenehm. Die Französin ist *sui generis* . Sie ist vielleicht nicht mehr sehr jung; Sie war nie sehr hübsch. Jede Empfindung, die der menschliche Geist erleben kann, hat sie erlebt; Jede Laune, jede Laune und jede Fantasie, die sich die menschliche Vorstellungskraft vorstellen kann, hat sie befriedigt. Sie ist sehr intelligent; Sie wurde mit einem perfekten Kleidungsgeschmack geboren; und sie ist – allen gegenteiligen Romanautoren zum Trotz – eine sehr gute Ehefrau, eine ausgezeichnete Mutter, eine charmante Begleiterin, eine äußerst nützliche und vernünftige Gehilfin, mit der perfekten Idee, ihre Hälfte des Lebensgeschäfts zu erledigen und rauszukommen aus ihren Freizeitstunden so viel Vergnügen, wie sie nur kann. An einem französischen Badeort fühlen sich die Französinnen der besseren Klasse am wohlsten und äußerst angenehm.